LES

PARLEMENTAIRES FRANÇAIS

AU XVIᴱ SIÈCLE

TOME PREMIER

Lyon. — Imprimerie A, Rey, 4, rue Gentil. — 51339

Fleury VINDRY

ANCIEN ÉLÈVE DES FACULTÉS CATHOLIQUES DE LYON

LES
PARLEMENTAIRES FRANÇAIS
AU XVIE SIÈCLE

TOME PREMIER

PARLEMENTS D'AIX, GRENOBLE, DIJON,
CHAMBÉRY, DOMBES

PARIS
LIBRAIRIE HONORÉ CHAMPION
5, QUAI MALAQUAIS
1909

PARLEMENT D'AIX

PRÉFACE

Pour établir l'état complet et exact des magistrats du Parlement d'Aix, au xvi° siècle, nous avons fait appel à deux ordres de sources : manuscrites et imprimées. On trouve, dans Gourdon de Genouillac et de Piolenc *(Nobiliaire des Bouches-du-Rhône*, Paris, 1865, in-8) et dans Prosper Cabasse *(Essais historiques sur le Parlement de Provence*, 3 vol, in-8, 1826), des listes de ces magistrats. Quoique d'apparence précise, elles nous ont paru susceptibles de revision. Le précieux *Armorial de Provence*, imprimé en 1713, et dont un exemplaire se trouve à la bibliothèque Méjanes, à Aix, nous a été, sur ce point, d'un grand secours. Nous avons pu, grâce à ce rarissime ouvrage, rectifier un certain nombre de dates d'admission au Parlement. Toutefois, pour que ce contrôle fût réellement efficace, il fallait recourir aux originaux. Nous avons donc dépouillé, aux Archives du Parlement de Provence, les vingt-quatre premiers volumes du *Registre des délibérations* de la Cour. Cette série de manuscrits, jusqu'ici vierge de toute investigation, commence seulement à l'année 1536. Le déchiffrement, pendant les trente ou quarante premières années, en est assez malaisé, surtout à lecture rapide. Il est même tel manuscrit, dont le paléographe le plus exercé aurait peine à tirer quoi que ce soit, en raison du caractère parfaitement sibyllin de l'écriture. Le plumitif de la Chambre du Conseil a, malheureusement, conservé plus de « brouillons » à son usage, que de « relevés ». Néanmoins, si abstrus que soient parfois les documents, nous avons pu, comme on le verra, en extraire de nombreux et utiles renseignements, parfois confirmant, parfois infirmant, mais plus rarement, les dates signalées par l'*Armorial* de 1713. Comme cela se conçoit, nous avons toujours donné la préférence aux dates du *Registre*; toutefois, dans le silence de celui-ci, nous avons choisi la date de l'*Armorial*, de préférence à celle de Cabasse et de Gourdon de Genouillac.

En ce qui concerne les notices qui accompagnent nos listes, outre les recherches faites, à la Bibliothèque Nationale, dans les six grandes collections généalogiques *(Pièces originales, Dossiers bleus, Carrés d'Hozier, Cabinet d'Hozier, Nouveau d'Hozier, Chérin)*, qu'il nous suffise, parmi nos sources d'information, d'indiquer les ouvrages classiques de d'Artefeuil, Pithon-Curt, l'abbé Robert de Briançon, les travaux contemporains du baron du Roure et du marquis de Boisgelin, les *Portraits historiques des premiers Présidents au Parlement de Provence*, par P.-J. de Haitze, 1727, in-12, plus quelques ouvrages spéciaux sur Chasseneuz, Prunier-Saint-André, Mulet, du Vair, du Chaine, etc., dont on trouvera l'indication aux notices elles-mêmes. Le prodigieux travail exécuté sur l'ancien état civil d'Aix, par Balthazar de Clapiers-Collongue, et condensé par lui en quatorze manuscrits de la Bibliothèque Méjanes, nous a rendu aussi de grands services. Nous en avons, toutes les fois que nous l'avons pu, contrôlé les affirmations sur les originaux eux-mêmes, déposés, soit à la Mairie, soit au Greffe du Tribunal civil d'Aix, où la parcimonie et la négligence administratives maintiennent ces trésors dans un honteux état d'abandon et de malpropreté. Nous disons : *toutes les fois que nous l'avons pu*. En effet, de tous les registres consultés par Clapiers-Collongue, il n'existe aujourd'hui qu'une partie. Par conséquent, toutes les fois qu'une lacune partielle ou une carence complète s'est présentée dans les originaux, nous avons bien été forcé de nous en référer au seul témoignage de Clapiers. Nous avons, nous-même, au surplus, découvert, dans les originaux, quatre ou cinq dates, intéressant notre travail et qui avaient échappé au patient chercheur. Tout cela sera expliqué, à chaque notice, ainsi que les raisons, qui, dans certains cas, invérifiables par suite de la disparition des documents, ne nous permettaient pas d'accepter les dates de Clapiers[1].

Qu'il nous soit permis, en terminant, de remercier sincèrement MM. les employés de la Mairie, du Greffe du Tribunal civil et de la bibliothèque d'Aix, dont la complaisance a facilité nos recherches, mais, surtout et avant tout, le très aimable et très érudit archiviste-adjoint des Bouches-du-Rhône, le vénérable M. Henri Jacqmin, qui, pendant les quinze journées que nous a prises le dépouillement du *Registre des délibérations du Parlement*, n'a cessé de faire montre, à notre égard, de la plus courtoise bienveillance. M. Jacqmin nous a aussi fourni, sur le fonds Clapiers, les plus précises et les plus précieuses indications, abrégeant ainsi tout le labeur préparatoire auquel doit s'astreindre le chercheur, quand il veut pénétrer dans ce *maquis* chronologique. Grâces lui en soient ici rendues et qu'il nous permette de saluer d'un souvenir reconnaissant les heures charmantes écoulées, en sa compagnie, sous les combles du Palais de Justice d'Aix, au milieu des vestiges de ce passé, qu'il connaît si bien et dont il sait si gracieusement ouvrir les arcanes aux travailleurs!

[1] Toutes les fois que le document original manque, nous faisons suivre la date de la simple mention : *Clapiers*. Lorsque nous avons pu contrôler sur l'original, la date est suivie de la mention : *Greffe d'Aix* ou *Mairie d'Aix*.

PARLEMENT D'AIX

PREMIERS PRÉSIDENTS

Michel Riccio, 4 juillet 1501 (Armor. Méjanes) [1].
Antoine Mulet, 26 juin 1502 (It.) [2].
Accurse Maynier, 15 juillet 1507 (It.) [3].
Gervais de Beaumont, 30 janvier 1509 (It.) [4].
Thomas Cuissinier, 9 novembre 1530 (It.) [5].
Barthélemy Chasseneuz, 3 août 1532 (It.) [6].
Guillaume Garsonnet, 8 juin 1541 (Reg. délib., t. 1) [7].
Jean Maynier, 20 décembre 1543 (Armor.) [8].
Jean-Augustin de Foresta, 5 juillet 1558 (Armor.) [9].
Artus Prunier de Saint-André, 4 novembre 1590 [10].
Guillaume du Vair, 15 juillet 1596 [11].

PRÉSIDENTS

Jean Maynier, 15 novembre 1541 (Armor.) [8].
François de Lafont, 19 mai 1544 (It.) [12].
Rémy Ambrois, 4 août 1553 (It.) [13].
Gaspard Garde de Vins, 26 mars 1559 (It.) [14].
Louis de Coriolis, 1er juin 1568 (It) [15].

J. Augustin de Foresta, 29 mars 1554 (Armor.) [9].
Louis de Puget [16], 18 mai 1554 (Arm. Ce dut être un peu plus tard,
    pour la même cause que son frère Jean).

Boniface de Pellicot, 7 octobre 1573 (Arm., conf. par le Reg. des dél.,
   t. 13) [17].
François d'Estienne [18], 23 août 1585 (Armor.).
Marc-Antoine d'Escalis [19], 27 février 1599 (Reg. dél., t. 18).

François de Pérussis [20], 6 octobre 1558 (Reg. dél., t. 9), après de
   longues procédures.
Claude de Pérussis [21], 28 novembre 1575, à survivance (Reg. dél.,
   t. 14).
Raymond de Piolenc [22], 26 avril 1588 (Arm., conf. par Reg. dél., t. 17).

Robert de Montcalm [23], 1er octobre 1576 (Reg. 14).
Louis du Chaine [24], 14 décembre 1585 (Reg. 15).

CONSEILLERS

Louis de Forbin, 18 novembre 1502 (Armor.) [25].
François de Guérin, 2 mai 1516 (It.) [26].
Louis Garnier, 8 juin 1524 (It.) [27].
Nicolas Esmenjaud [28], 31 juillet 1535 (Reg. dél., t. 9, note d'Esmen-
   jaud lui-même).
Antoine Esmenjaud, 13 juin 1573 (Reg. dél., t. 13) [29].

Guillaume de Puget, 18 novembre 1502 (Armor.) [30].
Marcellin Guiramand, 13 juin 1505 (Armor.) [31].
Bernard de Badet, 3 octobre 1539 (It.) [32].
   Selon l'Armorial, son successeur fut :
Bertrand Romany (reçu, de son propre aveu, le 10 juin 1555. Note de
   Romany lui-même) (Reg. dél., t. 9). Or, Badet siégeait encore
   en 1558. Peut-être Romany fut-il reçu, d'abord, à survivance.
   Pourtant, il siégea, concurremment avec Badet, pendant plus de
   deux ans [33].
Antoine Olivier, 12 janvier 1567 (Armor.) [34].

Jean-Pierre Olivier, 21 juin 1583 (Reg. dél., t. 15). D'après Artefeuil, il succéda, d'abord, à l'office de son père, puis à celui d'Hercule Bompar [35].

Jean de Cuers, 18 novembre 1502 (Armor.) [36].
Antoine d'Albis, 6 décembre 1511 (It.) [37].
Remy Ambrois, 19 novembre 1542 (It.) [13].
Pierre de Montbel, 26 octobre, 1552 (It.) [38].
Jean Salamon, 20 février 1553 (It.). Ceci semble inexact, car Montbel siégeait, les 2 juin 1553 (Reg. dél., t. 3) et 26 janvier 1554 (t. 4). Salamon, lui-même (Reg., t. 9), dit qu'il fut reçu en 1554, sans préciser davantage [39].
Renaud de Tressemanes, 28 janvier 1570 (It.). Il siégeait déjà, le 10 mai 1569 (Reg. dél., t. 12) [40].
J.-B. de Tressemanes, 15 juin 1584 (Armor.) [41].
Antoine Ailhaud, 22 juin 1588 (Reg. dél., t. 17) [42].

Raymond Ricard, 18 novembre 1502 (Armor.) [43].
Jean Tournatoris, 6 février 1508 (It.) [44].
François Sommati, 5 février 1533 (It.) [45].

Gaspard d'Arcussia, 12 mai 1543 (Armor.) [46] (succède comme cons. clerc). Barthélemy Thomas, 12 juin 1555 (Reg. dél., t. 9), de son propre aveu [48].	Honoré Sommati, reçu, à survivance, le 13 février 1552 (Reg. dél., t. 4, confirmé par son aveu, Reg. dél., t. 9) [47]. Gaspard de Laidet, 5 mars 1599 (Reg. dél., t. 18) [49].

Pierre de Brandis, 18 novembre 1502 (Armor.) [50].
Geoffroy Sala, 10 juin 1521 (Armor.) [51].
    Il siégeait encore, le 6 octobre 1558 (Reg. dél., t. 9).

Bertrand Durand, 18 novembre 1502 (Armor.) [52].
Georges Durand, 4 mai 1524 (It.) [53].

Claude Durand, 3o juin 1557, à survivance (Reg. dél., t. 9) [54].
Arnoul de Joannis, 18 juin 1586 (Arm., conf. par Reg. dél., t. 15) [55].

Melchior de Séguiran, 18 novembre 1502 (Armor.) [56].
Bertrand Rostagny, 13 janvier 1509 (lt.) [57].
Alexandre-Amédée Imbert, 15 décembre 1517 (lt.) [58].
Fouquet Fabri, 24 décembre 1532 [59]. *Cabinet Hozier. 132.*
Nicolas Fabri, 20 octobre 1545 (Reg. dél., t. 9, de son aveu) [60].
Claude Fabri, 6 février 1573 (Reg. dél., t. 13) [61].

Pierre Mathei, 18 novembre 1502 (Armor.) [62].
Jean Doncault, 16 mai 1536 (lt.) [63].
Louis de Puget, 22 juin 1544 (lt., conf. par la décl. de Louis de Puget
    (Reg. dél., t. 9), qui dit avoir été reçu cs. en 1544, sans plus
    préciser [16].
Claude de Micaëlis, 16 novembre 1554 (Reg. dél., t. 9, de son aveu) [64].
François de Foresta, 21 novembre 1581 (Reg. dél., t. 15) [65].

Simon de Tributiis, 18 novembre 1502 (Armor.) [66].
Honoré de Tributiis, 15 juin 1533 (Armor.). Le 4 décembre 1560, il dit
    qu'il a été reçu cons. « il y a plus de vingt-huit ans » (Reg. dél.,
    t. 9) [67].

Pierre Audibert, 18 novembre 1502 (Armor.) [68].
Esprit Parisiis, 11 septembre 1511 (lt.) [69].

Gaspard du Périer, 18 novembre 1502 (Armor.) [70].
Joachim de Sade, 29 novembre 1530 (lt.) [71].

Toussaint Coriolis, 9 juin 1512 (Armor.) [72].
Nicolas de Ceva, 10 juin 1520 (lt.) [73].
Antoine Rolland, 3o novembre 1533 (lt.) [74].

Guillaume du Chaine, 16 octobre 1552 (Reg. dél., t. 9, de son aveu) [75].
Louis du Chaine, 20 octobre 1578 (Reg. dél., t. 14) [24].
Balthazar du Périer, 12 mars 1586 (Reg. dél., t. 15) [76].
Julien du Périer, 16 mars 1599 (Armor., conf. par Reg. dél., t. 18) [77].

———

Claude de Jarente, 8 janvier 1513 (Armor.) [78].
André d'Ardillon, 21 janvier 1552 (Reg. dél., t. 9, de son aveu) [79].
Marc-Antoine d'Escalis, 31 janvier 1584 (Reg. dél., t. 5) [19].
Jean de Venel, 12 mars 1599 (Armor., conf. par Reg. dél., t. 18) [80].

———

Jean de Maynier, 21 février 1522 (Armor.) [8].

———

Arnaud d'Albe, 7 octobre 1523 (Armor.) [81].
Louis Martin, 24 décembre 1527 (It.) [82].
François de Rascas, 14 novembre 1536 (It., conf. par sa déclar., où il dit
    avoir été reçu en novembre 1536, sans préciser le jour (Reg. dél.,
    t. 9) [83].
Jean de Rascas, 27 décembre 1570 (Armor.) [84].

———

Charles de Glandevès, 15 octobre 1523 (Armor.) [85].
Jean d'Arcussia, 8 mai 1560 (It., conf. par sa déclar.) (Reg. dél., t. 9) [86].
Antoine de Badet, 19 décembre 1597 (Reg. dél., t. 18) (reçu à surv.,
    24 mars 1596) [87].

———

Gaspard Garde de Vins, 17 mai 1543 (Arm.) [14].

———

Jean de Beaumont, 10 août 1543 (It.) [88].
    En exercice, le 1er octobre 1556 (Reg. dél., t. 6 bis).

———

Antoine Geoffroy (Gaufridi), 21 juin 1543 (Armor.) [89]. Selon sa déclar.
    (Reg. dél., t. 9), c'est en mai 1543 qu'il fut reçu.

Pierre de Puget, 15 octobre 1577 (Armor., conf. par le Reg. dél., t. 14) [90].
François de Pérussis, 15 novembre 1543 (Armor.). Selon sa déclaration
(Reg. dél., t. 9), c'est en octobre 1543, sans plus de précision [20].

Accurse de Léone, 4 septembre 1543 (Armor.) [91].
Pierre de Léone, 2 octobre 1567 (Armor.) [92].
Honoré de Saint-Marc, fin 1579 (et non 20 janvier 1588, comme le dit, à
    tort, l'Armorial. En tout cas, il siégeait dès le 12 décembre 1579
    (Reg. dél., t. 15) [93].

Antoine de Saint-Marc, 24 mars 1544 (Armor., conf. par sa déclar. du
    Reg. dél., t. 9) [94].
François de Saint-Marc, 1er décembre 1575 (Armor., conf. par Reg. dél.,
    t. 13) à survivance, et, réellement, le 4 février 1592 (Reg. dél.,
    t. 17) [95].

François de Genas [96], 23 octobre 1543 (Armor., conf. par sa déclar.
    du Reg. dél., t. 9, où il dit : octobre 1543, sans plus).
François d'Estienne [18], 19 octobre 1572 (Armor.).
Etienne Paul [97], 1er juin 1592 (Reg. dél., t. 17).

Claude de Panisse, 15 novembre 1543 (Armor., conf. par sa déclar. du
    Reg. dél., t. 9) [98].
Melchior de Tributiis, 14 octobre 1572 (Armor.) [99].
Boniface Pellicot, 13 mai 1573 (Armor.) [17].
Paul de Chailan, 16 décembre 1575 (It., conf. par Reg. dél., t. 14) [100].

Pierre Bompar, 14 janvier 1544 (Armor., conf. par sa déclar. du Reg.
    dél., t. 9, où il dit : janvier 1544, sans plus) [101].
Hercule Bompar, 10 octobre 1579 (Reg. dél., t. 14), à survivance [102].

Esprit Vitalis, 4 avril 1554 (Armor. Ce doit être 1555, car le 28 mars 1555,
    selon le Reg. dél. (t. 6), il n'était pas encore reçu).
    En exercice, le 19 juin 1560 [103].

Henri de Veteris, 20 mai 1554 (Reg. dél., t. 9) [104].
Claude de Simiane, 16 mai 1567 (Armor., conf. par Reg. dél., t. 12)
    [105].
Jacques d'Albert, 14 avril 1600 (Reg. dél., t. 18) [106].

———————

Louis Antelmi, 12 mai 1554 (Armor., conf. par la déclar. du Reg. dél.,
    t. 9, où il dit : mai 1554, sans plus préciser) [107].
Jean Antelmi, 25 juin 1596 (Reg. dél., t. 18) [108].

———————

Charles de Chateauneuf, 30 mai 1554 (Armor., conf. par sa décl. du Reg.
    dél., t. 9) [109].
Jean-Louis de Laidet, 11 janvier 1586 (Armor., conf. par Reg. dél., t. 15)
    [110] reçu sans voix délibérative.

———————

Jean Giraud, 2 octobre 1554 (Reg. dél., t. 9) [111].
Balthazar Giraud, 19 juin 1577 (Reg. dél., t. 14) [112].
Antoine de Thoron, 9 février 1588 (Reg. dél., t. 17) [113].

———————

Pierre Ferrier, 30 avril 1554 (Armor.) [114].
Jean Ferrier, 8 avril 1559 (Reg. dél., t. 9) [115].

———————

Guillaume Aymar, 5 octobre 1554 (Armor., conf. par sa déclar. du Reg.
    dél., t. 9) [116].

———————

Hughes Dedons, 28 juin 1554 (Reg. dél., t. t. 5 et 9) [117].
Pierre Dedons, 17 octobre 1581 (Armor., conf. par Reg. dél., t. 15) [118].

———————

Louis de Ceriolis, 3 octobre 1554 (Reg. dél., t. 9) [15].
Pierre de Séguiran, 29 mai 1568 (Armor.) [119].
Gaspard de Séguiran, 14 octobre 1579 (Reg. dél., t. 14) à survivance [120].

Alexandre de Guérin, 23 juin 1591 (Armor.). Toutefois, il ne commence
à siéger que le 25 juin 1591 (Reg. dél., t. 17) [121].

Martin Mouton, 9 septembre 1555 (Reg. dél., t. 6) [122].
Joseph Griffon, 24 mars 1560 (Armor.). Le Reg. dél. (t. 9), dit seulement
qu'il fut reçu en 1560. Toutefois, il prit rang après Jean d'Arcussia,
reçu le 8 mai 1560. D'autre part, le 12 juin 1560, il est conseiller
(Reg. dél., t. 9). Donc, il fut reçu, entre le 8 mai et le 24 juin
1560, peut-être le 24 mai. [123].

J. Augustin de Foresta, 4 octobre 1543 (Reg. dél., t. 9) [9].
Raphaël Sacco, 7 mai 1554 (Reg. dél., t. 5) [124].
André Pena, 2 janvier 1556 (Reg. dél., t. 6 bis) [125].
Guillaume de Cadenet, 3 avril 1579 (Reg. dél., t. 14) [126].

Honoré de Laugier, 30 mai 1554 (Armor., conf. par sa décl. du Reg. des
dél., (t. 9) où il dit avoir été reçu, en mai 1554, sans préciser le
jour) [127].
Melchior de Rochas, 15 octobre 1572 (Armor.) [128].
Jean de Villeneuve, 25 octobre 1581 (Reg. dél., t. 15) [129].

Pierre Reinaud, 20 février 1569 (Armor.) [130].

Etienne de Puget, 14 février 1569 (Armor.) [131].
Gaspard de Glandevès, 19 mars 1599 (Armor., conf. par Reg. dél., t. 18)
[132].

Nicolas Flotte, 30 avril 1569 (Armor.) [133].

Boniface Bermond, 28 décembre 1569 (Armor.). Il siégeoit déjà, le 30 mai
1569 (Reg. dél., t. 12) [134].

Bertrand Désidéri, 29 avril 1570 (Armor.). Il siégeait déjà, le 10 mai 1569 (Reg. dél., t. 12) [135].
Melchior Désideri, 16 février 1583 (Reg. dél., t. 15) [136].
Honoré de Gautier, 4 mai 1593 (Armor., conf. par Reg. dél., t. 17) [137].

Jean-André de Thomassin, 14 mai 1570 (Armor.). Il siégeait déjà, le 30 mai 1569 (Reg. dél., t. 12) [138].
Jean-Augustin de Thomassin, 27 novembre 1587 (Reg. dél., t. 15) à survivance, et, réellement, le 28 juillet 1592 (Reg. dél., t. 17) [139].

Antoine de Suffren, 10 janvier 1569 (Armor.) [140].
Palamedes de Suffren, 14 janvier 1600 (Reg. dél., t. 18) [141].

Vincent Boyer, 8 mai 1571 (Armor.) [142].
Philibert d'Estienne, 13 février 1593 (Armor., conf. par Reg. dél., t. 17) [143].

Raymond de Fulconis, 17 mai 1571 (Armor.) [144].
Olivier de Tulles, 13 octobre 1574 (Armor., conf. par Reg. dél., t. 18) [145].

Jean Agar, 17 mai 1571 (Armor.) [146].
Christophe de Maynier, 9 mars 1599 (Reg. dél., t. 18) [146 bis].

Pierre de Vento, 17 mai 1571 (Armor.) [147].

Claude d'Arnaud, 17 mai 1571 (Armor.) [148].

François de Guérin, 17 mai 1571 (Armor.) [26].
Christophe Blancard, 25 janvier 1572 (Armor.) [149].

Antoine de Reillanne, 14 octobre 1581 (It.) [150]. Il était en exercice, dès
le 10 octobre 1581 (Reg. dél., t. 15).
Pierre Blancard, 24 mars 1596 (à surviv.), 27 novembre 1598 (réellement)
(Reg. dél., t. 18) [151].

Jean Reynaud, 1ᵉʳ avril 1572 (Armor.) [152].
Antoine de Séguiran, 21 février 1587 (Reg. dél., t. 15) [153].

Raymond d'Espagnet, 22 juin 1575 (Reg. dél., t. 14) [154].
Marc-Antoine d'Espagnet, 30 septembre 1593 (Reg., dél., t. 17) [155].

Perrinet de Rouillas, 4 juin 1577 (Reg. dél., t. 14) [156].
Jean de la Coppède, 29 octobre 1578 (It.) [157].
Joseph de Mazargues, 19 février 1587 (Reg. dél., t. 15) [158].

Esprit-Peironétide de Croze, 12 septembre 1577 (Armor.) [159].
Manaud de Monier, 2 mars 1599 (Reg. dél., t. 18) [160].

Cristophe de Foresta, 19 octobre 1577 (Reg. dél., t. 14) [160 bis].

Nous devons encore mentionner deux conseillers : Jean-André Aymar
[161], reçu le 18 juin 1588 (Reg. dél., t. 17) et Antoine Chéron [162],
reçu le 28 avril 1570 (Reg. dél., t. 9), qui ne semblent pas avoir siégé.
Après la mort (9 février 1624) du premier, il est question (11 octobre 1624,
Reg. dél., t. 21) de la vente de son office, dans le registre de la Chambre
du Conseil.

NOTE SUR LES GREFFIERS

Il est assez difficile de dresser la liste des greffiers du Parlement. On rencontre, avant le 19 juillet 1518, *Antoine Malbequi*, puis *Etienne Grault* (19 juillet 1518), puis *Antoine Cayssoli* (31 mai 1519), puis *Jean Boisselly*, mort au 4 janvier 1533. *Jean Cotereau* est greffier criminel, le 23 novembre 1533. *Jean Boysson*, le 2 septembre 1562, *Jean Barthélemy-Cadri*, le 22 mai 1568 (Reg. dél., t 12), *Thomas Collin*, administrateur provisoire du greffe criminel, le 14 novembre 1571 (lt., t, 13), *Maliverni*, greffier criminel, le 22 juillet 1593 (t. 18). *Guillaume Fabri* est greffier civil, les 25 novembre 1533, 20 juillet 1554 (Reg. dél., t. 4), 10 février 1558 (t. 9), 1er décembre 1560 (t. 10), 6 juin 1565 (t. 12), remplacé, mais vivant, le 14 novembre 1571 (t. 13), par un administrateur provisoire, *Barnabé d'Albis*. Un autre greffier civil, *Bernard Fabri*, apparaît les 6 juin, 3 septembre 1573 (t. 13), 7 janvier 1578 (t. 14), 22 octobre 1585 (t. 17). Enfin, nous trouvons *Joseph d'Estienne*, greffier civil, reçu le 23 octobre 1582 (t. 15) en fonctions, les 12 novembre 1587 (lt.), 19 novembre 1599 (t. 18) [180].

NOTE SUR LES CHEVALIERS D'HONNEUR

Pierre Fillioli [181], 1509.
Antoine Fillioli [182], 1509.
Antoine de Lascaris [183], 1516.
Claude d'Orsonville [184], 1525.
Augustin de Grimaldi [185], 1513.
Antoine Séguier [186], 1586.
Paul Hurault [187], 1600.

PROCUREURS GÉNÉRAUX

Jacques d'Angelo, 18 novembre 1509 (Armor.) [163].
François Sommati, 3 mai 1518 (lt.) [45].
Louis Thadei, 6 juin 1525 (lt.) [164].
Thomas de Piolenc, 27 mars 1539 (lt.) [165].

Raymond de Piolenc, 13 février 1555, à survivance (Reg. dél. t. 9) [22].
Joseph Aimar [166], 24 juillet 1588 (Reg. délib., t. 17).

Aimé Curati, 18 novembre 1502 (Armor.) [167].
François Guérin, 28 février 1505 (It.) [26].
Antoine Donati, 24 mars 1516 (It.) [168].
Jacques de Rabasse, 4 septembre 1555 (Reg. dél., t. 9) [169].
Balthazar de Rabasse, 16 mai 1573 (Reg. délib., t. 13) [170].

AVOCATS GÉNÉRAUX

Antoine Marcy, 1501 [171].
Nicolas de Saint-Martin, 8 novembre 1502 (Arm.) [172].
Antoine Laugier, 20 juin 1512 (Armor.) [173].
Guillaume Garsonnet, 16 juin 1536 (It.) [7].
Guillaume Guérin, 12 août 1541 (It.) [174].
Jean Charrier, 17 mai 1554 (It.) [175].
François d'Ulmo, 14 juin 1559 (It.) [176].
Honoré de Laurens, 28 novembre 1581 (Reg. délib., t. 15) [177].

Jean Puget, 29 mars 1554 (Arm. Le reg. des délib., (t. 9), dit qu'il fut reçu, en 1554, sans plus. Sa parenté avec beaucoup de magistrats du Parlement retarda fort sa réception [178].
Manaud de Monier, 16 septembre 1573 (Reg. dél., t. 13) [160].
Jean-Louis de Monier [179].

Du 4 mars au 18 décembre 1564, le Parlement de Provence fut suspendu et remplacé par une Commission judiciaire, composée de :

Bernard Prévost de Morsan, président au Parlement de Paris, président.
Etienne Charlet, président au Parlement de Paris.
Denis de Rivière,
Jean de Monceaux,
Jean de la Rosière,
Nicolas de Berruyer,
Achille de Harlay,
Jérôme Angenoust,
Arnaud Chandon,
Guillaume Abot,
} Conseillers au Parlement de Paris.

Jacques Phélipeaux,   }   Conseillers
Jessé de Bauquemare,   }   au grand Conseil.
Robert Tignac, ancien Conseiller au Parlement de Chambéry.

Arnaud Chandon siégeait encore, le 25 mai 1564, Robert Tignac, le 5 juin 1564, Etienne Charlet, Achille de Harlay, Guillaume Abot, Jacques Phélipeaux, Jessé de Bauquemare, le 18 décembre 1564, Denis de Rivière, le 24 décembre 1564, Jean de la Rosière et Jean de Monceaux, le 30 mai 1565, Nicolas de Berruyer et Jérôme Angenoust, le 14 janvier 1566. Le président Bernard Prévost de Morsan quitta Aix, le 9 décembre 1566 (Reg. délib., t. 12).

NOTICES BIOGRAPHIQUES

[1] Michel Riccio, napolitain, successivement avocat du roi à Naples, conseiller au Parlement de Bourgogne, lieutenant général en Provence, sénateur de Milan (1500-1501). Il ne vint jamais à Aix.

[2] Antoine Mulet, sieur de Saint-Marcel, juge-mage à Grenoble, d'abord vi-bailli de Valentinois et Viennois (1477), juge-mage à Grenoble (7 avril 1486-30 octobre 1509), en exerc. (21 mai 1502-16 août 1503, Arch. Parl. de Gren., B. 31), conseiller au Parlement de Grenoble, puis premier président du Parlement de Provence (1502-1507), il démissionna, revint à Grenoble comme conseiller (en exerc. 15 avril 1508, B. 33) et y fut le vrai chef du Parlement, surtout lorsque Geoffroy Carles fut appelé à diriger, pendant deux ans, le Sénat de Milan. Toutefois, il ne fut jamais président en titre. Il était mort au 18 août 1518 (Arch. Parl. Grenoble, E. II, 410). Il épousa (12 juin 1483) Bonne de Veurcy (vivante 31 mars 1497)(Arch. Parl. Grenoble, E. II, 410) (Cf. sur Mulet, Bulletin de l'Académie Delphinale, t. V, pp. 101-138).

[3] Accurse Maynier, baron d'Oppède, fils de Guillaume Maynier, fut primicier de l'Université d'Avignon, conseiller au grand Conseil (1499), juge-mage à Aix (1492-1501), ambassadeur à Venise (1501), premier président au Parlement de Provence, puis troisième président à celui de Toulouse (reçu 12 nov. 1508, en exerc. 15 nov. 1518). Il épousa Madeleine de Merles, puis Catherine-Claire de Camboulas.

[4] Gervais de Beaumont, sieur de Mondésir, né à Vendôme en 1429, lieutenant-général du sénéchal de Montferrand en Auvergne, conseiller au

grand Conseil, sénateur de Milan, premier président au Parlement
d'Aix (nommé 15 juillet 1530. *Actes de François Ier*, VII, 170, 24057),
testa le 26 juin 1529, et mourut, la même année, à cent ans. Il avait
épousé Anne d'Orgeval (testa le 1er août 1513), et, peut-être, Claire de
Glandèves. Cette seconde alliance, indiquée par Clapiers, est contestée,
non sans raison, par M. du Roure.

[5] Thomas de Cuisinier (Cuissinier, Cousinier), sieur de Beaujay, né
à Bordeaux, enseigna le droit à Poitiers, fut avocat général au Parlement
de Bordeaux, puis premier président au Parlement d'Aix. Il épousa Marguerite de Montferrant (vivante 17 janvier 1532), et mourut, à Aix, le
25 juin 1531 (Clapiers, égl. des Observantins).

[6] Barthélemy de Chasseneuz (Chassanée), sieur de Prelay, né, en
août 1480, à Issy-l'Évêque, fils d'Antoine de Chasseneuz et de Jeanne
Musnier, étudia le droit à Dôle, Poitiers, Turin et Pavie, fut assesseur
de justice à Milan et maître des requêtes du gouverneur (1500-1503),
avocat du roi à Autun (21 août 1508), conseiller au Parlement de Dijon
(8 janvier 1525), à celui de Paris (3 août 1531), premier président au
Parlement de Provence (17 août 1532. *Actes*, VII, 184, 24119). Il mourut
entre le 20 janvier et le 19 avril 1541. Il avait épousé N..., puis (février
1508), Perronnelle Languet (vivante 19 avril 1541), veuve de Pierre
Scurre (Cf. sur Chasseneuz, Niceron, *Mémoires*, III, 365-385, et X,
123-127. Pignot, *Barthélemy de Chasseneuz*, Paris, 1880, in-8).

[7] Guillaume Garsonnet, né à Poitiers, d'abord avocat général (n.
23 nov. 1535, *Actes* n° 24219)(16 juin 1536-12 janvier 1541) au Parlement
d'Aix, puis premier président (8 juin 1541) (n. 23 mai. *Actes* n° 24657).
Il semble être mort avant le 5 octobre 1541 *(Reg. délib. Parl. Aix, t. 1er)*.

[8] Jean de Maynier, baron d'Oppède et de Vitrolles, fils d'Accurse
Maynier et de Madeleine de Merles, né à Aix, le 10 septembre 1495,
conseiller au Parlement d'Aix (21 février 1522, office créé) (n. 2 février
1523. *Actes* n° 23753), deuxième président (12 novembre 1541. *Actes*
n° 24741), premier président (20 décembre 1543. *Actes* n° 25047), lieutenant-général en Provence (26 février 1544) chevalier de l'Éperon
d'or, comte Palatin, très connu pour sa coopération à l'affaire de Cabrières
de Mérindol, mourut, à Aix, le 4 juillet 1558 (Clapiers, égl. des Observantins). Il était encore conseiller, le 12 mars 1538 *(Reg. délib. Parl.
Aix, t. 1er)*. Il épousa Louise de Vintimille, puis Madeleine de Castellanne.

[9] Jean-Augustin de Foresta, baron de Trets, fils de Christophe de Foresta et de Pelègre de Gandulfils, d'abord conseiller au Parlement d'Aix (n. 15 août 1543. *Actes*, n° 25005) (4 octobre 1543), puis président (29 mars 1554), premier président (5 juillet 1558). Encore conseiller, le 7 mai 1550 *(Reg. délib.*, t. 2), président (18 février 1558) *(It.*, t. 9), on le trouve premier président, les 29 novembre 1561, 15 décembre 1563 (t. t. 11, 12), 31 janvier 1575 (t. 13), 12 décembre 1579 (t. 14), 5 janvier 1588 (t. 15), 19 septembre 1588 (t. 17). Il avait, comme le Parlement tout entier, été suspendu de ses fonctions, en 1564, mais il siégeait déjà, le 23 novembre 1565 (t. 12), sous Morsan, au départ duquel (9 décembre 1566), il rede int premier président *(Item)*. Il mourut, à Aix, le 24 octo- bre 1588 (Clapiers, égl. des Observantins). Il épousa (8 septembre 1553) Anne d'Albertas-Villecrose (morte, à Aix, le 29 avril 1602 (Reg. des Observantins, greffe d'Aix). Ce fut un magistrat ligueur.

[10] Artus Prunier, sieur d'Agnières, Saint-André, Virieu, la Bussière, né à Grenoble, au début d'août 1548, deuxième fils d'Artus Prunier et de Jeanne de la Colombière, conseiller au Parlement de Grenoble (22 avril 1571), président au Parlement de Grenoble (29 novembre 1585-9 mars 1590), premier président au Parlement de Provence (4 novembre 1590), premier président au Parlement de Grenoble (17 novembre 1603), con- seiller d'Etat (4 octobre 1593), mort le 3 mai 1616. Il épousa (12 février 1572) Honorée de Simiane la Coste. (Son testament ologr., en date du 6 octobre 1618, se trouve aux Arch. de Grenoble, E. II, 735). Cf. sur lui, Vellot, *Vie d'Artus Prunier*, Paris, 1830, in-8.

[11] Guillaume du Vair, sieur de Villeneuve-le-Roi, fils de Jean du Vair et de Barbe François, né à Paris, le 7 mars 1556, conseiller (2 mai 1584) au Parlement de Paris, maître des requêtes (5 avril 1594-12 mai 1598), garde des sceaux de France (mai 1616), mort, le 3 août 1621, à Tonneins. Il fut évêque de Lisieux (11 août 1617-14 mars 1618) et ambas- sadeur extraordinaire en Angleterre (1596). C'est un des bons prosateurs de la Renaissance, qui n'en compte guère. Il traduisit Epictète, Démos- thène, Cicéron, publia : *De l'éloquence française, De la saine philo- sophie*. Ses *Œuvres* ont été réunies (1641, in-fol.) Cf. sur lui, Sappey, *Guillaume du Vair*, 1847, in-8, Paris, Cougny, *Guillaume du Vair*, Paris, 1857, in-8, et, surtout, le livre récent de M. René Radouant, *Guillaume du Vair*, Paris, s. d., in-8, très complet, très documenté.

[12] François de Lafont, fils d'Henri de Lafont, d'abord juge d'Albi- geois, puis conseiller au Parlement de Toulouse, président au Parlemen

d'Aix (19 mai 1544) (n. 26 janv. 1544. *Actes*, n° 25059), encore en
fonctions, le 14 décembre 1547 *(Reg. délib.*, t. 2). Beau-frère du conseiller Pierre de Montbel (Reg. délib., t. 4), il mourut, à Aix, le 11 novembre 1552 (Greffe d'Aix, église Saint-Sauveur, et non Observantins,
comme l'indique, à tort, Clapiers). Il épousa Marie de Nogaret.

[13] Rémy Ambrois, conseiller au Parlement d'Aix (19 novembre 1542)
(n. selon les *Actes*, n° 33046, le 12 avril 1543), encore conseiller, le
7 mai 1550 (Rég. délib., t. 2), président (4 août 1553), encore en fonctions, les 2 mars 1555 (Reg. dél., t. 6), 10 février 1558 (t. 9).

[14] Gaspard Garde, baron de Vins, fils d'Honoré Garde et d'Anne
Atanulfe, mariés, le 8 décembre 1500, vivant le 20 juillet 1513, conseiller
au Parlement d'Aix (17 mai 1543, office créé) (n. 24 avril 1543. *Actes*,
n° 24968), en fonctions, les 7 mai 1550 (Reg. délib., t. 2), 11 mai 1554
(t. 5), 8 décembre 1558 (t. 8), président (26 mars 1559), en fonctions, le
15 décembre 1563 (Reg. délib., t. 12), suspendu (12 avril 1564), rétabli
(26 novembre 1565, t. 12). Il épousa (16 mars 1559), Honorade de Pon-
tevès-Carces.

[15] Louis de Coriolis, fils d'Honoré de Coriolis et d'Anne de Pinelli,
mariés le 8 février 1524, illustre magistrat royaliste, d'abord soldat, puis
conseiller au Parlement d'Aix (3 octobre 1554), en fonctions, les 12 janvier 1562 (Reg. dél., t. 11), 4 septembre 1568 (t. 12), président (1er juin
1568), en fonctions les 1er décembre 1568 (Reg. délib., t. 12), 31 janvier
1575 (t. 13), 31 décembre 1579 (t. 14), 5 janvier 1588 (t. 15), 25 septembre
1594 (t. 17), 1er décembre 1599 (t. 18). Il mourut, à Avignon, en 1600. Il
avait, successivement, épousé Honorée d'Escalis (morte au 4 décembre
1560 (Reg. délib., t. 9), puis Marguerite d'Esclarnafatis (Scarnafiggi?),
puis (24 janvier 1562), Marguerite de Rolland-Réauville (vivante 3 février
1578), puis Marthe de Faucon.

[16] Louis de Puget, sieur de Fuveau, la Rochette, fils de Jacques de
Puget et de Catherine de Rochas d'Aiglun, conseiller au Parlement d'Aix
(22 juin 1544) (n. 4 juin. *Actes*, n° 21503), en fonctions, les 10 juillet 1551
(Reg. délib., t. 2), 26 juin 1553 (t. 6), président (18 mai 1554), en exercice, 4 septembre 1554 (Reg. délib., t. 4), 9 novembre 1561 (t. 9), 12 janvier 1562 (t. 11), 15 décembre 1563 (t. 12), 30 juin 1569 (t. 12). Il avait
été, comme ses collègues, suspendu en 1564, rétabli en 1565. Son fils vint
annoncer sa mort au Parlement, le 11 août 1573 (Reg. délib., t. 13). Il
fut enterré à Saint-Sauveur, le 11 août 1573 (Reg. Saint-Sauveur, greffe

d'Aix). Il épousa (1560) Blanche-Gilette de Jarente-Senas, puis Louise de Grimaldi.

[17] Boniface Pellicot, troisième fils d'Honoré Pellicot, naquit en 1514, fut sieur de Saint-Paul, d'abord avocat, assesseur d'Aix (1556), primicier (1er mai 1558) de Saint-Sauveur, procureur général provisoire au Parlement d'Aix (18 décembre 1564-7 avril 1565, (Reg. dél., t. 12) pendant sa suspension, conseiller au Parlement d'Aix (13 mai 1573), puis président (7 octobre 1573), en fonctions, les 12 avril 1575 (Reg. dél., t. 13), 12 décembre 1579, 27 juin 1580 (t. 14), 28 novembre 1584 (t. 15). Il mourut, le 31 août 1585, à Aix (Clapiers, église des Observantins). Il avait épousé Antonie Guigonesse, puis (1550) Catherine de Fabri (vivante 28 septembre 1585). Cf. sur les Pellicot : Anonyme, *Histoire d'une ancienne famille de Provence*, Toulon (1862, in-8°).

[18] François Estienne, sieur de Saint-Jean-de-la-Salle, Montfuron, fils de Jean d'Estienne et d'Antoinette de Meyran, mariés en 1527, conseiller au Parlement d'Aix (19 octobre 1572), en fonctions, les 6 février 1573, 1er octobre 1575 (Reg. délib., t. 13), 17 novembre 1579 (t. 14), président aux Enquêtes (26 août 1579) (t. 14), président à mortier (23 août 1585), en fonctions, les 4 décembre 1587 (t. 15), 22 juillet 1593 (t. 17). Il mourut, le 7 décembre 1594, à Aix (Greffe d'Aix, paroisse Saint-Sauveur). Il épousa (6 septembre 1575), Honorée de Pontevès-Buoux, morte à Aix, le 28 janvier 1618 (Greffe d'Aix, paroisse Saint-Sauveur).

[19] Marc-Antoine d'Escalis, baron de Bras, Saint-Julien, Estoublon, Bellegarde, fils aîné d'Artus d'Escalis et de Madeleine Doria, mariés le 21 juin 1552, conseiller au Parlement d'Aix (31 janvier 1584), en fonctions, les 13 avril 1584 (Reg. dél., t. 15), 25 octobre 1586, 1er décembre 1587 (*it.*), 13 septembre 1594 (t. 17), président (27 février 1599), en fonctions, les 6 juillet 1615, 12 avril 1616 (t. 20), premier président (reçu, le 14 octobre 1616. Reg. 20). Il mourut en 1620. Il avait épousé Hortense de Bourdon (morte à Aix, le 26 février 1627. Clapiers, Église des Cordeliers).

[20] François de Pérussis, baron de Lauris et du Puget, fils de Julien de Pérussis et de Marie Mancelli, conseiller au Parlement d'Aix (octobre 1543) (office créé) (n. 11 sept. 1543. *Actes*, n° 25016), en fonctions, les 10 juillet 1551, 26 janvier 1554 (Reg. dél., t. 2,4), 2 mars 1555 (t. 6), 22 mars 1558 (t. 8), président (6 octobre 1558), en fonctions, les 15 décembre 1563 (t. 12), 18 décembre 1564 (*it*); 6 juin 1565 (t. 12), 31 jan-

vier 1575 (t. 13), 17 décembre 1579 (t. 14), 20 février 1587 (t. 15). Né
en 1513, il mourut, à Aix, le 10 avril 1587 (Clapiers, égl. des Observantins). Il avait épousé (28 oct. 1530) Anne de Mainier d'Oppède (morte,
à Aix, le 19 août 1598. Clapiers, Église des Observantins).

[21] Claude de Pérussis, baron de Lauris et d'Oppède, fils de François
de Pérussis et d'Anne de Mainier d'Oppède, baptisé à Aix, le 1er décembre
1551 (Greffe d'Aix, paroisse Saint-Sauveur), reçu, le 28 novembre 1575,
président à survivance, au lieu de son père. Il ne paraît pas avoir siégé
et mourut, à Paris, en 1584, sans enfants légitimes, mais il avait eu un
bâtard de Madeleine de Nostradamus.

[22] Raymond de Piolenc, fils de Thomas de Piolenc et de Perronnelle
Fillioli, mariés le 21 février 1530, sieur de Saint-Julien et Cornillon,
reçu procureur général à survivance au Parlement d'Aix (2 mars 1555.
Reg. délib., t. 6), procureur général en exercice, les 11 mars 1558 (Reg.
dél., t. 8), 28 avril 1570 (t. 12), 17 mai 1575 (t. 13), 14 octobre 1579
(t. 14), 31 décembre 1587 (t. 15), président (26 avril 1588, t. 17), en
fonctions (30 septembre 1594, t. 17), 1er décembre 1599 (t. 18), mourut
entre le 14 novembre 1605 et le 4 février 1606. Il avait épousé (31 décembre 1557) Marguerite de François (morte, à Aix, le 29 décembre
1618. Greffe d'Aix, église des Grands-Carmes).

[23] Robert de Montcalm, baron de Fresque, troisième fils de Gaillard
de Montcalm et de Monde de Combes-Montclus, né en 1542, avocat au
grand Conseil (23 juillet 1571), président (1er octobre 1576) au Parlement
d'Aix, en fonctions les 31 décembre 1579, 27 juin 1580 (Reg. délib.,
t. 14), 13 avril 1584 (Reg. 15), mourut, à Arles. le 23 octobre 1585 (Reg.
dél., t. 18). Il avait épousé Blanche de Châteauneuf-Molèges (testa,
24 septembre 1589), veuve de Georges d'Aubret.

[24] Louis Chaine (du Chaine), fils de Guillaume Chaine et d'Antoinette Laurens, né à Aix, en 1543, conseiller au Parlement de Provence
(20 octobre 1578), en fonctions, les 12 décembre 1579, 27 juin 1580 (Reg.
dél., 14, 15), 29 août 1585 (t. 15), président (14 décembre 1585), en exercice, les 15 octobre 1587, 2 septembre 1594, 15 septembre 1600, etc.
(t. 17, 18). Il mourut, le 20 avril 1613, en allant à la Sainte-Baume. Il avait
épousé Anne de Bausset (morte le 21 avril 1598. Clapiers, Église des
Minimes). Cf, sur Chaine, Soubrat : le Président du Chaine, Aix, 1877,
in-8°.

[25] Louis de Forbin, sieur de Luc, Solliès, Peyruis, fils aîné de Pala-

medes da Forbin et de Jeanne de Castillon, mariés le 18 janvier 1456, président de la Chambre des comptes de Naples (7 avril 1495), conseiller au Parlement d'Aix, ambassadeur en Autriche, à Rome, en Suisse (1516), testa, le 27 septembre 1521. Il épousa (25 mars 1485 v. s.) Marguerite de Grimaldi.

[26] François de Guérin, d'abord procureur général (28 février 1505-1516), puis conseiller (2 mai 1516-1524), puis, de nouveau (17 mai 1571) au Parlement d'Aix, né à Apt, mort le 17 mai 1575, épousa (15 nov. 1516) Marceline de Rochas d'Aiglun. Cf. Rémerville : *Hist. d'Apt* (Mss de la Bibl. Mazarine, à Paris). Selon les *Actes* (n° 17496), il serait mort, avant le 22 juin 1522, et, par conséquent, distinct du François de Guérin, nommé en 1571.

[27] Louis Garnier, fils de Georges Garnier et de Marguerite de Saint-Marcel, mariés en 1469, conseiller au Parlement d'Aix (n. 1er juin 1522, *Actes*, n° 28714), mort avant le 21 mai 1535, épousa Marguerite de Clapiers-Pierrefeu (vivante, 16 février 1536).

[28] Nicolas Esmenjaud, sieur de Riez, Barras, fils de Barthélemy Esmenjaud et d'Honorade Isnard (Arch. de Grenoble, E, II, 401), juge mage de Provence, puis (31 juillet 1535), conseiller au Parlement de Provence (n° 21 mai 1535. *Actes*, n° 7856), en fonctions les 15 juin 1541 (Reg. dél., t. 1), 7 mai 1550 (t. 2), 19 juin 1555 (t. 6), 12 janvier 1562 (t. 11), 3 octobre 1570 (t. 12). Il avait été suspendu (12 avril 1564), puis rétabli (10 novembre 1565) (t. 12). Il épousa (14 décembre 1517) Baptistine de Puget, puis (1532) Françoise de Baschi, veuve d'Elzéar d'Agoult.

[29] Antoine Esmenjaud, fils de Nicolas Esmenjaud et de Baptistine de Puget, mariés le 14 décembre 1517, sieur de Barras, conseiller au Parlement de Provence (13 juin 1573), en fonctions, les 16 septembre 1573, 1er octobre 1575 (Reg. délib., t. 13), 12 décembre 1579 (t. 14), 7 mai 1587 (t. 15), 30 septembre 1594 (t. 17), 2 mars 1599 (t. 18), 7 janvier 1604 (t. 19), 16 juin 1611 (t. 20). Il épousa Diane de Pontevès-Amirat (mourut à Aix, le 16 janvier 1652 (Greffe d'Aix, reg. des Augutins). Il mourut le 6 février 1612 (Greffe d'Aix, reg. des Augustins, A échappé à Clapiers).

[30] Guillaume de Puget, prévôt de Saint-Sauveur, conseiller au Parlement d'Aix.

[31] Marcelin Guiramand, sieur de la Penne, la Grémuse, Velaux,

deuxième fils de Pierre de Guiramand et de Jacqueline d'Isnard, conseiller au Parlement d'Aix.

[32] Bernard de Badet, conseiller au Parlement d'Aix (3 octobre 1539) (n. 7 juillet 1539. *Actes*, n° 24173), en fonctions, 23 octobre 1551 (Reg. délib., t. 2), 3 septembre 1554 (t. 4), 2 mars 1555 (t. 5), 30 août et 8 décembre 1558 (t. 8), mort avant le 15 mars 1582. Il épousa Jeanne de la Ceppède.

[33] Bertrand Romany, conseiller au Parlement d'Aix (10 juin 1555), en fonctions, les 12 janvier 1562 (Reg. délib., t. 11), 25 juin 1565, 1er octobre 1566 (t. 12).

[34] Antoine Olivier, conseiller au Parlement d'Aix (12 janvier 1567), en fonctions, les 30 juin 1567, 3 octobre 1570 (Reg. dél., t. 12), 1er octobre 1575 (t. 13), 31 décembre 1579, 27 juin 1580, 20 juin 1582 (t. 14). Il mourut, à Aix, le 30 septembre 1586 (Clapiers, église des Cordeliers). Il épousa Madeleine de Picard.

[35] Jean-Pierre Olivier, fils d'Antoine Olivier et de Madeleine de Picard, baptisé à Aix, le 19 novembre 1554 (Clapiers, église Saint-Sauveur), conseiller au Parlement d'Aix (21 juin 1585), en fonctions, les 11 octobre 1586, 31 décembre 1587 (Reg. délib., t. 15), 30 septembre 1594 (t. 17), 15 septembre 1600 (t. 18), 4 février 1627 (t. 22), 24 juillet 1630 (t. 23), 10 janvier 1632 (t. 24). Il mourut, à Aix, le 23 juillet 1633 (Clapiers, église des Cordeliers). Il épousa (29 juillet 1582) Catherine de Vitalis, baptisée, le 13 janvier 1567, à Aix (Greffe d'Aix, paroisse Sainte-Madeleine), morte, le 19 janvier 1629, à Aix (Clapiers, église des Cordeliers).

[36] Jean de Cuers, prévôt de Marseille, maître des requêtes du roi René (14 juin 1472), conseiller au Parlement d'Aix, prévôt de N. D. la Major à Marseille, deuxième fils de Pierre de Cuers et de Douce N... Il testa en 1510.

[37] Antoine d'Albis, sieur de Châteaurenard, fils de Jean d'Albis et d'Hélionne de Cuers, conseiller au Parlement d'Aix (6 décembre 1511), encore en fonctions, le 13 mars 1539 (Reg. délib., t. 1).

[38] Pierre de Montbel, conseiller au Parlement d'Aix (26 octobre 1552), en fonctions, les 2 juin 1553 (Reg. délib., t. 3) et 26 janvier 1554

(t. 4). Il passa, en 1554, au Parlement de Toulouse (pourvu 11 mars 1554, en exerc. 28 oct. 1555).

[39] Jean de Salamon, conseiller au Parlement d'Aix (20 février 1554), en fonctions, 11 mai, 1er juillet 1555 (Reg. délib., t. 6), 1er octobre 1556 (Reg. 6 bis), 11 octobre 1558 (Reg. 8), 12 janvier, 16 juin 1562 (t. 11). Il avait épousé N... de Coucils-Agafin. Il fut assassiné, lors de l'occupation d'Aix par les bandes catholiques de Durand de Pontevès-Flassans, dans la nuit du 22 au 23 juin 1562. Dépouillé et laissé nu sur le pavé, devant le couvent de Saint-Barthélemy, le Parlement le fit aussitôt enterrer, et, quelques jours après, pria le procureur général, Jacques de Rabasse, d'informer à ce sujet. Rabasse se récusa, pour incompétence. Désidéri, lieutenant particulier du sénéchal, refusa, d'abord, d'informer, disant que s'il le faisait, « il est assuré que, dans trois heures après, il serait massacré ». Le Parlement insista. « C'est votre devoir », dit-il à Désidéri. « Si encore je pouvais être certain de la discrétion des témoins que j'interrogerai ! » répliqua celui-ci. La Cour, qui se rendait compte des difficultés de la situation, lui intima l'ordre d'informer « le plus diligemment, surement et discrètement qu'il pourra, sans danger de sa personne ».

A l'arrivée de Flassans à Aix, tous les conseillers suspects d'hérésie, Fr. de Genas, H. Somati, Ch. de Châteauneuf, André Pena, Jean Ferrier, Jean d'Arcussia, avaient pris le large. Salamon n'eut, sans doute, pas le temps d'en faire autant. Nous avons vu qu'il siégea encore, le 16 juin. A l'audience du 22, le conseiller Nicolas Fabri déclara « qu'un de Messieurs », qu'il ne voulut pas nommer, sauf ordre formel du Parlement, lui avait demandé asile. Fabri, pour pourvoir à sa sécurité, l'avait fait conduire à la Conciergerie du Palais, par M. de Manty, gouverneur de la ville. Par malheur, le conseiller Claude de Panisse, collègue et beau-frère de Salamon, ne le jugeant pas en sûreté dans cette prison, eut la fâcheuse idée de prier Manty, qui déféra à son désir, de le conduire, « en habit « déguisé », au couvent des Dominicains, où les sicaires de Flassans vinrent le tuer pendant la nuit (Reg. délib., t. 11, pp. 559 à 574).

[40] Renaud de Tressemanes, sieur de Chasteuil et Brunet, conseiller à la Cour des Aides de Provence (14-21 juillet 1552), puis au Parlement d'Aix (10 mai 1569), en fonctions, les 3 octobre 1576 (Reg. délib., t. 12), 1er octobre 1575 (t. 13), 12 décembre 1579 (t. 14), 14 décembre 1585 (t. 15). Fils de Poncet de Tressemanes et de Delphine de Puget, mariés le 27 août 1497, il mourut, à Aix, le 9 mars 1593 (Greffe d'Aix. Reg. des Augustins). Il épousa (18 janvier 1557) Anne Doria (vivante, 4 avril 1598,

mourut, 1er janvier 1602) (Greffe d'Aix. Reg. des Augustins : a échappé à Clapiers).

[41] Jean-Baptiste de Tressemanes, sieur de Chasteuil, fils de Renaud de Tressemanes et d'Anne Doria, baptisé, à Aix, le 31 mai 1559 (Greffe d'Aix, paroisse Sainte-Madeleine), conseiller au Parlement d'Aix (15 juin 1584), en fonctions, les 4 septembre 1584 (Reg. délib., t. 15), 20 février, 7 mai 1587 (t. 15). Mort sans postérité.

[42] Antoine Ailhaud, troisième fils de Jean Ailhaud et de Catherine d'Arbaud, conseiller au Parlement d'Aix (22 juin 1588), en fonctions, le 22 mars 1589 (Reg. délib., t. 17). Il épousa Catherine de Gaufridy et mourut sans postérité.

[43] Raymond Ricard, prévôt de Ventabren, conseiller au Parlement d'Aix.

[44] Jean Tournatoris, sieur de Canillac, conseiller au Parlement d'Aix.

[45] François Sommati, sieur du Castelar procureur général (3 mars 1519 Actes n° 23572), puis (n. 13 mars 1528, Actes n° 23935) (5 février 1533), conseiller au Parlement d'Aix, en fonctions, les 7 mai 1550 (Reg. délib., (t. 2), 13 février 1552 (t. 3), 1er octobre 1556 (t. 6 bis). Il mourut, à Aix, le 23 mars 1559 (Clapiers, église des Cordeliers). Il épousa Andriève d'Arbaud.

[46] Gaspard d'Arcussia, sieur d'Esparron, Pallières, fils de Jean d'Arcussia et d'Honorade de Séguiran, fut juge de Forcalquier, conseiller au Parlement d'Aix (12 mai 1543), en fonctions, les 7 mai 1550 (Reg. délib., t. 2), 4 janvier 1552 (t. 3), 9 juin 1554 (t. 5), mort le 25 juillet 1559. Il épousa (13 juin 1536) Marguerite de Glandevès (morte entre 5 juin 1565 et 15 septembre 1582).

[47] Honoré Sommati, sieur du Castelar, fils de François Sommati et d'Andriève d'Arbaud, né et baptisé à Aix, paroisse Saint-Sauveur, le 22 juin 1521 (Reg. délib., Parlt. t. 3). Il fut reçu conseiller, le 13 février 1552 (It.), est en fonctions, les 4 mai 1554 (t. 5) 12 février 1562 (t. 11) 29 septembre 1563 (t. 12) 1er octobre 1566 (t. 12) 20 octobre 1572 (t. 13). Suspendu de son office, pour opinions protestantes, en 1572, il fut rétabli, le 3 octobre 1575 (t. 14) siège, les 23 décembre 1579 (t. 14) 4 décem-

bre 1587 (t. 15) 29 mai 1591 (t. 17). Il mourut, le 23 juillet 1591, à Aix
(greffe d'Aix, église des Cordeliers). Il avait épousé (février 1556) Marguerite de Puget (morte, en septembre 1557) puis (28 septembre 1565)
Lucrèce de Vallavoire.

[48] Barthélemy Thomas, sieur de Milhaud, troisième fils de Pierre
Thomas et d'Honorade de Signier, mariés le 5 mars 1503, sieur de Revest,
l'Isle, Saint-Martin des Pallières, Roquefure, l'Escaillon, juge à Toulon,
conseiller au Parlement d'Aix (12 juin 1555) en fonctions, les 1er octobre
1556 (Reg. délib. t. 6 bis), 10 février 1558 (t. 8), 12 janvier 1562 (t. 11),
3 août 1568 (t. 12) 1er octobre 1573 (t. 13) 31 décembre 1579 (t. 14) 11 mai
1588 (t. 17). Il épousa (8 novembre 1543) Marguerite Vento (vivante
6 mars 1547), puis (5 juin 1565) Marguerite de Glandevès, puis (15 septembre 1582) Silvestre de Digne, veuve de Claude de Tulle (Cf. De Boisgelin: *Les Thomas, marquis de Sainte-Marguerite*, Aix, 1896, in-8°).

[49] Gaspard de Laidet, sieur de Fonbeton, fils de Pierre de Laidet et
de Lucrèce de Laidet conseiller au Parlement d'Aix (5 mars 1599), en fonctions, les 9 mars 1599, 15 septembre 1600 (Reg. délib. t. 18) 25 août 1625
(t. 21) mourut, le 1er mai 1628, à Aix (greffe d'Aix, par. Saint-Sauveur).
Il épousa Catherine de Pontis, puis Françoise de Gautier-Vallabres.

(50) Pierre de Brandis, conseiller au Parlement d'Aix, mort avant le
29 avril 1522. Sieur d'Auribeau (?) épousa Antoinette de Berre (?).

[51] Geoffroy Sala, sieur de Montjustin, fils de Jean Sala et d'Elisabeth de Baronnat, lieutenant général à Asti (24 novembre 1522), conseiller au Parlement d'Aix (10 juin 1521) (n. selon les *Actes*, n° 23704, le
29 avril 1522) en fonctions les 15 juin 1541 (Reg. délib. t. 1) 26 août 1551
(t. 2) 3 septembre 1553 (t. 4) 25 juin 1555 (t. 6) 30 août 1558 (t. 8)
6 octobre 1558 (t. 9). Il testa, le 23 août 1559.

[52] Bertrand Durand, sieur de Fuveau, Peynier, Castellet-les-Saûsses,
conseiller au Parlement d'Aix, fils de Louis Durand (Duranti) épousa
Madeleine de Pontevès et testa, en 1523.

[53] Georges Durand, sieur de Peynier, fils de Bertrand Durand et de
Madeleine de Pontevès (n. à survivance, le 6 septembre 1520. *Actes*,
n° 23649), conseiller au Parlement d'Aix (4 mai 1524), en fonct. les
10 juillet 1551 (Reg. délib. t. 2) 19 juin 1555 (t. 6) 1er octobre 1556
(t. 6 bis), mourut à Aix, le 20 décembre 1562 (greffe d'Aix, par. Saint-

Sauveur). Il épousa N..., (tante du cons. André Ardillon) puis Madeleine de Villemur.

(54) Claude Durand, sieur de Peynier, fils de Georges Durand et de Madeleine de Villemur, reçu, à survivance, conseiller au Parlement d'Aix, le 3o juin 1557 (Reg. délib. t. 9) en fonctions, les 3 octobre 1558 (t. 9), 12 janvier 1562 (t. 11), 3 octobre 1570 (t. 12), 1er octobre 1575 (t. 13), 12 décembre 1579 (t. 14), 4 septembre 1584 (It.). Il mourut, à Aix, le 26 mars 1585 (Greffe d'Aix, par. Saint-Sauveur. A échappé à Clapiers). Il épousa (1556) Michelle Guyard.

[55] Gaspard-Arnoul de Joannis, sieur de la Brillanne, Arnoux, Chateau-neuf, assesseur d'Aix, procureur de Provence (1584) fils de Jean de Joannis et de Françoise de Beccaris, mariés le 9 juin 1553, conseiller au Parlement d'Aix (18 juin 1586) en fonctions, les 27 juillet 1586 (Reg. délib. t. 15), 13 septembre 1594 (t. 17), 13 janvier 1600 (t. 18), 24 novembre 1620 (t. 20), mourut à Aix, le 2 février 1621 (Greffe d'Aix, par. Sainte-Madeleine). Il épousa (3 février 1578), Charlotte de Coriolis (baptisée à Aix, le 25 juillet 1564 (Greffe d'Aix, par. Sainte-Madeleine), vivante 2 août 1604).

[56] Melchior Séguiran, sieur de Vauvenargues (1er octobre 1485), conseiller au Parlement d'Aix, fils d'Isnard Séguiran. Il mourut, le 6 janvier 1510. (Cab. Hozier, 160, doss, Jarente, fol. 38, v°).

[57] Bertrand Rostagny, juge-mage de Carpentras (1505), conseiller au Parlement d'Aix (13 janvier 1509) testa 21 juillet 1515. Il épousa Madeleine Morel (testa 15 novembre 1490), puis (31 décembre 1492) Marguerite de Merles.

[58] Alexandre-Amédée Imbert, fils de Claude Imbert et de Jeanne Rostagny, conseiller au Parlement d'Aix (n. 11 octobre. Actes, n° 23497) (15 décembre 1517), mort avant le 23 décembre 1532. Il épousa Suzette Esmivi (vivante 22 avril 1536).

[59] Fouquet Fabri, sieur de Laverne, fils d'Amédée Fabri et de Louise de Gombert, mariés le 21 janvier 1464, sieur de Laverne, né avant le 4 décembre 1490, assesseur d'Aix (19 octobre 1510) eût des missions auprès du roi (mars 1512 et janvier 1513), sauva, en 1536, les archives d'Aix, conseiller au Parlement de Provence (24 décembre 1532), en fonction le 15 juin 1541 (Reg. délib. t. 1), lieutenant général en Provence (4 janvier 1535), épousa (28 novembre 1501) Silvestre de l'Evêque.

(Morte, le 20 juin 1523, à 4 heures du matin). Il mourut, le 20 mai 1546 *(Carrés Hozier*, 132).

[60] Nicolas Fabri, sieur de Calas, fils de Fouquet Fabri et de Silvestre de l'Evêque, mariés le 28 novembre 1501 conseiller au Parlement de Provence (n. 3 sept. *Actes*, n° 33200) (20 octobre 1545) en fonctions, les 17 décembre 1546, 7 mai 1550 (Reg. délib., t. 2), 19 juin 1555 (t. 6), 12 janvier 1562 (t. 11), 3 octobre 1570 (t. 12), 2 octobre 1572 (t. 13). Il épousa (14 mars 1544) Catherine de Chiavari (vivante 19 décembre 1577). Né le 21, baptisé le 22 décembre 1502, il mourut le 15 août 1572. Grand-père de Peiresc.

[61] Claude Fabri, fils de Nicolas Fabri et de Catherine de Chiavari, mariés le 14 mars 1544, conseiller au Parlement d'Aix (6 février 1573), en fonctions les 1er octobre 1575 (Reg. délib., t. 13), 12 décembre 1579 (t. 14) 22 mai 1587 (t. 15), 22 septembre 1594 (t. 17), 1er décembre 1599 (t. 18), 29 juillet 1606 (t. 20), vivant le 8 janvier 1608. Oncle de Peiresc.

[62] Pierre Mathei, sieur de Revest, fils de Jean Mathei, fut gouverneur et viguier de Forcalquier (9 avril 1493), conseiller au Parlement d'Aix (18 novembre 1502, 12 novembre 1533), mourut avant le 1er mai 1559. Il épousa (9 avril 1493) Dauphine de Vachères.

[63] Jean Doneault, conseiller au Parlement d'Aix (n. 9 déc. 1525 *Actes* n° 8232) (16 mai 1536) en fonctions, les 15 juin et 1er octobre 1541 (Reg. délib. t. 1). Il mourut, le 3 avril 1544, à Aix (greffe d'Aix, par. Saint-Sauveur. A échappé à Clapiers).

[64] Claude de Micaëlis, fils aîné de Jean de Micaëlis et de Marie Roux, mariés le 26 novembre 1526, conseiller au Parlement d'Aix (16 novembre 1554), en fonctions, les 12 janvier 1562 (Reg. délib., t. 11), 3 octobre 1570 (t. 12), 1er octobre 1575 (t. 13), 12 décembre 1579 (t. 14) 8 mai 1580 (It.). Il épousa Madeleine de Martin-Puylobier, fille du conseiller Louis.

[65] François de Foresta, deuxième fils de Jean-Augustin de Foresta et d'Anne d'Albertas, né à Aix, le 14 octobre 1557 (greffe d'Aix, par. Saint-Sauveur), conseiller au Parlement de Provence (21 novembre 1581), en fonctions, les 31 décembre 1587 (Reg. délib., t. 15), 23 mars 1599 (t. 18) 30 juillet 1606 (t. 20), 3 février 1621 (t. 21). Il épousa (22 janvier 1584) Marthe de Glandevès (vivante 7 février 1596), puis (10 avril 1599) Claudine d'Adhémar-Castellane (morte, le 5 septembre 1651, à Aix).

[66] Simon de Tributiis, sieur de Sainte-Marguerite, le Bourget, conseiller à la Cour de Carpentras (21 février 1502), puis au Parlement de Provence, fils de Bertrand de Tributiis, épousa (1501) Antoinette Bertrand.

[67] Honoré de Tributiis, sieur de Sainte-Marguerite, Aubenas, Peyrolles, fils de Simon de Tributiis et d'Antoinette Bertrand, mariés en 1501, conseiller au Parlement de Provence (15 juin 1533) (n. 15 mars 1530. *Actes*, n° 24039), en fonctions, les 24 janvier 1540 (Reg. délib., t. 1), 13 février 1552 (t. 2), 26 janvier 1554 (t. 4), 19 juin 1555 (t. 6), 1er octobre 1558 (t. 8), 12 janvier 1562 (t. 11), 15 décembre 1563 (t. 12), suspendu (12 avril 1564), rétabli (26 novembre 1565). Il mourut à Aix, le 14 janvier 1566 (greffe d'Aix, par, Saint-Sauveur). Il épousa Gabrielle de Rolland (morte au 4 décembre 1560) (Reg. délib., t. 9).

[68] Michel Audibert, conseiller au Parlement d'Aix.

[69] Esprit Parisiis, sieur de Revest, conseiller au Parlement d'Aix.

[70] Gaspard du Périer, fils de Louis du Périer et d'Anne de Tesé, mariés le 14 juillet 1465, conseiller au Parlement d'Aix, antiquaire remarquable, testa le 18 janvier 1531. Il épousa Sibylle Dupré (morte au 18 janvier 1531).

[71] Joachim de Sade, sieur de Mazan, Venasque, Saint-Didier, gouverneur de Vaison, fils de Pierre de Sade et de Baptistine de Forbin, né après le 1er avril 1469, conseiller au Parlement d'Aix (29 novembre 1530) (n. 22 oct. 1530. *Actes*, n° 24069) en fonctions, le 1er novembre 1537 (Reg. délib., t. 1), se noya, en 1538, dans le Calavon. Il épousa (1521) Clémence de Gérard.

[72] Toussaint de Coriolis, fils aîné de Jean de Coriolis et de Madeleine de Villeneuve-Trans, conseiller au Parlement d'Aix, épousa Madeleine de Boyer et mourut avant le 6 octobre 1518.

[73] Nicolas Balbo, sieur de Saint-Tropez, marquis de Ceva, conseiller au Parlement d'Aix, puis premier président au Parlement de Turin (1539).

[74] Antoine de Rolland, sieur de Reilhanete, Châtenay, fils d'Olivier de Rolland et de Perrette de Gérard d'Aubres, né à Avignon, conseiller au Parlement d'Aix (30 novembre 1533) (n. 15 nov. 1530. *Actes*, n° 6492),

encore en fonctions, le 13 janvier 1552 (Reg. délib., t. 2), naturalisé (juin 1542). Il épousa (15 août 1536) Sibylle de Jarente-Senas (morte au 22 janvier 1563). Il mourut avant le 24 décembre 1552.

(75) Guillaume Chaine, né à Brignoles, conseiller au Parlement d'Aix (16 octobre 1552), en fonctions 4 mai 1554 (Reg. délib., t. 5), 12 janvier 1562 (t. 11), 3 octobre 1570 (t. 12), 1er octobre 1575 (t. 13), 23 mai 1578 (t. 14), mourut avant le 20 octobre 1578 (It.). (Il ne mourut pas le 28 juin 1618, comme le dit à tort, Clapiers, qui le confond avec son petit-fils, Jean). Il épousa Antoinette Laurens (morte, à Aix, le 21 avril 1598 (Clapiers, église des Minimes), le même jour que sa belle-fille, femme du président Chaine).

(76) Balthazar du Périer, fils de Julien du Périer et de Louise Chandon, conseiller au Parlement d'Aix (12 mars 1586) en fonctions, les 23 avril 1586, 4 décembre 1587 (Reg. délib., t. 15). Il testa, le 6 janvier 1598. Il ne mourut pas, comme le prétend Clapiers, à Aix, église des Cordeliers, le 20 mai 1603, car, ce jour-là, ce fut un de ses fils, et non lui, qu'on inhuma (greffe d'Aix, Reg. des Cordeliers). Il avait épousé Lucrèce de Coriolis.

[77] Julien du Périer, sieur de Clumans, fils de Balthazar du Périer et de Lucrèce de Coriolis, conseiller au Parlement de Provence (16 mars 1599) en fonctions, les 19-23 mars 1599 (Reg. délib., t. 18), 4 février 1627 (t. 22), 26 février 1629 (It.), 24 juillet 1630 (t. 23), 4 janvier 1639 (t. 24). Envoyé à Paris, pour affaires, par le Parlement (1er février 1639), dont il était le doyen (t. 24), il y mourut (juin 1639) (Clapiers). Il épousa (décembre 1590), Françoise de Demandols-la-Palu (née à la Palu, morte à Aix, le 3 avril 1642 (Greffe d'Aix; église des Cordeliers).

[78] Claude de Jarente, sieur de Sénas, 2e fils de Thomas de Jarente et de Louise de Glandevès, mariés le 19 août 1472, conseiller au Parlement d'Aix (8 janvier 1513; off. créé), en fonctions, les 15 juin 1541 (Reg. délib. t. 1), 13 juillet 1551 (t. 2), 15 octobre 1552 (t. 3, alors malade), testa, le 24 décembre 1552, et mourut, le 13 janvier 1553, à Aix (greffe d'Aix, église Saint-Sauveur). Il épousa (17 juin 1515) Vence de Lascaris, puis Marguerite de Pontevès-Cabannes (morte, le 17 juillet 1569 (greffe d'Aix, église Saint-Sauveur. A échappé à Clapiers).

[79] André d'Ardillon, sieur de Montmirail, fils de Pierre d'Ardillon et de Jeanne de Jarente, mariés le 1er février 1511, conseiller au Parlement d'Aix (21 janvier 1552), en fonctions 7 mai 1554 (Reg. délib. t. 5),

17 décembre 1561 (t. 11), 3 octobre 1570 (t. 12), 1er octobre 1575 (t. 13), 12 décembre 1579 (t. 14), 27 juin 1580 (t. 15). Il mourut assassiné, avant le 13 février 1582. Le Parlement fit poursuivre ses meurtriers, qui se réfugièrent sur mer (It.).

[80] Jean de Venel, fils de Gaspard de Venel et de Catherine Minuty, conseiller au Parlement d'Aix (12 mars 1599), en fonctions, les 16 mars 1599 (Reg. délib., t. 18), 4 février 1627 (t. 22), 8 septembre 1635 (t. 24), mourut à Aix, le 26 février 1636 (greffe d'Aix, église des Augustins). Il épousa Jeanne de Garron (baptisée à Aix, le 1er février 1576 (greffe d'Aix, par Sainte-Madeleine), morte à Aix, le 6 juin 1633 (greffe d'Aix, église des Augustins).

[81] Arnaud d'Albe, sieur de Roquemartine, la Visclède (10 août 1506), conseiller au Parlement d'Aix, 3e fils de Jean d'Albe et d'Alix d'Oraison, mariés le 6 juin 1467, testa le 17 avril 1528, et mourut à Avignon.

[82] Louis Martin, sieur de Puylobier, conseiller au Parlement d'Aix (24 décembre 1527), n., selon les *Actes* (n° 23.965), le 30 septembre 1528, en fonctions (24 avril 1536 (Reg. délib., t. 1), mort au 10 septembre 1536.

[83] François de Rascas, sieur de Bagarris, le Muy, le Cannet, Chateauredon, fils de Guillaume de Rascas et de Madeleine de Barras, conseiller au Parlement d'Aix (novembre 1536) n., selon les *Actes* (n° 8.633), le 10 septembre 1536), en fonctions, les 13 février 1552 (Reg. délib., t. 2). 16 janvier 1555 (t. 4), 13 janvier 1562 (t. 11), 16 octobre 1567 (t. 12), suspendu (12 avril 1564), rétabli (15 février 1566) (t. 12). Il épousa Anne de Rascas (morte le 2 mars 1567, à Aix (greffe d'Aix, par. Saint-Sauveur. A échappé à Clapiers), puis Etiennette de Romany. Il n'est pas mort, comme le prétend, à tort, Clapiers, le 26 novembre 1600 (Reg. des Observantins). A cette cote, nous trouvons, sur l'original, « François de *Rabasse*, avocat » (greffe d'Aix, Reg. des Observantins).

[84] Jean de Rascas, sieur de Bagarris, fils de François de Rascas et d'Anne de Rascas, baptisé le 28 avril 1545, à Aix (greffe d'Aix, par. Saint-Sauveur), fut archidiacre de Saint-Sauveur, conseiller au Parlement d'Aix (27 décembre 1570), en fonctions les 3 octobre 1570 (t. 12), 30 août 1573 (t. 13), 12 décembre 1579 (t. 14), 5 janvier 1588 (t. 15), 25 septembre 1594 (t. 17), 15 septembre 1600 (t. 18), 4 février 1627 (t. 22), 1er mars 1629 (t. 22).

[85] Charles de Glandevès, sieur de Carros, Saint-Martin des Palières, fils de Baudet de Glandevès et de Jeanne de Blacas, conseiller au Parlement d'Aix (15 octobre 1523) n. *(Actes,* n° 23,791), le 27 octobre 1523, en fonctions, les 15 juin 1541 (Reg. délib., t. 1), 10 juillet 1551 (t. 2), 2 mars 1555 (t. 6), 7 juillet 1556 (t. 6 *bis*), 14 février 1560 (t. 10). Le 27 février 1560 (Reg. 10), il démissionne en faveur de son petit-fils, Jean d'Arcussia. Il mourut entre le 25 novembre 1560 et le 4 octobre 1564. Il avait épousé (20 novembre 1529) Marguerite de Grasse-Bar (morte entre 4 octobre 1564 et 14 août 1566).

[86] Jean d'Arcussia, sieur de Gardanne, fils de Gaspard d'Arcussia et de Marguerite de Glandevès-Carros, mariés le 13 juin 1536, conseiller au Parlement d'Aix (8 mai 1560), en fonctions les 12 janvier 1562 (Reg. délib., t. 11), 3 octobre 1570 (t. 12), 29 mai 1571 (t. 13), il abjura le protestantisme, le 19 octobre 1572 (t. 13), mais son office fut, provisoirement supprimé. Il fut rétabli, le 4 juin 1576 (t. 14). Il était encore conseiller, les 31 décembre 1579 (t. 14), 4 décembre 1587 (t. 15), 30 septembre 1594 (t. 17), 30 mars et 25 juin 1596 (t. 18). Il épousa Benoîte de Gras, veuve d'Esprit Vitalis.

[87] Antoine de Badet, sieur de Gardanne, fils de Bernard de Badet et de Jeanne de la Ceppède, reçu conseiller à survivance (24 mars 1596), nommé par arrêt (19 décembre 1597), en exercice les 13 janvier 1600 (t. 18), 23 octobre 1619 (t. 20), 30 juillet 1623 et 22 août 1625 (t. 21). Il épousa (15 mars 1582), Florette de Gras. Il mourut, le 26 juin 1627 (greffe d'Aix, Reg. des Grands Carmes).

[88] Jean de Beaumont, fils d'Eloi de Beaumont, fut conseiller au Parlement d'Aix (10 août 1543) n., 20 avril 1543 *(Actes,* n° 24.963), en fonctions, les 7 mai 1550 (Reg. délib., t. 2), 19 juin 1555 (t. 6), 1er octobre 1556 (t. 6 *bis*). Il testa le 3 avril 1557 (v. s.). Peut-être est-ce lui (M. le prieur Jean de Beaumont), qui mourut à Aix (greffe d'Aix, par, Saint-Sauveur) le 7 septembre 1562.

[89] Antoine Gaufridy, dit *Geoffroy*, fils de Louis Gaufridy et de Marguerite d'Escalis, sieur de la Galinière, conseiller au Parlement d'Aix (21 juin 1543) n., 24 avril 1543 *(Actes,* n° 24.967), en fonctions les 26 août 1546 (Reg. délib., t. 1), 28 juin 1555 (t. 6), 12 janvier 1562 (t. 11), 3 octobre 1570 (t. 12), 29 mai 1572 (t. 13). Il avait fait ses études de droit à Avignon, Toulouse, Cahors et Pise. Il mourut à Aix, le 10 janvier 1590 (greffe d'Aix, Reg. des Augustins). Il épousa Catherine Pinelli (morte à Aix, le 26 mars 1587 (greffe d'Aix, Reg. des Augustins).

[90] Pierre de Puget, sieur de Tourtour, fils de Jean de Puget et de Marguerite de Cabre, baptisé à Aix, le 21 juin 1544 (greffe d'Aix, par. Saint-Sauveur), mort à Aix, le 12 septembre 1614 (Item), conseiller au Parlement d'Aix (15 octobre 1577), en fonctions les 31 décembre 1579 (Reg. délib., t. 14), 5 janvier 1588 (t. 15), 30 septembre 1594 (t. 17), 8 octobre 1613, 11 août 1614 (t. 20). Il épousa (1574), Anne de Raynaud (morte à Aix, le 8 juin 1600 (greffe d'Aix, par. Saint-Sauveur).

[91] Accurse de Leone, conseiller au Parlement d'Aix (4 septembre 1543) n., 17 août 1543 (Actes n° 33.076), en fonctions les 7 mai 1550 (Reg. délib., t. 2), 12 janvier 1562 (t. 11), 3 décembre 1563 (t. 12), 16 octobre 1567 (It.). En 1578-79, il reparaît aux audiences, soit à titre honorifique, soit pour remplacer son fils Pierre, alors probablement décédé (20 octobre 1578, 11 septembre 1579) (t. 14). Il épousa (1532) Louise d'Albert de Lessart.

[92] Pierre de Leone, fils d'Accurse de Leone et de Louise d'Albert de Lessart, mariés en 1532, conseiller au Parlement d'Aix (2 octobre 1567), en fonctions les 3 août 1568 et 3 octobre 1570 (Reg. délib. t. 12), 1er octobre 1575 (t. 13), 29 avril 1578 (t. 14). Il était mort au 20 février 1587 (t. 15) et probablement aussi, au 20 octobre 1578, où son père réapparaît au Parlement.

[93] Honoré de Saint-Marc, 2ª fils d'Antoine de Saint-Marc et de Françoise de Valence, baptisé à Aix le 27 octobre 1548 (Clapiers, par. Saint-Sauveur). Il apparaît, comme conseiller, dès le 12 décembre 1579 (Reg. délib., t. 15). Il avait épousé Marie de Leone, et était probablement, gendre d'Accurse et beau-frère de Pierre. Ce qui explique que, à partir du 29 avril 1578, Pierre vraisemblablement décédé, n'apparaisse plus au Parlement et soit remplacé (20 octobre 1578, 11 septembre 1579) par son père, Accurse, qui fit l'intérim, en attendant que son gendre, Honoré de Saint-Marc, fut reçu. Celui-ci, est en exercice les 10 octobre 1581 (Reg. délib., t. 15), 30 septembre 1594 (t. 17), 1er décembre 1599 (t. 18), 27 avril 1627 (t. 20), 3 novembre 1626 (t. 21). Il épousa, avant le 27 mars 1613, Madeleine Dedons (vivante, le 18 août 1646). Il mourut avant le 18 août 1646.

[94] Antoine de Saint-Marc, fils de Louis de Saint-Marc et de Marguerite de Peyrins, conseiller au Parlement d'Aix (24 mars 1544), en fonctions les 7 mai 1550 (Reg. délib., t. 2), 7 mai 1554 (t. 5), 12 janvier 1562 (t. 11), 3 octobre 1570 (t. 12), 1er août 1575 (t. 13), 23 décembre 1579 (t. 14), 5 janvier 1588 (t. 15), 23 février 1591 (t. 17). Il démissionne

le 4 février 1592, en faveur de François de Saint-Marc (It.). Il épousa Françoise-Louise de Valence.

[95] François de Saint-Marc, fils aîné d'Antoine de Saint-Marc et de Françoise-Louise de Valence, baptisé, à Aix, le 25 mars 1545 (greffe d'Aix, par. Saint-Sauveur), reçu à *survivance*, conseiller au Parlement d'Aix (1er décembre 1575) (Reg. délib., t. 14), reçu réellement (4 février 1592) (Reg. délib., t. 17), en fonctions, les 15 mars 1592, 30 septembre 1594 (t. 17), 1er décembre 1599 (t. 18), mort avant le 14 janvier 1600 (It.). Il épousa (4 juillet 1594) Lucrèce-Catherine de Monier.

[96] François de Genas, sieur d'Eguilles, conseiller au Parlement d'Aix (octobre 1543) n., 11 juillet 1539 *(Actes*, n., 32,846), en fonctions, 3 septembre 1554 (Reg. délib., t. 4), 19 juin 1555 (t. 6), 21 novembre 1561 (t. 11), 3 octobre 1570 (t, 12), 29 mai 1572 (t. 13), fils aîné de François de Genas et de Françoise Mayaud, né le 2 novembre 1510 à Avignon, huguenot, testa le 2, et mourut le 20 juin 1587. Il épousa (5 novembre 1531) Claire de Rodulf.

[97] Etienne Paul, fils de Jacques Paul et de Madeleine de Cordes, avocat au Parlement d'Aix, refusé le 11 mai 1587, comme président aux Enquêtes, reçu conseiller et président aux Enquêtes le 1er juin 1592 (Reg. délib., t. 17), en fonctions le 20 novembre 1592 (It.), 30 septembre 1594 (It.), 3 janvier 1600 (t. 18), 11 décembre 1609 (t. 20). Il mourut à Aix, le 23 avril 1610 (greffe d'Aix. Reg. des Observantins). Il épousa Jeanne de Mark (morte à Aix, le 29 mai 1616 (greffe d'Aix. Reg. des Observantins).

[98] Claude de Panisse, baron de Montfaucon, 6e fils de Jean de Panisse et d'Alix-Elisabeth de Pazzi, conseiller au Parlement d'Aix (15 novembre 1543) n., 26 septembre 1543 *(Actes*, n° 25.019), en fonctions les 7 mai 1550 (Reg. délib., t. 2), 19 juin 1555 (t. 6), 12 janvier 1562 (t. 11), 3 octobre 1570 (t. 12), 29 mai 1572 (t. 13), mourut à Aix, le 18 octobre 1572 (Clapiers. Egl. des Observantins). Il épousa (1549) Françoise de Coucils-Agafin.

[99] Melchior de Tributiis, sieur de Sainte-Marguerite, fils d'Honoré de Tributiis et de Gabrielle Rolland, baptisé à Aix, le 4 février 1550 (greffe d'Aix, par. Saint-Sauveur), conseiller au Parlement d'Aix (14 octobre 1572), ne semble pas avoir siégé. Il mourut, en 1611, ayant épousé (1568) Anne de Panisse.

[100] Paul de Chailan, sieur de Mouriès, Lambruisse, 2ᵉ fils de Pierre
de Chailan et d'Anne d'Oraison, mariés le 23 juillet 1548, lieut. partic.
à Draguignan (20 janvier 1572) (Reg. délib. t. 13), conseiller au Parlement d'Aix (16 décembre 1575), en fonctions, les 29 octobre 1577 (Reg.
délib., t. 14), 22 mai 1587 (t. 15), 13 janvier 1600 (t. 18), 5 janvier 1627
(t. 21), mort à Aix, le 23 février 1627 (greffe d'Aix, égl. des Grands
Carmes). Il épousa Jeanne d'Estienne.

[101] Pierre Bompar, fils aîné d'Hugues Bompar et de Delphine
Rosière, conseiller au Parlement d'Aix (14 janvier 1544) n., 17 août 1543
(Actes, n° 33.077), en fonctions les 7 mai 1550 (Reg. délib., t. 2), 19 juin
1555 (t. 6), 17 décembre 1561 (t. 11), 15 décembre 1563, 3 août 1568
(t. 12), 1ᵉʳ octobre 1575 (t. 13), 23 décembre 1579 (t. 14), 27 juin 1850
(It.) Il démissionne (4 octobre 1581) en faveur de son fils. Il est exclu
des audiences ordinaires (1ᵉʳ octobre 1582). Il meurt à Aix, le 27 novembre 1583 (Clapiers, église des Cordeliers). Il épousa Jeanne de Sommati.

[102] Hercule-Hughes de Bompar, fils de Pierre de Bompar et de
Jeanne de Sommati, baptisé à Aix, le 31 mai 1543 (greffe d'Aix, par. Saint-
Sauveur), reçu à survivance, conseiller au Parlement d'Aix, le 10 octobre
1579 (Reg. délib., t. 14), en réalité, 11 janvier 1582 (t. 15), et fonctions
dès le 10 octobre 1581 (t. 15), 20 février 1587 (It.). Il mourut, à Aix, le
17 mars 1587 (greffe d'Aix. Reg. des Cordeliers). Il épousa (16 septembre
1586) Claire de Mazargues (m. à Aix, le 5 octobre 1616) (greffe d'Aix.
Reg. des Augustins).

[103] Esprit Vitalis, sieur de Pourieux, Fuveau, fils de Pierre Vitalis et
de Béatrix Monte, né en 1520 (le 30 avril 1554, il se déclare âgé de trente-
quatre ans, Reg. délib., t. 5), conseiller au Parlement de Provence (début
1555), en fonctions les 1ᵉʳ octobre 1558 (Reg. délib., t. 8), 19 juin 1560
(t. 10), encore vivant le 5 septembre 1566. Il avait été conseiller à la
Cour des Comptes (30 mars 1547, v. s.), et épousa Benoîte de Gras. Il fut
reçu le 10 juillet 1557, par le Parlement de Grenoble (Arch. du Parlement de Grenoble B. 106) Il y figure, le 15 mars 1567 (It. B. 144).

[104] Henri de Veteris, sieur de Puymichel, le Revest, fils d'Etienne
de Veteris et d'Honorade Safalin, assesseur d'Aix (1537), conseiller au
Parlement d'Aix (20 mai 1554), en fonctions les 28 avril 1561 (t. 11),
1ᵉʳ octobre 1563 (t. 12), 1ᵉʳ octobre 1566 (It). Il mourut, à Aix, le 8 août
1569 (Clapiers, église des Cordeliers), ayant testé le 30 mars 1569. Il avait
été primicier de l'Université d'Aix (1549). Il épousa (14 juin 1510) Jeanne
Cavalier, puis Andriève d'Arbaud.

[105] Claude de Simiane, sieur de la Coste, fils puîné de Balthazar de Simiane et d'Anne de Simiane-Gordes, mariés le 21 janvier 1511, conseiller au Parlement d'Aix (16 mai 1567), en fonctions, les 3 octobre 1570 (Reg. délib., t. 12), 1er octobre 1575 (t. 13), 12 décembre 1579 (t. 14), 5 janvier 1588 (t. 15), 8 janvier 1592 (t. 17). Il mourut, à Aix, le 11 février, 1592 (greffe d'Aix, église des Cordeliers). Il épousa (16 février 1567) Anne Catherine de Veteris (vivante, 30 mars 1569).

[106] Jacques d'Albert, sieur de Roquevaux, 2e fils de Jean-Baptiste d'Albert et de Marguerite de Bausset, mariés le 14 juillet 1558, conseiller au Parlement d'Aix (14 avril 1600) en fonctions, les 13 mai 1600 (Reg. délib., t. 18), 16 février 1624, 4 février 1627 (t. 21), 11 août 1628 (t. 22), 20 juillet 1632 (t. 24). Il mourut, à Aix, le 18 mai 1633 (Greffe d'Aix. Reg. des Obser.). Il épousa (24 juillet 1602), Marguerite de Bourguignon-la-Mure (morte à Aix, le 17 mars 1635 (Greffe d'Aix. Reg. des Observantins).

[106] Louis Antelmi, conseiller au Parlement d'Aix (12 mai 1554), en fonctions, les 12 janvier 1562 (t. 11), 3 octobre 1570 (t. 12), 1er octobre 1575 (t. 13), 31 décembre 1579 (t. 14), 4 décembre 1587 (t. 15), 25 septembre 1594 (t. 17), 28 août 1595 (t. 18). Il mourut, à Aix, le 23 juillet 1597 (Greffe d'Aix. Reg. des Dominicains). Il épousa Catherine du Bourg-la-Rochette (morte, à Aix, le 27 mai 1598 (Greffe d'Aix, Reg. des Dominicains).

[108] Jean Antelmi, fils de Louis Antelmi et de Cathérine-Bonne du Bourg de la Rochette, conseiller au Parlement d'Aix (25 juin 1596), en fonctions, les 18 juillet 1596 (Reg. délib., t. 18), 30 juillet 1625 (t. 21), mort au 25 avril 1654. Il épousa Jeanne de la Ceppède (vivante, 20 juillet 1602), veuve de Claude Ferrier de Riez.

[109] Charles de Chateauneuf, sieur de Molèges, né en mars 1524 (le 30 avril 1554, il déclare qu'il a 30 ans, « depuis mars dernier » (Reg. délib., t. 5), conseiller au Parlement d'Aix (30 mai 1554), en fonctions, les 12 janvier 1562 (Reg. délib., t. 9), 3 octobre 1570 (t. 12), 29 mai 1572 (t. 13). Son office, supprimé en 1572, fut rétabli. Il siège, de nouveau, les 27 juin 1576 et 12 décembre 1579 (t. 14), 30 juillet 1587 (t. 15). Il épousa (19 janvier 1557), Gabrielle d'Agoult-Roquefeuil.

[110] Jean-Louis de Laidet, sieur de Sigoyer, Calissanne, fils de Jean de Laidet et de Guillemette de Margaillan, mariés le 3 septembre 1527, né en 1550, page de l'Electeur Palatin, conseiller au Parlement d'Aix

(11 janvier 1586), en fonctions (26 avril 1588, 30 septembre 1594) (Reg. délib., t. 17), 15 septembre 1600 (t. 18), 4 janvier 1620 (t. 20), mort, à Aix, le 30 juillet 1629 (Greffe d'Aix. Reg. des Augustins). Il épousa (10 juillet 1583), Jeanne de Chateauneuf-Gassin.

[111] Jean Giraud, sieur de Broves, Gréoux, Roussel, conseiller au Parlement d'Aix (2 octobre 1554), en fonctions, les 12 janvier 1562 (t. 11), 3 octobre 1570 (t. 12), 1er octobre 1575 (t. 13), 16 décembre 1575 (it.). Le 29 octobre 1577, la Cour ne l'admet que pour les processions, la Saint-Remy, les audiences solennelles (t. 14.). Il épousa, avant le 3 juillet 1549, Marguerite Pinchinat (morte, à Aix, le 19 août 1585 (Greffe d'Aix. par. Saint-Sauveur).

[112] Balthazar Giraud, sieur de Broves, fils de Jean Giraud et de Marguerite Pinchinat, baptisé, à Aix, le 3 juillet 1549 (Greffe d'Aix par Saint-Sauveur), conseiller au Parlement d'Aix (19 juin 1577), en fonctions les 23 décembre 1579 (Reg. délib., t. 14), 7 mai 1587 (t. 15).

[113] Antoine de Thoron, sieur de Thoard, Artignose, fils de Blaise de Thoron et d'Anne de Gautier, conseiller au Parlement d'Aix (9 février 1588), en fonctions, les 12 février 1588 (Reg. dél., t. 17), 15 septembre 1600 (t. 18), 5 janvier 1627 (t. 22), 7 mai 1630 (t. 23). Il épousa Marguerite d'Arbaud.

[114] Pierre Ferrier, sieur de Sainte-Croix, conseiller au Parlement d'Aix (30 avril 1554), en fonctions, les 15 mai 1556 (Reg. délib., 6 bis), 30 août 1558 (t. 8), 6 octobre 1558 (t. 9) et 13 juin 1560 (Item), concurremment avec son fils. Il épousa N.   , puis Françoise d'Anjou-Saint-Cannat (morte peu avant le 1er octobre 1556 (Reg. délib., t. 6 bis).

[115] Jean Ferrier, sieur de Sainte-Croix, fils de Pierre Ferrier et de Françoise d'Anjou-Saint-Cannat, conseiller au Parlement de Provence (8 avril 1559), en fonctions les 21 novembre 1561 (Reg. délib., t. 11), 1er octobre 1566 (t. 12). Il épousa (4 juin 1559), Madeleine de Cappel.

[116] Guillaume Aimar, né à Pertuis, sieur de Vaugine, fils d'Antoine Aimar et de Madeleine de Romans, conseiller au Parlement d'Aix (5 octobre 1554), en fonctions, les 12 janvier 1562 (t. 11), 3 octobre 1570 (t. 12), 1er octobre 1575 (t. 13), 23 décembre 1579 (t. 14), 5 janvier 1588 (t. 15), 13 janvier 1600 (t. 18), 12 mai 1604 (t. 20). Il mourut, à Aix, le 1er avril 1607 (Greffe d'Aix. Reg. des Observantins). Il épousa Antoinette d'Estienne (née, à Aix, le 12 avril 1536 (Clapiers, par. Saint-Sau-

veur), morte, le 13 avril 1619, à Aix (Greffe d'Aix, égl. des Observantins).

[117] Hugues Dedons, sieur d'Istres, 2° fils d'Antoine Dedons et de Françoise Lanelle, mariés le 18 mars 1480, v. s., conseiller au Parlement d'Aix (28 juin 1554), en fonctions les 12 janvier 1562 (t. 11), 3 octobre 1570 (t. 12), 1er octobre 1575 (t. 13), 23 décembre 1579 (t. 14), 16 juin 1580 (Item). Il mourut entre le 5 octobre 1584 et le 17 mars 1586. Il épousa (1550) Lucrèce d'Escalis (testa, 5 janvier 1599).

[118] Pierre Dedons, sieur d'Istres, Mimet, fils d'Hughes Dedons et de Lucrèce d'Escalis, mariés en 1550, conseiller au Parlement d'Aix (17 octobre 1581), en fonctions, les 21 novembre 1581 (Reg. délib., t. 15), 31 décembre 1587 (item), 30 septembre 1594 (t. 17.), 15 septembre 1600 (t. 18), 30 juin 1612 (t. 20), testa, le 27 mai 1613, et mourut avant le 16 janvier 1622. Il épousa (2 septembre 1586), Diane d'Arbaud, (morte, à Aix, le 5 février 1617 (Greffe d'Aix, par. Saint-Sauveur).

[119] Pierre de Séguiran, sieur d'Auribeau, fils aîné de Guillaume de Séguiran et de Madeleine de Bompar, mariés le 23 janvier 1513, conseiller au Parlement d'Aix (29 mai 1568), en fonctions, les 9 novembre 1568 (Reg. délib., t. 12), 1er octobre 1575) (t. 13), 16 juin 1580 (t. 14), 30 août 1581 (t. 15). Il mourut, le 2 novembre 1583. Il épousa (4 janvier 1544), Antoinette de Matheron (morte avant le 28 février 1570), puis, après 2 mai 1547, Marie de Jurente.

[120] Gaspard de Séguiran, sieur d'Auribeau, fils de Pierre de Séguiran et d'Antoinette Matheron, mariés le 4 janvier 1544, reçu, à survivance, conseiller au Parlement d'Aix, le 14 octobre 1579 (Reg. délib., t. 14), en exercice, les 10 octobre 1581 et 21 septembre 1586 (t. 15). Il mourut en 1587. Il avait épousé (28 février 1570) Isabeau de Magnan.

[121] Alexandre Guérin, sieur du Castellet des Sausses, fils de François de Guérin et de Baptistine Alazardy, conseiller au Parlement d'Aix (23 juin 1591), en exercice les 25 juin, 30 septembre 1594 (Reg. délib., t. 17), 13 janvier 1600 (t. 18), 19 octobre 1624 (t. 21). Il épousa (28 avril 1581), Marguerite de Castellanne-Mazaugues. Clapiers prétend qu'il mourut, le 3 février 1623, église des Minimes. Cette date, vu le Registre des délibérations, est inadmissible. Peut-être est-ce 1625. Impossibilité de vérifier, vu la disparition des registres.

[122] Martin Mouton, conseiller au Parlement d'Aix (9 septembre 1555),

en fonctions, les 18 avril 1556 (Reg. délib., t. 6 *bis*), 9 décembre 1558 (t. 8). Le 9 mars 1561 (Arch. Parlement, Grenoble, B. 124), le Parlement de Grenoble rend un jugement à son sujet. Il vit encore, le 26 février 1572 *(item*, B. 158). .

[123] Joseph Griffon, sieur de Saint-Césary, conseiller au Parlement d'Aix (mai ou juin 1560), fils d'Augustin Griffon et d'Esprite Bérard, en fonctions, les 12 juin 1560 (Reg. délib., t. 9), 12 janvier 1562 (t. 11), 3 octobre 1570 (t. 12), 17 mai 1575 (t. 13), 10 octobre 1579 (t. 14), 31 décembre 1587 (t. 15), 30 septembre 1594 (t. 17), 3 janvier 1601 (t. 18), 23 février 1602 (t. 19). Il mourut, à Aix, le 11 mai 1602 (Greffe d'Aix. Reg. des Observantins). Il épousa Anne de Sommati (morte, à Aix, le 8 août 1612 (Greffe d'Aix. Reg. des Cordeliers). Il séjourna, à Dijon, du 1er juin au 3 juillet 1584 (Reg. délib. Parlement, Dijon III, 88 et 95).

[124] Raphaël Sacco, conseiller au Parlement d'Aix, reçu le 7 mai 1554 (Reg. délib., t. 5), mort avant le 2 janvier 1556 (t. 6, *bis*).

[125] André Pena, né à Moustiers, d'abord « juge des submissions », au sénéchalat de Digne (Reg. délib., t. 6 *bis* et 9), conseiller au Parlement d'Aix (2 janvier 1556), en fonctions, les 1er octobre 1556 (Reg. dél., t. 6 *bis*), 8 octobre 1558 (t. 8), 25 juin 1565 (t. 11), 29 mai 1571 (t. 13). Il abjure le protestantisme, le 14 octobre 1572 (t. 13). Son office fut supprimé, le 6 novembre 1572, rétabli, le 27 juin 1576. Il siège les 31 décembre 1579 (t. 14), 31 décembre 1587 (t. 15), 8 mars 1589 (t. 17). Il avait épousé Brigitte de Tasson (vivante le 1er octobre 1561), puis Honorade Gaufridy (baptisée à Aix, le 20 mai 1537 (Greffe d'Aix par. Sainte-Madeleine), veuve de François de Julianis. C'était un jurisconsulte distingué.

[126] Guilllaume de Cadenet, sieur de Tournefort, fils de Robert de Cadenet et d'Honorade de Sallon, mariés en 1539, conseiller au Parlement d'Aix (3 avril 1579), en fonctions, les 20 novembre 1579 (Reg. délib., t. 14), 4 décembre 1587 (t. 15), 30 septembre 1594 (t. 17), 15 septembre 1600 (t. 18). Il mourut, le 26 janvier 1602, à Aix (Greffe d'Aix. Reg. des Observantins). Il épousa Catherine d'Hortie (vivante, 17 mai 1599).

[127] Honoré Laugier, sieur de Collobrières, Esparron, Pennafort, Chateaudouble, fils de Paul de Laugier et de Marguerite de Matheron, conseiller au Parlement d'Aix (30 mai 1554), en fonctions, les 12 janvier

1562 (Reg. délib., t. 9), 3 octobre 1570 (t. 12), 29 mai 1571 (t. 13). Il avait été reçu au Parlement, après une vive opposition, car il avait, étant avocat, souffleté un huissier. Il mourut, à Aix, le 22 juillet 1571 (Clapiers, égl. des Observ.). Il épousa (16 février 1536) Marguérité de Clapiers.

[128] Melchior de Rochas, sieur d'Aiglun, fils d'Antoine de Rochas et de Catherine de Laidet, conseiller au Parlement de Provence (15 octobre 1572), en fonctions les 11 août 1573 (Reg. délib., t. 13), 20 décembre 1578 (t. 14). Il épousa (13 décembre 1551), Madeleine de Glandevès puis (4 avril 1572), Yolande de Boniface. Il fut calviniste.

[129] Jean de Villeneuve, sieur de Mons, deuxième fils de Gaspard de Villeneuve et de Claude de Carbonnel, mariés, le 12 janvier 1543, Conseiller au Parlement de Provence (25 octobre 1581), en exercice, les 21 novembre 1581 (Reg. délib., t. 15), 30 septembre 1594 (t. 17), 15 septembre 1600 (t. 18), 4 février 1627 (t. 22), 17-18 novembre 1631 (t. 24), 10 décembre 1633 *(item)*. Il ne mourut pas à Bargemon, le 9 septembre 1617, comme le dit M. de Juigné-Lassigny *(Gén. des Villeneuve-Bargemon)*, qui le confond avec un de ses cousins (Cf. les propres pièces justificatives de l'ouvrage de M. de Juigné-Lassigny). Il épousa (25 septembre 1584), Françoise Mottet (vivante, 9 septembre 1637).

[130] Pierre Reinaud, conseiller au Parlement d'Aix (20 février 1569), en fonctions, les 10 mai 1569, 3 octobre 1570 (Reg. délib, t. 12) 27 juillet 1574 (t. 13) 5 août 1575 (t. 14). Il épousa Anne de Laidet, puis Honorade Gautier. Il était mort au 21 janvier 1576 (Archives Parlement Grenoble (B. 174).

[131] Etienne de Puget, sieur de Fuveau, 7e fils de Jacques de Puget et de Catherine de Rochas d'Aiglun, conseiller au Parlement d'Aix (14 février 1569), en fonctions, le 28 février 1569 (Reg. délib., t. 12), 19 juin 1571, 1er octobre 1575 (Reg. délib. t. 13) 23 décembre 1579 (t. 14) 5 janvier 1588 (t. 15), 29 décembre 1594 (t. 17), 28 mars 1595 (t. 18). Il mourut à Aix, le 13 avril 1595 (greffe d'Aix, paroisse Saint-Sauveur). Il épousa (10 janvier 1579) Françoise de Roland-Réauville.

[132] Gaspard de Glandevès, sieur de Cuges et du Rousset (3 janvier 1578), 3e fils d'Antoine de Glandevès et de Diane de Forbin-Janson, mariés le 27 décembre 1571, conseiller au Parlement d'Aix (19 mars 1599) en fonctions, les 20 mars 1599 (Reg. délib. t. 18) 16 février 1624 (t. 21), Il épousa (8 février 1602) Véronique de Russan et mourut le 8 avril 1646,

selon Clapiers. M. du Roure estime, non sans cause, que ce doit être 1626.

[133] Nicolas Flotte, sieur de Roquevaire, 2ᵉ fils d'Antoine Flotte et de Jeanne Barelle, mariés le 3 mai 1524, mineur (17 août 1545), conseiller au Parlement de Provence (30 avril 1569), en exercice les 30 juin 1569 (Reg. délib. t. 12) 1ᵉʳ octobre 1575 (t. 13), 12 décembre 1579 (t. 14), 31 décembre 1587 (t. 15), 9 septembre 1600 (t. 16), 28 juin 1604 (t. 19). Il résigna son office, le 6 septembre 1604 (Item) et mourut à Aix, le 30 septembre 1604 (greffe d'Aix, paroisse Saint-Sauveur). Il avait été député aux États-Généraux de 1588. Il épousa (30 mars 1559) Marie Maynier.

[134] Boniface Bermond, sieur de Pennafort, la Galinière, fils d'Hélion Bermond et d'Honorade Serre, conseiller au Parlement de Provence (30 mai 1569), en fonctions, les 30 juin 1569 (Reg. délib., t. 12) 1ᵉʳ octobre 1575 (t. 13), 20 décembre 1578 (t. 14), 15 octobre 1587 (t. 15), 30 septembre 1594 (t. 17), 3 janvier 1601 (t. 18), 12 novembre 1616 (t. 20). Il mourut à Aix, le 17 janvier 1617 (greffe d'Aix. Reg. des Augustins). Il épousa Honorade Garnier (morte à Aix, le 1ᵉʳ mars 1618 (greffe d'Aix, Reg. des Augustins).

[135] Bertrand Désidéri, fils de Jacques Désidéri et de Louise de Bompar, conseiller au Parlement d'Aix (10 mai 1569), en fonctions, les 3 octobre 1570 (Reg. délib., t. 12), 1ᵉʳ octobre 1575 (t. 13), 27 juin 1580 (t. 14), 30 juin 1582 (t. 15), Clapier indique, pour sa mort, l'inadmissible date du 13 avril 1569 (par. des Observantins). Vu la disparition des documents, impossible de rectifier, mais ce doit être 1589. Il épousa (29 avril 1546) Madeleine de Lamot.

[136] Melchior Désidéri, fils de Bertrand Désidéri et de Madeleine de Lamot, mariés le 29 avril 1546, conseiller au Parlement d'Aix (16 février 1583), en fonctions les 31 janvier 1584 (Reg. délib., t. 15), 31 décembre 1587 (It.), 20 juin 1592 (t. 17). Il mourut à Aix, le 12 juillet 1592 (Clapiers, Reg. des Observantins). Il épousa (2 septembre 1585) Blanche-Claire de Boniface (morte à Aix, le 15 mai 1623 (greffe d'Aix, Reg. des Observantins).

[137] Honoré de Gautier, fils de Suffren de Gautier et d'Anne de Flotte, mariés le 15 mars 1540, v. s., conseiller au Parlement de Provence (4 mai 1593), en fonctions les 15 juin 1593 (Reg. délib. t. 17) 13 janvier 1600 (t. 18), 13 août 1615 (t. 20). Il épousa Louise de Désidéri (baptisée

le 22 juillet 1539, à Aix (Clapiers, paroisse Saint-Sauveur), morte, à Aix,
le 21 mars 1638 (Clapiers, église des Dominicains).

[138] Jean-André de Thomassin, sieur d'Ainac, fils aîné d'Honoré de
Thomassin et de Jeanne Bompar, mariés avant le 2 mai 1510, né avant le
27 juin 1527, conseiller au Parlement d'Aix (30 mai 1569), en fonctions
les 3 octobre 1570 (Reg. délib. t. 12), 1er octobre 1575 (t. 13), 12 décembre 1579 (t. 14), 31 décembre 1587 (t. 15), 20 juin 1592 (t. 17). Le
28 juillet 1592, il démissionna en faveur de son fils (lt.). Il mourut, le
lendemain, 29 juillet 1592, à Aix (greffe d'Aix, Reg. des Cordeliers. Il
épousa (7 mai 1554) Catherine d'Estienne (baptisée, à Aix, le 3 mai 1539
(greffe d'Aix, par. Saint-Sauveur), vivante, le 2 juillet 1602, morte, le
19 mars 1621 (greffe d'Aix, Reg. des Cordeliers).

[139] Jean-Augustin de Thomassin, sieur d'Ainac, Lamanon, Tourtour,
fils aîné de Jean-André de Thomassin et de Catherine d'Estienne, né le 7,
baptisé le 9 novembre 1561, à Aix (greffe d'Aix, paroisse Saint-Sauveur),
conseiller au Parlement d'Aix, à survivance (27 novembre 1587) réellement
(28 juillet 1592), en exercice les 30 août 1592, 25 septembre 1594 (Reg.
délib. t. 17), 1er décembre 1599 (t. 18), 27 avril 1606 (t. 20). Il mourut à
Aix, le 14 avril 1607 (greffe d'Aix. Reg. des Cordeliers). Il épousa (1596)
Honorade de Puget (baptisée, à Aix, le 10 juillet 1578 (greffe d'Aix,
paroisse Sainte-Madeleine).

[140] Antoine de Suffren, fils de Jean de Suffren et de Méraude de
Mark, mariés en 1537, conseiller au Parlement d'Aix (10 janvier 1569),
en fonctions, les 28 février 1569 (Reg. délib. t. 12) 1er octobre 1575 (t. 13),
31 décembre 1579 (t. 14), 5 janvier 1588 (t. 15), 30 septembre 1594
(t. 17), 30 mars 1596 (t. 18), 2 janvier 1597 (lt.). Il mourut à Aix, le
18 octobre 1597 (Clapiers, paroisse Sainte-Claire). Il avait épousé (21 avril
1571) Louise de Chateauneuf-Molèges (vivante 29 juillet 1591) veuve
d'Honoré-Antoine de Guiramand-Antrage, puis (22 juillet 1595) Anne de
Sommati, veuve de Pierre de Vitalis-Pourcieux. Clapiers semble indiquer
(car sa rédaction est confuse) que la veuve du conseiller Antoine de Suffren, mourut à Aix, le 13 janvier 1628, église des Cordeliers.

[141] Palamedes de Suffren, fils d'Antoine de Suffren et de Louise de
Chateauneuf-Molèges, baptisé à Aix, le 13 avril 1576 (greffe d'Aix, paroisse Sainte-Madeleine), conseiller au Parlement d'Aix (14 janvier 1600),
en exercice les 4 avril 1600 (Reg. délib. t. 18), 21 juillet 1623 (t. 21). Il
mourut entre le 28 août 1623 et le 7 mai 1624 (t. 22). Il épousa (3 avril

1601) Marguerite de Georges d'Olières (morte au 28 août 1623, vivante
5 février 1620).

[142] Vincent de Boyer, sieur de Bandol, 2° fils d'Antoine de Boyer et
de Marguerite de Martelli, mariés le 24 juin 1531, conseiller au Parlement de Provence (8 mai 1571), en fonctions les 7 janvier 1575 (Reg.
délib. t. 13), 21 décembre 1579 (t. 14), 14 décembre 1585 (t. 15). Il épousa
(1575) Louise de Coriolis.

[143] Philibert d'Estienne, fils d'Etienne d'Estienne et de Marguerite de
Saint-Jacques, mariés le 8 janvier 1541, conseiller au Parlement d'Aix
(13 février 1593), en fonctions, les 26 mars 1593 (Reg. délib. t. 17) 15 septembre 1600 (t. 18) 15 avril 1602 (t. 19). Il mourut à Aix, le 2 juillet
1602 (greffe d'Aix, Reg. des Observantins). Il épousa Anne de Bermont.

[144] Rainaud de Fulconis, conseiller au Parlement d'Aix (17 mai
1571) mort à Aix, le 28 décembre 1573 (Clapiers, église des Cordeliers).
Il épousa Catherine Pelegrin.

[145] Olivier de Tulles, sieur de Trébillanne, fils de Bernardin de
Tulles et de Yolande de Valdeville, conseiller au Parlement d'Aix
(13 octobre 1574), en fonctions les 1er octobre 1575 (Reg. délib. t. 13),
12 décembre 1579 (t. 14), 31 décembre 1588 (t. 15), 10 mai 1594 (t. 17).
Il épousa (13 octobre 1572). Catherine de Vassal.

[146] Jean Agar, 4° fils de Jean Agar et d'Alix de Gonzolin, mariés le
20 juillet 1524, magistrat illustre, conseiller au Parlement d'Aix (17 mai
1571), en fonctions, les 29 mai 1571 (Reg. délib. t. 13), 31 décembre 1579
(t. 14), 4 décembre 1587 (t. 15), 28 novembre 1594 (t. 18). Il fut au siège
de Salon (1590). Il mourut, à Aix le 5 septembre 1595 (greffe d'Aix, Reg.
des Augustins; a échappé à Clapiers). Il épousa (26 décembre 1582)
Suzanne d'Agoult (morte, à Aix, le 19 ou 29 mars 1639. (Clapiers, Reg.
des Augustins).

[147] Pierre de Vento, fils de Jacques de Vento et de Louise Diodé,
mariés en 1527, né à Marseille, conseiller au Parlement d'Aix (17 mai
1571), en fonctions, les 6 février 1573, 17 mai 1575 (Reg. délib. t. 13),
31 décembre 1587 (t. 15), 22 septembre 1594 (t. 17), 2 octobre 1596
(t. 18). Il mourut, à Aix, le 8 novembre 1596 (greffe d'Aix, paroisse
Saint-Sauveur). Il épousa Marguerite de Tulles.

[146 *bis*] Christophe Maynier, sieur de Saint-Lambert, baptisé à Aix, le 21 janvier 1541 (Clapiers, paroisse Saint-Sauveur), fils de François-Raymond de Maynier, conseiller au Parlement d'Aix (9 mars 1599), en exercice, le 13 janvier 1600 (Reg. délib. t. 18), testa le 15 octobre 1606. Il épousa, avant 29 mars 1577, Louise d'Albis (vivante, dernier février 1582), puis, avant 11 juillet 1590, Marguerite de Guiran.

[148] Claude d'Arnaud, sieur de Riez, fils aîné de Melchior d'Arnaud et d'Honorade de Miraillet, mariés le 16 juillet 1536, conseiller au Parlement d'Aix (17 mai 1571), en fonctions les 29 janvier 1572 (Reg. délib. t. 13). 31 décembre 1579 (t. 14), 4 décembre 1587 (t. 15), 30 septembre 1594 (t. 17), 3 janvier 1601 (t. 18), 6 mars 1607 (t. 20), 10 février 1617 (t. 20), 27 novembre 1620 (t. 21). Il ne mourut pas, comme le prétend Clapiers, le 23 mars 1596 (église des Dominicains). Ce jour-là, le registre porte seulement que « l'on chanta pour M. de Vauvenargues », qui n'a rien de commun avec Claude d'Arnaud. Celui-ci épousa Madeleine Renouard (morte avant le 5 novembre 1582 (Reg. délib. t. 15), puis (4 décembre 1584) Anne d'Agoult-Olières (morte à Aix, le 4 août 1642 (Mairie d'Aix, Reg. des Dominicains).

[149] Christophe Blancard, fils de Jean Blancard et de Marguerite Puget, mariés le 17 décembre 1502, né à Marseille, conseiller au Parlement d'Aix (25 janvier 1572), en exercice, les 29 janvier 1572(Reg. délib. t. 13), 31 décembre 1579 (t. 14), président aux Enquêtes (reçu 7 avril 1579 (t. 14), 22 septembre 1594 (t. 17). Il testa le 23 octobre 1600 et mourut en décembre 1600. Il épousa Françoise Perel de Riquetti (morte à Aix, le 20 novembre 1621 (greffe d'Aix, église des Observantins).

[150] Antoine Calvi de Reillanne, sieur de Sainte-Croix, fils de Nazaire Calvi et d'Isabeau de Reillanne, mariés le 30 octobre 1528, conseiller au Parlement d'Aix (octobre 1581), en exercice les 10 octobre 1581 (Reg. délib. t. 15), 30 septembre 1594 (t. 17), 13 janvier 1600 (t. 18), 25 février 1603) (t. 19), mort assassiné, à Reillanne, avant le 23 février 1604 (t. 20). Il épousa, avant le 20 mars 1580, Honorade de Castellanne († 24 juin 1617, à Reillannes (Clapiers. IV, 91).

[151] Pierre Blancard, fils de Christophe Blancard et de Françoise Perel de Riquetti, reçu, à survivance (24 mars 1596), réellement (27 novembre 1598), conseiller au Parlement d'Aix, en exercice, le 13 janvier 1600 (Reg. délib. t. 18), mort à Aix, le 27 février 1601 (greffe d'Aix. Reg. des Observantins). Il épousa (1er août 1592) Claire Cabre de Saint-Paul.

[152] Jean Reinaud, fils de François Réinaud et d'Anne Chaix, con-

sciller au Parlement d'Aix (1er avril 1572), en exercice (1er octobre 1575) Reg. délib. t. 13), 31 décembre 1579, 8 mai 1580 (t. 14), mort avant le 20 février 1587 (t. 15). C'est lui qui (Clapiers-Collongue le confond avec Pierre Reinaud), mourut, à Aix, le 12 octobre 1586 (greffe d'Aix. Reg. des Augustins).

[153] Antoine Séguiran, sieur de Bouc, fils aîné d'Henri Séguiran et d'Antoinette Malespine, baptisé à Aix, le 24 janvier 1562 (greffe d'Aix, paroisse Saint-Sauveur), conseiller au Parlement d'Aix (21 février 1587), en exercice les 25 septembre 1594 (Reg délib. t. 17), 22 octobre 1599 (t. 18), 4 juillet 1622 (t. 21), président au Parlement de Provence (nommé 29 octobre 1622, reçu avant le 10 juin 1624 (t. 21), conseiller d'Etat (31 décembre 1623), mort, à Aix, le 30 juin (et non, comme dit Clapiers, le 1er août) 1625 (greffe d'Aix. Reg. des Grands-Carmes). Il épousa (23 février 1587) Marie de Gaufridy (baptisée à Aix, le 6 août 1566 (greffe d'Aix, paroisse Sainte-Madeleine), morte, à Aix, le 14 juillet 1637 (greffe d'Aix, église des Grands-Carmes).

[154] Raymond d'Espagnet, fils de Rainaud d'Espagnet, conseiller au Parlement d'Aix (22 juin 1575), en exercice 1er octobre 1575 (Reg. délib., t. 13), 14 octobre 1579 (t. 14), 4 décembre 1587 (t. 15), 22 juillet 1593, démissionnaire, le 30 septembre 1593 (t. 17). Il mourut, à Aix, le 8 avril 1603 (greffe d'Aix, paroisse Saint-Sauveur). Il épousa Françoise Milonis (morte, à Aix, le 29 janvier 1614) (greffe d'Aix, paroisse Saint-Sauveur).

[155] Marc-Antoine d'Espagnet, fils de Michel d'Espagnet et de Marguerite Borrilly, conseiller au Parlement d'Aix (30 septembre 1593), en exercice, les 6 octobre 1593 (Reg. délib., t. 17), 13 janvier 1600 (t. 18). 4 octobre 1623 (t. 21), né en 1562, mort, à Aix, le 3 septembre 1624 (greffe d'Aix, paroisse Saint-Sauveur). Il épousa Claire-Violante d'Albis, (morte, à Aix, le 6 mars 1612 (greffe d'Aix, paroisse Saint-Sauveur).

[156] Perrinet de Rouillas (Rovigliasco), conseiller au Parlement d'Aix (4 juin 1577), en exerc. 19 octobre 1577 (Reg. délib., t. 14), prévôt de l'église métropolitaine d'Avignon (1527), puis conseiller au Parlement de Turin, puis à celui d'Aix, retourna à Avignon, où il mourut en 1583.

[157] Jean de la Ceppède, sieur des Aygalades, fils de Jean-Baptiste de la Ceppède et de Claudine de Bompar, mariés le 5 avril 1547, v. s., conseiller au Parlement d'Aix (29 octobre 1578), en exercice,

12 décembre 1579 (Reg. délib., t. 14), 14 décembre 1585 (t. 15), premier président à la Cour des comptes de Provence. Il épousa (30 avril 1585) Madeleine de Brancas-Céreste, veuve d'Etienne de Mantin-MontLonneau.

[158] Joseph de Mazargues, sieur de Malijai, fils de Louis de Mazargues et de Jacobé de Saint-Jacques, né à Aix, le 16 juin 1545 (greffe d'Aix, paroisse Saint-Sauveur), conseiller au Parlement d'Aix (19 février 1587), en exercice les 7 mai 1587 (Reg. délib., t. 15), 25 septembre 1594 (t. 17), 3 janvier 1600 (t. 18), 21 juillet 1623 (t. 20), 15 avril 1625 (t. 21). Il mourut, à Aix, le 23 juillet 1628 (greffe d'Aix, Reg. des Observantins), à quatre-vingt-trois ans. Il épousa Françoise de Cazeneuve.

[159] Esprit-Peironétide de Croze, fils de Jean de Croze et de Marquise de Tournatoris, mariés le 9 novembre 1544, sieur de Saint-Martin, conseiller au Parlement d'Aix (12 septembre 1577), en exercice les 19 octobre 1577 (Reg. délib., t. 14), 11 juin 1598 (t. 18), mort, à Aix, le 2 août 1598 (greffe d'Aix, Reg. des Cordeliers). Il épousa (12 mai 1577) Jeanne de Joannis.

[160] Manaud de Monier, sieur de Mélan, Thoard, Chateaudeuil, Argentin, fils d'Elzéar de Monier et de Laurence de Tournier, mariés en 1529, avocat général au Parlement d'Aix (16 septembre 1573), en exercice, les 11 août 1574 (Reg. délib., t. 13), 2 janvier 1583 (t. 15), 30 septembre 1591 (t. 17), 8 août 1599 (t. 18), nommé conseiller, le 2 mars 1599 (t. 18). Il siégea peu de temps. Il épousa (1563) Madeleine de Laurent, puis (1575) Perrette de Guyard, puis (1593) Marguerite Alleman d'Uriage.

[160 *bis*] Christophe de Foresta, fils aîné de Jean-Augustin de Foresta et d'Anne d'Albertas, né, à Aix, le 21 octobre 1555 (greffe d'Aix, paroisse Saint-Sauveur), conseiller au Parlement de Provence (19 octobre 1577), en exercice, les 23 décembre 1579 (Reg. délib., t. 14), 31 décembre 1587 (t. 15), mourut, à Aix, le 24 juillet 1591 (Clapiers, église des Observantins). Il épousa (17 mai 1586) Marquise de Covet-Marignane.

[161] Jean-André Aymar, fils de Guillaume Aymar et d'Antoinette d'Estienne, conseiller au Parlement de Provence (18 juin 1588), puis à celui de Toulouse (1595), mourut sans postérité; surnommé *l'Hermite*. Né à Aix, le 15 août 1561 (greffe d'Aix, paroisse Saint-Sauveur) il y mourut, le 9 février 1624 (greffe d'Aix, église des Observantins) à soixante-trois ans.

[162] Antoine Chéron, conseiller au Parlement d'Aix (28 avril 1570), absent (29 mai 1571, Reg. délib., t. 13).

[163] Jacques de Angelo, procureur général au Parlement d'Aix (18 novembre 1502), en exerc., le 27 août 1611 *(Pièces orig.*, doss. Laugier).

[164] Louis Thadei, procureur général au Parlement d'Aix (6 juin 1528), *(Actes*, n° 23946), mort avant le 27 mai 1539.

[165] Thomas de Piolenc, fils de Guillaume de Piolenc et de Claudine de Genas, seigneur de Saint-Julien, Saint-Paulet, Montagu, min. (12 février 1504), procureur général au Parlement d'Aix (27 mars 1539). *(Actes*, n° 24125), résigna sa charge le 11 février 1556 (Reg. délib. 6 *bis)* et mourut avant le 4 décembre 1560 (Reg. délib., t. 9). Il épousa (21 février 1530) Peronnelle Fillioli (vivante 31 décembre 1557). Il vivait encore, le 16 avril 1555, vieux style.

[166] Joseph Aymar, fils aîné de Guillaume Aymar et d'Antoinette d'Estienne, seigneur de Montlaux, né à Aix, le 25 mai 1556 (greffe d'Aix, paroisse Saint-Sauveur), procureur général au Parlement d'Aix (24 juillet 1588), en exercice 8 août 1588 (Reg. délib., t. 17), 3 octobre 1600 (t. 18), 10 septembre 1603 (t. 19), président à mortier (reçu le 28 juin 1604 (t. 19), en exercice le 19 mars 1610 (t. 20). Il mourut, à Aix, le 28 mars 1610 (greffe d'Aix, paroisse des Observantins). Il épousa Marguerite de Mistral-Mondragon.

[167] Aimé Curati, procureur général au Parlement d'Aix (18 novembre 1502).

[168] Antoine Donati, procureur général au Parlement d'Aix (24 mars 1517) *(Actes*, n° 23461), en exercice, 10 novembre 1535, suspendu pour malversations et remplacé provisoirement par Thomas de Piolenc, le 26 novembre 1535, puis, le 4 septembre 1555, par Jacques de Rabasse.

[169] Jacques de Rabasse, procureur général au Parlement de Provence (4 septembre 1555), en exercice les 3 juillet 1568 (Reg. délib., t. 12), 1er octobre 1571 (t. 13). Il avait été (12 avril 1564) suspendu, puis (28 janvier 1566) rétabli. Il mourut, à Aix, le 12 février 1605 (Clapiers, paroisse Sainte-Madeleine). Il épousa Françoise de Fortis (morte à Aix, le 28 août 1609 (greffe d'Aix, paroisse Saint-Sauveur, et non Sainte-Madeleine, comme l'indique, à tort, Clapiers).

[170] Balthazar de Rabasse, fils de Jacques de Rabasse et de Françoise de Fortis, procureur général au Parlement d'Aix (16 mai 1573), en exercice, les 23 juillet 1579 (Reg. délib., t. 14), 3 octobre 1600, (t. 18), 8 mars 1601 (t. 19). Il fut sieur de Vergons. Il épousa Madeleine d'Estienne, (baptisée, à Aix, le 19 août 1542 (greffe d'Aix, paroisse Saint-Sauveur), puis Diane des Isnards.

[171] Antoine Marcy, avocat général au Parlement d'Aix (1501).

[172] Nicolas de Saint-Martin, avocat général au Parlement d'Aix (8 novembre 1502).

[173] Antoine Laugier, fils d'André Laugier, fut sieur de Collobrières, avocat général au Parlement d'Aix (20 juin 1512), en fonctions, le 7 novembre 1533.

[174] Guillaume Guérin, avocat général au Parlement d'Aix (1ᵉ octobre 1541) n. 12 août 1541 (*Actes*, n° 24701), en fonctions, le 27 mars 1545, compromis gravement dans l'affaire de Cabrières et Mérindol, emprisonné à Paris (5 juin 1553), épousa Antoinette de Cabre (vivante 5 juin 1553).

[175] Jean Charrier, procureur général au Parlement d'Aix (25 décembre 1547), puis avocat général (17 mai 1554), en fonctions, les 11 mars 1555 (Reg. délib., t. 6), 16 novembre 1558 (t. 8), mort avant le 19 juin 1560 (t. 9).

[176] François de Ulmo, sieur de Montravail, fils de Denis de Ulmo et de Thomasse de Lauris, avocat général au Parlement d'Aix (14 juin 1559), en fonctions les 3 octobre 1570 (Reg. délib., t. 12), 11 janvier 1575 (t. 13), 17 novembre 1579 (t. 14), 26 avril 1580 (t. 15). Il testa le 14 septembre 1580. Il mourut, à Aix, le 4 juillet 1581 (Clapiers, paroisse Saint-Sauveur). On trouve au reg. de Saint-Sauveur (greffe d'Aix) que son « bout de l'an » fut chanté, le 14 juillet 1582. Il épousa Charlotte Fabre-Palanque (morte, à Aix, le 3 septembre 1576 (Clapiers, paroisse Saint-Sauveur), puis Sybille de Pontevès.

[177] Honoré de Laurens, fils de Louis de Laurens et de Louise de Castellan, né le 7 mars 1554, à Tarascon, étudia la médecine à Paris, le droit à Turin, fut avocat au Parlement de Provence, député aux Etats de Blois (1588), avocat général au Parlement d'Aix (28 novembre 1581), en fonctions les 2 janvier 1588 (Reg. délib., t. 15), 26 novembre 1599 (t. 18). Il épousa Anne de Ulmo (baptisée, à Aix, le 20 décembre 1556

(greffe d'Aix, paroisse Saint-Sauveur), morte, à Aix, le 16 avril 1391 (greffe d'Aix, paroisse Saint-Sauveur. A échappé à Clapiers). Après la mort de sa femme, il se fit prêtre et devint archevêque d'Embrun. Il mourut, le 24 janvier 1612, à Paris, de la pierre (cf. Mouan : *Honoré de Laurens*, Aix, 1857, in-8°. — Ch. de Ribbe : *Une famille au XVI° siècle*. Paris, 1867, in-12).

[178] Jean Puget, cinquième fils de Jacques de Puget et de Catherine de Rochas-d'Aiglun, avocat général au Parlement d'Aix (1er septembre 1551), en fonctions, les 31 octobre 1560 (Reg. délib., t. 9), 2 septembre 1567 (t. 12). Il épousa   Sommati.

[179] Jean-Louis de Monier, fils de Manaud de Monier et de Pierrette de Guyard, baptisé, à Aix, le 10 mars 1576 (greffe d'Aix, paroisse Sainte-Madeleine), sieur de Puget, Chateaudeuil, avocat général au Parlement d'Aix (4 octobre 1600) (t. 18), président à mortier (reçu 5 octobre 1616), en fonctions, les 23 mai 1628 (Reg. délib., t. 22), 30 mars 1637 (t. 24). Il mourut, à Aix, le 13 octobre 1638 (Clapiers, église des Dominicains). Il épousa (1603) Anne de Garron (baptisée, à Aix, le 11 octobre 1587 (greffe d'Aix, paroisse Sainte-Madeleine).

[180] Joseph d'Estienne, sieur du Bourguet, fils d'Etienne d'Estienne et de Marguerite de Saint-Jacques, mariés le 8 janvier 1541. Il mourut à Aix, le 22 août 1603 (greffe d'Aix, Reg. des Observantins). Il avait épousé Marthe de Mazargues (morte à Aix, le 25 avril 1607 (greffe d'Aix, Reg. des Observantins).

[181] Pierre Fillioli, né à Gannat en 1439, mort, à cent deux ans, à Paris, le 22 janvier 1541, président de la Chambre des comptes de Paris, évêque de Sisteron (septembre 1504), archevêque d'Aix (8 octobre 1508), lieutenant général en Provence (1513), Languedoc (1524), Ile-de-France.

[182] Antoine Fillioli, archevêque d'Aix (1534), lieutenant général en Provence (1536), mort au Concile de Trente, en 1562.

[183] Antoine de Lascaris, fils de Thomas de Lascaris et de Simonette Adorno, évêque de Riez (septembre 1490-22 octobre 1517), prieur de Sainte-Marie, prévôt de Vezon, évêque de Beauvais (3 janvier 1523), puis de Limoges (1530), revient à Riez (1532), abbé de Sainte-Marie-des-Doms d'Avignon, Barjols. Il mourut, le 25 juillet 1546, à Avignon.

[184] Claude d'Haussonville, fils de Balthazar d'Haussonville et d'Anne

d'Anglure-Estoges, évêque de Sisteron (3o décembre 1522), bénédictin, prévôt de l'église Sainte-Marie-des-Pins, mourut, à Lyon, le 31 août 1531.

[185] Augustin de Grimaldi, troisième fils de Lambert de Grimaldi et de Claude de Grimaldi, abbé de Lérins (31 août 1503), coadjuteur de Grasse (1498), aumônier du roi (11 février 1513), évêque administrateur de Majorque (29 mars 1530), archevêque d'Oristano (1530), mort, le 12 avril 1532.

[186] Antoine Séguier (cf. notice dans les *Ambassadeurs français permanents au XVI° siècle* par F. Vindry, 1903, in-4°).

[187] Paul Hurault, quatrième fils de Robert Hurault et de Madeleine de l'Hopital, sieur de Valgrand, maître des requêtes, archevêque d'Aix (23 décembre 1599), mort, en septembre 1624, à Paris.

PARLEMENT DE GRENOBLE

PRÉFACE

Les sources auxquelles nous avons puisé, dans le but de dresser l'état du Parlement de Grenoble au xvie siècle, sont les suivantes :

A. — Comme le registre des délibérations du Parlement n'existe plus, et n'a, peut-être, jamais existé, nous avons été contraint de dépouiller la formidable série B des Archives départementales de l'Isère, pour la période qui nous intéressait (1500-1650), soit plus de *six cents liasses*.

B. — Nous avons consulté la série nobiliaire (E. II) des mêmes Archives, soit encore *une centaine de liasses*.

C. — Nous avons consulté l'état civil (CC.), dont M. l'archiviste Prudhomme fait imprimer, en ce moment, l'excellent catalogue analytique.

D. — Nous avons dépouillé une trentaine de liasses aux Archives de l'hôpital de Grenoble (série H).

E. — Enfin, nous avons fait des recherches aux six grandes collections généalogiques de la Bibliothèque nationale et dans les nobiliaires imprimés du Dauphiné (Guy Allard, Maignien, Rivoire-la-Bâtie, etc.), sans oublier les généalogies imprimées du fonds Lm² et Lm² *Supplément* de la Bibliothèque.

F. — Quelques ouvrages spéciaux sur des personnalités marquantes du Parlement (Calignon, Mulet, Carles, etc.) et des articles de *Revues*, nous ont fourni quelques renseignements.

L'excellent catalogue dressé dans la préface du second volume de l'*Inventaire des Archives de l'Isère*, par feu M. Pilot de Thorey,

ancien archiviste de l'Isère, nous a servi de base pour dresser nos listes. Comme, à peu près toutes les fois que nous avons pu
retrouver l'arrêt de réception des magistrats, la date s'en est trouvé
concorder exactement avec celle donnée par M. Pilot, nous avons
adopté, les yeux fermés, celles qu'il indique pour les magistrats
dont nous n'avons pu découvrir l'arrêt de réception. M. Pilot n'a
commis, dans son remarquable travail, qu'une légère erreur (confusion entre Louis du Vache et Louis Vachon) que nous avons relevée
en son lieu.

Qu'il nous soit permis d'adresser ici nos remerciements, à
MM. l'archiviste Prudhomme, pour l'amabilité avec laquelle il s'est
mis à notre disposition; à M. le Dr Girard, dont la bienveillance
nous a ouvert les Archives hospitalières de Grenoble; à M. Rochat,
chef de bureau à la Préfecture de l'Isère. Nous comptons, à
Grenoble, quelques amis, dont le concours nous a été précieux, et
que nous prions aussi d'accepter l'expression de notre sincère gratitude. Ce sont M. Pauchon, notaire, qui nous a révélé les magnifi-
ques Archives de la Chambre des notaires ; M. Boccaccio, conseiller à la Cour d'appel, dont la serviabilité proverbiale nous aplanit
bien des difficultés; enfin, notre très ancien et très parfait ami,
M. Eugène Martha, juge au Tribunal civil, que son souriant et spirituel scepticisme en matière d'histoire ne saurait empêcher de
mettre au service de ses vieux compagnons, même lorsqu'il les
surprend en flagrant délit d'érudition chronologique, la séduisante
cordialité de son ironie et la grâce condescendante de son délicat
esprit.

PARLEMENT DE GRENOBLE

PREMIERS PRÉSIDENTS

Jean Palmier, reçu 23 mars 1489 (Pilot) [1].
Geoffroy Carles, reçu 28 novembre 1500 (Pilot) [2].
Falco d'Aurillac, reçu 20 décembre 1516 (Pilot) [3].
Bonaventure de Saint-Barthélemy, reçu 11 décembre (Pilot) [4].
Jean Samxon, reçu 31 janvier 1536 (Pilot) [5].
Claude de Bellièvre, nommé 24 mai, reçu 3 juin 1542 (Pilot) [6].
Jean Truchon, reçu 20 décembre 1554 (Arch. Parl. Grenoble B. 92) [7].
Jean de Bellièvre, nommé 23 novembre 1579, reçu 10 février 1579
    (Pilot) [8].
Ennemond de Rabot, nommé 20 octobre 1584, reçu 20 novembre 1584
    (Pilot, conf. par Arch. Parl. Grenoble B. 2271) [9].

DEUXIÈMES PRÉSIDENTS

Michel de Gyvès, nommé 1539 (Pilot) [10].
Guillaume de Portes, nommé 7 novembre 1559, reçu 14 décembre 1559
    (Pilot) [11].
Jean de Buffevant, nommé 24 septembre, reçu 10 novembre 1574 (Pilot,
    conf. par B. 2271) [12].
Antoine d. Dorne, nommé 30 septembre 1595, reçu 4 mai 1602 (Pilot,
    conf. par B. 2271) [13].

TROISIÈMES PRÉSIDENTS

Jean Bellièvre, nommé 22 avril, reçu 27 juillet 1571 (Pilot) [8].
François Vachon, nommé 6 novembre 1578, reçu 29 juin 1581 (Pilot)
   [14].
Artus Prunier, nommé 8 octobre, reçu 29 novembre 1585 (Pilot) [15].

QUATRIÈMES PRÉSIDENTS

Gaspard Fléard, 10 novembre 1574 (Pilot, conf. par B. 2271) [16].
François Fustier de la Rochette, 15 mars 1596 (B. 2271) [17].

CINQUIÈMES PRÉSIDENTS

François Ruzé, 23 juin 1584 (Pilot, conf. par B. 2271) [18].
Octavien-Emé de Saint-Julien, 28 février 1586 (Pilot. Le manuscrit
   B. 2271 dit : février, sans indiquer la date précise) [19].

SIXIÈMES PRÉSIDENTS

Innocent Gentillet, 13 novembre 1582 (Pilot, conf. par B. 2271) [20].
Soffrey de Calignon, 22 mars 1591 (Pilot) [21].

SEPTIÈMES PRÉSIDENTS

Louis du Vache, 30 septembre 1599 (Pilot, conf. par B. 2271) [22].

CONSEILLERS

Pierre Latier [23], nommé 18 septembre 1493 (Pilot).
Antoine Carles [24], nommé 1er décembre 1520 (It.).
Hector Gauteron [25], nommé 6 décembre 1535 (It.).
François Faysan [26], nommé 10 février 1536 (It.), reçu 26 février 1536
    (E. II. 410).
François de Saint-Marcel [27], nommé 20 août 1548 (It.).
Philibert Gaste de l'Aubépin [28], reçu 5 ou 6 mai 1558 (Pilot et B,
    109).

Bertrand Rabot [29], nommé 3 août 1495 (Pilot).
Laurent Rabot [30], nommé 4 décembre 1526 (Pilot).
Thomas Mitalier [31], reçu 28 novembre 1573 (Pilot).

———

Geoffroy Carles [2], nommé 25 octobre 1492 (P.).
François Marc [32], nommé 26 avril 1501 (P.).

———

Henri Gauteron [33], nommé 7 avril 1486 (Pilot).
Martin Gallian [34], nommé 20 avril 1502 (P.).

———

Ponce Ponce [35], nommé 1485 (P.).
Etienne Olivier [36], nommé 14 novembre 1503 (P.).
Méraud Morel [37], nommé 19 novembre 1519 (P.).

———

Antoine Palmier [38], nommé 21 novembre 1492 (P.).
Roux Plovier [39], nommé 25 août 1533 (P.).
Job Rostaing [40], reçu 6 mai 1552 (Pilot et B. 84, qui dit : avant le
    6 mai)[1].
Henri Ferrand [41], reçu 22 mai 1578 (Pilot et B. 185).

———

[1] C'est, évidemment, avant le 6 mai 1552, puisqu'on trouve une pièce, en date
du 24 décembre 1551 (Arch. Parl. Grenoble B. 81) où Job Rostaing est nommé
comme siégeant.

Jacques Robertet [42], nommé 22 août 1466 (P.).
Jacques Bochon [43], nommé 21 juillet 1500 (P.).
Philippe Dèce [44], nommé 6 septembre 1512 (P.).
Méraud Clavel [45], nommé 11 février 1517 (P.).
Pierre Mosnier [46], nommé 11 avril 1532 (P.).
Jean Galbert [47], nommé 20 avril 1537 (P.).

Jean Cid [48], nommé 26 août 1508 (P.).
Guy Matheron [49], nommé 2 août 1513 (P.).
Henri Marrel [50], nommé 9 juin 1522 (P.).
François Vidal [51], reçu 4 novembre 1566 (P.).
Charles Velhieu [52], reçu 29 février 1573 (selon Pilot). Il était déjà en
    exercice, les 1er mars et 16 avril 1572 (H. 158).
Pierre du Chemin [53], reçu 19 novembre 1575 (P. et B. 172).
Artus Coste [54], reçu 15 mai 1598 (B. 298). Pilot dit : les 16 et 17 mai.

Antoine de Chapponay [55], nommé 1511 (P.).
Jean Perricard [56], nommé 1513 (P.).
Jacques Gallien [57], nommé 17 février 1515 (P.).

Léonard de la Noix [58], nommé 10 février 1519 (P.).
Valentin Tardivon [59], nommé 4 août 1524 (P.).
Aymar de Murinais [60], nommé 18 septembre 1534 (P.).
Jean Baronnat [61], reçu 16 février 1543 (P.).

Ennemond Mulet [62], nommé 1er septembre 1521 (P.).
Gaspard Fléard [16], reçu 15 mai 1557 (P.).
François Fustier [17], reçu 11 décembre 1574 (Pilot et E, II, 421).
Romain Thomé [63], reçu 17 juillet 1596 (B. 281).

Honorat d'Herbeys [64], nommé 1er septembre 1521 (Pilot).
Pierre Civat [65], reçu 2 août 1543 (Pilot).

Severin Odoard [66], reçu 1550 (Pilot), nommé 29 mars 1550 (It.).
Antoine Morard [67], reçu 5 août 1573 (P. et B. 164).
Marc Vulson [68], reçu 27 septembre 1595 (P.).
Pierre de Cornu [69], reçu 31 juillet 1599 (P. et B. 299).

Antoine Mulet [70].

Georges de Saint-Marcel [71], reçu 1er septembre 1521 (Pilot).
Jean de Saint-Marcel [72], nommé 11 décembre 1533 (It.).

Aymar Rival [73], reçu 1er septembre 1521 (Pilot).
Philippe Rival [74], reçu 16 janvier 1554 (P. et B. 91).
Aymar Rival [75], reçu 28 mars 1561 (Pilot).
François Reynaud [76], reçu 17 janvier 1575 (P. et B. 170).

Laurent Alleman (77), reçu 1er septembre 1521 (Pilot).

Guillaume de Portes [11], reçu 7 mai 1543 (Pilot).
Jean de Bellièvre [8], reçu 27 juin 1554 (It.).
Artus Prunier [15], reçu 30 juillet 1571 (It.).
J.-B. de Simiane [78], reçu 30 novembre 1585 (It.).

Guillaume de la Cour [79], reçu 1er juin 1543 (It.).
Pierre de Lémery [80], reçu 10 juillet 1568 (It.).

Félix de la Croix [81], reçu 28 mai 1543 (It.).

François Mistral [82], reçu 1er juin 1543 (It.).

Guy du Vache [82], reçu 1er juin 1543 (It.).
Ennemond Rabot [9], reçu 8 août 1570 (It.).
Jean-Louis Le Maistre [84], reçu 29 mars 1588 (It. et B. 240).

Claude Pascal [85], reçu 4 mai 1543 (Pilot).
Claude Velhieu [86], nommé 7 mars 1549 (It.).
Paul Rémy [87], reçu 30 janvier 1556 (It.).
Raymond Baudon [88], reçu 11 août 1567 (It.).
Michel Thomé [89], reçu 30 septembre 1570 (B. 242).
Théodore Dalphas [90], reçu 26 février 1587 (Pilot et B. 235).
Félix Basset [91], reçu 14 novembre 1591 (Pilot et B. 252).

Alexandre Audeyer [92], reçu 14 novembre 1553 (Pilot).
Aymar de Virieu [93], reçu 15 décembre 1571 (Pilot).

François Bovier [94], examiné 18 juillet 1554 (B. 91), reçu 24 juillet 1554
    (Pilot).
François de Sautereau [95], reçu 11 juillet 1584 (B. 223 et Pilot).

François de Dorne [96], reçu selon Pilot, le 19 janvier 1554 (avant, selon
    le B. 91).

Girard Servient [97], reçu selon Pilot, le 24 janvier 1554 (avant le 23,
    selon le B. 91).

Antoine Fabri [98], reçu 13 février 1554 (Pilot).

Pierre de Ponnat [99], reçu 24 février 1554 (Pilot).
André de Ponnat [100], reçu à surviv. le 5 février 1556 (B. 99), reçu
    4 novembre 1556 (Pilot).

Jean du Vache [101], reçu 14 août 1568 (Pilot).

Jacques de Catinel [102], reçu 6 novembre 1568 (It.).
Guillaume Gilbert [103], reçu 28 janvier 1576 (It. et B. 271).
Jean de la Croix [104], reçu 9 août 1578 (Pilot). .
Claude de Portes [105], reçu 31 janvier 1586 (Pilot).

Octavien Emé [19], reçu 9 (et non 10, comme dit Pilot) août 1576
    (B. 176).
Pierre de Fillion [106], reçu 17 mai 1586 (Pilot).

Etienne Roybon [107], reçu 9 novembre 1570 (Pilot).
Claude Roybon [108], reçu 31 juillet 1571 (Pilot).
Louis du Vache [22], en examen, 13 mars 1591 (B. 230).
Daniel Armand [109], reçu 7 octobre 1599 (B. 301 et Pilot).

Georges Bally [110], reçu 8 novembre 1568 (Pilot).
Jean Bally [111], reçu à surviv. 3 mars 1587 (B. 233).
Pierre Gilbert [112], reçu 8 novembre 1568 (Pilot et B. 146).
Aymar du Périer [113], reçu 8 mai 1582 (Pilot et B. 204).
J. B. de Ponnat [114], reçu 15 mai (et non 30, comme le dit, à tort,
    Pilot), 1596 (B. 281).
Jean Vachon [115], reçu 10 novembre 1568 (Pilot), après 23 octobre
    1568 (B. 146).
Pierre de la Baume [116], reçu 10 décembre 1591 (B. 270 et Pilot).

Jean Béatrix [117], reçu 10 novembre 1568 (Pilot).
Gaspard Béatrix [118], reçu 20 février 1587 (B. 233 et Pilot).

Guillaume Emé [119], reçu 6 novembre 1568 (Pilot), après 13 août 1568
    (B. 146).
J. Cl. Audeyer [120], reçu 18 février 1587 (Pilot et B. 235).

Claude Berlier [121], reçu 7 mars 1569 (Pilot).
Gaspard Baro [122], reçu 17 septembre 1588 (Pilot et B. 242).

Soffrey de Bocsozel [123], reçu 13 novembre 1574 (Pilot et E. II, 85).
Philippe Roux [124], reçu 17 juin 1597 (B. 287 et Pilot).

Jean Vincent [125], en exercice (27 mars 1573. B. 143), reçu 21 juillet 1574 (Pilot).
Pierre Putod [126], reçu 15 juillet 1595 (B. 275 et Pilot).

Jean Narcie [127], reçu 17 mars 1574 (Pilot).
Joachim de Mistral [128], reçu 17 février 1587 (Pilot et B. 235).

Jacques Cujas [129], reçu 24 juillet 1573 (Pilot).
Antoine de Dorne [13], reçu 14 avril 1584 (Pilot).

Pierre de Marcel [130], reçu 10 décembre 1581 (Pilot et B. 201).
Jean de Barry [131], en exercice 3 juillet 1597 (B. 288), reçu 17 juillet 1597 (Pilot).

Soffrey de Calignon [21], reçu 20 janvier 1579 (Pilot).
Barthélemy Marquet [132], reçu 1er février 1583 (Pilot et B. 211).

Etienne de Berle [133], reçu 16 mai 1582 (Pilot et B. 204).
Jean Figuel (138), reçu 20 juin 1598 (Pilot et B. 292).

Pierre de Granet [134], reçu 29 avril 1595 (Pilot et B. 301).

Gaspard Gillier [135], reçu 1er octobre 1599 (Pilot et B. 301).

Louis Vachon [136], reçu 6 juillet 1593 (B, 263).
Jacques Calignon [137], reçu 2 octobre 1595 (Pilot et B. 391).

Jean de Ventes [139], nommé 1496 (Pilot).

Antoine Putod [140], nommé 7 avril 1486 (Pilot).

Jean Morard [141], nommé 26 mai 1511 (Pilot).

Pierre de Layre [142], nommé 28 juillet 1490 (Pilot).

Aymar Laurencin [142 bis], nommé 11 mai 1527 (Pilot).

PROCUREURS GÉNÉRAUX

Antoine de Chaponnay [55], nommé 3 juillet 1486 (Pilot).
Jean Matheron [143], nommé 26 mai 1511 [Pilot].
François Faysan [26], nommé 1er septembre 1521 (It.).
Claude de Bellièvre [6], nommé 10 février 1536 (It.)
Jean de Lantier [144], nommé 1er février 1542 (Pilot).
Pierre Bucher [145], reçu 11 août 1553 (Pilot).
François du Faure [146], reçu 28 avril 1574 (E. II, 405), le 6 octobre
    sel. Pilot.
Jacques Pélissier [147], reçu 1er mars 1577 (Pilot).
François du Faure [148], reçu 15 décembre 1598 (B. 2273.6), le 5, dit, à
    tort, Pilot.

AVOCATS GÉNÉRAUX

Benoit de Varces [149], nommé 13 juin 1498 (Pilot).
Jean Morard [141], nommé 10 avril 1503 (Pilot).
Georges de Saint-Marcel [71], nommé 26 mai 1511 (Pilot).

Jean Matheron [143], nommé 1ᵉʳ septembre 1521 (Pilot).
Pierre Mosnier [46], nommé 10 décembre 1530 (Pilot).
Théodore Mulet [150], nommé 4 juin 1533 (Pilot).
François Oduin [151], nommé 14 décembre 1546 (Pilot).
Félix de Guerre [81], nommé 3 janvier 1549 (Pilot).
Félicien Boffin Iᵉʳ [152], reçu 16 janvier 1553 (B. 2273, 1 — Pilot).
Félicien Boffin II [153], reçu 28 juillet 1581 (B. 2273,2 — Pilot).

2ᵉ AVOCAT GÉNÉRAL

Jean Borel [154], reçu 18 janvier 1559 (B. 113 — Pilot).
François Ruzé (18), reçu 25 juin 1572 (Pilot).
Jean de la Croix [104], reçu 20 décembre 1585 (B. 2273, 3 à 5 — Pilot).

NOTICES BIOGRAPHIQUES

[1] Jean Palmier, fils de Pierre Palmier et de Catherine de Beaujeu, sieur de la Bastie, 1ᵉʳ président au Parlement de Grenoble (27 mars 1499, v. 5.), épousa Catherine Cirolde, puis Méraude Patarin.

[2] Geoffroy Carles, fils de Constant Carles et Violante della Chiesa, né en 1461, étudia à Turin, fut podestat de Saluces et de Carmagnola, conseiller au Parlement de Dauphiné (25 octobre 1492-12 mars 1500), président du Sénat de Milan (1500), puis du Parlement de Grenoble (28 novembre 1500-2 avril 1516, n. s.), en exercice, comme conseiller, le 21 juin 1499 (Archives Parlement Grenoble, B. 35), comme président, les 19 novembre 1512 (It. B. 35), 24 avril 1514 (B. 37, fol. 5, v°). Il se battit à Agnadel si brillamment que Louis XII le félicita personnellement. Il mourut, le 9 avril 1516. Il épousa Marguerite du Motet (cf. sur lui : *Société de statistique et d'archéol. de la Drôme*, année 1877, art. de G. Vallier (où se trouve le portrait de Carles) — abbé Piollet : *Étude historique sur Geoffroy Carles*. Grenoble, 1882, in-8°).

[3] Falco d'Aurillac, fils de Pierre d'Aurillac, né le 2 mai 1472, fils de Pierre d'Aurillac, fut conseiller au Parlement de Paris (reçu 29 janvier 1506), sieur de Veycilieu, sénateur de Milan, 1ᵉʳ président, Parlement Grenoble (20 décembre 1516-27 avril 1533), en exercice

(29 mai 1517, Archives Parlement Grenoble, B. 38, 8 avril 1525. It. B.
44, pièce 4, parch.), testa le 6 décembre 1533, et mourut, le 12 décembre 1533, à 61 ans, 7 mois, 10 jours, 11 heures. Il épousa (22 janvier
1516), Clémence Caille (testa 31 août 1554). (Cf. Maignien, *Noblesse de
Dauphiné*. Grenoble, in-8° 1870 et sqq.).

[4] Bonaventure Thomassin, sieur de Saint-Barthélemy, fils aîné de
Claude Thomassin et d'Antoinette de Saint-Barthélemy, échevin de Lyon
(1519), conseiller au Parlement de Paris (19 avril 1521-6 juillet 1533),
premier président au Parlement de Grenoble (11 décembre 1533), mort,
sans postérité, avant le 22 octobre 1538. Il épousa Jeanne Guillart du
Mortier (morte au 22 octobre 1538).

[5] Jean Samxon, conseiller au Parlement de Paris (6 octobre 1532-
21 décembre 1534), sieur de la Tour-Fellée, Beugeon, né à Tours,
1er président, Parlement Grenoble (2 janvier 1536), en exercice 19 avril
1540 (Arch. P. de Gr., B. 88), 5 juin 1540 (It. B. 48), mort au
24 mai 1541. Il fit un ouvrage sur la *Coutume de Touraine*.

[6] Jean Truchon, fils de Robert Truchon, fut sieur de la Borde,
Meyrieu, Pont de Beauvoisin, Saint-Laurent-du-Pont, né à Montfort-
l'Amaury, en 1507 (B. N. Fr. 15557, fr. 285. Truchon dit qu'il a
66 ans, le 31 mai 1573), 1er président au Parlement de Grenoble, en exercice
20 décembre 1554 (Archives du Parlement de Grenoble (B. 92), 26 août
1578 (B. 186). Il mourut, selon Maignien (o. c.), le 15 novembre 1578
(Vallier dit, entre le 1er octobre et le 23 novembre 1578, ce qui con-
corde). Il avait été (1549), conseiller, puis (1552), 2e président, au Parlement de Chambéry (Cf. Eug. Burnier : *le Parlement de Chambéry*). Cf.
sur lui *(Soc. de stastit. et d'Archéol. de la Drôme*, 1877), un article de
G. Vallier, qui donne son portrait, et la note 14, dans Douglas : *Vie et
Poésies de Soffrey de Calignon).*

[7] Claude de Bellièvre, sieur de Hautefort, 2e fils de Barthélemy de
Bellièvre et de Françoise Fournier, né, à Lyon, en mars 1487, mort, en
1557, à 70 ans, 8 mois, 2 jours, échevin de Lyon (1522-1527), procureur
général au Parlement de Grenoble (10 février 1536), en exercice, 30 mars
1541 (Archivés de Grenoble, B. 50), président (3 juin 1541), en exercice 17 juin 1541 (Archives, Parlement Grenoble, B. 52), 17 février 1556
(B. 99). Il épousa (25 octobre 1522) Louise Faye d'Espeisses.

[8] Jean de Bellièvre, conseiller au Parlement de Grenoble, en exercice 14 août 1554 (Archives Parlement Grenoble, B. 92), 2 décembre

1570 (B. 152), président (18 juillet 1571 (B. 158), 19 décembre 1579 (B. 191), 1ᵉʳ président (10 février 1579), en exercice 14 juillet 1584 (B. 223). On voit donc qu'il exerça son office de président, avant la date de réception donnée par Pilot et un peu après celle de sa réception de « Premier ». (Cf. sur lui, F. Vindry : *les Ambassadeurs français permanents au xviᵉ siècle*, Paris, 1903, in-4°).

[9] Ennemond Rabot, sieur d'Illins, Luzeray, le Fontanil, Hautefort, Cornillon, la Garde, Beauregard, Beauséjour, conseiller au Parlement de Grenoble (nommé 29 juin, reçu 8 août 1570 (Pilot), en exercice, les 11 août 1570 (Arch. Parlement Grenoble, B. 152), 21 mars 1573 (B. 163), 20 décembre 1578 (B. 130), 19 décembre 1579 (B. 191), 14 juillet 1584 (B. 223), 1ᵉʳ président (reçu 20 novembre 1584) (Pilot et Archives Parlement Grenoble, B. 2271), en exercice les 21 novembre 1584 (Archives Parlement Grenoble, B. 224), 20 décembre 1600 (B. 308), 10 juillet 1603 (B. 2273,13). Second fils de Laurent Rabot et de Méraude d'Aurillac, mariés le 10 octobre 1529, il épousa (8 juin 1577), Anne de Bellièvre (vivante 27 septembre 1648 (E. II, 424) et mourut, le 11 novembre 1603.

[10] Michel de Gyvès, fils de Renaud de Gyvès et de Jeanne Cadou, mineur (15 octobre 1508), conseiller au Grand Conseil, 2ᵉ président au Parlement de Grenoble, en exercice, les 3 décembre 1540 (Arch. Parl. Grenoble B. 48), 2 décembre 1552 (B. 85), 12 août 1558 (B. 113). Il fut curé de Saint-Michel-de-Chartres, Escronnes, Dannemarie. Magistrat intègre, il mourut, à Grenoble, selon Pilot, en octobre 1558 (avant le 13). Cependant on trouve (Arch. Parl. Grenoble B. 109) une pièce, signée de lui, en date du 19 décembre 1558. Il est vrai que cette date est celle de la *publication* de l'arrêt, publication qui a pu suivre la mort du président d'assez loin.

[11] Guillaume de Portes, fils d'Antoine de Portes, fut sieur du Molard-Rond, Grésy, Chéseaux, le Chastelet, official de Grenoble, professeur de droit à l'Université de Grenoble, conseiller au Parlement de Dauphiné (nommé 23 avril 1543, reçu 7 mai 1543), en exercice (13 avril, 10 mai, 2 juin, 28 juin 1543 (Arch. Parl. Grenoble B. 57), 19 janvier 1554 (B. 91), 9 mars 1555 (B. 94), 2ᵉ président au Parlement de Savoie (27 juin 1554, 7 août 1559), président au Parlement du Dauphiné (nommé 7 novembre, reçu 14 décembre 1559), en exercice 18 septembre 1560 (B. 120), 20 décembre 1568 (B. 146), 10 décembre 1574 (B. 168). Ayant fort malmené les huguenots dauphinois, sa situation devint difficile à Grenoble,

et il se retira en Savoie. Il épousa (15 mai 1547) Jeanne d'Aragon (vivante
8 septembre 1583 (GG. 5. fol. 1. r°). Il mourut, entre le 17 novembre
1577 (GG. 2 fol. 30. v°) et le 8 septembre 1583 (GG. 5. fol. 1. r°).

[12] Jean de Buffevant, fils d'Abel de Buffevant et de Marguerite de
Miribel, sieur de Malissoles, vi-bailli de Graisivaudan (13 novembre
1563) (E. II. 409). Vi-bailli de Vienne, 2° président au Parlement du
Dauphiné (nommé 24 septembre, reçu 10 novembre 1574), en exercice,
le 9 décembre 1574 (Arch. Parl. Grenoble B. 168), 20 décembre 1585
(B. 230), 3 septembre 1593 (B. 258). Il était mort au 30 septembre 1595,
Il épousa, avant 28 octobre 1576 (GG. 2, fol. 2, v°,) Françoise Carier
(vivante 16 décembre 1597 (E. II. 246).

[13] Antoine de Dorne, fils de François de Dorne, fut avocat (5 août
1578), puis (nommé 20 octobre 1582, reçu 14 avril 1584 (Pilot), conseiller
(en exercice, les 17 avril 1584 (Arch. Parl. Grenoble B. 221), 7 novembre 1600 (B. 308), 21 février 1602 (B. 321), puis (nommé 30 mai 1595,
reçu 4 mai 1602 (Pilot), président (en exercice les 8 mai 1602 (Arch.
Parl. Grenoble B. 2273, 12), 4 juin 1616 (B. 487) au Parlement de
Grenoble. Il épousa, avant 9 mars 1578 (GG. 2, fol. 41, v°), Lucrèce
Firmin (vivante 5 avril 1581 (GG. 4, fol. 5, v°) au 6 février 1608), puis,
avant 5 juin 1587, Marie de la Doy (vivante 5 juin 1587, GG. 7, fol. 5,
v°). On le trouve (B. 582) mentionné comme président, le 6 février *1623*,
mais la cote de cette pièce nous semble suspecte. Il faudrait plutôt, à notre
avis, lire 1613.

[14] François Vachon, sieur de Belmont, la Roche, Veurey, fils de
François de Vachon, fut 1er président à la Chambre des Comptes de
Savoie, président à la Chambre des Comptes de Dauphiné, procureur
général à la Chambre des Comptes de Dauphiné (21 octobre 1572-
11 décembre 1578), 2° président au Parlement de Grenoble (nommé
6 novembre 1578, reçu 29 juin 1581 (Pilot), en exercice les 30 juin 1581
(Arch. Parl. Grenoble B. 199), 7 septembre 1584 (B. 224). Il épousa
(15 novembre 1554) Anne Rabot, et mourut avant le 8 octobre 1585.

[15] Cf. notice au Parlement de Provence. Il fut nommé conseiller au
Parlement de Grenoble, le 22 avril et reçu le 30 juillet 1571, était en
exercice, les 14 août 1571 (Arch. Parl. Grenoble B. 156), 20 novembre 1585 (B. 230) ; président au Parlement de Grenoble (nommé 8 octobre,
reçu 29 novembre 1585 (Pilot), en exercice, les 7 décembre 1585 (Arch.
Parl. Grenoble B. 230), 22 novembre 1603 (B. 337) ; premier président
au Parlement de Provence, le 26 juin 1591 (B. 2271), à celui de Grenoble

(nommé 17, reçu 26 novembre 1603 (Pilot et B. 2271), en exercice les 29 novembre 1603 (B. 337), 18 avril 1616 (B. 486).

[16] Gaspard Fléard, sieur de Pressins, Montmirail, la Bâtie-Mont-gascon, Thuelin, Morestel, Romagnieu, conseiller au Parlement de Dauphiné (nommé 28 janvier, reçu 10 mai 1557 (Pilot), en exercice 23 juillet 1557 (B. 106), 20 décembre 1572 (B. 160) président (nommé octobre, reçu 10 novembre 1574), en exercice 14 août 1574 (B. 168), 28 septembre 1579 (B. 191), 12 mai 1595 (B. 271). Fils de Jean Fléard et de Françoise Buatier, il épousa (15 août 1571) (E. II. 411) Virginie Bon de Meuillon (4 juillet 1635 (E. II. 411), vivante au 28 août 1636). Il testa, le 20 mai 1595, mourut avant le 15 septembre 1596 (E. II. 411).

[17] François Fustier, sieur de la Rochette, fils de Claude Fustier, conseiller (nommé 31 octobre, reçu 11 décembre 1574 (Pilot et E. II. 421), en exercice 14 décembre 1574 (Arch. Parl. Grenoble (B. 168), 15 mars 1596 (B. 280), président (nommé 23 mai 1591, reçu 15 mars 1596) (Pilot et B. 2271, 25), en exercice, les 20 mars 1596 (B. 280), 30 septembre 1606 (B. 370), nommé honoraire, le 4 novembre 1606 (B. 2281, 23). Il avait résigné, le 24 août 1606 (It.). Il épousa, avant 8 juin 1577 (GG. 2, fol. 18) Françoise de Sassenage (vivante, 8 septembre 1585, GG, 12, fol. 12, v°), et mourut, le 8 janvier 1628.

[18] François Ruzé, sieur de Pontaut, Beaulieu, fils aîné de Jean Ruzé et de Geneviève Brinon, mariés avant 1528, avocat général au Par-lement de Dauphiné (nommé 14 juillet 1571), en exercice 26 juin 1572 (B. 159), 23 septembre 1579 (B. 191) puis président (nommé 7 août 1578, reçu 23 juin 1584), en exercice, 25 juin 1584 (B. 222), 7 novembre 1585. (B. 230). Il mourut avant le 31 décembre 1585. Il était, selon Chorier, très beau, spirituel et bon.

[19] Octavien Emé, fils de Barthélemy Emé et d'Eléonore Pellisson, né le 15 novembre 1551, sieur de Saint-Julien, Vizille, Rochemolle, Revel, Millieu, Roche, Saint-Didier, Fressinières, Barbarin, Beaulard, nommé conseiller au Parlement de Grenoble (1er décembre 1575 (Pilot), reçu le 9 (et non le 10, comme dit Pilot) août 1576 (Arch. Parl. Gre-noble B. 176), en exercice, les 13 août 1576 (B. 176), 3 avril 1585 (B. 227), maître des requêtes au Parlement de Paris (février 1578), pré-sident au Parlement de Grenoble (nommé 31 décembre 1585, reçu 28 février 1586 (Pilot et B. 2271), en exercice les 25 février 1586 (B. 233), 22 novembre 1600 (B. 308), 23 février 1622 (B. 576), siège, comme sim-ple conseiller, le 28 juin 1622 (B. 577), est nommé président honoraire,

le 24 septembre 1622 (B, 2281, 38), conseiller d'Eta (12 janvier 1609-30 avril 1624). Il testa, le 16 mai 1624 et mourut le 19 mars 1627. Il épousa (3 mars 1588) Diane de Monteynard (vivante 24 avril 1629).

[20] Innocent Gentillet, avocat au Parlement de Toulouse, président au Parlement de Dauphiné (nommé 20 janvier 1579, reçu 13 novembre 1582 (Pilot et B. 2271), en exercice (24 décembre 1582 (B, 207), 24 novembre 1583 (B. 216), 10 mars 1584 (B. 220), né à Vienne, calviniste, se retira à Genève. Il mourut, en 1591, avant le 3 mars. Il a publié : *Remontrance à Henri III sur le fait des deux édits de Lyon*, 1574. *Discours sur les moyens de bien gouverner un royaume*, 1576, pamphlet surnommé l'*Anti-Machiavel*, qui eut un grand succès. *Apologia pro christianis Gallis religionis reformatae*, 1578. En 1579, chef du tribunal suprême des protestants du Dauphiné, à Die, il traduisit la *République des Suisses*, de Josias Simler. En 1580, il souleva le Viennois. En 1587, il publia un *Examen Concilii Tridentini*, qui fut mis à l'*Index*. Cf. sur lui : Haag : *la France protestante*, V. 247-248).

[21] Soffrey de Calignon, fils aîné de Genton de Calignon et de Claude Giraud, naquit à Saint-Jean, près Voiron, le 8 avril 1550, étudia à Paris, à Padoue, devint excellent polyglotte, se fit huguenot, rima des vers à la duchesse Marguerite de Savoie, étudia à Valence, fut à la Cour de Navarre, y devint diplomate, fut nommé maître des requêtes de Navarre (19 janvier 1580), négocia pour Henri IV, en Angleterre et en Allemagne, fut intendant de justice à l'armée du Piémont (30 janvier 1593), chancelier de Navarre (6 juin 1593), conseiller d'Etat (24 janvier 1594). Entre temps, il avait été (20 janvier 1579 (Pilot) nommé, puis (21 octobre 1581, Pilot) reçu conseiller au Parlement de Grenoble (en exercice, 10 décembre 1581 (Arch. Parl. Grenoble B. 201), puis président (nommé 3, reçu 22 mars 1591 (Pilot), en exercice, 22 mars 1591 (B. 252), 11 mai 1595 (B. 274). Il épousa (18 décembre 1587) Marthe du Vache (vivante 10 septembre 1606, morte, au 16 février 1609 (E. II. 590). Il mourut, le 9 septembre 1606. Guy Allard et Videl ont écrit sa vie. Cf. sur lui : Douglas : *Vie et Poésies de Soffrey de Calignon*. Grenoble, 1874, in-8°.

[22] Louis du Vache, sieur d'Estables, 4e fils de Geoffroy du Vache et de Claudine de Chastaing, conseiller au Parlement de Grenoble, en exercice, les 13 mars 1591 (Arch. Parl. Grenoble B. 250), 20 décembre 1593 (B. 263), 24 septembre 1599 (B. 300), président (nommé 6 août, reçu 30 septembre 1599 (Pilot et B. 2271) en exercice, les 26 septembre 1599 (B. 308), 12 décembre 1602 (B. 2273, 13), nommé président

honoraire le **3** juin 1603 (B. 2281.21). M. Pilot le confond avec Louis
Vachon, parfaitement distinct de lui et à la réception duquel il assista,
le 6 juillet 1593 (B. 263). Louis du Vache était, du reste, déjà conseiller,
le 13 novembre 1582 (B. 2271, p. 3).

[23] Pierre de Lattier, 3ᵉ fils de Georges de Lattier et de Gilette de
Fassion, conseiller au Parlement de Grenoble (nommé 18 septembre 1493),
en exercice, 16 août 1503 (Arch. Parl. Grenoble B. 31), 15 avril 1508
(B. 33), 24 avril 1514 (B. 37, fol. 5, vᵒ), 12 juillet 1518 (B. 40, 2ᵉ cahier,
fol. 5, vᵒ), 12 mai 1519 (B. 41, 1ᵉʳ cahier, fol. 8). Il était mort, au
1ᵉʳ décembre 1520. Il épousa Guigonne Buatier.

[24] Antoine Carles, fils de Geoffroy Carles et de Marguerite du
Mottet, conseiller au Parlement de Rouen (22 août 1517-20 mars 1519,
v. s.), puis à celui de Grenoble (nommé 1ᵉʳ décembre 1520), en exercice
(20 août 1534), mort le 6 décembre 1535.

[25] Hector Gauteron, échevin de Grenoble (16 décembre 1519), juge à
la Cour commune, puis (nommé 6 décembre 1535) conseiller au Parlement de Grenoble. Il mourut avant le 10 février 1536. Il avait épousé
Madeleine Gauteron (vivante 30 septembre 1540) (E. II. 430).

[26] François Faysan, sieur de Pasquiers, fils de Guillaume Faysan
et de Denise Veylieu, procureur général au Parlement de Grenoble
(1ᵉʳ septembre 1521), puis conseiller (nommé 10 février 1536), en exercice 26 novembre 1540 (Arch. Parl. Grenoble B. 48), 7 avril 1543 (B. 57),
14 août 1543 (B. 64). Il testa le 14 septembre 1545. Il fut (17 décembre 1514) échevin de Grenoble. Il épousa, avant le 31 octobre 1513,
Marguerite Alleman (vivante 13 juillet 1545) (E. II. 410) et vivait déjà,
le 15 octobre 1503.

[27] François de Saint-Marcel d'Avanson, 2ᵉ fils de Georges de Saint-
Marcel d'Avanson et de Claudine de Morges, mariés avant 1508, prieur
de Corenc, Sigottier, Saint-Bonnet, Notre-Dame-de-Chabottes, doyen de
Grenoble (1544), prévôt de Saint-André-de-Grenoble (1554), conseiller
au Parlement de Grenoble (nommé 20 août 1548), en exercice, les
23 décembre 1548 (Arch. Parl. Grenoble B. 73), 18 novembre 1552
(B. 85), 7 juillet 1556 (B. 100), évêque de Grenoble (30 octobre 1561),
siégea, quoique évêque, en novembre 1568 (B. 146), 7 juin 1572 (B. 159),
et mourut, le 6 février 1575.

[28] Philibert Gaste de l'Aubespin, conseiller au Parlement de Grenoble

(nommé 16 janvier, reçu 5 ou 6 mai 1558 (Pilot et Arch. Parl. Grenoble B. 109), en exercice (2 juin 1558 (B. 110), 15 janvier, 6 février, 22 avril 1560 (B. 118).

[29] Bertrand Rabot, fils de Jean Rabot et de Suzanne d'Urre, sieur d'Upie, Espanel, Buffières, conseiller au Parlement de Grenoble (nommé 3 août 1495), en exercice, les 21 mai 1502 (Arch. Parl. Grenoble B. 31), 8 août 1511 (B. 33), 24 avril 1514 (B. 37, fol. 5, v°), 12 novembre 1521 (B. 43, 2° cah., fol. 68, v°). Né en 1466, il testa, le 23 mars 1536, v. s. et mourut, le 7 décembre 1537. Il épousa (6 février 1503) Agnès Peccat (testa 13 avril 1557, v. s.).

[30] Laurent Rabot, fils aîné de Bertrand Rabot et d'Agnès Peccat, mariés le 6 février 1503, né en 1507, mort le 14 septembre 1573, sieur d'Illins, Upie, Veycilieu, Cornillon, Fontaines, conseiller au Parlement de Grenoble (nommé 4 décembre 1526), en exercice, les 22 avril 1540 (Arch. Parl. Grenoble B. 48), 24 décembre 1546 (B. 67), 20 décembre 1554 (B. 92), 20 décembre 1560 (B. 120), 30 mars 1568 (B. 146), 2 septembre 1573 (B. 164). Il épousa (10 octobre 1529) Mérande d'Aurillac (testa 10 mai 1570).

[31] Thomas Mitalier, fils de Thomas Mitalier, fut avocat à Vienne, conseiller au Parlement de Grenoble (nommé 7 octobre 1573, reçu 28 novembre 1573), en exercice, les 15 décembre 1573 (Arch. Parl. Grenoble B. 164), 24 décembre 1585 (B. 230), 24 décembre 1594 (B. 270), 30 septembre 1600 (B. 308), 13 décembre 1602 (B. 2273, 12 v°), 20 décembre 1602 (B. 328), 24 mars 1603 (B. 332). Il mourut entre le 24 mars et le 11 avril 1603.

[32] François Marc, conseiller au Parlement de Grenoble (nommé 26 avril 1501), en exercice, les 1er octobre 1504 (Arch. Parl. Grenoble B. 31), 15 avril 1508 (B. 33), 19 novembre 1512 (B. 33), 1er décembre 1520 (B. 42, fol. 5, v°), 12 novembre 1521 (B. 43, 2° cah., fol. 68, v°). Il mourut entre le 2 septembre 1522 et le 12 janvier 1523. Il a laissé un *Recueil des décisions du Parlement de Grenoble*, publié en 1532.

[33] Henri Gauteron, conseiller au Parlement de Grenoble (nommé 7 avril 1488), en exercice les 21 juin 1499, 13 et 21 mai 1502 (B. 31). Il mourut avant le 15 avril 1503. (B. 35).

[34] Martin Gallian, conseiller au Parlement de Grenoble (nommé 20 avril 1502), en exercice, les 16 août 1503 (A. P. Gr., B. 31), 15 avril 1508 (B. 33), 23 décembre 1513 (B. 36), 30 janvier 1517 (B. 39).

[35] Ponce Ponce, conseiller au Parlement de Grenoble (1485-1503), mort avant le 14 novembre 1503.

[36] Etienne Olivier, conseiller au Parlement de Grenoble (nommé 14 novembre 1503), en exercice, les 1er octobre 1504 (A. P. Gr., B. 31), 15 avril 1508 (B. 33), 23 décembre 1513 (B. 36), 7 novembre 1520 (B. 42, fol. 74 r°), 8 avril 1525 (B. 44, pièce 4 parch.).

[37] Méraud Morel, professeur à l'Université de Valence, conseiller au Parlement de Grenoble (nommé 19 novembre 1519), en exercice, les 17 août 1520 (A. P. Gr., B. 42, fol. 72 v°), 7 novembre 1520 (fol. 74 r°).

[38] Antoine Palmier, fils de Jean Palmier et de Catherine Cirolde, né le 11 novembre 1464, mort, le 28 août 1535, à soixante-dix ans, dix mois, dix-neuf jours, dix-huit heures, chanoine de Saint-Maurice de Vienne et de Saint-Paul de Lyon, chapelain de Saint-Vincent à Notre-Dame de Grenoble, puis (9 novembre 1524) chapelain de Sainte-Anne de Vienne, doyen d'Embrun, prieur de Saint-Marcel de Die, Oyen, Notre-Dame de Chirens, Tullins, conseiller au Parlement de Grenoble (nommé 21 novembre 1492), en exercice, les 21 mai 1502 (Arch. P. Gr., B. 31), 28 décembre 1513 (B. 36), 30 janvier 1517 (B. 39), 12 novembre 1521 (B. 43, 2e cah., fol. 68 v°).

[39] Roux Plovier, troisième fils de Claude Plovier et de Simonette Rabot, mariés le 24 octobre 1484, doyen de Grenoble, conseiller au Parlement de Grenoble (nommé 25 août 1535), en exercice, les 22 avril 1540 (Arch. P. Gr., B. 48), 23 décembre 1548 (B. 73), 14 août 1551 (B. 81), mort avant le 6 mai 1552 (B. 84).

[40] Job Rostaing, fils de Mathieu Rostaing et de Geneviève de Dôle, mariés en 1522, conseiller au Parlement de Grenoble, en exercice, les 24 décembre 1551 (A. P. Gr., B. 81), 17 novembre 1554 (B. 92), 20 décembre 1560 (B. 120), 13 août 1563 (B. 131). Il épousa (15 janvier 1554) Marguerite de Villèle.

[41] Henri Ferrand, fils de Jean Ferrand, fut conseiller au Parlement de Grenoble, nommé le 22 mai 1578[1], en exercice les 22, 23, 30 mai 1578 (B. 185), 29 novembre 1583 (B. 230), 19 décembre 1600 (B. 308), 8 mai 1602 (B. 2273, 12), 13 septembre 1602 (B. 237). Il épousa, avant

---

[1] Il siégeait dès le 16 mai 1578 (B. 185, dans deux pièces), c'est-à-dire six jours avant sa réception. Est-ce une gracieuseté de la Cour à son égard ou une erreur du plumitif ?

3 avril 1580 (G. G. 3) Léonor-Emé de Saint-Julien (vivante 12 avril 1614 (E., II, 169). Il mourut, à Grenoble, rue Neuve, le 4 novembre 1602 (E., II. 169).

[42] Jacques Robertet, protonotaire, prévôt de Saint-André de Grenoble, chancelier de l'église de Lyon (1500), prieur de Saint-Rambert, chan. de Paris, conseiller au Parlement de Grenoble, évêque d'Albi (1515), mort le 26 mai 1519, cinquième fils de Jean Robertet et de Louise Chauvet.

[43] Jacques de Boche, fils de Brémonet de Boche et d'Honorade d'Arcussia, mariés en 1438, conseiller au Parlement de Grenoble (nommé 21 juillet 1500), en exercice, les 21 mai 1502 (A. P. Gr., B. 31), 15 avril 1508 (B. 33), 8 août 1511 (B. 35). Il mourut avant le 6 septembre 1512.

[44] Philippe Decio ou Dexio, fils naturel de Tristan de Dexio, naquit en 1454, étudia, à Pavie, le droit, sous son frère légitime, Lancelot Dexio. Devenu rapidement très habile juriste, quoique médiocre latiniste, son mauvais caractère le fit errer, comme professeur, de Pavie à Pise, puis à Pavie, puis à Sienne, puis à Rome, où le pape Innocent VIII le nomma auditeur de rote. Il revint à Sienne, à Pise, à Padoue (1502), à Pavie (1505). Instigateur et directeur occulte de concile de Pise, il fut, pour ce, excommunié par Jules II et l'armée du Pontife pilla sa maison, lors de la prise de Pavie. Il se réfugia en France, fut nommé conseiller au Parlement de Grenoble et professeur à l'Université de Valence. Léon X leva l'excommunication portée contre son ancien professeur et lui offrit une chaire à Rome. Il professa ensuite à Pavie, Pise et Sienne, où il mourut, le 13 octobre 1535, après s'y être fait construire un tombeau et y avoir rédigé son épitaphe dans un latin incorrect qui amusa fort tous les érudits du temps. Ses facultés s'étaient beaucoup affaiblies au cours de ses dernières années. — Œuvres : *Consilia* (Lyon, 1565, in-folio), *De regulis juris*, *Commentaria in Decretalis*. Ses ouvrages sur l'*Autorité des Conciles généraux* et le *Concile de Pise* ont été publiés par Goldast dans sa *Monarchia Sancti Romani Imperii*.

[45] Méraud Clavel, conseiller au Parlement de Grenoble (nommé 11 février 1517). En exercice, le 12 juillet 1518 (B. 40, 2ᵉ cah., fol. 5 vᵒ), 1ᵉʳ décembre 1520 (B. 42, fol. 5 vᵒ), 8 avril 1525 (B. 44, pièce 4 parch)

[46] Pierre Mosnier, avocat général au Parlement de Grenoble (10 décembre 1530), puis conseiller (nommé 11 avril 1532). Il mourut avant le 20 avril 1537.

[47] Jean Galbert, conseiller au Parlement de Grenoble (nommé 20 avril 1537), en exercice, le 29 avril 1540 (A. P. Gr., B. 48), 28 juin 1543 (B. 57), 24 décembre 1546 (B. 67), 5 avril 1549 (B. 76). Il épousa (7 octobre 1527) Françoise Fléhard (testa 30 juin 1564 (E., II, 410). Il était mort au 9 mai 1550.

[48] Jean Cid ou Cit, aragonais.

[49] Guy Matheron, en exercice 1er septembre 1543 (B. 36), 24 avril 1544 (B. 37, fol. 5 v°).

[50] Henri Marrel, en exercice, les 8 avril 1525 (B. 41, pièce 4, parch.), 3 décembre 1540 (B. 48), 17 avril 1543 (B. 57), 24 décembre 1546 (B. 67), 2 décembre 1552 (B. 85), 24 juillet 1556 (B. 100), 20 décembre 1560 (B. 120), 20 septembre 1565 (B. 136). Il testa le 28 mars 1566 (E., II, 596). Il était mort le 2 avril 1566. Il épousa avant le 25 mars 1544 (G. G. 1, fol. 44 v°) Guigonne de la Vaye (vivante 29 juin 1545 (G. G. 1, 89 v°).

[51] François Vidal, sieur de Lirac, nommé 19 mai, reçu 4 novembre 1566, en exercice 20 décembre 1566 (B. 140), 24 septembre 1567 (B. 145), 26 février 1572 (B. 158). Il épousa (1560) Hélène Gautier de Girenton. Il avait résigné, le 29 novembre 1571 (Arch. hosp. de Grenoble, II. 1112).

[52] Charles Velhieu, bachelier en droit (21 juin 1547) de l'Université de Valence (Arch. hosp. de Grenoble, II. 1112), nommé 31 décembre 1572 selon Pilot, et reçu 29 février 1573. Pourtant, les documents le disent en exercice dès le 1er mars 1572 (B. 158), 8 mai 1572 (B. 159), 19 décembre 1573 (B. 164), 14 janvier 1574 (B. 167). Les Archives hosp. de Grenoble (II. 1112) donnent sa nomination le 31 décembre 1571, sa réception, le 27 février 1572. Il était, probablement, fils de Claude de Velhieu et d'Antoinette de Monteux, et épousa Jeanne de Bruyères-Chalabre (vivante, 24 mai 1573).

[53] Pierre du Chemin, lieutenant particulier au service de la Cour commune de Grenoble, conseiller au Parlement, reçu 19 novembre 1575 (B. 172), en exercice, 22 novembre 1575 (B. 172), 19 décembre 1579 (B. 191), 20 décembre 1585 (B. 230), 16 décembre 1594 (B. 270), 28 juin 1597 (B. 287), 22 août 1598 (B. 293). Il mourut en 1599.

[54] Artus Coste, fils d'Antoine Coste et de Marguerite de Memeilloux, nommé conseiller le 31 décembre 1598, reçu le 15 mai 1599 (B. 298), en exercice, les 20 décembre 1600 (B. 308), 19 décembre 1626 (B. 629), 22 décembre 1636 (B. 751). Il mourut le 1er février 1637.

[55] Antoine de Chappozay, procureur général au Parlement de Grenoble (3 juillet 1486-26 mai 1511), conseiller, en exercice 8 août 1511 (B. 35), 23 décembre 1513 (B. 36), 24 avril 1514 (B. 37, fol. 5 v°).

[56] Jean Perricard, fils aîné de Jean Perricard et de Claude d'Origny, prieur de Saint-Antoine, trésorier de la Sainte-Chapelle de Dijon, conseiller au Parlement de Grenoble (1513, 17 février 1515), puis conseiller au Parlement de Dijon (nommé 17 février 1515), mort le 19 juillet 1528, reçu 8 mars 1515 (Reg. délib. Parlem. Dijon, I. 134), en exercice (It. I. 133, 141, 151, 154, 159-60, 164, 173, 179, 189, 195, 200, 207, 209, 215, 223, 224, 225, 226, 228, 234, 237, 243, 246, 252, 261, 268, 277, 279, 297, 298, 306, 307, 320 (12 novembre 1526), 325, 330, 340, 343 (26 novembre 1527), 356 (27 avril 1528), † au 28 juillet 1528 (I, 364).

[57] Jacques Gallien, fils de Jean Galien, fut conseiller au Parlement de Dijon (7 octobre 1506), puis conseiller au Parlement de Grenoble (nommé 7 juillet 1514), en exercice, 29 mai 1517 (B. 38), 7 novembre 1520 (B. 42, fol. 74 r°), 1er décembre 1520 (It. fol. 5 v°), sieur de Châbons (28 septembre 1521). Il épousa (5 novembre 1503) Louise de Genas.

[58] Léonard (ou Bernard) de la Noix (id est de Noceto).

[59] Valentin Tardiven, n. 4 avril 1525 (Actes de François Ier. V. 689. 18227), podestat de Lodi (4 février 1520), mort avant le 18 septembre 1534.

[60] Aymar de Murinais, fils de Guy de Murinais et de Claudine de Bressieu-Beaucroissant, conseiller au Parlement de Grenoble, en exercice 26 mai 1540 (B. 48), 15 novembre 1541 (B. 52) 7 juin 1542 (B. 55). Il était mort au 2 décembre 1542. Il épousa, avant 1539, Ennemonde Soffrey, vivante 14 novembre 1560 (Arch. Hôp. de Grenoble, II. 978-982).

[61] Jean Baronnat, sieur de Beauregard, conseiller au Parlement de Grenoble, fils de Claude de Baronnat et de Claudine Dodieu (Arch. Hôp. de Grenoble, II. 346), mariés le 5 février 1515, nommé 2 décembre 1542, reçu 16 février 1543, en exercice 17 mars 1543 (B. 57), 15 mai 1548 (B. 72), 16 février 1554 (B. 91), 14 juillet 1556 (B. 100), 7 novembre 1569 (B. 120), 2 mars 1562 (B. 128). Il épousa, avant 15 juillet 1544 (G. G. 1, fol. 52 v°) N. Il était mort au 17 février 1565 et vivait encore le 10 avril 1562, vieux style.

[62] Ennemond Mulet, fils d'Antoine Mulet et de Bonne de Véroy,

mariés le 12 juin 1483, conseiller au Parlement de Grenoble, nommé
1er septembre 1521, en exercice, le 12 novembre 1521 (B. 43, 2° cah.,
fol. 68 v°), 8 avril 1525 (B. 44. pièce 4. parch.), 7 décembre 1540 (B. 48),
22 mai 1546 (B. 46, pièce C), 18 septembre 1548 (B. 73), 10 décembre 1552
(B. 85), 27 juillet 1556 (B. 100), 20 décembre 1560 (B. 120), 14 août 1561
(B. 127). Il testa le 8 février 1565 et mourut, sans postérité, avant le
27 février 1585 (A. P. Gr., E., II, 409). Il vivait le 8 avril 157... (Arch.
de Gr., E., II., 410). Il épousa (21 août 1521) (E., II, 411) Alix
Buatier, vivante 8 avril 157... et 21 janvier 1614 *(sic)* d'après Arch. Gr.,
E., II, 410, ce qui nous semble absolument invraisemblable (vivante
8 février 1565), fut sieur de Saint-Marcel, la Cluse, et conseiller au Parlement de Savoie en 1550-1551.

[63] Romain Thomé, fils de Michel Thomé et de Barbe Plouvier, mariés
le 13 octobre 1563, conseiller au Parlement de Grenoble, nommé 7 octobre 1595, reçu 17 juin 1596, en exercice 21 juin 1596 (B. 281), 19 décembre 1600 (B. 308). Il avait été (22 juin 1587-26 juillet 1591) avocat
consistorial à Grenoble.

[64] Honorat d'Herbeys, sieur de Chateauneuf, conseiller au Parle-
ment de Grenoble (1er septembre 1521), en exercice, 12 novembre 1521
(B. 43, 2° cahier, fol. 68 v°), 8 avril 1525 (B. 44, pièce 4), 22 avril 1540
(B. 49, fol. 6), 15 novembre 1541 (B. 52), 15 juillet 1542 (B. 55). Il
mourut avant le 19 juin 1543. Il épousa, avant le 4 janvier 1522; Agnès
Fléhard.

[65] Pierre Civat, conseiller au Parlement de Grenoble, nommé 19 juin,
reçu 2 août 1543, en exercice, les 14 août 1543 (B. 58), 24 décembre 1546,
(B. 67), 7 février 1550 (B. 78). Il mourut avant le 28 juillet 1554. Il
épousa Isabeau Fléhard (vivante 28 juillet 1554 (E., II, 758).

[66] Severin Odoard, sieur de Fiançayes, g. de la Ch. (23 mars 1563,
v. s.), conseiller au Parlement de Grenoble, nommé 9 mars 1550, en
exercice 19 février 1551 (B. 80), 27 juillet 1556 (B. 100), 14 août 1568
(B. 146), 3 avril 1573 (B. 163). Il mourut avant le 19 juin 1573. Il épousa
avant le 30 octobre 1549 Catherine Guerre (vivante 30 octobre 1549
(G. G. 1, fol. 193 v°).

[67] Antoine Morard, fils d'Antoine Morard et d'Artaude Romatière,
mariés le 14 février 1540, baptisé à Grenoble le 15 mars 1544 (G. G. 1),
nommé 19 juin, reçu 5 août 1573, conseiller au Parlement de Grenoble,
en exercice 8 août 1573 (B. 164), 20 décembre 1578, (B. 180), 17 novem-

bre 1579 (B. 191), 24 décembre 1585 (B. 230), 11 mars 1592 (B. 255),
mourut avant le 22 avril 1592. Il épousa (17 octobre 1562) Méraude
Mistral (vivante 13 décembre 1579. G G. 3).

[68] Marc Vulson, fils de François Vulson et de Michelle de Bouniot,
nommé 22 avril 1592, reçu 27 septembre 1595, conseiller au Parlement de
Grenoble, résigna son office, après avoir surpris en adultère et tué sa
première femme. Renommé conseiller, le 6 août 1599, reçu le 7 octobre
1599, en fonction, les 21 janvier 1600 (B. 304), 11 août 1628 (B. 659),
nommé honoraire, le 12 août 1629 (B. 2281, 58), il vivait encore, les
5 mars 1630, 3 décembre 1637 (E. II. 794), 20 août 1638. Il épousa en
2ᵉ noces, Madeleine de Bologne (vivante 1602), puis Louise de Blanchon-
les-Flaux. Il était protestant.

[69] Pierre de Cornu, fils de Pierre de Cornu et de Catherine Jabbé,
fut conseiller au Parlement de Grenoble, nommé 30 juillet 1597, reçu
31 juillet 1599, en exercice 2 août 1599 (B. 300), 16 octobre 1621 (B.
563), mort avant le 24 janvier 1623 (E. II, 364). Il épousa (5 juin 1590)
(G G. 8, fol. 18, vᵉ et E. II, 363), Méraude de Baro (née 1562, morte
le 26 d'août 1619), puis Méraude Françon (vivante le 24 janvier 1623).
C'était un poète des plus médiocres. Il publia ses Œuvres poétiques.
Lyon, 1583, 1 vol. in-8°. (Cf. Vallier, Soc. hist. et archéol. de Valence,
année 1881, pp. 138-167).

[70] Cf. notice Parlement de Provence.

[71] Georges de Saint-Marcel d'Avanson, sieur de Saint-Étienne,
avocat général au Parlement de Grenoble (26 mai 1511), en exercice
20 août 1512 (A. P. G. B. 35), 11 juillet 1514 (B. 37), puis (1ᵉʳ septembre 1521), conseiller, en exercice, 8 avril 1525 (B. 44, pièce 4, parch.),
12 juillet 1540 (B. 49, fol. 7), 18 juin 1541 (B. 50, fol. 68), fils d'Humbert
de Saint-Marcel, épousa (29 juillet 1508) Suzanne de Portier, puis, avant
1510, Claudine de Morges.

[72] Cf. Notice aux Ambass. français du xviᵉ siècle. Il fut conseiller au
Parlement de Grenoble, en exercice les 29 avril 1540 (B. 48), 13 juin 1548
(B. 73).

[73] Aymar Rival, sieur de Blanieu, Lieudieu, Argentenant, la Rival-
lière, 3ᵉ fils de Grigues Rival et de Georgette de Maubec, né avant 1494,
mineur (1494), jurisconsulte et historien distingué, étudia à Vienne,
Romans, Avignon, Pavie, écrivit une Historia juris civilis et pontificii

6

(1527, in-8°), un *De Allobrogibus libri novem*, édité, en 1844, par M. de Terrebasse, assista à la bataille de Marignan, testa 16 juillet 1557 et vivait encore, le 17 octobre 1557. Conseiller au Parlement de Grenoble (en exercice 12 novembre 1521 (B. 43, 2ᵉ cah., fol. 68 vᵗ), 21 juin 1543 (B. 57), 18 décembre 1554 (B. 92), 4 mars 1555 (B. 94). Il épousa Marguerite de Maubec, puis (1523) Marçon Girard (née 1503, morte entre 16 juillet et 18 décembre 1572).

[74] Philippe Rival, sieur de Lieudieu, 3ᵉ fils d'Aymar Rival et de Marçon Girard, né entre 1524 et 1533, conseiller au Parlement de Grenoble. Le 16 janvier 1554, le Parlement décida qu'il servirait de suppléant à son père, qu'ils siégeraient tous deux, mais que leur voix ne compterait que pour une, en cas d'accord, celle du père comptant seule, en cas de désaccord (B. 91). Il fut en exercice, les 17 mars 1554 (B. 91), 27 juillet 1556 (B. 100), 19 juillet 1560 (B. 120). Il céda son office à son frère et testa, le 6 février 1573. Il mourut avant le 1ᵉʳ mars 1575. (Arch. Hôp. de Grenoble. H. 927, doss. Morard).

[75] Aymar Rival, 2ᵉ fils d'Aymar Rival et de Marçon Girard, né entre 1524 et 1532, official de Grenoble, prieur de Bourg-les-Valence (1544), Vourey, Chan-de-Saint-Apollinaire de Valence (16 juillet 1557), conseiller au Parlement de Grenoble (nommé 31 décembre 1560, reçu 28 mars 1561), en exercice 29 avril 1561 (B. 125), 9 août 1565 (B. 136), 21 décembre 1568 (B. 148), 14 août 1573 (B. 164) mort au 10 janvier 1574.

[76] François Reynaud, fils d'Ennemond Reynaud, marchand de Saint-Marcellin (Arch. hospit. de Grenoble, H. 1025), conseiller au Parlement de Grenoble (nommé 11 janvier 1574, reçu 17 janvier 1575), en exercice dès 21 janvier 1574 (B. 167) et, cependant, non encore reçu, au 19 juin 1574 *(Item)*, en exercice, 27 janvier 1575 (B. 170), 16 janvier 1577 (B. 180), 19 décembre 1579 (B. 191), 14 août 1585 (B. 229). Il mourut avant le 28 août 1587. Il épousa, avant 6 juillet 1583 (G G. 4, fol. 41 rᵉ) Catherine de la Croix-Guerre (vivante 6 juillet 1583).

[77] Laurent Alleman, fils de Charles Alleman et de Catherine de Laudun, prieur de Vif (20 mars 1540), abbé de Saint-Sernin de Toulouse (27 juin 1502), évêque de Grenoble (1530-1561), mort, le 5 septembre 1561. Il fut nommé conseiller « hors cadre » au Parlement de Grenoble, le 1ᵉʳ septembre 1521.

[78] Jean-Baptiste de Simiane, sieur de la Coste, Montbivol, 3ᵉ fils de François de Simiane et de Claire Guérin, mariés le 30 avril 1542, conseil-

ler au Parlement de Grenoble (nommé 24, reçu 30 novembre 1585), en
exercice, 16 décembre 1585 (B. 230), 20 décembre 1600 (B. 273), 21 juillet 1618 (B. 2273, fol. 92), 9 novembre 1618 (B. 516), résigna et testa,
le 16 novembre 1618, mourut avant le 26 décembre 1618. Il épousa
(3 octobre 1587) Marie de Portes (vivante 26 janvier 1630 (G G. 36,
fol. 93), testa 22 juillet 1632.)

[79] Guillaume de la Cour, conseiller au Parlement de Grenoble
(nommé 11 avril *(Actes de François Ier*, VI. 700. 22560), reçu 1er juin
1543), en exercice, 23 juillet 1543 (B. 58), 15 décembre 1548 (B. 73),
conseiller au Parlement de Savoie (1550-1551), de nouveau, à Grenoble,
8 novembre 1552 (B. 85), 14 juillet 1556 (B. 100), 17 juillet 1560 (B.
120), 11 septembre (1567 (B. 145), mort avant le 17 avril 1568.

[80] Pierre de Lémery, avocat au Parlement de Paris, conseiller au
Parlement de Grenoble (nommé 17 avril, reçu 10 juillet 1568), en exercice, 4 septembre 1568 (B. 146), 19 décembre 1579 (B. 191), 3 septembre
1593 (B. 258), mort avant le 3 décembre 1593 (B. 265). Il épousa Drevonne
Pérouse (vivante 3 décembre 1593. B. 265) et en 1547 (Arch. Isère. B. 70.)

[81] Félix de la Croix, dit *de Guerre*, sieur de Guerre, Chevrières,
Brie, la Ruinière, 2e fils de Jean de la Croix et de Drevonne de Monistrol,
mariés le 4 mars 1499, conseiller au Parlement de Grenoble (nommé
30 avril *(Actes de François Ier*, n° 22600), reçu 28 mai 1543), en exercice,
1er décembre 1542 (B. 58), 12 novembre 1543 *(Item)*, 14 décembre 1548
(B. 73), puis avocat général (nommé 3 janvier 1549, en exercice, 9 février 1560. (B. 118), maître des requêtes du Dauphiné (10 août 1553),
mort à Romans, le 1er février 1583. Il épousa (19 juin 1541) Guigonne de
Portier (vivante 1er mai 1545) G G. 1).

[82] François de Mistral, sieur de la Marche, fils de Bernardin Mistral
et de Françoise Cilet, conseiller au Parlement de Grenoble (nommé
30 avril *(Actes de François Ier*, n° 22599), reçu 1er juin 1543), en exercice, 14 août 1543 (B. 58), 24 décembre 1548 (B. 73), conseiller au Parlement de Savoie (1550-1551), de nouveau, à Grenoble 15 novembre 1552
(B. 85), 17 juillet 1556 (B. 100), 16 août 1564 (B. 134). Il épousa
(29 novembre 1548) Clémence Rabot.

[83] Guy du Vache, fils de Geoffroy du Vache et de Claudine de
Chastaing, conseiller au Parlement de Grenoble (nommé 27 avril, reçu
1er juin 1543), en exercice, 21 juillet 1543 (B. 58), 13 août 1552 (B. 85),
15 juillet 1556 (B. 100), 9 juin 1562 (B. 128), mourut, le 24 août 1563. Il

épousa, avant 23 novembre 1557, Claudine-Roberte du Loup (vivante 21 décembre 1563).

[84] Jean-Louis Le Maistre, né à Fontaine-près-Sassenage, fils de Pierre Le Maistre et d'Anne Chosson, mariés le 21 février 1558, fut échevin de Grenoble (14 décembre 1586), conseiller au Parlement de Grenoble (nommé 12 janvier, reçu 29 mars 1588), en exercice, 8 avril 1588 (B. 240), 22 novembre 1600 (B. 308), 6 février 1627 (B. 2273, fol. 112), 4 mars 1627 (B. 634), mort, selon Pilot, le 19 mars 1627. Il épousa, avant 24 janvier 1599 (G G. 12, fol. 10 r°) Lucrèce de la Porte (vivante 8 novembre 1605. G G. 17, fol. 102 v°.)

[85] Claude Pascal, sieur de Valentier, fils de Claude Pascal et de Bonne Brunel, mariés le 7 octobre 1509, conseiller au Parlement de Grenoble (nommé 10 avril (Actes, n° 22558), reçu 4 mai 1543), en exercice, 23 février, 7 mai 1543 (B. 57), 24 décembre 1546 (B. 67), 22 novembre 1548 (B. 73), premier président au Parlement de Savoie (25 août 1551-29 novembre 1557). Il épousa, entre 7 mars 1543, et 10 août 1544, Enne-monde Soffrey (vivante le 9 décembre 1525 et 14 novembre 1560), veuve d'Aymar de Murinais. Il mourut entre le 10 juillet 1558 et le 27 juillet 1559. (Cf. Arch. hosp. de Grenoble, II. 978 à 982). Il est l'auteur de la Décision Paschaline, ajoutée à celles de Guy Pape.

[86] Claude Velhieu, fils de Gonet Velhieu, fut lieutenant particulier au bailliage de Saint-Marcellin, anobli (1546), conseiller au Parlement de Grenoble, en exercice, 17 juin 1550 (B. 78), 11 décembre 1554 (B. 92), 9 août 1555 (B. 95), mort avant le 5 novembre 1555. Il épousa, avant 20 mai 1550, Antoinette de Monteux (vivante 20 mai 1550 (G G. 1, fol. 196 v°).

[87] Paul Rémy, conseiller au Parlement de Grenoble (nommé 5 novembre 1555, reçu 30 janvier 1556), en exercice, 27 février 1556 (B. 99), 20 décembre 1560 (B. 120), 16 mars 1565 (B. 133), mort au 26 mai 1566. En 1562, il fut un des chefs du parti huguenot à Grenoble

[88] Raymond Baudon des Troussils, avocat au Parlement de Paris, conseiller au Parlement de Grenoble (nommé 26 mai et 4 août 1566, reçu 11 août 1567, selon Pilot, nommé le 4 août 1567, selon B. 145, et reçu, le 12 août 1567, selon le même manuscrit. Il ne semble pas avoir siégé, car nous n'avons pas trouvé une seule fois son nom dans les Arrêts du Parlement. Nommé, en 1568, avocat général au Parlement de Bordeaux, il refusa, et fut nommé conseiller au grand Conseil.

[89] Michel Thomé, sieur de la Sablière, Barcelonne, né à Romans, fils
de Claude Thomé et de Louise de Chastaing, mariés le 18 septembre 1531,
conseiller au Parlement de Grenoble (nommé 3o novembre 1569, reçu
3o septembre 1570 (B. 242), en exercice, 7 octobre 1570 (B. 152), 20 décembre 1578 (B. 13o), 29 mars 1587 (B. 233), testa, 22 juin 1587, mort
au 26 septembre 1587. E. II, 699. doss. Prunier). Il épousa (13 octobre
1563) Barbe Plouvier.

[90] Théodore Dalphas, fils d'Antoine Dalphas et d'Ennemonde Col,
conseiller au Parlement de Grenoble (nommé 20 novembre 1586, reçu
26 février 1587), en exercice, 4 mars 1587 (B. 233), 18 juillet 1589
(B. 243), 28 juillet 159o (B. 248). Il mourut, selon Pilot, le 14 avril 1591.
Il épousa (4 mars 1582) Méraude Trusel (vivante 27 février 1597) (E. II,
405). Il vivait, le 12 février 1591. (Arch. hospit. de Grenoble, II. 1038).

[91] Félix Basset, fils d'André Basset, fut juge de Grenoble (16 octobre
1586), consul de Grenoble (1572-1581), conseiller au Parlement de Grenoble (nommé 15 mai, reçu 14 novembre 1591 (B. 252), en fonction, 15 novembre 1591 (B. 252), 19 décembre 16oo (B. 3o8), 9 février 1613 (B. 444).
Quoique nommé conseiller honoraire, le 24 mai 1612 (B. 2281, 26), on le
voit encore siéger, le 12 août 1616 (B. 2273, 6o v°). Il avait épousé, avant
18 novembre 1581 (G G. 4. fol. 14 r°) Louise Morrut (vivante 27 mai 1593.
G G. 9. fol. 18 r°). Il mourut, selon Pilot, le 29 novembre 1623. (Testa
2 mars 1618 et 3 avril 1625). Cependant, un inventaire (E. II, 171) dit
qu'il testa les 2 mars 1618 et 3 avril 1625.

[92] Alexandre Audeyer, fils de Jean Audeyer et de Claudine Coct,
conseiller au Parlement de Grenoble, nommé 13 octobre 1553, reçu
14 novembre 1553, en exercice, 23 décembre 1553 (B. 89), 14 décembre
156o (B. 120), 28 juillet 1569 (B. 149), 14 août 1571 (B. 156), mort au
3o octobre 1571. Il épousa (23 mars 1555) Anne Emé (née 1522).

[93] Aimar de Virieu, sieur de Pointières, 3e fils de Claude de Virieu-
Pupetières et de Claudine de Virieu-Torchefelon, mariés le 21 septembre
1531, d'abord religieux à Saint-Chef (27 mars 1549 v. s.), épousa (1564)
Jeanne Marrel (vivante 8 juin 1577. G G. 2, fol. 18), conseiller au Parlement de Grenoble (nommé 3o octobre 1571, reçu 15 décembre 1571, en
exercice, 2o décembre 1571 (B. 155), 2o décembre 1578 (B. 13o), 24 décembre 1585 (B. 23o), 24 décembre 1594 (B. 270), 21 février 16o4
(B. 2273, fol. 22), 11 avril 16o9 (B. 399). Il vivait, le 12 juin 16o9.

[94] François Bovier, fils de Pierre Bovier et d'Anne Lemoine, con-

seiller au Parlement de Grenoble (nommé 26 octobre 1553, examiné 18 (B. 91), reçu 24 juillet 1554, en exercice, 2 août 1554 (B. 92), 20 décembre 1560 (B. 120), 9 novembre 1568 (B. 148), 23 décembre 1579 (B. 191), 9 février 1580 (B. 195), mort au 30 septembre 1580. Il épousa Bernardine d'Exéa.

[95] François de Sautereau, sieur du Jarric, fils de Michel de Sautereau et de Jeanne de Salvaing, épousa (24 avril 1583) Marie Gibert de Chasse (vivante, 13 juillet 1626). Il fut conseiller au Parlement de Grenoble (nommé 30 septembre 1580, reçu 14 juillet 1584, en exercice, 15 juillet 1584 (B. 223), 17 décembre 1594 (B. 270), 5 mars 1605 (B. 2273. 23, v°), 14 décembre 1607 (B. 383). Il fut reçu président, le 15 (et non le 5, comme le dit Pilot), décembre 1507 (B. 2281, 24), en exercice, le 17 décembre 1607 (B. 383), 12 avril 1617 (B. 2273.88), 14 août 1617 (B. 502). Il mourut entre le 24 novembre et le 10 décembre 1617.

[96] François de Dorne, fils de Jean de Dorne, fut conseiller au Parlement de Grenoble, nommé 15 novembre 1553, reçu vers le 19 janvier 1554, en exercice, le 26 février 1554 (B. 91), 20 décembre 1560 (B. 120), 12 juillet 1564 (B. 134).

[97] Gérard Servient, sieur de Chateauperrin, fils de Jean Servient et de Catherine de Morard, mariés le 4 janvier 1501, conseiller au Parlement de Grenoble, nommé 13 janvier 1554 (Pilot et B. 91), reçu vers les 23, 24 janvier 1554, en exercice, 17 février 1554 (B. 91), 20 décembre 1560 (B. 120), 18 septembre 1563 (B. 131). Il épousa (26 mars 1536 v. s.) Guigonne de Fléard (testa le 5 décembre 1574) et mourut entre le 2 mai 1564 et le 5 décembre 1574.

[98] Antoine Fabri, conseiller au Parlement de Grenoble, nommé 13 septembre 1553, reçu 13 février 1554, en exercice, 28 avril 1554 (B. 91), 21 juillet 1556 (B. 100), 12 décembre 1560 (B. 120), 8 avril 1562 (B. 128). Il mourut le 26 décembre 1562 (B. N. Pièces orig. 1093, doss. Fabri, pièce 26). Il épousa Louise de Barmes (vivante 18 décembre 1563).

[99] Pierre de Ponnat, fils de Jean Ponnat et de Peronnelle Botin, conseiller au Parlement de Grenoble, nommé 4, reçu 24 février 1554, en exercice 13 mai 1555 (B. 94), 22 avril 1556 (B. 100), sieur de Vif, mort entre le 27 octobre 1557 et le 25 janvier 1561. Il épousa (20 février 1516), Jeanne Vallier (morte entre 25 février 1548 et 4 juin 1556), puis Gas-

parûe Loys (vivante 26 décembre 1586, morte au 26 août 1603), veuve de
Claude Fabre.

[100] André de Ponnat, fils de Pierre de Ponnat et de Jeanne Vallier, mariés le 20 février 1516, sieur de Saint-Egrève, conseiller au
Parlement de Grenoble (nommé 24 décembre 1553, reçu à survivance
5 février 1556 (B. 99), reçu 4 novembre 1556, en exercice, 9 janvier 1557
(B. 104), 20 décembre 1560 (B. 120), 20 décembre 1561 (B. 127). Il
mourut entre le 1er décembre 1562 et le 24 août 1563 (E. II. 683). Il
épousa, avant 4 juin 1556, Antoinette de Salvaing (vivante 10 décembre 1566). En 1562, il fut un des chefs du parti protestant à Grenoble.

[101] Jean du Vache (23 novembre 1557), 2e fils de Geoffroy du Vache
et de Claudine de Chastaing, conseiller au Parlement de Grenoble
(nommé 28 juillet, reçu 14 août 1568), en exercice 25 septembre 1568
(B. 146), 20 décembre 1578 (B. 130), 27 mai 1588 (B. 220), 20 décembre
1594 (B. 270), 1er mars 1608 (B. 2273, fol. 27). Il résigna, le 20 mars
1608, mais siégea encore (30 juin 1608 (B. 389), 1er décembre 1608
(B. 393). Nommé honoraire, le 3 décembre 1609 (B. 2281.25), il mourut
entre le 20 février 1610 et le 11 août 1612 (E. II. 758). Il épousa
(28 juillet 1554), Anne Civat (vivante 26 juillet 1587) (E. II. 758).

[102] Jacques de Catinel, conseiller au Parlement de Grenoble
(nommé 25 ou 26 juin (Pilot et B. 148), reçu 6 novembre 1568, en exercice, 29 janvier 1569 (B. 149), 14 août 1574 (B. 168), mort au
11 novembre 1574. Il épousa Françoise Odoard de Fiançayes.

[103] Guillaume Gilbert, sieur de Maloc, lieutenant particulier à
Saint-Marcellin, conseiller au Parlement de Grenoble (nommé 11 novembre 1574, reçu 28 janvier 1576, en exercice 6 avril 1576 (B. 175),
14 août 1577 (B. 180), mort au 25 juin 1578.

[104] Jean de la Croix, 2e fils de Félix de la Croix-Guerre et de Guigonne de Portier, mariés le 19 juin 1541, sieur de Chevrières, Chante-
merle, Ornacieux, les Cottanes, Brie, Pisançon, Clérieu, Faramans, Val,
baron de Serves, sieur de Lieudieu, comte de Saint-Vallier, conseiller
au Parlement de Grenoble (nommé 25 juin, reçu 9 août 1578, en exercice 14 août 1578 (B. 186), 19 janvier 1586 (B. 233), avocat général au
Parlement de Grenoble, nommé 29 octobre 1585, reçu 20 décembre
1585 (B. 2273, 3 à 5), en exercice, 4 février 1586 (B. 233), 21 novembre
1592 (B. 258), 6 septembre 1600 (B. 308), 16 janvier 1604 (B. 339), président au Parlement de Grenoble (nommé 31 décembre 1603, reçu

29 janvier 1604 (Pilot et B. 2271), en exercice, 28 mai 1604 (B. 2291.5),
31 janvier 1604 (B. 339) et 14 novembre 1612 (B. 2273.41), 8 mars 1617
(It. fol. 61), maître des requêtes de Dauphiné (31 décembre 1580-
29 novembre 1588), conseiller d'Etat (13 septembre 1595-17 septembre
1612), garde des sceaux de Savoie (septembre 1600-25 octobre 1601),
ambassadeur extraordinaire en Savoie (27 mai 1605), surintendant de
Dauphiné (13 septembre 1595), évêque de Grenoble (11 juillet 1607-
22 octobre 1614), député aux Etats Généraux (1614). Il mourut, à Paris,
en mai 1619. Avant d'entrer dans les ordres, il avait épousé (7 septembre 1577), Barbe d'Arzac (testa 3 février 1581, mourut en 1594).

[105] Claude de Portes, fils de Guillaume de Portes et de Jeanne
d'Aragon, mariés le 15 mai 1547, conseiller au Parlement de Grenoble
(nommé 8 novembre 1583, reçu 31 janvier 1586, en exercice, 7 février
1586 (B. 2278, fol. 7), 18 janvier 1594 (B. 267), 28 novembre 1600 (B.
308), 18 janvier 1627 (B. 634), nommé honoraire, le 12 février 1627 (B.
2281,61), siège toujours, cependant, le 26 septembre 1629 (B. 2281.61),
8 février 1630 (B. 2291.43). Il épousa (16 janvier 1588), Louise Coste
(testa en mars 1613, morte au 18 décembre 1630).

[106] Pierre de Fillion, sieur de la Marette, Torchefelon, fils de Claude
de Fillion, conseiller au Parlement de Grenoble (nommé 31 mars 1586,
reçu 17 mai 1586, en exercice, 22 mai 1586 (B. 233), 20 décembre 1594
(P. 270), 2 décembre 1600 (B. 308), 18 février 1603 (B. 331), cassé pour
forfaitures (29 juillet 1613), mort avant le 7 décembre 1623. Il épousa
(17 avril 1591), Hughette-Bonne de la Porte (vivante 7 décembre 1623).
Selon M. Vallot, il aurait été accusé d'inceste et de fratricide, jugé, condamné et exécuté (Cf. Vie d'*Artus de Prunier*), en 1607.

[107] Etienne de Roybons, sieur de la Gorge, juge principal de Calais
(4 avril 1564, v. s.), conseiller au Parlement de Savoie (1554), puis à
celui de Dauphiné (nommé 23 août, reçu 9 novembre 1570), mort avant
le 7 avril 1571. Il ne semble pas avoir siégé. Il épousa Madeleine de
Montmayeur (vivante 6 mai 1576).

[108] Claude de Roybons, fils d'Étienne de Roybons et de Madeleine
de Montmayeur, conseiller au Parlement de Grenoble (nommé 7 avril,
reçu 31 juillet 1571, en exercice, 4 août 1571 (B. 156), 12 décembre 1579
(B. 191), 20 décembre 1588 (B. 242), 29 avril 1589 (B. 243), mort au
28 février 1590. Il épousa (2 novembre 1577), Françoise Trufel (morte
entre 26 février 1591 et 26 novembre 1592. E. II, 405).

[109] Daniel Armand, fils de Raymond Armand, fut conseiller au Parlement de Grenoble (nommé 6 août, reçu 7 octobre 1599), en exercice, 23 novembre 1599 (B. 301), 11 août 1626 (B. 627), nommé honoraire, le 16 mars 1627 (B. 2281.56).

[110] Georges Bally, sieur de Bellecombe, fils de Michel Bally et de Françoise Bacquelier, conseiller au Parlement de Grenoble (nommé 1ᵉʳ août 1568 (Pilot et B. 146). (Suivant B. 146, il aurait succédé à Aymar Rival), en exercice, 20 janvier 1569 (B. 149), 19 décembre 1579 (B. 191), 27 mai 1588 (B. 220), 24 janvier 1596 (B. 280), bien qu'il eût résigné, le 22 juin 1595, en faveur de son fils, et eût été nommé honoraire, le 16 juillet 1595 (B. 2281.5). Il épousa (21 septembre 1521), (Cette date, donnée par Maignien, nous paraît invraisemblable), Isabeau de Murinais (vivante 2 juin 1582, E. II, 733), puis, avant juillet 1589, Mèraude Gilbert (vivante 10 juillet 1589, GG. 8, fol. 5, v°).

[111] Jean Bally, fils de Georges Bally et d'Isabeau de Murinais, mariés le 21 septembre 1521 (?), sieur de Bellecombe, échevin de Grenoble, conseiller au Parlement de Grenoble, reçu à survivance (3 mars 1587. B. 235), en exercice, 15 juillet 1595 (B. 275), 20 décembre 1600 (B. 308), 12 avril 1604 (B. 339), mort au 23 août 1604. Il épousa (17 décembre 1588) (E. II, 915), Louise Gilbert de Maloc (vivante 10 décembre 1590, GG. 8, fol. 36, v°), morte au 6 août 1593 (GG. 9, fol. 23), puis (3 août 1594), Olympe Alleman d'Allières, (E. II. 915) (morte entre 27 janvier et 26 août 1595) (E. II, 916), puis, avant 26 novembre 1600, Catherine Odde de Triors (vivante 13 janvier 1603, GG. 15, fol. 36, v°).

[112] Pierre Gilbert, sieur de Maloc, conseiller au Parlement de Grenoble, nommé 11 août, reçu 8 novembre 1568, en exercice, 29 janvier 1569 (B. 148), 12 décembre 1578 (B. 130), 17 novembre 1579 (B. 191), mourut avant le 5 juin 1587. Il accompagna Jean de Montluc dans son Ambassade en Pologne (9 septembre 1572). Il épousa, avant 20 mars 1578, Françoise Rey (vivante 5 juin 1587, GG. 7, fol. 5, v°).

[113] Aymar du Périer, né à Die, sieur de Chameloc, fils de Balthazar du Périer, fut conseiller au Parlement de Grenoble, nommé 12 août 1579, reçu 8 mai 1582, en exercice, 14 mai 1582 (B. 204), 27 mai 1588 (B. 220), 31 mai 1596 (B. 281). Il épousa avant 7 novembre 1583 (GG. 5, fol. 4, v°) N. Il est l'auteur d'un *Discours historique touchant l'état général des Gaules et, particulièrement, du Dauphiné* (Lyon, 1610, in-8°).

[114] Jean-Baptiste de Ponnat, fils de Pierre de Ponnat et de Marguerite de Fassion, mariés le 25 mai 1565, conseiller au Parlement de Grenoble, nommé 24 juillet 1595, reçu 15 mai 1596, en exercice (18 mai 1596) (B. 281), 23 décembre 1600 (B. 308), 26 septembre 1628 (B. 655), nommé le 26 septembre 1629 (B. 2281.61). Né en 1568 ou 1569, il vivait encore, le 28 avril 1632 (B. 2273.149, v°). Il épousa (12 janvier 1597), Jeanne-Louise de Garcin (vivante 6 novembre 1628 (E. II, 683), † au 3 octobre 1649). Il fut membre du Conseil souverain de Savoie (1630-1631).

[115] Jean Vachon, sieur de Veurey, fils de François de Vachon, fut conseiller au Parlement de Grenoble, nommé 5 août 1568, reçu 10 novembre 1568, en exercice, 21 décembre 1568 (B. 146), 16 décembre 1578 (B. 130), 27 mai 1588 (B. 220), 9, 10 septembre 1594 (B. 270). Il avait résigné, le 1er juillet 1594 (B. 2281.80). Il épousa Mérande-Louise de Bellièvre.

[116] Pierre de la Baume-Pluvinel, sieur de Chateaudouble, fils d'Antoine de la Baume et de Jeanne de Broé, maître des requêtes de Marie de Médicis (1er avril 1607), doyen du Conseiller Souverain de Savoie (4 février 1624), conseiller d'Etat (21 mai 1630), conseiller au Parlement de Grenoble, nommé 1er juillet, reçu 10 décembre 1594, en exercice le même jour (B. 270), 17 décembre 1594 (It.), 20 décembre 1600 (B. 308), 27 mars 1627 (B. 634), 27 février 1637 (B. 757), nommé honoraire, le 9 mars 1637 (B. 2291.50), encore vivant, le 22 mars 1638 (B. 2281.80). Il épousa, avant 13 janvier 1603 (GG. fol. 36, v°), Catherine de la Croix-Chevrières (vivante 17 juillet 1613, GG. 21, fol. 80, r°)

[117] Jean Béatrix-Robert, sieur de Bouquéron, fils de Jean Béatrix-Robert et d'Antoinette Coct de Bouquéron, conseiller au Parlement de Grenoble, nommé 25 août, reçu 10 novembre 1568, en exercice 29 janvier 1569 (B. 148), 20 décembre 1574 (B. 168), 15 décembre 1578 (B. 130), 26 juin 1586 (B. 234), mort au 20 février 1587. Il épousa Anne de la Tour.

[118] Gaspard Béatrix-Robert, sieur de Bouquéron, fils de Jean Béatrix Robert et d'Anne de la Tour, conseiller au Parlement Grenoble, nommé 23 juillet 1586, reçu 20 février 1587, en exercice, 27 février 1587 (B. 235), 23 novembre 1600 (B. 308), 22 novembre 1617 (B. 2273.89), 12 décembre 1617 (B. 504), nommé président, 21 novembre 1617, reçu 12 décembre 1617 (B. 2271 et Pilot), en exercice (15 décembre 1617) (B. 504), 24 novembre 1620 (B. 2273.97), 4 mai 1621 (B. 554), nommé président honoraire le 4 mai 1621 (B. 2281.36), mort avant le 17 septembre 1624

(GG. 34, fol. 14, r°). Il épousa, avant 17 septembre 1596 (GG. 10, ol.
3o, r°), Antoinette Le Camus (vivante 29 mai 1613 (GG. 21, fol. 5, r°).

[119] Guillaume Emé, vi-bailli de Briançon, né le 3o novembre 1528,
fils de Guillaume Emé et de Clarence Tiran, mariés le 10 janvier 1526,
vi-bailli de Briançon, conseiller au Parlement de Grenoble, nommé
15 juin 1568, reçu 6 novembre 1568, en exercice, 24 mars 1569
(B. 148), 19 décembre 1579 (B. 191), 24 décembre 1585 (B. 23o),
26 mai 1588 (B. 241), mort au 11 juillet 1588. Il épousa Marguerite
Bovier.

[120] Jean-Claude Audeyer, fils d'Alexandre Audeyer et d'Anne Emé
de Saint-Julien, mariés 23 mars 1555 (ou 1545 ?), ou d'Alexandre et
d'Antoinette de Chateauneuf-la-Varenne (Est-ce lui qui fut baptisé le
28 mars 1549, à Grenoble (G. 1, fol. 175, v°), conseiller au Parlement
de Grenoble, nommé 4 décembre 1586, reçu 18 février 1587 et 11 juillet
1588, en exercice, 15 juillet 1588 (B. 241), 28 novembre 1600 (B. 3o8),
10 octobre 1606 (B. 370), nommé président 2 juillet 1606, reçu 4 novembre 1606, en exercice, 6 novembre 1606 (B. 370), 8 novembre 1614
(B. 2278.39), 13 avril 1616 (B. 486), mort au 12 août 1616. Le 3 mai
1616, un Jean-Claude Audeyer est parrain (GG. 27, fol. 23, v°) Est-ce
lui ¹ ? Il testa le 9 août 1615, et épousa (24 juillet 1582), Anne. Emé de
Saint-Julien, puis Marguerite de Fay-Saint-Jean-de-Bournay († entre
3o août 1619 et 18 janvier 1639 (E. II, 46).

[121] Claude Bertier, sieur de la Tour des Vignettes, écuyer cubicu-
laire du Pape, juge à Vienne, conseiller au Parlement de Grenoble,
nommé 11 décembre 1568, reçu 7 mars 1569, en exercice 10 mars 1569
(B. 148), 16 décembre 1578 (B. 13o), 12 juillet 1584 (B. 223), 29 mars
1588 (B. 24o). Il épousa Antoinette David.

[122] Gaspard Baro, lieutenant au présidial de Grenoble (26 avril 1567
E. II, 424), vi-bailli de Graisivaudan, conseiller au Parlement de Grenoble, nommé 5 août, reçu 17 septembre 1588, en exercice 24 septembre 1588 (B. 242), 15 décembre 1600 (B. 3o8), 14 août 1617 (B. 5o2),
mort au 28 juillet 1618 (GG. 29, fol. 42, r°). Il épousa, avant 25 janvier

¹ Un document, classé au B. 5oo, sous la cote : 27 juin 1617, donne Audeyer
comme président à cette époque, mais il faut lire : 16o7, bien que le zéro soit mal
formé. La comparaison avec les cotes voisines, qui sont de la même main, impose
cette évidence. Même observation, au B. 5o3, pour un document du 11 novembre
1617, où on voit figurer Jean du Vache, conseiller (alors retiré depuis près de dix
ans), et qui est, évidemment, de 16o7.

1599 (GG, 12, fol. 10, v°), Lucrèce Bertier (vivante 9 mars 1605
(GG. 17).

[123] Soffrey de Bocsozel, sieur de Sanson, Rochefort, Charpennes,
Eydoche, le Chastelard, la Bâtie, 4e fils de François de Bocsozel et de
Jeanne du Terrail, mariés le 24 août 1525, né avant le 17 février 1533,
petit-fils de Bayard, frère du fameux Chastellart, l'amoureux de Marie
Stuart, maître des requêtes à l'armée de Savoie (4 janvier 1586), conseiller au Parlement de Grenoble (nommé 26 octobre, reçu 13 novembre
1574, en exercice 20 novembre 1574 (B. 168), 10 décembre 1585 (B. 230),
18 août 1593 (B. 275). Il mourut, à la Bâtie-Gillonney, le 30 septembre
1593 (E, II, 85). Il épousa Bonne de Murinais (vivante 25 octobre 1557),
puis (6 février 1581) Jeanne de Bressieux (testa 24 octobre 1625) (Cf.
II, Morin-Pons : *La fille de Bayard*, in-8°, 1876 et E. II, 85).

[124] Philippe Roux, sieur de Theysin, la Tour, fils de Pierre Roux
(1er huissier du Parlement de Grenoble) et de Catherine Verdonnay (E.
II, 799), mariés le 13 avril 1567, avocat, puis conseiller au Parlement
de Grenoble, (nommé 17 juin 1596, reçu 17 juin 1597, en exercice,
19 juin 1597 (B. 287), 30 septembre 1628 (B. 655), 23 décembre 1633
(B. 712) 1er février 1634 (B. 718, pièce très mutilée, mais le nom fort
lisible). Il testa, le 4 février 1634 (E. II, 797), mourut, suivant Pilot, le
18 février 1634. Il épousa (1er juillet 1602) (E. II, 797), Marguerite de
Burillon (morte entre le 22 août 1642 et le 21 juin 1650, E. II, 797).

[125] Jean Vincent, fils d'Antoine Vincent et de Pernette Godon, né
1534, d'abord lieutenant des foires de Lyon, puis conseiller au Parlement
de Grenoble (nommé 6 février, reçu 21 juillet 1574, selon Pilot, en exercice,
27 mars 1573 (B. 143), 14 août 1574 (B. 168), 20 décembre 1594 (B. 270),
18 mars 1595 (B. 273), 12 juillet 1595 (B. 275), nommé conseiller honoraire 30 juin 1595 (B. 2281.4). Il épousa (27 octobre 1572) Françoise
Thomas des Sages (vivante 5 mai 1614, E. II, 300). Il testa le 1er mai
1609, et était mort, au 5 mai 1614 (E, II, 300).

[126] Pierre Putod, fils de Pierre Putod et de Pernette Laurent, conseiller au Parlement de Grenoble (nommé 2 mai, reçu 15 juillet 1595, en
exercice, le même jour 15 juillet 1595 (B. 273), 20 décembre 1600 (B. 308),
24 novembre 1620 (B. 2273.97), 11 octobre 1622 (B. 574), mort, selon
Pilot, le 25 avril 1623 (et non, le 5 avril 1622, selon une annotation ma-
nuscrite anonyme, évidemment erronée, sur une copie de son testament,
E. II, 301). Il épousa (26 décembre 1583), Virginie Vincent (vivante
10 juillet 1631, E. II, 301). (Il paraît difficile, vu la date du contrat de

mariage, que ce soit elle qui fut baptisée, à Grenoble, le 16 août 1578 (GG. 2, fol. 52 v°). Ou elle fut baptisée très tardivement, ou le contrat fut très antérieur à la célébration du mariage[1], ou il s'agit d'une sœur homonyme.)

[127] Jean Narcie, conseiller au Parlement de Grenoble, nommé 6 février, reçu 17 mars 1574, en exercice, 23 mars 1574 (B. 167), 23 juillet 1578 (B. 188), mort au 2 mars 1586.

[128] Joachim de Mistral-Croze, 2° fils de François de Mistral-Croze et de Clémence Rabot, mariés le 29 novembre 1548, sieur de la Marche d'Entremonts, conseiller au Parlement de Grenoble (nommé 2 mars 1586, reçu 17 février 1587, en exercice, 4 juillet 1587 (B. 236), 22 novembre 1600 (B. 308), 26 septembre 1626 (B. 628). Il épousa N. Boffin, puis (26 juillet 1587) (E. II, 758) Madeleine du Vache (vivante 11 janvier 1637).

[129] Jacques Cujas, fils du foulon Cujaus, fut professeur de droit à Toulouse (1547-1554) et Cahors, Bourges (juillet 1555-1557), Valence (1557-1559), Bourges (1559-1565), Turin (1565-1567), Valence (août 1567-juin 1575), Bourges (1575-1590). Ce célèbre jurisconsulte, né à Toulouse en 1522[2], mourut, le 4 octobre 1590, à Bourges. Il fut conseiller au Parlement de Grenoble (nommé 15 mai, reçu 24 juillet 1573), en exercice 20 novembre 1574 (B. 168). Il paraît avoir peu siégé. Il épousa (24 mai 1558) Madeleine du Roure († 1581), fille d'un médecin juif, puis (22 novembre 1580) Gabrielle Hervé, dont il eut, en 1587, la célèbre Suzanne Cujas. Cf. sur lui : Bernardi : *Eloge de Cujas* (Paris 1775, in-18°), un article de G. Vallier *(Soc. stat. et arch. de la Drôme* 1877, pp. 181-197) et surtout : Berriat Saint-Prix : *Histoire de Cujas*, Paris, 1821, in-8°. Cf. aussi A. B. Mazimbert : *Cujas à Valence* (Grenoble, 1882, in-8°).

[130] Pierre de Marcel, sieur de Savasse, Bartras, Sauzet, fils de Claude de Marcel et de Suzanne de Marsanne, d'abord guidon à la Compagnie Marcel-Blain; il fut aux batailles de Jarnac et de Moncontour, gouverneur de Montagnac, conseiller au Parlement de Grenoble (nommé 2 octobre 1577, reçu 10 décembre 1581, en exercice, 13 mars 1582 (B. 203), 4 avril 1585 (B. 227), 18 mars 1595 (B. 273), 27 juin 1597 (B. 287). Il

---

[1] Ce qui pourrait fortifier cette seconde hypothèse, c'est que les époux Putod curent une fille, Isabeau, baptisée le 2 avril 1613, *trente ans après la date du contrat,* ce qui, sans être impossible, est au moins exceptionnel.
[2] Fin 1530, selon Bernardi *(Eloge de Cujas).* Cela semble peu vraisemblable, s'il enseignait déjà en 1547.

vivait encore, le 1er septembre 1609. Il épousa (20 mai 1564) Marguerite
de Marcel-Blain († entre 3 septembre 1581 et 1er septembre 1609).

[131] Jean de Barry, fils de François de Barry et de Françoise Saulnier, né à Villeneuve-lès-Avignon, conseiller au Parlement de Grenoble
(nommé 10 septembre 1596, reçu 17 juillet 1597), en exercice, 3 juillet
1597 (B. 283), 28 juillet 1600 (B. 306) 30 mars 1602 (B. 322).

[132] Barthélemy Marquet, huguenot, docteur en droit de l'Université
de Valence (24 février 1575), conseiller au Parlement de Grenoble (nommé
21 juillet 1582, reçu 1er février 1583, en exercice, 4 février 1583 (B. 211),
23 décembre 1600 (B. 308), 3 juin 1603 (B. 334), président (nommé
6 février, reçu 3 juin 1603, Pilot et B. 2271), en exercice, 5 juin 1603
(B. 334), 20 décembre 1608 (B. 393)[1]. Il mourut en 1609. Il épousa
(12 septembre 1587) Jeanne de Dorne (morte au 19 février 1613).

[133] Etienne de Burle, conseiller au Parlement de Grenoble (nommé
27 octobre 1581, reçu 16 mai 1582), en exercice, 13 juin 1582 (B. 204),
3 août 1585 (B. 229), mort avant 26 janvier 1598.

[134] Pierre de Granet, sieur de Costilloles, conseiller au Parlement
de Grenoble (nommé 8 décembre 1593, reçu 29 avril 1595, en exercice
7 juin 1595 (B. 274), 11 septembre 1600 (B. 308), nommé premier président du tribunal souverain de Saluces, en 1600, et conseiller honoraire
au Parlement de Grenoble (B. 2281.8). Il siège encore, le 10 novembre
1601 (B. 2291.2), et, après une longue éclipse (son séjour à Saluces, sans
doute) réapparaît, les 13 novembre et 7 décembre 1610 (B. 415 et 416).
Il épousa, avant 30 mai 1596 (GG. 10, fol. 20, v°) Méraude Vachon
(vivante 3 août 1600. GG. 13, fol. 23, r°). Il fut aussi nommé président
du présidial de Bourg, le 3 septembre 1601 (Reg. del. Parlement Dijon
III, 42). Il fit aussi partie (1600-1601) du Conseil Souverain français de
Savoie.

[135] Gaspard Gillier, fils de Jean Gillier et de Madeleine Vacher, mariés le 3 octobre 1546, juge de Pisançon, conseiller au Parlement de
Grenoble (nommé 6 août, reçu 1er octobre 1599, en exercice, 20 octobre
1599 (B. 301), 21 février 1604 (B. 2273.12), 13 novembre 1609 (lt. 36 r°),

---

[1] Dans le manuscrit B. 2281, fol. 25, il est dit que Marquet vivait encore, le 3 décembre 1609. Il y a bien 1609 sur la cote, mais c'est une erreur évidente. La façon dont le
scribe forme ses 8, a donné lieu à cette confusion. La loupe tranche la question.
D'ailleurs, la même pièce se trouve au manuscrit B. 2273, fol. 33, et, là, elle est bien
cotée 3 décembre 1608.

3 août 1610 (B. 414), 20 juin 1612 (B. 2273.47.v°). Il épousa (8 janvier 1583) Louise de Chastaing.

[136] Louis Vachon, sieur de la Roche, fils de François Vachon et d'Anne Rabot, mariés le 15 novembre 1554, conseiller au Parlément de Grenoble, (nommé dernier février 1590, reçu 6 juillet 1593) en exercice, 14 juillet 1593 (B. 263), 20 décembre 1600 (B. 308), 1er février 1627 (B. 634), nommé honoraire, le 5 février 1627 (B. 2281, fol. 40). Confondu par Pilot, avec Louis du Vache, qui assiste à sa réception (B. 263).

[137] Jacques de Calignon, sieur de Bressieu, fils de Genton de Calignon et de Claudine Giraud, conseiller au Parlement de Grenoble (nommé 6 août, reçu 2 octobre 1599, en exercice, 5 octobre 1599 (B. 301), 4 juin 1616 (B. 487), mort le 8 mars 1617. Il épousa Barbe de la Rivière-Vaux. Il avait étudié à Genève et était huguenot. (Cf. Douglas : *Vie et Poésies de Soffrey de Calignon*).

[138] Jean Figuel, fils d'Antoine Figuel, fut conseiller au Parlement de Grenoble, nommé 26 janvier, reçu 20 juin 1598 (B. 292), en exercice, 23 juin 1598 (B. 592), 26 mai 1610 (B. 411), 24 décembre 1612 (B. 439). Il mourut, selon Pilot, en janvier 1613. Il épousa Antoinette de Saint-Germain (vivante 22 mars 1605).

[139] Jean de Ventes, sieur de Véhérie, fils de Jean de Ventes, fut conseiller au Parlement de Grenoble, nommé 1496, en exercice, 21 mai 1502 (B. 31), 15 avril 1508 (B. 33), mort au 29 juillet 1540 (B. 47, fol. 291).

[140] Antoine Putod, conseiller au Parlement de Grenoble, nommé 7 avril 1486, conf. 21 juillet 1490, en exercice, 21 mai 1502 (B. 31), 15 avril 1508 (B. 33), 8 août 1511 (B. 35).

[141] Jean Morard, avocat général au Parlement de Grenoble (10 avril 1503), puis (26 mai 1511), conseiller (en exercice 15 novembre 1512 (B. 35), 1er décembre 1520 (B. 42, fol. 5, v°), 12 novembre 1521 (B. 43, 2e cah., fol. 68, v°), fils de Jean de Morard et de Jeanne Marcel, mariés le 1er avril 1456, v. s. Il épousa Marguerite Lautel.

[142] Pierre de Layre, abbé de Saint-Etienne de Viennois, conseiller au Parlement de Grenoble (28 juillet 1490).

[142 *bis*] Aymar Laurencin, conseiller au Parlement de Grenoble, nommé 11 mai 1527.

[143] Jean Matheron, procureur général (26 mai 1511), puis (1er septembre 1521), avocat général au Parlement de Grenoble, mort au 10 décembre 1530.

[144] Jean de Lantier, procureur général au Parlement de Grenoble, en exercice, 30 avril 1550 (B. 78), 16 mai 1553 (B. 88). Il fut ensuite procureur général au Parlement de Rouen (5 avril 1557) et mourut avant le 25 janvier 1562. Il épousa, avant le 12 janvier 1544, Antoinette Roger (vivante 7 avril 1544) (GG. 1, fol. 33, v°, fol. 44, v°), morte entre le 25 octobre 1575 et juillet 1587).

[145] Pierre Bucher, sieur de Saint-Andiol, Saint-Guillaume, sculpteur distingué, homme très original, procureur général au Parlement de Grenoble, né en 1510, en exercice, 4 juin 1550 (B. 78) 14 décembre 1554 (B. 92), 7 décembre 1568 (B. 146), 29 mars 1574 (B. 197). Il mourut avant le 31 décembre 1576 (Arch. comm. de Grenoble, BB. 28) Il épousa (1560) Guigonne Pérouse de Saint-Guillaume (vivante 19 juillet 1597).

[146] François du Faure, né 1527, mort, le 20 décembre 1584, procureur général au Parlement de Grenoble (reçu 28 avril 1574, en exercice 16 avril 1574 (B. 168), 4 février 1583 (B. 203). Il épousa (14 juin 1565) Anne Fléard (vivante 12 mars 1604, E. II, 405).

[147] Jacques Pélissier, vice sénéchal de Crest, procureur général au Parlement de Grenoble, en exercice, 4 février 1578 (B. 184), 20 décembre 1588 (B. 242), 3 mars 1595 (B. 273), 3 août 1598 (B. 293), nommé avocat général honoraire, le 17 décembre 1598 (B. 2281, 6), fils d'Antoine Pélissier et de Françoise Garnerain. Il épousa Marie du Coudray, testa le 29 juillet 1599 et vivait encore, le 22 juillet 1600 (E. II, 405).

[148] François du Faure, sieur de la Rivière, procureur général au Parlement de Grenoble, reçu 15 décembre 1598, en exercice, 16 janvier 1599 (B. 297), 18 janvier 1610 (B. 408), président (nommé 14 mars 1609, reçu 6 mars 1610 (Pilot et B. 2271) en exercice, 15 mars 1610 (B. 409), 26 septembre 1626 (B. 628). Il mourut, entre le 22 août 1627 et le 22 septembre 1628, probablement le 24 ou le 25 août 1628 (E. II, 405). Il épousa (16 février 1599) Isabeau de Lagier (vivante 28 février 1601, GG. 14, fol. 6 r°), puis (29 janvier 1604) Justine Dalphas (morte entre 20 août 1660 et 19 septembre 1662) (E. II, 405). Selon les vraisemblances, il doit être fils de François du Faure et d'Anne Fléhard, mariés le 14 juin 1565.

[149] Benoît de Varces, avocat général au Parlement Grenoble (13 juin 1498-10 avril 1053).

[150] Théodore Mulet, sieur du Mas, Bagnols, Montbivos. fils d'Antoine Mulet et de Bonne de Véroy, mariés le 12 juin 1483, avocat général au Parlement de Grenoble, en exercice, 30 mars 1541 (B. 50), 17 mars 1543 (B. 57), conseiller au grand Conseil (27 mars 1556, 18 juillet 1569 (B. 149), vivant, 12 janvier 1574, épousa (1er septembre 1534), Jeanne de Baronnat.

[151] François Oduin, sieur de Janneyrias, fils d'Antoine Oduin et de Barbe Thèse, avocat général au Parlement de Grenoble (14 décembre 1546). Il épousa Isabeau de Costaich. On orthographie aussi : *Audouin*.

[152] Félicien Boffin, sieur d'Argenson, fils de Romanet Boffin et d'Anne Dubois, juge de Saint-Antoine de Vienne et Beaufort (14 octobre 1546), avocat général au Parlement de Grenoble (nommé 12 juin 1554, reçu 16 janvier 1555, en exercice, 6 novembre 1556 (B. 100), 24 novembre 1568 (B. 146), 20 décembre 1578 (B. 130), 16 décembre 1579 (B. 191), testa 28 août 1581. Il épousa (4 septembre 1549) Claudine de viennois.

[153] Félicien Boffin, sieur d'Argenson, la Sône, fils de Félicien Boffin et de Claudine de Viennois, mariés le 4 septembre 1549, avocat général au Parlement de Grenoble, reçu 28 juin 1581, en exercice, 29 novembre 1585 (B. 230), 20 décembre 1600 (B. 308), 18 décembre 1625 (B. 616), 26 mars 1626 (B. 623), nommé honoraire le 6 mars 1626 (B. 2281.39), testa le 14 septembre 1628. Il épousa (12 janvier 1584) Urbaine du Vache (vivante 19 octobre 1618, E. II. 758).

[154] Jean Borel 2e avocat général au Parlement de Grenoble, reçu, 18 janvier 1559, en exercice, 19 avril 1559 (B. 113), mort en 1571.

Pierre de Nully, dit de Frize, avocat à Saint-Marcellin (4 juin 1565) (E. 421), avait été nommé conseiller au Parlement de Grenoble (Chambre de l'édit), mais il mourut avant d'avoir pris possession de son siège et avant le 27 octobre 1581. Il fut remplacé par Etienne de Burle.

7

GREFFIERS CIVILS

André Rollin (1503).
Jean Rollin (22 novembre 1518).
Antoine Molly (1522).
Antoine Besson (1537).
Fr. Besson, reçu 3 avril 1539.
Simon le Poivre, reçu 17 mai 1597.

Jean Chapuis (1503).
Claude Chapuis (1529).
Jean Faure (1558).
Claude Bertrand, reçu 4 juillet 1560.
Claude Bertrand, reçu 4 mars 1571.
Pierre-Symphorien Boryn, 1588.
Jean Lovat, reçu 22 mai 1589.

Denis Chapuis (1503).
Jacques de Quart (1536).
Antoine Morard (1537).
Antoine Morard, reçu 2 août 1553.
Georges du Bonnet-Finé, reçu 19 juin 1571.
Pierre Rosset, reçu 17 février 1586.
Ennemond Rosset, reçu 21 novembre 1594.

Zacharie Menon (1490).
Jean Menon (1503).
Claude Fustier (1541).
Gabriel Fustier, reçu 20 décembre 1574.
Louis Paradis, reçu 22 novembre, 1593.
Jean-Louis Aymon, reçu 28 février 1597.

Jean Vernyn (1503).
Hughel Vernyn (1538).
Claude Brunel (1556).
Guy Basset, reçu 8 novembre 1558.
Antoine Basset, reçu 18 juin 1568.
Michel du Vivier, reçu 15 juin 1596.

Jean Béatrix - Robert (1503).
Guillaume Pérouse (1525).
François Audeyer (1549).
Jean Liotard, reçu 13 août 1575.
Dominique Pascal, reçu 11 mars 1586.

Pierre Geoffroy (1493).
Jacques Geoffroy (1508).
Guillaume Bachod (1521).
Guichard Berthal (1525).
Jean d'Arragon (1543).
Jean Arbalestier, reçu 20 avril 1574.

GREFFIER CRIMINEL

Jean Ventolet, 1495.
François Roux, 1514.
Guillaume Garnier, 1525.
Louis Pisard, 1529.
François Pisard, 1548 (le clerc Arthaud Maniquet, vu le bas-âge de Pisard, est chargé de l'intérim).
Claude Rossignol, 1570.
Pierre-Symphorien Borin, reçu 9 septembre 1588.

NOTES SUR LES GREFFIERS

Antoine Morard, fils de Pierre Morard et de Ginette Fustier, vivant les 13 juillet 1490, janvier 1517, mort au 14 février 1540, épousa avant 12 avril 1510, Jeanne Manent, vivante 12 avril 1510.

Antoine Morard, fils d'Antoine Morard et de Jeanne Manent, mariés avant le 12 avril 1510, vivant le 1er juillet 1522, épousa (14 février 1540) Artaude Romatière, puis Philippine de Bourchenu. Il fut greffier du Parlement de Grenoble, et testa, le 6 février 1572.

QUELQUES NOTES SUR LES GREFFIERS

Zacharie Menon (30 juin 1489) qui testa, le 10 août 1534, épousa Enne-monde Chantrel (E. II. 551).

Claude Chappuis, vivant le 14 septembre 1544, était marié à cette date (GG. 1. 58 r°).

Georges du Bonnet-Finé, vivant le 20 mars 1578 item item (GG. 2).

François Besson, vivant le 12 juin 1578 et marié (GG. 2).

Claude Rossignol, était le 26 mai 1580, marié avec Jeanne Ferrand (GG. 3).

Antoine Basset était vivant et marié avec N. Bertrand, les 5 février 1584 et 11 juin 1593 (GG. 5 et 9). Il mourut avant le 31 décembre 1595.

Jean-Louis Aymon était marié, les 7 février 1599 et 29 novembre 1604 avec Gasparde Perrot (GG. 12 et 17).

Simon Le Poivre était marié, le 18 août 1609, avec Isabeau Collavon (GG. 19).

Claude Fustier était vivant et marié, le 28 décembre 1543 (GG. 1). C'était le père du conseiller François Fustier et du greffier Gabriel Fustier.

Pierre Rosset, né 1532, nommé greffier 21 décembre 1585, reçu 7 février 1586 (B. 2278. 7) testa 12 juin 1593. Né en 1532, il épousa Claude Lancelot (morte entre 21 octobre 1624 et 18 octobre 1628).

Ennemond Rosset, fils de Pierre Rosset et de Claude Lancelot, né en 1569, nommé greffier, 31 décembre 1592, reçu 21 novembre 1594 B. 2278. 8), testa 20 septembre 1623, et, selon Pilot, mourut le 18 septembre 1638. Il épousa (2 février 1595) Catherine Chaboud (vivante 9 juin 1609, GG. 19).

Gabriel Fustier mourut entre le 16 juillet 1585 et le 15 mars 1591.

Claude Brunel mourut avant le 3 juillet 1558.

François Audeyer mourut avant le 15 mai 1575.

Guillaume Pérouse, sieur de Saint-Guillaume, Valgaudemar, La Lobière, les Pennes, gouverneur de la Roche de Glun, échevin de Grenoble (14 décembre 1533, 20 décembre 1534) greffier en exercice (10 mars 1528. (B. 45, fol. 213, r°) 13 février 1549), mort au 31 décembre 1549 (Arch. de l'Isère. B. 3069) fils de Guillaume Pérouse et de Nicole de Montauban. Il épousa Marguerite Bachoud (B. 78).

Guillaume Bachoud était échevin de Grenoble, le 17 décembre 1525. Il épousa Anne Guibert (vivante 11 octobre 1551) et était mort, au 11 octobre 1551.

Artaud Maniquet, fils de Claude Maniquet et de Marguerite Savoye, fut sieur du Fayet, gouverneur d'Avallon en Dauphiné (1541), maître d'hôtel du roi (5 novembre 1572), testa le 7 novembre 1573. Il épousa (4 janvier 1520) Hélène-Marguerite de Cheminal (de Pompéry : Gén. Maniquet, Lyon, 1906, in-8°).

AYMAR DU RIVAIL

HISTORIEN DAUPHINOIS ET SA FAMILLE

L'historien dauphinois Aymar du Rivail a été l'objet de quelques savantes dissertations, auxquelles nous avons fait force emprunts. M. de Terrebasse, le premier éditeur du *De Allobrogibus*, a consacré à l'auteur de ce livre une notice aussi documentée qu'intéressante (1844). Quelques années plus tard, M. Giraud, ancien député de l'Isère, dans une excellente brochure, portant pour titre : *Aymar du Rivail et sa famille* (Lyon, 1849), apporta quelques faits nouveaux, relatifs à du Rivail et aux siens. En 1852, M. Macé, doyen de la Faculté des Lettres de Grenoble, dans un assez long rapport, examina sommairement la nature du travail et du talent de du Rivail et traduisit en français quelques passages de son livre. Huit ans plus tard, M. Pilot de Thorey, archiviste en chef de l'Isère, en un magistral article de revue, éclaircit un certain nombre de questions obscures relatives à la vie d'Aymar et à la filiation des du Rivail. Nous avons profité de tous ces travaux et essayé, par des recherches personnelles dans les Archives du Parlement de Grenoble et dans celles de la famille de Murinais, à grossir le nombre des renseignements accumulés sur la question. L'obligeance de quelques personnes nous a permis de mener à bien cette tâche. Nous nommerons donc ici feu notre excellent ami, M. le vicomte Maurice du Parc, enlevé par une mort prématurée et cruelle, à l'affection de tous ceux qui l'ont connu, et qui nous a ouvert les précieuses archives de Murinais, puis M. E. Pilot de Thorey, sous-archiviste de l'Isère, aujourd'hui décédé, qui a bien voulu nous communiquer quelques pièces inédites; enfin, M. Maignien, bibliothécaire de la ville de Grenoble, qui s'est mis à notre disposition avec une parfaite courtoisie et auquel nous devons d'utiles indications bibliographiques.

I

De tous les historiens du Dauphiné, historiens qui ne jouissent déjà pas, auprès du grand public, d'une trop vive notoriété, Aymar du Rivail, quoique le premier en date, est certainement le moins connu. Les travaux de Chorier, de Guy Allard, du président de Valbonnais, malgré leurs inévitables lacunes et leurs menues erreurs, gardent, auprès des érudits, une juste et antique renommée. Mais, avant qu'un savant dauphinois, M. de Terrebasse, exhumât l'œuvre historique d'Aymar du Rivail, le nom de ce dernier n'était connu que des jurisconsultes érudits, qui avaient pu feuilleter son *Historia juris civilis et pontificii*, et des quelques rares personnes qui avaient lu la courte notice écrite sur lui par M. Jules Ollivier, dans une revue de province[1]. Les recherches ultérieures de MM. de Terrebasse, Giraud, Pilot de Thorey ont mis en lumière cette curieuse physionomie de gentilhomme lettré et de magistrat érudit. Avec une entente parfaite de la question, ces savants ont insisté, non seulement sur la vie de du Rivail, mais encore sur celle de ses ascendants et descendants. La connaissance de tous ces détails généalogiques n'est pas, en effet, indifférente à l'explication du caractère et de la physionomie de l'écrivain. Dans tout esprit, du reste, à côté d'un fonds personnel d'idées et d'opinions, il y a toujours une part non négligeable d'atavisme et de tradition. La meilleure façon d'écrire l'histoire de du Rivail est donc d'écrire, tout d'abord, celle de sa famille. C'est ce que nous allons, après nos devanciers, essayer de faire, en ajoutant à leurs remarques et aux documents tirés par eux de la poudre des archives le résultat de nos découvertes personnelles.

II

La famille *Rival, Rivail, du Rivail*, aujourd'hui éteinte, est fort ancienne[2]. Dès le xive siècle, nous la trouvons établie au bailliage de Saint-Marcellin, dont elle paraît originaire. Le 14 avril 1317, les frères Pierre et Mallen de Rivail[3], qui prêtaient auparavant hommage au Dauphin du

[1] *Revue du Dauphiné*, t. VI, pp. 147-153.
[2] Le nom de notre historien s'écrit indifféremment: *Rival, Rivail, du Rivail*. (Titres non classés du Parlement de Grenoble. Pièce communiquée par M. E. Pilot de Thorey). Devenu conseiller, il signe: *Rival*. Ses fils, comme leur père, signent: *Philippes* et *Ay. Rival*. (Archives du Parl. de Grenoble, *passim*.)
[3] Archives de Murinais, MM. de Terrebasse et Giraud citent un acte de l'année 1317, relatif à la même affaire, où il est question de Pierre et *Aymar* Rivail et

Viennois pour leur domaine d'Argentenant[1] prêtent le même hommage à Pierre de Murinais, leur voisin, en vertu d'un échange de suzeraineté fait, deux ans auparavant, entre le Dauphin et Pierre de Murinais. En juin 1344, Guigues de Rivail, sans doute fils de Pierre, prête encore cet hommage au seigneur de Murinais[2]. Mallen Rivail, qui avait épousé N. Gaione, vivait encore, le 14 mai 1347. Il eut pour fils Guillaume Rivail, qui épousa Aymarde Rivail, sa parente, peut-être sa cousine germaine, et testa, le 2 novembre 1399. Son oncle, Pierre Rivail, avait eu pour fils un autre Guillaume Rivail, dont il est question dans un acte de 1373. Il est probable que[3] la descendance de Pierre s'était, vers cette époque éteinte, et que Pierre Rivail, fils de Guillaume et petit-fils de Mallen, avait recueilli tout l'héritage de sa famille. Ce Pierre Rivail nous est beaucoup plus connu que tous les siens. En 1380, il achète au fils de Goien Nava-chon l'office de mestral et châtelain de Saint-Etienne, de Saint-Geoire et d'Izeaux. Le 29 juillet 1380, Enguerrand d'Eudin, gouverneur du Dau-phiné, le confirma dans cette charge[4], et ordonna au bailli et juge-mage de Viennois et Valentinois, de le laisser jouir en repos de la dîme et des amendes de ces deux villages[5]. Le 15 février 1385, Pierre du Rivail achète quelques terres, situées à Murinais, au Bru, au Burdif, à Menenas, au seigneur de Murinais[6]. Le 17 décembre 1392, il achète à Jean Liatard de Barbarin, pour 360 florins, la terre de Lieu-Dieu. Le 7 juillet 1393, il en fut investi et prêta pour elle hommage au Dauphin. Pierre du Rivail, *nobilis et discretus vir*, disent les chartes, fut notaire de la cour majeure de Vienne et de la terre de la Tour. Le 9 septembre 1393, les consuls de

M. Pilot pense, non sans raison, que Pierre et Aymar étaient frères. Le titre des Archives de Murinais porte expressément : « Pierre et Mallen », et il affirme que Pierre et Mallen étaient frères. Faut-il voir dans cet Aymar, mentionné par MM. de Terrebasse et Giraud, un autre frère de Pierre et de Mallen, ou bien (ce que nous serions assez disposé à penser) Aymar et Mallen sont-ils un seul et même indi-vidu ? Question insoluble.

[1] Argentaine ou Argentenant était une maison forte, située *in principio et capite convallis Argentinæ*, comme le dit Aymar lui-même, près et au-dessous du château de Murinais. Argentenant n'est plus, aujourd'hui, qu'une grosse ferme, où subsis-tent des traces de fortification. Le donjon, à demi ruiné, subsiste encore par sa base et on peut encore voir les vestiges très apparents de deux grosses tours rondes, ayant, évidemment, servi à compléter l'appareil de défense de la place.

[2] Archives de Murinais.

[3] Archives de Murinais. L'acte est du 10 février 1373. Il en appert que, le 1er avril 1371, vivaient Guillaume du Rivail, fils de Mallen, et Guillaume du Rivail, fils de Pierre (Original parchemin).

[4] Arch. de Murinais (Orig. parch.).

[5] Aymar du Rivail : *De Allobrogibus*, p. 498.

[6] Arch. de Murinais (Orig. parch.). — Le père de ce Pierre, Guillaume, dont nous avons parlé, et qui testa en 1399, est mentionné dans deux pièces des Archives de Murinais : 1° Dans un procès-verbal de bornage au lieu dit le Crêt de Cherosa. — 2° Dans un arrangement avec Alleman de Murinais (31 déc. 1395).

Vienne lui accordèrent l'autorisation de const uire dans cette ville un couvent de Carmes, « sous l'invocable Notre-Dame », dans lequel il fut plus tard enseveli. Son tombeau ayant été détruit pendant les guerres de religion de la fin du XVIᵉ siècle, son petit-neveu, Guillaume de Blanieu, fils de l'historien Aymar du Rivail, le fit, en 1588, reconstruire. Pierre du Rivail testa, le 7 janvier 1400 et, le 8 février 1401, il était mort[1]. Il paraît ne pas avoir été marié, car, dans l'acte de fondation du couvent des Carmes, il parle, à deux reprises différentes, de son père, de sa mère, de ses frères, de ses amis, de ses bienfaiteurs, pour le repos de l'âme desquels il fait cette pieuse fondation, et il ne fait mention ni de femme, ni d'enfants, ce qu'il n'eût pas, évidemment, manqué de faire, s'il eût été marié et père de famille[2]. Les héritiers de Pierre furent ses frères, Jean et Falques ou Falco[3]. Désireux de compléter les libéralités de leur frère Pierre qui, pour aider à l'établissement des Carmes à Vienne, leur avait donné, d'abord sa maison, puis le 3 mars 1396, une autre maison, valant 30 florins de 18 sols, Jean et Falco donnèrent, en 1405, une troisième maison au monastère. Falco du Rivail eut plusieurs enfants. Alleman, qui embrassa la carrière des armes, où il s'endetta au point de se trouver aux trois quarts ruiné, prit part aux guerres du Dauphin Louis contre le duc de Savoie et à celles de Louis, devenu roi sous le nom de Louis XI, et de Charles VIII, contre leurs divers ennemis. Alleman eut pour frères, Claude, encore vivant le 8 juin 1433, et Jean. L'oncle des précédents, Jean du Rivail, frère de Pierre et de Falco, jurisconsulte des deux droits, juge ordinaire de Vinay, en 1420, naquit le 7 juillet 1394 et fit son testament, le 19 février 1448. Il avait épousé Antoinette Fallavel, qui fit, à son tour, son testament, le 7 mars 1462. Ce Jean fut le grand-père de l'historien Aymar. Il fut fait bailli de Viennois et de Valentinois, entre les années 1422 et 1434. Il eut deux fils : Aymar, encore vivant le 6 mars 1486, et Guigues, père de notre Aymar, qui, comme son père Jean, fut fait vi-bailli de Viennois et Valentinois, et (7 août 1486-22 août 1493), bailli de Saint-Marcellin[4]. Avant de remplir ces charges, qu'il exerça dans un âge avancé, puisque, au témoignage de son fils, il était, en 1494, trop vieux pour

[1] Arch. de Murinais. — Acte du 17 févr. 1402 (copie).
[2] Le 10 juin 1400, au Chapitre général tenu à Chalon-sur-Saône, le général de l'Ordre du Carmel ratifia la fondation du couvent créé à Vienne, par Pierre du Rivail.
[3] Arch. de Murinais. — Le 17 avril 1402, Jean et Falco du Rivail prêtent hommage au roi pour Lieu Dieu (copie). — Le 10 mars 1403, Jean prête hommage pour Argentenant (copie). — Le 1ᵉʳ avril 1404, arrêt du Parlement de Dauphiné en sa faveur (Orig. parch.).
[4] Généalogies de Chérin, t. CXVI. — Le 14 mars 1491, il dresse, avec noble Humbert d'Arzac, un procès-verbal des limites du territoire de Saint-Étienne de Saint-Geoire (Arch. munic. de Grenoble, B, 2980, dossier 2).

porter les armes, Guigues Rivail, docteur en droit, juge de la cour majeure de Viennois et de Valentinois, avait été bailli et juge-mage de Graisivaudan[1]. Dès 1455, nous le trouvons investi de cette charge. Il avait épousé Georges ou Georgette de Maubec, qui fit son testament, le 10 octobre 1503 et qui mourut le 6 mai 1510. Guigues et Aymar du Rivail eurent, en outre, une sœur nommée Catherine, mariée à François de Langon[2].

III

Le bailli de Graisivaudan eut cinq enfants. Nous passerons rapidement sur ses deux filles, Catherine et Marguerite, qui ne nous sont connues que par une mention du testament de leur frère Guigues. Leur frère Jean, vraisemblablement l'aîné de la famille, embrassa la carrière des armes. Il testa, le 14 novembre 1519, et mourut, probablement, sans postérité, à moins qu'il n'ait été le père d'une certaine Clauda Rivail, dont l'historien Aymar parle sévèrement dans son testament, parce qu'elle l'avait mécontenté en se mésalliant. Guigues, autre frère d'Aymar, docteur en droit, chanoine, protonotaire apostolique, official et auditeur du diocèse d'Embrun, fut vicaire général du cardinal Nicolas Fieschi, archevêque d'Embrun. Il s'employa à la conversion des Vaudois, fonda une chapelle, dédiée à S.S. Yves et Marcellin, dans la cathédrale d'Embrun, et légua, par testament, aux Carmes de Vienne, fondés jadis par son grand oncle, Pierre du Rivail, quelques rentes[3]. Il créa aussi, à Saint-Marcellin, un hôpital, dont il fit lui-même le règlement, et fit son testament, le 8 janvier 1519.

La mort de ses deux frères avait donc réuni sur la tête d'Aymar, un héritage assez considérable. Peut-être cette circonstance lui permit-elle,

[1] Le 4 mai 1482, il est délégué par le Parlement de Grenoble à l'effet d'ordonner aux habitants de Champ, la Motte, Saint-Georges de Commiers, la Mure, Vizille, Séchilienne, l'Oisans, Rattier, de se tenir en armes pour le service du Dauphin (Arch. munic. de Grenoble, B. 3005, fol. 177).

[2] *Généalogies de Chérin*, t. CXVI.

[3] Dans un acte en date du 29 avril 1485, conservé aux Archives de Murinais, il est dit que Mallen Rivail était le *proavus paternus* de Guigues Rivail, le père d'Aymar, et que Pierre, frère de Mallen, avait été son *prædecessor*, dans la possession d'Argentenant, ce qui confirme très bien tout ce que nous avons dit précédemment. — Le 21 janvier 1555, il y avait, dans la compagnie du duc de Vendôme, deux arquebusiers à cheval nommés Jean et François de Rival (Clair. 257). Il est peu probable que ce fussent les fils de Jean, frère d'Aymar, encore moins que ce Jean fût Jean du Rivail, frère d'Aymar, trop vieux alors, s'il vivait, pour porter les armes, bien que l'on trouve, dans une montre du 25 avril 1553, un homme d'armes de *cent trois ans*, nommé François de Villars (Clair. 257. Compagnie du prince de Ferrare).

grâce à son intelligence, de monter plus haut que ses prédécesseurs et
de sortir de l'obscurité où, malgré son ancienneté, ses belles alliances, car
les du Rivail étaient apparentés aux Maubec, aux Buffevent, aux Guiffrey,
bref, à la meilleure noblesse de Dauphiné, sa famille n'avait cessé de
végéter.

Aymar naquit vers l'an 1490, car, d'après son propre témoignage, il
était, en 1494, « encore enfant ». Son parrain fut Barrachin Allemand,
seigneur de Rochechinard, d'une des premières familles de Dauphiné.
Aymar, du reste, entretint toujours d'amicales relations avec les hommes
les plus distingués de sa province. Qu'il nous suffise de rappeler qu'il fut
l'ami de Bayart, et qu'il appelle, dans son testament du 10 janvier 1545,
« allyé et compère », l'illustre Guigo Guiffrey, seigneur de Boutières et
du Touvet, lieutenant général en Piémont. Il était cousin du chanoine de
Vienne, Guillaume de Maubec, sieur de Pipet et d'Armenay. En outre,
Jean, frère d'Aymar, se distingua dans la guerre entre la France et Maximilien de Bourgogne, et nous le trouvons, en 1503, parmi les gentilshommes qui, sous la conduite de Gabriel de Grôlée, occupèrent Alexandrie. Aymar lui-même a soin de nous apprendre que son père était
gentilhomme, marchait aux arrière-bans, et qu'il était, lui-même, noble
dans les deux lignes. Il choisit, d'ailleurs, les parrains de ses enfants
parmi les premiers gentilshommes de la province. Laurent Alleman,
évêque de Grenoble, fut celui de son fils aîné; Philippe Terrail, frère de
Bayart, évêque de Glandèves, celui de Philippe Rivail; Aymar, chevalier
de Rhodes, grand-prieur d'Auvergne, celui d'Aymar; Guigo Guiffrey de
Boutières, celui de Guigues; le chanoine Guillaume de Maubec, celui du
futur capitaine Blanieu. C'est assez dire que du Rivail ne frayait guère
qu'avec l'aristocratie et que, de plus, il avait des idées nobiliaires très
arrêtées, comme nous le verrons plus loin.

Notre historien, n'étant point l'aîné de sa famille, fut d'abord, suivant
l'usage, destiné à entrer dans la carrière ecclésiastique. Il fut, dans ce
but, envoyé à Vienne, où il passa plusieurs années. Ses parents ayant
changé d'idée à son égard, ou lui-même ne se sentant pas la vocation
nécessaire pour entrer dans les ordres, on le mit au collège, ou mieux à
l'Académie de Romans, où il apprit la grammaire, la rhétorique, la dia-
lectique. Il s'amusa même à composer un petit traité, aujourd'hui perdu,
sur l'orthographe, dans lequel il s'élevait contre l'abus des abréviations.
De Romans, il se rendit à Avignon, où il étudia, pendant trois ans, le
droit, dans le célèbre collège qu'y avait fondé, le 22 août 1476, le cardinal Julien della Rovere, plus tard pape sous le nom de Jules II. Puis,
pour compléter son éducation juridique, il résolut de se rendre aux
célèbres Universités d'Italie. Par malheur, la guerre lui en ferma le

chemin. Il ne put entrer à Padoue, assiégé par les troupes de Maximilien.
Il se rendit donc à Pavie, où il étudiait, en 1512, sous les célèbres profes-
seurs Philippe Décius et Jason Maïnus. Toutefois, la population de la
ville n'était point sympathique aux Français et Aymar s'y sentait d'autant
moins en sûreté que le bruit courait alors d'une entreprise des Suisses sur
Milan. Aussi, un soir que, du haut d'un colombier, il avait entendu le
bruit de l'artillerie ennemie dans la direction de Milan, prit-il brusque-
ment le parti de déguerpir et de se réfugier à Casale, sans même prendre
le temps d'emporter son bagage dont il attendit en vain, jusqu'à Noël,
l'envoi.

Rentré en France, Aymar se mit avec ardeur aux études de droit et il
acquit bientôt une telle réputation qu'Anne de Bretagne, pendant un
voyage à Grenoble résolut, sur la recommandation du président Geoffroy
de Carle, protecteur d'Aymar, de le donner pour précepteur à sa fille,
Renée de Ferrare. Par malheur, la reine mourut et le projet n'eut pas
de suite. En 1515, âgé, au dire de Guy Allard, de vingt-cinq ans, Aymar
termina son *Historia juris civilis et pontificii* et en confia le manuscrit
au libraire Olivelli, de Valence, qui, dépositaire infidèle, obtint, par surprise, de François Ier, le privilège de faire imprimer le livre à son béné-
fice. A cette nouvelle, du Rivail passa les monts, rejoignit l'armée du roi
en Italie, assista à la bataille de Marignan et à l'entrée des Français dans
Pavie. Il expliqua son cas au roi, et, revenu en France, obligea Olivelli à
rendre gorge. Le livre d'Aymar fut imprimé à Valence, en 1515, et eut,
depuis, plusieurs éditions [1]. Selon Ciaconius, du Rivail fit aussi un *Com-
mentaire* sur le Concordat de 1516, aujourd'hui perdu.

Bien que, comme nous l'avons dit, Aymar du Rivail eût abandonné son
projet d'entrer dans les ordres, il n'en remplit pas moins, à l'évêché de
Grenoble, des fonctions sur lesquelles nous n'avons pas de renseignements très précis. Suivant une délibération des consuls de Grenoble, en
date du 10 avril 1521 [2], il aurait même, au début de 1521, été nommé
official du diocèse, chose qui nous paraît complètement invraisemblable [3],

[1] Mayence, 1527, in 8°; 1529, in 8°; 1530, in 8°; 1533, in 8°; 1539, in 8°, Lyon;
1551, in 8°, Venise; 1584, dans le *Tractatus universi juris*, de Francesco Zilleti.
[2] Archives municipales de Grenoble, BB. 7.
[3] Dans une pièce, provenant des Archives de l'évêché de Grenoble, et à nous
communiquée par M. Pilot de Thorey, il est dit qu'en novembre 1520 et en novembre
1521, Aymar du Rivail, Maximi, l'*official* de Grenoble (c'était, en 1517, François
Emé), allèrent ensemble à Grésy, *appoincter* avec le curé de l'endroit, pour la dîme
que l'évêque de Grenoble percevait dans ce pays (Compte de Jean Bailly, a octobre
1520 et novembre 1521). Aymar, toutefois, sans être official, comme l'affirment les
registres consulaires de Grenoble, paraît avoir été logé à l'évêché, car le compte
de Jean Bailly mentionne de fréquentes fournitures faites par lui « au serviteur de

Du reste, s'il fut official, il ne le demeura pas longtemps, car le
1ᵉʳ septembre 1521, le roi créait quatre nouvelles charges de conseiller
au Parlement de Grenoble et Aymar était pourvu de l'une d'entre
elles [1].

Pendant plus de trente ans, Aymar exerça les fonctions de conseiller [2]

Monsieur du Rivail ». — Les consuls de Grenoble voulaient interdire l'accès de la
ville à du Rivail, parce qu'il venait de Vienne, où sévissait la peste.

[1] Archives du Parlement de Grenoble, B. 3186. — La première mention de lui
que nous ayons trouvée dans les Archives du Parlement de Grenoble est datée du
16 octobre 1521 (B. 2333). — Il recevait comme conseiller, 300 livres tournois de
gages annuels (B. 2907. fol. 888). — Il avait, de plus, droit, annuellement, à cinq
quintaux de sel, pris aux salines royales du Peccais (B. 2908 et 2909, passim). — En
1524 et 1525, il reçut pour une valeur de 14 florins 10 sols de sel (B. 2908, fol. 223).
— La dernière mention de lui en qualité de conseiller, que nous ayons trouvée,
est un arrêt en date du 4 mars 1555 (B. 94). — Une pièce par nous consultée (Arch.
de Murinais), dit que, le 12 novembre 1556, desierat esse consiliarius. Le 2 octobre
1556, il n'est plus conseiller (B. 2268).

[2] Nous constatons sa présence aux dates suivantes :
16 octobre, 13 novembre 1521.
10 janvier, 18 mars, 17, 23 juin, 30 août, 2 septembre 1522.
15 janvier, 12 février, 21 mars, 23 juin 1523.
10 mars, 23, 30 mai, 8 juin, 2 juillet 1524.
25 avril, 12 juin 1525.
1ᵉʳ avril, 26 mai, 14 juillet 1526.
4 février, 3 juillet 1527.
29 janvier, 17 septembre 1528.
16, 29 janvier, 10, 31 juillet, 9 novembre, 17 décembre 1529.
11 février, 8, 17 juin, 17, 20 août, 9, 13 décembre 1530.
23 juin, 17 août, 10 novembre 1531.
19 janvier, 4, 27 février, 15, 18 juin, 9, 23 juillet, 4 décembre 1532.
29 janvier, 3, 13 février, 29 avril 1533.
24 février, 21 mars, 31 juillet, 18 août 1534.
13 février, 18 mars, 28, 29 mai, 15 juin, 5 juillet, 21 août, 9 novembre, 11, 18 décembre 1535.
28 mars, 2, 31 août, 7 octobre, 28 novembre, 13 décembre 1536.
17, 27 janvier, avant-dernier février, 7 mai, 8, 17 octobre 1537.
11 mars, 26 juin, 3, 11, 17 décembre 1538.
Dernier février, 17 mars, 18 juin, 24, 28 juillet, 17 août 1539.
4 mars, 14 mai, 7, 16, 19 juin, 7 juillet, 4, 14 août, 15, 20, 24 novembre, 2, 3, 6 décembre 1540.
9 avril, 11 mai, 1ᵉʳ juin, 16 juillet, 13, 14 août, 3, 22 décembre 1541.
4, 11 février, 17, 31 mars, 27 mai, 14, 23 juin, 10, 15, 21 juillet, 3, 5, 14 août, 27 novembre, 2, 24 décembre 1542.
14, 17 février, 6, 17 mars, 17, 20 avril, 5, 7, 10, 27, 30 mai, 13, 14, 18, 20, 21 juin, 1, 3, 19, 31 juillet, 13, 14 août, 9, 12, 15 novembre, 3, 10, 11, 12, 16, 22, 24 décembre 1543.
15 janvier, 5, 6, 8, 9, 13 février 1544.
4 février, 28 avril, 16 juin, 8, 9, 13, 14, 17 juillet, 13, 14 août, 5 décembre 1545.
15, 25 février, 2 mars, 7 avril, 13, 27 juillet, 6, 7, 13, 14 août, 29 octobre, 16 novembre, 7, 24 décembre 1546.
14 février, 2 avril, 23 mai, 21 juin, 1, 6 juillet, 13 août 1547.
15, 18, 23, 27, 29 février, 23, 24, 26 mars, 17, 27 avril, 4, 14, 15, 16, 17, 24, 28,

avec le plus grand zèle, et, semble-t-il, avec la plus grande assiduité[1].
Aussi ne tarda-t-il pas à prendre, parmi ses collègues, un rang élevé, et
fut-il souvent choisi, soit par eux, soit même par le roi, pour r.mplir des
missions importantes et délicates.

La première fois que nous voyons Aymar employé par le roi à des
missions de confiance, il n'était point depuis longtemps magistrat. Le
16 avril 1529, François Ier le choisit, ainsi que son collègue Ennemond
Mulet pour l'envoyer auprès du duc de Savoie, pour demander réparation de la surprise et du pillage, par quelques Piémontais, de la place de
Château-Dauphin, appartenant au roi de France. Le gouverneur avait

29 mai, 8, 9, 14, 20, 21, 23 juin, 5, 6, 9, 10 juillet, 14, 21, 27 août, 3, 18 septembre,
23 décembre 1548.

13 avril, 18, 27 juillet, 14 octobre, 9, 11 décembre 1549.

28 février, 12, 29 mars, 27 juin, 1er juillet, 14 août, 3, 27 décembre 1550.

7, 21 mars, 13, 14 août, 2, 23, 24 décembre 1551.

31 mai, 13 août 1552.

11, 23 mars, 23 avril, 3 juillet, 26 novembre, 2, 7, 23 décembre 1553.

30 mai 1554.

4 mars 1555.

Arch. du Parl. de Grenoble, B. 48, 53, 55, 57, 58, 60, 63, 66, 67, 70, 71, 72, 73, 76,
78, 80, 81, 84, 85, 88, 89, 91, 92, 94, 2221, 2311, 2312, 2333, 2907, 2908, 2909, 2989,
2986, 2987, 2991, 3059, 3226.

[1] Parmi les plaideurs dont A. du Rivail examina les affaires, nous pouvons citer :
Gaspard de Montauban, sieur de Montmort, Regnaud de Montauban et son père,
Louis de Montauban, sieur de Ricobel (Recoubeau) (14 mai 1540, 9 avril, 11 mai
1541). — Ysabeau et Jean de Montauban (14 août 1543). — Catherine, Marguerite,
Alix de Saint-Marcel (4 février 1542, 13 août 1541, 5 juillet 1542). — Jean de Saint-
Marcel, conseiller au Parlement de Dauphiné (5 juillet 1548). — Aymar-Antoine de
Meuillon, sieur de Bressieu (4 février 1542, 13 août 1541). — Guigo Guiffrey de Boutières et du Thouvet (16, 19 juin 1540, 11 février 1542). — Urbain d'Arvillard, sieur
de la Bastie (16, 19 juin 1540). — Madeleine d'Urre (11 février 1542). — Bertrand
d'Urre, écuyer (5 mai 1543). — Jean Vincent, écuyer, sieur de la Bastie (16, 19 juin
1540). — Mgr Charles de Tournon, évêque de Viviers (17 mars 1542). — Jacques de
Pracomtal, écuyer (24 novembre 1540). — Jacques Joffrey, écuyer, Jean Bérenger,
sieur de Puygiron (14 août 1542). — Guy de Maugiron, seigneur d'Ampuis (14 août
1542). — François Mérat, écuyer (5 août 1542). — Jean du Tillet, secrétaire du roi,
le célèbre publiciste (14 août 1542, 16 juin 1545, 7 décembre 1546, 18 juillet 1549). —
Rouf Plovier, conseiller au Parlement de Grenoble (2 décembre 1542, 7 mai, 13 août,
15 novembre 1543). — Pierre Davalon, écuyer (14 août 1541). — Hector de Grôlée
(22 décembre 1541). — François Gravot, écuyer (6 mars 1543). — Philippe de Commiers, écuyer, Michel de Commiers (17 mars 1543), — Ennemond Mulet, sieur de
Saint-Marcel, conseiller au Parlement de Grenoble (17 avril 1543). — Jacques de
Chastellet, écuyer, sieur de Châteauneuf (13 août 1543). — Françoise d'Arces (16 dé-
cembre 1543). — Les greffiers du Parlement, Louis Pisard (13 décembre 1543) et
Guillaume Pérouse (2 mars 1546). — Antoinette de Chapponay (15 janvier 1544). —
René de Batarnay, comte du Bouchage (4 février 1545, 24 mai 1548). — Alban de
Vaulpergue, sieur de Sarcenas (13 août 1547, 4, 23 mai 1548). — Guillaume de Poi-
tiers, sieur de Saint-Vallier (3 juillet 1548, 16 juin 1545, 24 mars 1549). — François de
Forbin (18 avril 1546). — Guillaume de la Baume de Suze (27 juillet 1546). — Anne
d'Alban, dame de Laval (14 août 1546). — Aymô Pilla (14 août 1546). — Joachim et
Claude d'Arzac (14 août 1546). — Charles Brachet, sieur de Marigny, conseiller du
roi au Grand conseil (14 août 1546). — Mgr Jean Joly, évêque de Saint-Pol Trois-

été tué, un soldat emmené prisonnier de guerre. Les commissaires avaient ordre de demander réparation de l'outrage commis, restitution du prisonnier et livraison, dans le plus bref délai, des coupables au Parlement de Grenoble. En cas de refus, ils devaient menacer le duc de Savoie de représailles. « Sera très desplaisant à Sa Majesté », disent les irstructions, « s'il faut qu'Elle entre en cest aygreur avec ledict sieur duc », mais François Iᵉʳ était décidé à agir énergiquement, estimant que le bien de son royaume tout entier était intéressé à la solution de l'affaire dans un sens favorable à la France [1]. Il ne faut donc pas s'étonner que Charles III

Châteaux (3 décembre 1543). — Beauchastel, chev. de Saint-Jean de Jérusalem (1ᵉʳ décembre 1543). — Pierre Plovier, conseiller au Parlement de Dauphiné, frère de Ruf et de Claude Plovier, écuyers (13 août 1543). — Dame Claude de Myolans de Saint-Vallier (février 1544). — Demoiselle Claude de Saint-Germain, Pierre de Saint-Germain, écuyer (9 février 1544). — Jacques et Gilles de Saint-Germain (14 juillet 1545). — Jacques Fouasse ou Fogasse, écuyer (16 juin 1545). — Charles de Bona (16 juin 1545, 14 août 1551), sieur de la Rochette, et Marguerite de Bona (14 août 1551). — Honorat d'Oraison, vicomte de Cadenet (14 août 1545). — Hector de Bérengier (13 juillet 1545). — Pierre de Balme (13 juillet 1545). — Le baron Philibert de Sassenage (26 décembre 1546, 14 août 1546). — Jean de Vesc, seigneur de Montlor (14 décembre 1546). — Oronce Anna, Gabriel de Bardonnèche, écuyers (1ᵉʳ juillet 1547). — J.-J. Eynard, sieur de Beaulieu (13 août 1547). — Louis Eynard de Monteynard (13 août 1547). — Ennemond Odde, écuyer (18 février 1548). — Jean de Lestrange (24 mars 1549). — Georges de Creyt, sieur de Rixe (23 mars 1549). — Antoine Gabriel, Jean-Antoine de Briançon, écuyers (24 mars 1549). — Jean de Couches, notaire (24 mars 1549). — Guillaume et Jacques du Pré, écuyers, Marguerite et Jeanne, leurs sœurs (24 mars 1549). — Philibert Brutin, sieur de Paris et Saint-Nazaire (15 mai 1548). — Romain de la Croix (15 mai 1548). — Gration Faydon 29 mai 1548). — Légier Gaultier (24 mai 1548), écuyers. — Antoine Richier, sieur de Montgardin (24 mai 1548). — Dame Florie de Maubec (31 mai 1552). — Antoine de Pénissin, écuyer (13 août 1552). — Antoine de Combes, écuyer (11 mars 1554). — François d'Agan, commandeur de Saint-Romain-en-Gal (11 mars 1554). — Pierre de Glandèves (24 mai 1548). — Charles de Jony (24 mai 1548). — Jean Flotte, baron de la Roche (29 mai 1548). — François de Theys, écuyer (29 mai 1548). — Hélène de Sassenage, dame de Montoyson (13 avril 1549). — Philippe de Villiers, grand-maître de l'Ordre de Saint-Jean de Jérusalem (14 octobre 1549). — Antoine Achard, écuyer (11 décembre 1549). — Nicolas de la Croix, abbé de Voncerdon (8 juin 1548). — François Piron, écuyer (20 juin 1548). — Aymar de Seyssel, sieur de Saint-Cassin, Louis de Rives, sieur de la Maison Blanche (6 juillet 1548). — Ennemond Galbert, écuyer (6, 9 juillet 1548, 7 décembre 1553). — Claude et Hughes de Lemps (24 décembre 1551), écuyers. — Marguerite de Commiers et son fils Guigues (6, 9 juillet 1548, 7 décembre 1553). — François Achard (21 mars 1551). — Joseph de Ventes (1ᵉʳ juillet 1550). — Claude Bethon (3 décembre 1550), tous trois écuyers. — Philippe et Jean Galbert, fils d'Ennemond (7 décembre 1553). — Pierre de Bressieu, sieur de Beaucroissant et de Riblers (3 décembre 1541, décembre 1548). — Pierre-Aymé de Theys, prieur de Guinaise (27 décembre 1550, 18 décembre 1554). — Laurent Garcin, Claude Philip, seigneur de Combefosse (23 décembre 1553). — Antoine de Theys, Jean Bompar (23 avril 1553), écuyers. — Antoine Achard, sieur de Pénafort (23 mars 1554). — Gaspard, sieur de Rame, et Françoise de Castellane (février 1552). — Gaspard de Arcussia, conseiller au Parlement de Provence, et sa fille Anne, mariée à Gaspard de Vintimille, sieur d'Ollioules, écuyer (2 décembre 1553, 30 mai 1551). — Jean Truchon, 2ᵉ président au Parlement de Chambéry (4 mars 1555).

[1] Arch. du Parlement de Grenoble, B. 2908, fol. 730.

de Savoie, qui s'empressa, d'ailleurs, d'accorder toutes les satisfactions possibles, ait trouvé le discours des plénipotentiaires « un peu aigre [1] ».

Aymar était, du reste, plein de goût, dans sa jeunesse, pour les voyages. Nous le voyons, en 1526, accompagner à Toulouse son ami, l'évêque Laurent Alleman, qui allait s'y faire sacrer. Pendant ce voyage, il fit la connaissance de Philibert de Chalon, prince d'Orange. C'est cette absence qui explique pourquoi on trouve, durant l'année 1526, son nom si rarement mentionné sur les registres du Parlement. Il ne semble pas, du reste, en dehors de cette modeste excursion et des missions que lui imposa le roi, s'être beaucoup éloigné de Grenoble. Parmi ces missions, la plus importante, probablement, fut celle qui lui échut, au début de l'année 1544. Le 3 avril, le roi donnait commission au Parlement de Paris de juger le chancelier Poyet. Les juges, nommés le 7 avril, furent André Guillart, maître des requêtes, les présidents François de l'Aage, Antoine Minart, Jean de Gouy, André Baudry, les conseillers Nicole Hennequin, Nicole Molé, Robert Berziau, Pierre Bardin, tous appartenant au Parlement de Paris : les conseillers toulousains Pierre Saignes et Jean d'Ausone : les conseillers bordelais Pierre Boucher et Briand de Vallée : les conseillers grenoblois Aymar du Rivail et Félix Guerre de la Croix, nommé depuis peu conseiller à Grenoble. Les juges siégèrent à la salle Saint-Louis du Palais de justice de Paris, et, pendant quatre mois, Aymar assista à toutes les audiences, hormis celles des 9 et 24 juillet [2]. Avant de partir pour Paris, notre conseiller s'était cru obligé à faire ou plutôt à refaire son testament, qu'il avait déjà, semble-t-il, fait en 1538, bien que cet acte, dont l'existence est attestée par plusieurs mentions [3], n'ait point été retrouvé.

Aymar, vers cette époque, occupait une situation assez importante. Il

[1] Louvet: Additions à l'Histoire des troubles de Provence, Aix 1680, 1re partie, p. 228.
[2] Félix de Guerre de la Croix, sieur de Chevrières (avril 1560) 2e fils de Jean de Guerre et de Urevonne de Monistrol, mariés le 7 mars 1498, conseiller (8 mai 1543), avocat général (3 janvier 1549), maître des requêtes et conseiller d'Etat du Dauphin (10 août 1553), épouse Guigonne Portier (19 juin 1541), et mourut en 1583. — Audiences des 22, 24, 26, 28 avril, 2, 3, 5, 7, 8, 9, 10, 12, 13, 14. 16, 17, 18, 20, 21, 23, 25, 26, 27, 28, 30 juin, 2, 3, 4, 5, 7, 10, 11, 12, 16, 18, 19, 21, 23, 26, 29, 30, 31 juillet, 1, 2, 4, 5, 6, 7, 8, 9, 11, 12, 18, 19, 20, 21, 22, 23, 27, 28 août (Arch. nat. V. 797). — Il dut probablement retourner à Paris, l'année suivante, car, les 23 et 24 avril de cette année, l'arrêt de condamnation du Chancelier fut prononcé en présence « des conseillers « des autres Parlements qui avaient ci-devant assisté au rapport et au jugement « dudit procès » (Histoire du procès du chancelier Poyet, par l'historiographe sans gage et sans prétentions, Londres, 1776, in 8°). Aymar du Rivail toucha, le 2 janvier 1545, à Paris, pour avoir « vacqué » au procès de Poyet, du 1er au 31 décembre 1544, 155 livres tournois, à raison de 100 sols tournois par jour (B. N. Pièces Orig. 2492).
[3] Archives de l'Isère ; dossier Rivail. Test. d'Aymar, 10 février 1544.

venait, le 13 novembre 1539, d'acheter, pour 900 livres, à Guillaume de Poitiers de Saint Vallier, frère de Diane, la terre de Blanieu. Dans un dénombrement de ses biens, fait le 29 août 1540, à la Chambre des Comptes de Dauphiné, il se déclare seigneur de Lieudieu, sans toutefois posséder cette terre[1], autrefois à ses ancêtres, et pour le rachat de laquelle il était en pourparlers avec le détenteur actuel[2]. Il ajoute qu'il est seigneur et possesseur de Blanieu, Argentenant, la Rivaillière, de biens, situés sur la commune de Chevrières, lui rendant, annuellement, 25 à 30 livres tournois[3]. En 1541, dans son testament, il déclare posséder quelques biens sur Saint-Etienne, Chattes, Saint-Antoine, Montagne, Saint-Lattier, la Sône, Peyrins, Romans, Besaye, Clay, Murinais, Varacieux, la Tour de Mascle près Murinais, les moulins de Saint-Geoire[4]. Il possédait, en outre, à Grenoble, rue Bornelane, une maison, qu'il avait achetée 100 écus d'or, le 4 mai 1527, à Antoine Savoye[5]. De plus, son voisin, Jean Robbe de Thomassin, seigneur de Miribel et Murinais, lui avait remis, à cause de l'estime et de l'amitié qu'il avait pour lui, les cens que du Rivail lui devait pour ses biens de Chevrières et Murinais[6]. En dehors de ses terres, il possédait, en 1557, plus de 2.000 écus d'or. C'était donc un personnage notable et suffisamment opulent pour songer à bien doter sa fille, à laquelle, avec son orgueil de gentilhomme, il interdisait sous peine de la déshériter partiellement, toute mésalliance[7].

Aymar du Rivail obtenait, par la gravité de sa vie et la hauteur de son intelligence, la confiance de tous ceux qui le connaissaient. Les consuls de Grenoble, engagés dans une contestation avec ceux de Romans, au sujet du « double commun » du vin, choisissent, comme arbitres, les conseillers Aymar du Rivail et Pierre Monier, tandis que leurs adversaires prennent les conseillers Georges d'Avançon et François Faysan[8]. Ici c'est la cour du Parlement elle-même, qui choisit Aymar du Rivail pour installer le nouveau premier président, Claude de Bellièvre[9]. Le 23 mars 1554, le Parlement le désigne comme commissaire, pour régler un litige entre Honorate Perrusse et son mari Antoine Achard, sieur de

---

[1] Lieudieu, acquis, comme on l'a vu, en 1393, par Pierre du Rivail, fut revendu, en 1410, par son frère Jean, à Antoine de Clermont-Montoison, pour 260 florins.
[2] Archives de Murinais. — Dénombr. des biens d'Aymar (copie).
[3] Archives de Murinais, 22 août 1541. Hommage d'Aymar à la Chambre des comptes (copie).
[4] *Deuxième testament d'Aymar*, publié par M. Pilot.
[5] Archives de Murinais. Orig. parch.
[6] Archives de Murinais. Orig. parch.
[7] *Troisième testament d'Aymar*, publié par M. Giraud.
[8] Arch. mun. de Grenoble, BB. 11, 9 mars 1557.
[9] Arch. du Parl. de Grenoble, B. 2234, fol. 33, verso, 8 juin 1541.

Penafort, d'une part, et Mathieu Repelin, d'autre part[1]. On le choisit, avec son collègue Honorat d'Herbeys[2], pour informer dans le procès entre Jacques du Châtel, écuyer, seigneur de Châteauneuf de l'Albenc, et Claude Baronnat, écuyer, seigneur de Polémieu. Le 8 août 1547, avec le second président Michel de Gyves, il installe M. de Saint-Vallier comme lieutenant-général en Dauphiné et le duc d'Aumale comme gouverneur[3]. Il est à remarquer que, dans les affaires civiles, Aymar s'occupe généralement de procès ayant trait aux mêmes personnes. Il a comme une sorte de clientèle. Il devait donc bien connaître les parties entre lesquelles il avait à prononcer et pouvait à loisir étudier les affaires. De plus, il paraît tout spécialement apte à juger les contestations entre ecclésiastiques et particuliers, ou entre ecclésiastiques et ecclésiastiques. Ses premières études et ses anciennes fonctions devaient lui donner, en ces matières, une compétence toute particulière.

Le 10 décembre 1547, puis le 31 janvier 1548, le roi nommait commissaires à l'aliénation du domaine royal en Dauphiné le second président Michel de Gyvès, le procureur général Jean de Lantier, les conseillers Aymar Rivail et Jean de Saint-Marcel d'Avançon. Cette Commission était scindable en deux sous-commissions. Les commissaires avaient charge d'aliéner le domaine jusqu'à concurrence d'une somme représentant 100.000 livres tournois de revenu annuel et de faire dresser un état estimatif des biens pouvant représenter cette somme, en prenant pour base leur revenu moyen dans les meilleures années[4]. Les membres de la Commission, après une résistance absolument ridicule de la Chambre des comptes de Dauphiné[5], qui leur refusa, pendant longtemps, communication des pièces nécessaires à leur besogne, commencèrent leurs travaux, au début de 1548 et les poursuivirent pendant deux ou trois ans. Ils

[1] Item, B, 84.
[2] Item, B, 2022, fol. 4 et 11, 13 mai 1540.
[3] Item, B, 2234 (Pièce en lambeaux, vers la fin du mss.).
[4] Arch. du Parlement de Grenoble, B. 3191 et B. 3069.
[5] Arch. du Parlement de Grenoble, B. 3070, fol. 5a et sqq. — Le 21 janvier 1548, de Gyvès et du Rivail se rendirent à la Chambre des comptes, pour demander communication de tous les papiers dont ils avaient besoin pour l'aliénation du domaine royal. La Cour leur fit répondre, par les conseillers Christophe Joubert et Ennemond Fléard, qu'elle leur donnerait tous les documents relatifs aux aliénations faites depuis 1521, mais qu'elle se refusait à ce qu'on aliénât les terres du domaine royal non encore aliénées et surtout à ce qu'on avertît par affiches les populations des aliénations qui allaient être faites. Aymar du Rivail, qui se trouvait seul chez lui quand les conseillers y arrivèrent, MM. de Gyvès et d'Avançon étant, ce jour-là, « à l'esbat hors de la cité », refusa de répondre à cet étrange message. Après une série de sommations des commissaires, invitant la Cour à leur communiquer un état de la plus-value, depuis dix ans, des terres aliénées du domaine, la Cour se décida à obéir, mais en communiquant les pièces petit à petit, et avec une évidente mauvaise grâce (22, 27 janvier, 2, 7 mars, 25, 26 avril).

aliénèrent pour environ 20.000 livres seulement du domaine[1], entre autres
terres, les seigneuries de Savasse, Nyons et Baronnies, Plan de Baix,
Rives, Chabeuil, Saint-Martin de la Cluse, et furent remplacés, en 1553,
par d'autres commissaires, entre lesquels étaient le président Truchon, le
trésorier Jacques de Beaune, vicomte de Tours, etc.[2].

[1] Les commissaires vendirent : le 29 mai 1548, à Grenoble, la seigneurie de Savasse
à Alain de Mons et à Claude Marcel, pour 2413 livres, les « langues de bœuf et
eschentes » (déchets de la boucherie) de Montélimar, pour 253 livres tournois, les
rentes royales sur Montélimar, pour 1683 livres tournois. — Le 9 juin, ils vendent,
pour 5500 livres, la terre de Nyons, à Jean-Baptiste de Macédoyne, commissaire
des guerres. — Le 29 mai, la terre de Plan de Baix, à Catherine de la Baume-Cor-
nillanne, pour 488 livres, 11 sols, 8 deniers, en sus du prix à rembourser au détenteur actuel de cette terre, qui l'avait auparavant achetée au roi pour 1952 livres,
10 sols, 5 deniers. — Le 23 mai, la terre de Rives, pour 3425 livres et le greffe de
Rives, pour 296 livres, 4 sols, à Antoine Besson. — Le 8 février, pour 4800 livres,
la terre de Corps, à Guillaume Pérouse. — Le 14 janvier 1549, des biens, pour
20 livres, 7 sols, a la commune d'Oulx (Arch. du Parl. de Grenoble, B. 3069). — Le
13 octobre 1548, les commissaires vendent, pour 6358 livres la terre et le greffe de
Chabeuil à Claude de Peyronne, docteur en médecine. — Le 16 mai 1549, à J.-B. de
Macédoyne, le greffe de Nyons, évalué par la Cour des comptes à 60 livres, 10 sols,
8 deniers. - Le 11 octobre 1549, 46 ducats de rente dus annuellement au Dauphin,
par la ville de Romans, à Suzanne Plovier, dame de Voreppe, rente dont le capital
fut évalué par la Cour des comptes à 1339 livres, 9 sols, environ. — Le greffe de
Rives, vendu, comme on l'a vu, à Besson, avait, le 4 août 1548, été évalué par la
Chambre à 24 livres, 12 sols de revenu annuel (Arch. du Parlement de Grenoble,
B. 3070, fol. 52 et suiv.). MM. de Gyvès, du Rivail, d'Avançon et de Lautier ren-
voyaient les acquéreurs, pour faire exactement estimer la valeur des biens qu'ils
achetaient, devant la Cour des comptes. — Le 8 mars 1550, André Allemand, sieur
de Pasquiers, achète, par quartènement, Saint-Martin de la Cluse. — Cette tran-
saction fut entravée par les difficultés que souleva le conseiller au Parlement de
Grenoble, Enacmond Mulet, héritier de feu le conseiller François Faizant, ancien
détenteur de la terre (29 et 30 janvier 1552, Arch. du Parlement de Grenoble, B.
3069). — Le 20 novembre 1549, de Gyvès, du Rivail, de Lautier, accordent à Guillaume et Jean Henry, bourgeois de Lyon, tuteurs des fils de feu Guyot Henry,
deux mois de délai pour qu'ils puissent obtenir du roi une réponse à une requête
qu'ils lui ont faite, au sujet des terres royales de Crémieu, Quirieu, la Balme, ache-
tées, en 1543, au roi, « à pacte de rachat perpétuel », par feu Guyot Henry, pour
9099 livres. Les commissaires de Gyvès, du Rivail, de Lautier, étaient sur le point
de revendre ces terres à Marguerite Bohyer et à sa fille Anne du Pré. Les tuteurs
des jeunes Henry faisaient observer que, tant en établissement de terrier, travaux
de bornage, réparations à la halle et aux fortifications de Crémieu, le tout entrepris
à la requête du roi ou de ses officiers, qu'en frais d'un procès perdu contre Jean
Droguet, qui se disait investi par le roi du greffe de la châtellenie de Crémieu, leurs
pupilles, avaient dépensé plus de 3651 livres. Ils demandaient donc qu'on leur
revendît, préférablement à tous autres, les terres de Crémieu, Quirieu, la Balme
(Arch. du Parl. de Grenoble, B. 3191). Il est probable que les Henry réussirent
dans leur instance, car, dans un manuscrit des Archives du Parlement de Grenoble (B. 3135 et 3068) se trouve tout un dossier, allant de l'année 1552 à l'année 1556,
dans lequel ils sont qualifiés de seigneurs de Crémieu.

[2] Ces aliénations du domaine royal étaient, la plupart du temps, plutôt des
« reventes » que des ventes. Les détenteurs des terres royales étaient invités à les
revendre au roi, qui leur remboursait leur prix d'achat, puis remettait en vente les

En 1540, par la mort de ses frères, Aymar se trouvait en possession de tout l'héritage paternel. Il était, le 31 août 1540, comme nous l'avons dit, seigneur de Lieudieu, Blanieu[1], Argentenant, la Rivaillière. Le dernier voyage important qu'il semble avoir accompli est celui qu'il fit, sur l'ordre du roi, avec son collègue Laurent Rabot, dans le marquisat de Saluces, en 1548. Les deux magistrats se rendirent dans ce pays, pour y rédiger, d'après les coutumes locales, un règlement de police générale. Rentré à Grenoble[2], du Rivail vécut encore quelques années. Il testa, pour la troisième fois, le 16 juillet 1557. Le 17 octobre de cette même année, il était taxé, par les consuls de Grenoble, comme un des plus riches citoyens de la ville, pour 50 livres de contribution, à un impôt, pesant, pour 2.500 livres, sur la ville, et destiné à permettre au roi d'acheter des « salpestres[3] ». Aymar du Rivail mourut, sans doute, peu après, car son ami André de Govéa, qui fit son épitaphe, mourut en 1566.

Aymar du Rivail, qui avait épousé, en premières noces, une demoiselle noble de ses parentes, Marguerite de Maubec, donna une entorse à ses préjugés aristocratiques, en se remariant, en 1524, avec une jeune roturière, Margon Girard de Mourmoiron (Vaucluse), par la beauté de laquelle il avait été séduit, en passant à Avignon. Elle avait alors dix-neuf ans et était née de parents honnêtes, mais peu fortunés. Margon Girard était d'une beauté éblouissante. On accourait sur son passage pour la voir, quand son mari l'amena d'Avignon à Grenoble, par Valence et Romans. André de Govéa, ami de du Rivail, lui dédia trois pièces latines[4] faisant l'éloge de sa beauté. Le président Truchon célébra aussi Margon *carminibus elegantissimis* aujourd'hui perdus. Mme du Rivail était,

terres. Les nouveaux acquéreurs, outre le prix d'achat payé par le premier acquéreur, étaient tenus de verser, en sus, un quart de la somme (quartènement). Dans l'affaire des terres de Crémieu, Quirieu, la Balme, les cohéritiers Henry demandaient si on ne les indemnisait pas des dépenses par eux faites sur ces terres, à ce qu'on leur donnât la préférence sur d'autres acquéreurs par quartènement (Arch. du Parl. de Grenoble, B. 3069).

[1] Archives du Parlement de Grenoble, B. 3069.

[2] Archives du Parlement de Grenoble, B. 2980, doss. 50. — Le 9 juin 1541, Aymar demande que l'on fasse l'évaluation des feux de Blanieu et que l'on sépare ces feux du reste du mandement de Chevrières. Lyonard Ysérable, châtelain de Chevrières, après enquête, constata que le mandement de Chevrières était divisé en trois cantons: celui de Villars, où était Blanieu, comptait 8 feux 3/4 et payait 229 florins, 10 sols, 5 deniers d'impôt annuel. Blanieu comptait 2 feux 1/3 et payait 62 florins, 11 sols, 1 denier. La requête d'Aymar à la Chambre des comptes (fol. 671), renferme sur la situation topographique de Blanieu, de courts et précieux renseignements.

[3] Pierre Garet, *Opera*, Burgi, *Sebusianorum*, 1630, in-4°, pp. 243, 244. — L'impôt pesant sur Grenoble était, en tout, de 12.000 livres (Archiv. municip. de Grenoble, BB. 17).

[4] Goveani, *Opera*, Rotterdam, 1766, in fol., p. 712.

d'ailleurs, aussi vertueuse que belle, et son mari insiste avec complaisance, dans son testament, sur les qualités morales de sa femme. Cette
dernière n'était point une illettrée, et nous avons eu la bonne fortune de
retrouver, dans la bibliothèque de Mme la marquise de Murinais, cinq ou
six volumes lui ayant appartenu. Elle paraît, dans sa jeunesse, avoir aimé
les romans de chevalerie, et, dans son âge mûr, la lecture plus grave des
écrivains de l'antiquité[1]. Du Rivail eut sept enfants de Margon. Le premier de ces enfants, Laurent, mort le 28 août 1531, à six ans et demi,
avait eu pour parrain Laurent Alleman, évêque de Grenoble, parent,
comme on le sait, de Bayart. Du Rivail nous apprend, du reste, qu'il
était, lui-même, fort lié avec le « bon chevalier », dont il nous donne, en
quelques lignes, un précieux portrait physique. La mort de leur fils Laurent, causa à du Rivail et à sa femme une immense douleur. Ils eurent
encore le chagrin de perdre leur quatrième fils Guigues et une fille,
Madeleine, qui furent, ainsi que Laurent, enterrés à Notre-Dame de Grenoble, où leur père voulut aussi qu'on l'ensevelît lui-même et qu'on
transportât ensuite les quatre corps aux Carmes de Saint-Marcellin.

Les autres enfants d'Aymar eurent une destinée moins brève que leurs
aînés. Le second fils de l'historien, Philippe, filleul de l'évêque de Glandèves, avait obtenu du roi (23 septembre 1548[2]) la survivance de la charge
de son père. Seulement, comme il était encore trop jeune, il fut convenu

---

[1] Les livres ayant fait partie de la bibliothèque de Guillaume du Rivail de Blanieu, dernier fils d'Aymar, sont aujourd'hui la propriété de la famille de Murinais,
par suite du mariage du fils unique de Guillaume de Blanieu, Horace du Rivail, avec
la fille de Jacques d'Aubergeon de Murinais, Hippolyte. Parmi ces livres nous en
avons trouvé un ayant appartenu à Aymar du Rivail le fils, frère de M. de Blanieu.
C'est une série de traductions latines (1552-1556), de divers opuscules moraux de
Plutarque. Nous avons aussi trouvé plusieurs volumes portant les mentions : *Pour
Madame Rivail*. Deux de ces volumes portant, en outre, la mention : *Margon*, ce qui
ôte toute difficulté sur l'attribution des mots : « Madame Rivail », et permet d'affir-
mer qu'ils ont appartenu à la femme de l'historien. Ces volumes sont :
Méliadus de Léonnois, Paris, Galiot du Pré, 25 novembre 1528.
Les Croniceques et Annales de France, Paris, Galiot du Pré, 13 septembre 1538.
Le nouveau Tristan de Léonnois, Paris, Vve Maurice de la Porte, 8 août 1551.
(Cet exemplaire porte aussi la mention : *Geo...* (le reste rongé). Etait-il destiné à
Georgette du Rivail, fille de Margon et d'Aymar, et sa mère voulait-elle lui com-
muniquer le goût des romans dont la lecture avait charmé sa jeunesse? Cela est
présumable). Traduction française de *Valère Maxime*, Paris, Ch. l'Angellier, 1548.
Traduction française des cinq premiers livres des *Annales de Tacite*, Paris, Vincent
Sertenas, 1548.
Nous avons aussi trouvé, dans la Bibliothèque de Murinais, une édition des *Méta-
morphoses d'Ovide*, superbe in-4°, édité à Lyon, le 22 octobre 1504, ayant appartenu
à Blanieu et portant des annotations marginales qui sont, peut-être, de la main
d'Aymar du Rivail.
[2] Les lettres d'entérinement sont du 18 mars 1549. — Le droit de siéger avait été
accordé par le roi Philippe, le 21 juin 1551 (Entérinement, 7 mars 1552), et, de
nouveau, le 20 décembre 1553. (Arch. Parl. de Grenoble, B. 91.)

— 117 —

que son père exercerait, en attendant les fonctions. Le 16 janvier 1554,
Philippe, qui avait alors plus de vingt et un ans et moins de trente,
demanda à la Cour le droit de siéger au Parlement, en même temps que
son père. La Cour le lui accorda, sous cette réserve que sa voix et celle
d'Aymar ne compteraient que pour une seule, et qu'en cas de partage
d'opinion, la sentence d'Aymar compterait seule. Ce régime devait durer
jusqu'à ce que Philippe eût l'âge requis pour être conseiller, soit trente
ans. Du reste, à partir de 1554, Aymar cessa d'avoir une existence judiciaire bien active, et, à partir de 1555, on ne trouve plus, dans les
documents du Parlement, trace de ses travaux. Philippe lui-même ne fut
point longtemps conseiller[1]. Il démissionna, le 31 décembre 1560, à
Orléans, en faveur de son frère Aymar, testa, le 6 février 1573 et mourut
probablement peu après et sans avoir été marié. Il était probablement le
puîné de son frère Aymar, mais comme Aymar avait eu un aîné, Laurent,
du Rivail, homme de tradition, l'avait destiné à être d'église. Toutefois,
supposant qu'Aymar se raviserait peut-être et ne persisterait pas dans sa
vocation, son père, tout en instituant, dans son testament de 1557, Philippe son légataire universel, déclarait qu'il voulait qu'il possédât en
commun avec son frère Aymar la terre d'Argentenant, et il donnait, en
sus, à Aymar, à la mort de sa mère, sa maison de la rue Bornelanc, à
Grenoble. L'historien recommandait sa bien-aimée Margon aux bons
soins de son fils Philippe, qui était chargé de veiller à son entretien, de
lui payer un douaire annuel de 100 livres, de la fournir de vêtements,
ou de lui donner 40 livres par an pour s'en acheter. Aymar exigeait que
sa femme vécût avec ses enfants, encore en bas âge, Georgette et Guillaume, et qu'elle eût un logement bien meublé, le droit au logement, au
vivre, à la cave, au grenier, dans ses châteaux d'Argentenant et de Blanieu et dans sa maison de Grenoble. Dans son testament de 1544, il avait
été plus généreux encore envers sa femme, à laquelle il abandonnait le
tiers de ses revenus et la jouissance complète d'une des habitations à lui
appartenant. Il voulut aussi que son dernier fils Guillaume possédât Blanieu de compte à demi avec son frère Philippe, et il les chargea tous deux
d'y faire construire une chapelle où l'on dirait, tous les lundis, une messe
pour le repos de son âme et de celles des siens. Il les pria, en même
temps, de tenir la main à ce que les fondations du même genre, faites par
son frère défunt, Jean, portassent effet. Sa fille George, dotée par lui,
dans le testament de 1544, de 900 écus d'or, seulement, trousseau com-

---

[1] Les premiers arrêts rendus par Philippe du Rivail, docteur en droit, sont des
7 et 17 mars 1554. Les derniers, des 16 et 19 juillet 1560. (Arch. du Parl, de Grenoble, B. 91 et B. 119.)

pris, en obtenait 1.200, plus 100, pour ses « robbes nuptiales », en 1557 ;
si elle se faisait religieuse, elle aurait pour tout héritage, 300 écus d'or sans
plus. Si Aymar entrait dans les ordres, il devait avoir pour tout héritage,
400 écus d'or.

Margon, si elle survécut à son époux, lui survécut peu de temps. Le
18 décembre 1572, elle était morte[1]. Aymar du Rivail, fils, qui au début
de 1544, était déjà prieur du Bourg et postulait pour la cure de Bellecombe et pour un canonicat à Valence, était en 1557, chanoine de Saint-
Apollinaire de Valence, prieur de Vourey, official de Grenoble. Malgré
toutes ces fonctions, il n'était pas entré dans les ordres, semble-t-il, car
son office de conseiller au Parlement était un office de conseiller laïc[2].
Peut-être même épousa-t-il Anne de Maubec. Il testa, le 13 mars 1573, et
mourut dans la seconde partie de l'année 1573[3], car le 10 janvier 1574, il
était remplacé par François Reynaud[4], après décès.

Le dernier des fils d'Aymar du Rivail, Guillaume, connu dans l'histoire
sous le nom de capitaine Blanieu, fut gentilhomme ordinaire de la
Chambre du duc d'Alençon, puis de Henri III, et enfin, de Henri IV. Il
épousa Marguerite de Sassenage, se distingua pendant les guerres du
connétable de Lesdiguières, et écrivit même une relation du siège de la
Mure[5]. Il fut pris dans un combat, en Piémont, et enfermé, à Turin,
dans une prison, d'où il s'échappa, le 8 septembre 1594, à la suite d'un
vœu fait à la Sainte Vierge, de relever la chapelle du pont de la Sône,
sur l'Isère. Il fit peindre un tableau commémoratif de son évasion et de
son vœu, qui existe encore dans l'église de la Sône. Il mourut, à Forcalquier, le 19 décembre 1594, après avoir relevé, comme nous l'avons dit,
en 1588, le tombeau de son ancêtre Pierre du Rivail, aux Carmes de

[1] Archives du Parl. de Grenoble, B. 161. Plaidoyer d'Aymar Rivail contre l'avocat
de Robert et François Dupré, sieurs de Chamagnieu, 18 décembre 1572.
[2] Philippe et Aymar du Rivail, le fils, eurent chacun 500 livres d'appointements
annuels, plus les cinq quintaux annuels de sel. — Aymar, le 28 octobre 1568, fut
chargé d'informer sur la « vye et mœurs » de son futur collègue Jean Vachon,
sieur de Veurey. Le 15 décembre 1571, il est chargé d'installer son nouveau collègue,
Aymar de Virieu. Le 16 juin 1562, il signe les lettres d'entérinement des lettres de
lieutenant-général de Laurent de Maugiron. (Arch. du Parl. de Grenoble, B. 2269,
fol. 5, B. 2912. B. 2268, fol. 108, 169, 356.
[3] Aymar du Rivail le fils, qui fut reçu conseiller, le 28 mars 1561 (Pilot), rendit
son premier arrêt le 29 avril 1561 et ses derniers, les 5, 8, 11, 14 août 1573. (Arch.
du Parl. de Grenoble, B. 125 et B. 164.)
[4] Archives du Parlement de Grenoble, B. 2268, fol. 356.
[5] Marguerite de Sassenage vivait encore en 1635, le 14 mai. — Georgette du
Rivail, fille de l'historien, vivait encore, le 13 mars 1574. — La relation de Blanieu
a été imprimée dans le Bulletin de statistique de la Drôme. — Cf. Louis Videl :
Hist. de Lesdiguières, pp. 114 et 133. — Cf. encore, Fr. 25.803. Le 7 février 1569,
Blanieu est capitaine de 100 hommes, appartenant au régiment de 18 enseignes du
baron des Adrets. Son lieutenant se nommait Rossignol, son enseigne Chateauneuf.

Vienne. Guillaume du Rivail avait une fille, Jeanne, encore vivante le 24 août 1583[1], mais qui dut mourir avant son père, car Blanieu institua pour son légataire universel un fils naturel qu'il avait eu et qui se nommait Horace. Le tuteur d'Horace fut d'abord Noël de Villiers, docteur en droit, avocat à Saint-Marcellin, puis, le 31 décembre 1596, Gaspard de Fassion, sieur de Sainte-Jay[2]. Comme le testament de l'historien du Rivail et celui de son frère Guigues, fait en 1519, décidaient qu'en cas d'extinction de la race des du Rivail, il serait établi un couvent de Chartreux à Argentenant, le prieur de la Grande Chartreuse fit une requête au Parlement, à l'instigation de l'avocat Fine et sur la consultation des avocats Fine, de Michà et Imbert Pelloux, tendant à ce que le bâtard de Guillaume fût déclaré inapte à recueillir en succession Argentenant. Le Parlement ne paraît pas avoir donné gain de cause au monastère, car Horace porta toute sa vie le titre de sieur d'Argentenant. Horace du Rivail, qui vivait encore en 1652, vendit, le 11 janvier 1644, pour 34.000 livres, Blanieu à Jean Alleman de Rochechinard, et, le 14 juin 1616, pour 180 livres, à Jacques Aubergeon de Murinais, son futur beau-père, une tour, dont il se réservait, en cas de démolition de la tour, les tuiles. Avec cet argent, il désintéressa un de ses créanciers, Antoine Foisson (24 novembre 1617), auquel son père avait acheté quelques terres[4]. Horace épousa, avant le 30 août 1630, Hippolyte, fille de Jacques d'Aubergeon de Murinais[5]. Il obtint, par lettre du légat d'Avignon, que les très nombreuses fondations pieuses faites par ses prédécesseurs fussent « commuées » en un certain nombre de messes et d'aumônes. Il n'eut que deux filles : N..., religieuse visitandine à Saint-Marcellin, et Anne, qui vivait encore, en 1701, à la Côte-Saint-André, et qui épousa Antoine

[1] Codicille du testament de M. de Blanieu (Arch. de Murin. or. pap.)

[2] Gaspard de Fassion avait épousé (30 oct. 1531) Catherine Voyer, dont la mère se nommait Catherine du Rivail. Le père de Gaspard, Falco de Fassion, épousait, en décembre 1531, la mère de sa belle-fille, Catherine du Rivail, qui mourait, un mois plus tard. Gaspard II de Fassion, sieur de Sainte-Jay, Brion, tuteur d'Horace du Rivail, était fils de Louis de Fassion et d'Ennemonde Marc, mariés le 9 janvier 1554 (Guy Allard, Nobiliaire de Dauphiné). A Gaspard de Fassion, son tuteur en 1599, succéda, le 1er mars 1602, Aymar Falcon de la Blache (B. N. Pièces Or'g. 2492).

[3] Archives de Murinais, orig. pap.

[4] Archives de Murinais, orig. pap. (Testam. de J. d'Aubergeon-Murinais).

[5] Ne pas confondre la famille du Rivail :
1° Avec les deux personnages, signalés par Pilot dans sa notice sur Aymar. — 2° Avec les du Rival dont il est question dans une des pièces du dossier Rivail, aux Archives de l'Isère, pièce que Pilot, du reste, a sagement négligé de publier, comme indifférente aux Rivail qui nous occupent. — 3° Avec Jean du Rivail, fils de Jean du Rivail qui, le 30 mai 1616, parlant au nom de sa mère, veuve de feu honorable Jean du Rivail, rentier du prieuré de Villard-Chevrières, donne quittance à Jacques d'Aubergeon-Murinais, des rentes qu'il a payées depuis 25 ans au prieuré (Arch. de Murinais. Orig. pap. signé).

Chabod de Nantoin, auquel elle survécut. Son fils, Charles Chabod de Nantoin, vendit, le 12 mai 1712, Argentenant, pour 19.150 florins, à la Visitation de Saint-Marcellin.

Ainsi s'éteignit cette brillante famille du Rivail, qui portait d'azur à trois étoiles d'or et dont la fière devise était : *Volat ad sidera virtus.* Elle avait jeté un vif, mais passager éclat dans les annales de la province dauphinoise.

L'ouvrage historique d'Aymar du Rivail n'a pas été publié de son vivant, ni même de son temps. Est-il destiné par l'auteur à l'être? C'est probable. Toutefois, il n'est pas douteux qu'avant de le mettre au jour Aymar aurait voulu qu'il fût complet. Sur les onze livres qu'il se proposait d'écrire, il n'eut le temps d'en achever que neuf, et encore, parmi ces neuf livres, en est-il plus d'un qui, vraisemblablement, ne l'aurait point satisfait et qu'il eût voulu retoucher.

L'unique manuscrit connu d'Aymar, aujourd'hui à la Bibliothèque de Grenoble, avait appartenu à celle du conseiller Denis de Salvaing de Boissieu. Il y manquait une centaine de feuillets que le premier, et jusqu'à présent, l'unique éditeur de du Rivail, M. de Terrebasse, eut la bonne fortune de retrouver, en 1844, à Paris, dans les manuscrits d'André du Chesne. Un double du manuscrit aurait, selon le Père Hilarion de Coste[1], appartenu au conseiller de Ponnat. Ce double a disparu.

On le voit, la question bibliographique relative au *De Allobrogibus* se réduit à peu de chose, et c'est à une rare bonne fortune d'érudit et à un grand hasard que nous devons de connaître dans son entier l'œuvre de du Rivail.

[1] *Eloges des dames illustres en piété, courage, doctrine*, Paris, 1647. II, 755.

PARLEMENT DE BOURGOGNE

PRÉFACE

L'original du *Registre des délibérations* du Parlement de Dijon a disparu, mais il en reste, à la Ville (fonds Saverot, n° 1) une excellente copie, qui va de 1508 à 1622, et qui forme quatre gros volumes, d'une étendue totale de 4.500 pages environ, que nous avons parcourus, avec soin. Nous avons consulté, aux Archives municipales de la ville, l'état civil (série B), et aux Archives départementales, la série B (provisions) de la Chambre des comptes. Ajoutez à cela nos recherches généalogiques à Paris et les renseignements que nous ont fournis les livres de Palliot sur le *Parlement de Bourgogne*, de M. d'Arbaumont, sur l'*Armorial de la Chambre des Comptes de Dijon*, les *Mémoires* de Pépin et du conseiller Gabriel Breunot et nous aurons, à peu près, énuméré les sources principales de notre travail.

Nos remerciements au savant curé de Notre-Dame de Dijon, M. l'abbé Jules Thomas, pour son aimable accueil et ses précieuses indications, ainsi qu'à MM. les archivistes de la Côte-d'Or et de Dijon et leurs employés, pour leur parfaite courtoisie à notre égard.

PARLEMENT DE BOURGOGNE

PREMIERS PRÉSIDENTS

Philibert de la Ferté, 7 décembre 1499 [1] (Palliot).

Humbert de Villeneuve, 12 novembre 1505 [2] (Palliot).

Hugues Fournier, 6 août 1513 (Palliot, Reg. délib., I, 151) [3], après décès.

Claude Patarin, 15 novembre 1523 (P., R. d., I, 299-300) [4], a. d.

Jean Baillet, 11 janvier 1552 [5] (Palliot), a. d.

Claude Le Fèvre de Pouilly, 20 novembre 1554 [6] (Palliot, R. D., I, 539), a. d.

Jean de la Guesle, 7 décembre 1566 [7], a. d. (P., Reg. dél., II, 337).

Denis Brûlart, 14 août 1570 [8] s. r. (P., Reg. dél., II, 599-602).

DEUXIÈMES PRÉSIDENTS

Guillaume des Dormans, 12 novembre 1506 [9] (Palliot), office créé.

Hugues Fournier, 12 novembre 1512 [3] (P., Reg. dél., I, 70) a. d.

Claude Patarin, 6 août 1513 [4] (P., Reg. dél., I, 151), sur résignation.

Guy de Moreau, 12 décembre 1526 [11] (Reg. dél., I, 324), sur résign.

Jean Baillet [5].

Jean Sayve, 8 février 1552 [12] (P.), s. r.

Fiacre Hugon de la Reynie, 19 novembre 1558 [13] a. d. (P., Reg. dél., II, 471).

Bénigne Frémiot, 15 novembre 1581 [14], a. d. (Reg. dél., III, 7).

TROISIÈMES PRÉSIDENTS

Jacques Godran, 20 mai 1539 [15] o. c. (P.).
Odinet Godran, 9 décembre 1563 [16] a. d. (P.) (Selon le R., reçu avant 20 décembre 1563) (II, 22-23).
Guillaume de Montholon, 16 novembre 1581 [17] a. d. (Reg. dél., III, 8).
Claude Bourgeois, 20 novembre 1582 [18] s. r. (P., R. dél., III, 37).

QUATRIÈMES PRÉSIDENTS

Claude Bourgeois, 18 décembre 1553 [20] o. c. (R. délib., I, 492).
François Alixan, 11 avril 1555 [21] (Palliot), s. r.
J.-B. Agneau-Bégat, 7 avril 1571 [22] a. d. (P., R. d., II, 672 (572).
Bénigne La Verne, 13 août 1572 [23] a. d. (P., R. dél., II, 770 (670).
Nicole de Montholon, 3 décembre 1585 [24] a. d. (P., R. dél., III, 137).

CINQUIÈMES PRÉSIDENTS

Bernard des Barres, 18 avril 1578 [25] (Breunot, R. dél., II, 1243 (1143) o. c.
Perpétuo Berbisey, 18 mars 1597, à surviv. [26] s. r. (R. d., III, 651).

SIXIÈMES PRÉSIDENTS

Pierre Jeannin, 14 mars 1581 [27] o. c. (P., R. dél., II, 1446 (1346).

CONSEILLERS

Office clerc.
Antoine de Saint-Anthost, † [28].
Jacques de Vintimille, 10 mai 1550 [29] s. r. (P., R. dél., I, 457).
J.-B. Agneau-Bégat, 9 juin 1553 [22] s. r. (P., R. dél., I, 482).

Jean Fyot, 11 décembre 1571 [3o] s. r. (Reg. dél., II, 720 (620).
Claude Péto, 13 juin 1581 [31] (R. dél., II, 1475 (1375).

Office laïc.

Jean Le Blond, 28 janvier 1494 (Palliot) [32].
Lazare de Montholon, 26 janvier 1525 (Reg. dél., I, 280-281) [33], a. d.
André de Leval, 1531 [34] (P.), s. r.
François de Leval, 14 décembre 1537 [35] s. r. (P., R. dél., I, 432).
Guillaume Virot, 24 juillet 1555 [36] après décès (R. dél., I, 582)
Etienne Bernardon, 4 mai 1580 [37] a. d. (R. dél., II, 1393-4 (1293-4).

Office clerc.

Robert de Brinon, 13 novembre 1480 [38] (Palliot).
Pierre de Xaintonge, 18 décembre 1510 [39] (Reg. dél., I, 28) a. d. (L'office devient laïc).
Jean de Xaintonge, 28 septembre 1542 [40] s. r (Palliot).

Office laïc.

Jean Landroul, 11 juillet 1496 [41] (Palliot).
Philibert Berbis, 16 novembre 1531 [42] (Palliot), a. d.
Philippe Berbis, 23 mars 1558 [43] (Reg. dél., I, 775), s. r.
Pierre Boursault, 19 juillet 1577 [44] (P., Br., Reg. dél., II, 1180 (1080), s. r.

Office clerc.

Guillaume de Machecot, 13 novembre 1488 [45] (Palliot).
François de Medula, 31 juillet 1513 [46] (Reg. dél., I, 95), a d.
Esme Jullien, 2 juin 1516 [47] (R. dél., I, 171), s. r.
André Brocard, 14 novembre 1519 (R. dél., I, 217) a. d. [48].
Philibert Berbis, 12 novembre 1531 (P., Reg. délib., I, 234) s. r. [42].
Hughes Bault, 28 février 1532 (Palliot), s. r. [49].
Guillaume Gautherot, 5 août 1549 (Palliot), s. r. [5o].
Léon Bellon [51].
Bénigne Bouhier, 14 février 1554 (P., Reg. dél., I, 496), a. d. [52].
Jean Bouhier, 4 mai 1575 (P., Reg. dél , II, 997 (897), a. d. [53].

Office laïc.

Philippe Bouton, 16 mars 1494 (Palliot) [54]
Claude Patarin, 30 mai 1511 [50] (P. et Reg. délib., I, 38), s. r.
Claude de Tournon, 5 avril 1516 (R. dél., 164-165), s. r. [55]..
Bénigne La Verne, 22 octobre 1533, s. r. (P. Reg. dél., I, 427) [23].
Bénigne La Verne, 27 novembre 1573 [56] s. r. (P., Reg. dél., II, 868
    (768).
Jean Folin, 1er décembre 1593 [57], a. d. (P., Br., R. d., III, 535).

Office laïc.

Antoine de Loisie, 13 novembre 1480 [58] (Palliot).
Mengin Contault, 2 mai 1506 [59] (Palliot), a. d.
Philippe Moisson, 13 novembre 1534 [60] (Reg. dél., I, 415), a. d.
Philippe Bataille, 22 novembre 1540 [61] (Palliot), a. d.
Jean Bataille, 27 novembre 1548 [62] (Palliot), s. r.
Artus de la Vesvre, 23 juillet 1558 [63] (P., Reg. dél., I, 811), s. r.
Joseph de Vezon, 7 juin 1581 [64], a. d. (P., R. dél., II, 1473 (1373).
Jean Galois, 19 juillet 1596 [65], s. r. (P., R. dél., III, 637-8).

Office laïc,

Guy de Salins, 12 novembre 1492 [66] (Palliot).
Chrétien de Machecot, 12 novembre 1526 [67] (Palliot et R. dél., I, 320),
    a. d.
Antoine Fyot, 14 décembre 1554 [68] (P., Reg. dél., I, 593), a. d.
Bernard des Barres, 19 juin 1576 [24] (Breun., Reg. dél., II, 1087 (987),
    a. d.
Bénigne Ocquidem, 27 juin 1578 [69] (P., Br., R. dél., II, 1265 (1165), s. r.

Office laïc,

Aubert de Carmonne, 2 août 1499 [70] (Palliot).
Etienne Sayve, 26 novembre 1527 [71], a. d. (Reg. dél., I, 343-44).
François Sayve, 31 mai 1567 [72], s. r. (P.. Reg. dél., II, 379).
Jean Blondeau, 2 août 1581 [73], a. d. (R. d., II, 1483-4) (1383-4).
François Blondeau, 11 décembre 1593 [74], a. d. (P., R. dél., III, 537).
Etienne Bernard, 30 juillet 1594 [75] (R. dél., III, 467) (ligueur).

Office laïc.

Guillaume Chambellan, 13 juin 1496 [76] (Palliot).

Jacques Godran, 26 juillet 1521 [16] (P. et R. dél., I, 234).

Etienne Berbisey, 1539 (mai?) [77] (Palliot), s. r.

Office clerc.

Jean Saulnier, 13 mars 1499 [78] (Palliot).

Jean Bouhier, 2 septembre 1512 [79] (P., Reg. dél., I, 69), a. d.

Jean Tisserand, 28 janvier 1533 [80] (Palliot), a. d.

Nicole Le Roy, 13 août 1537 [81] (Palliot), s. r.

Guillaume Remond, 11 mai 1541 [82] (Palliot), a. d.

Jérôme de Cirey, 13 novembre 1553 [83] (P., R. dél., I, 490), a. d.

Bernard de Cirey, 4 juillet 1586 [84] (P., R. dél., III, 165) l'office devient
laïque.

Office laïc.

Michel Riccio, 27 février 1497 [85] (Palliot).

Gautier Brocard, 2 juillet 1502 [86] (Palliot), s. r.

Jacques Galien, 12 novembre 1506 [87] (Palliot), a. d.

Jean Péricard, 8 mars 1515 [88] (P., R. dél., I, 134), s. r. (office supprimé
en 1528) (ou plutôt, réuni à celui de Jean Frémyot).

Office laïc.

Jean de Janley, 11 novembre 1486 [89] (Palliot), o. c.

Thomas Bouessau, 13 novembre 1503 [90] (Palliot), a. d.

André Brocard, 16 juillet 1521 [48] (Reg. dél., I, 234), a. d.

Guillaume Gautherot, p. 17 juin 1556 (Palliot) en ex., au 12 novembre
1556 (Reg. dél., I, 640) [50].

Claude Brocard, 26 novembre 1574 (P., Arch. C. d'Or, B., 24, fol. 221)
[91].

Simon Hugon de la Reynie, 21 juin 1588 (P., R. dél., III, 226) [92].

Bénigne Saumaise, 11 août 1591, a. d. (Palliot) [93].

Office clerc.

Antoine de Salins, 13 novembre 1486 (Palliot) [94]

9

Leone Belloni, 12 novembre 1512 (R. dél., I, 70), a. d. [95].
Nicolas de Chateaumartin, 13 novembre 1514 (R. délib., I, 120) s. r. [96].
Jacques Girard, 27 novembre 1528 (P., R. délib., I, 371), a. d. [97].
Antoine de Salins, 21 janvier 1533 (Palliot), a. d. [98].
Guillaume de la Colonge, 22 mars 1533 et 13 novembre 1537 (Reg. dél, I, 492, 729), a. d. [99].
Louis Odebert, 29 novembre 1573 [100] (P., R. dél., II, 870) (770), s. a.

Office laïc.

Nicole Chesley, 26 juin 1497 (Palliot) [101].
Leone Belloni, 4 mai 1514 [95] (P., Reg. dél., I, 102), a. d.
François Medula, 10 juin 1516 [46], s. r. (P., Reg. dél., I, 171).
Josse Charpentier, 24 janvier 1519, s. r. (P., Reg. dél., I, 208) [102].
Guy de Moreau, 7 janvier 1522 [11], a. d. (P., Reg. dél., I, 237).
Pierre Belrient, 3 juillet 1527 [103], s. r. (Reg. dél., I, 334).
Jean Tisserand, 21 juin 1537 a. d. (Palliot) [80].
Jacques de Vintimille, 12 novembre 1551, a. d. (Reg. dél., I, 472) [29].
Philibert Tixier, 30 mars 1582, a. d. (R. dél, III, 22) [104].
Jacques Bossuet, 23 mai 1597 a. d. (Palliot) [105].

Office clerc.

Humbert Le Goux, 2 août 1499 [106] (Palliot).
Jean Ravyet, 26 janvier 1515 [107] (P., Reg. dél., I, 133), a. d.
Philippe Moisson, 15 novembre 1529 [60] (P., R. dél., I, 387), s. r.
François Alixan, 8 février 1554 [21] (R. dél., I, 495), a. d.
Claude Bretagne, 18 juin 1555 [108] (Reg. dél., I, 575), s. r , jusqu'au 4 janvier 1580, où l'office fut supprimé.

Office laïc.

Lazare de Montholon, 24 février 1524 [33] (Palliot), o. c.
André de Leval, 26 janvier 1525 [34], s. r. (P., Reg. dél., I, 280).
Étienne Berbisey, 7 juillet 1534 s. r. (Palliot) [77].
Nicolas de Recourt, 8 juillet 1538 (Palliot) [109].
Didier Sayve, 11 juillet 1571, a. d. (Palliot) [110].
Antoine de la Grange, 7 juillet 1576, a. d. (P., Reg. dél., II, 1090) (990) [111].

Isaac Bretagne, 19 juillet 1588, s. r. (P., R. d., III, 230) [112].

Nicolas Chiflot, 7 décembre 1594 [113], s. r. (Palliot, la copie du reg. est perdue pour cette époque).

Jean de Poligny, 26 novembre 1597, s. r. (R. dél., III, 669, Pall.) [114].

Office laïc.

Pierre Belrient, 11 avril 1524 [103] (P., Reg. dél., I, 269), o. c.

Jean Frémiot, 5 juillet 1527, s. r. (Reg. dél., I, 334) [115].

André Frémiot, 7 mars 1564, s. r. (P., Reg. dél., II, 41) [116].

Gabriel Breunot, 25 juin 1573 [117], s. r, (P., Breunot, Reg. dél., II, 1003) (903).

Office laïc.

Etienne Jullien, 11 avril 1524 (P., Reg. dél., I, 269), o. c. [118].

Office laïc.

Hugues Briet, 7 janvier 1538, o. c. (Palliot) [119].

Jacques Guyotat, pourvu 20 avril 1555 (P.), a. d. [120]. Il était en fonction, au 17 juillet 1555 (Reg. dél., I, 580).

Claude Bourgeois, 13 juillet 1561, s. r. (P., Reg. dél., I, 113) [121].

François Fyot, 20 novembre 1593, a. d. [122] (P., R. d., III, 535, Br., dit : le 1er décembre).

Office laïc.

Jean Baillet, 7 janvier 1538, o. c. (Palliot) [5] (supprimé en 1547).

Office laïc.

Pierre Coussin, 7 janvier 1538, o. c. (Palliot) [123].

Guillaume Remond, 5 juin 1534, a. d. (P., Reg. dél., I, 519) [124].

Jean Vetus, 10 janvier 1571, a. d. (P., Reg. dél., II, 643) (543 1) [125].

---

1 En réalité, il ne fut pas reçu : le 10 janvier, il se borna à « choisir la loi », une des formalités préalables à la réception, et, le 15 mai, il résigna (Reg. dél., II, 675, (575).

Jean Thomas, 29 mai 1571, s. r. (P., Reg. d., II, 678) (578) [126].
Jacques Thomas, 18 novembre 1586, s. r. (R. d., III, 176) [127].

Office laïc.

Pierre Girardot, 7 janvier 1538, o. c. (Paillot) [128].
Etienne Millet, 30 janvier 1572, a. d. [129] (Paillot). Il était reçu, au
    7 juin 1572 (R. d., II, 755 (655).

Office laïc.

Philibert Collin, 7 janvier 1538, o. c. (Palliot) [130].
Guy Catherine, 27 novembre 1574, s. r. (P. Reg. délib., II, 965) (865) [131].
Jean Berbisey, 15 décembre 1595, s. r. (P., Br., R. dél., III, 600) [132].

Office laïc.

Esme Julien, 19 janvier 1538 (Palliot), o. c. [133].
Maclou Popon, 7 juin 1554 [134] (Palliot). En ex. au 29 juillet 1554
    (R. d., I, 528) a. d.
Perpétuo Berbisey, 13 mai 1578 [26] (Breunot, R. dél , III, 1248 (1148),
    a. d.
Pierre des Barres, 7 mars 1600, s. r. (P., R. dél., IV, 9) [135].

Office laïc.

Jean Le Blond, 20 mai 1538 (Palliot), o. c. [136].

Office laïc.

Bénigne Baissey, 28 juillet 1540 (Palliot) [137].
Pierre Colard, 26 février 1566 (P., R. d., II, 257 [138].

Office clerc.

Esme Bégat, 22 mai 1543, o. c (Palliot) [139].
Jean Ocquidem, 17 juillet 1555 a. d. (P., R. d., I, 581) [140].
Michel Millière, 17 mars 1587, a. d. (P., R. d., III, 185) [141].

Office laïc.

Lazare Morin, 1543, o. c. (Palliot) [142].
Barthélemy Gagne, 16 mai 1552, s. r. (Palliot) [143].
Jean Gagne, 13 décembre 1576, s. r. (Breunot, R. d., II, 1125 (1025) [144].

———————

Office laïc.

Nicole Valon, 20 novembre 1554, o. c. (P., Reg. dél., I, 538) [145].
Jacques Valon, 11 mars 1575, s. r. [146] (P., Reg. dél., II, 990) (890).
Philippe Berbis, 7 juillet 1599, s. r. [147] (Palliot). Le 26 avril 1599, il
    n'est pas encore reçu (R. d., III, 739).

———————

Office clerc.

Claude Brocard, 3 juin 1545, o. c. [91] (Palliot).
Pierre de la Grange, 13 janvier 1581, a. d. [148] (P., R. d , II, 1446) (1346).

———————

Office laïc.

Jean Catherine, 30 mai 1543, o. c. (Palliot) [149].

———————

Office laïc de Prés. aux Req.

Claude Bourgeois, 8 décembre 1543, o. c. [20] (Palliot).

———————

Office laïc de Prés. aux Req.

Bernard de Cirey, p. 6 janvier 1544, o. c. (Palliot) [150]

———————

Office laïc de Présid. aux Req.

Jean de Maillerois, 16 mai 1544, o. c. (Palliot) [151].
Jean de Maillerois, 7 mai 1575, a. d. (P., R. dél., II, 998 (898) [152].
Claude Bretagne, 4 janvier 1586, s. r. [108] (Palliot).

———————

Office de cs. g. des sceaux.

Odinet God·an, 9 décembre 1563, o. c. [16] (Palliot) (en ex. au 20 déc. 1563) (R. d., II, 22-23).

Jean Blondeau, 2 août 1581, a. d. [73].

François Blondeau, 11 décembre 1593, a. d. [74] (P., R. dél., III, 537).

Etienne Bernard, ligueur, 3 juillet 1594 [75] (R. dél., III, 467).

Office laïc.

Philibert Chisseret, 16 juillet 1554, o. c. (R. dél., I, 528) [153].

Vincent Robelin, 19 janvier 1571, a. d. (P., R. d., II, 647) [154].

Jean Fyot, 12 janvier 1579, a. d. (P., R. d., II, 1312 (1212) [155].

Jean Mossol, 26 mai 1599, s. r. [156] (R. d., III, 742. Le copiste a lu, à tort : *Bouchin*).

Office laïc.

Claude de Ferrières, 12 août 1555, o. c. (R. d., I, 583) [157].

Office laïc.

Jean Baillet, 15 juin 1555, o. c. (R. d., I, 575) [158].

Office clerc.

Artus de Chasseneux, 13 mars 1556, o. c. (R. d., I, 620) [159].

Office laïc.

Jules de Ganay, 20 novembre 1568, o. c. (R. dél., II, 472) [160].

Pierre Jeannin, 24 juillet 1579, a. d. [27] (R. dél., II, 1352 (1252).

Jean Morin, 24 mai 1581, s. r. (P., R. dél., II, 1468 (1368) [161].

Benoît Gircust, 13 novembre 1596, s. r. (P., R. dél., III, 618) [162].

Office laïc.

Pierre Odebert, 16 décembre 1568, o. c. (Reg. dél., II, 484) [163].

Guillaume Millière, 15 janvier 1593, a. d. (P., Reg. dél., III, 391) [164].
Vincent Robelin, 16 juin 1593 (P., Reg. dél., III, 533) [165].

Office laïc.

Nicolas Berbis, 15 décembre 1568, o. c. (P., R. d., II, 483) [166].
Jean Quarré, 24 février 1588, s. r. (P., R. dél., III, 213) [167].

Office laïc.

Bénigne Tisserand, 19 janvier 1569, o. c. (R. dél., II, 492) [168].
Jean-Jérôme Tisserand, 18 mai 1596, s. r. à surv. (R. d., III, 628) [169].

Office laïc.

Jérôme Saumaise, 26 janvier 1569, o. c. (P., R. d., II, 493) [170].

Office laïc.

François Briet, 23 janvier 1572, o. c. (R. dél., II, 732 (632) [171].

Office laïc.

Claude Bourgeois, 27 novembre 1571, o. c. [18] (P., R. d., II. 717 (617).
Jean Fyot, 4 août 1576, s. r. (P., R. d. II, 1097 (997) [156].

Office laïc.

Robert Baillet, 12 décembre 1571, o. c. (R. d., II, 721 (621) [172].
Jacques Baillet, 9 décembre 1593, s. r. (P., R. dél., III, 597) [173].

Office de commiss. aux Req.

Jean de Montbard, 8 février 1576, o. c. (R. d., II, 1041 (941) [174].
Claude Catherine, 7 décembre 1581, a. d. (P., R. dél., III, 13) [175].

Office de commiss. aux Req.

Pierre Quarré, 9 février 1576, o. c. [176] (P., R. d., II, 1041 [941].

Office de commiss. aux Req.

Claude Bretagne, 9 février 1576, o. c. [177] (P., R. d., II, 1042 (942).
Jean de Xaintonge, 20 mai 1579, s, r. [178] (P., R. d , II, 1342 (1242).

Office de commiss. aux Req.

Pierre Bouhier, 28 mai 1576, o. c. [179] (P., R. d., II, 1081 (981).

Office de commiss. aux Req.

Pierre de Vaux, 11 février 1577, o. c. [180] (R. d., II, 1131 (1031).
Jules Bretagne, 2 décembre 1587, a. d. [181] (P., R. d., III, 207-8).

Office de commissaire aux Req.

Jacques Bossuet, 1er avril 1579, o. c. [105] (P., R. d., II, 1335 (1235).
Georges de Souvert, 8 juillet 1597, s. r. (P., R. d., III, 658) [182].

Office de Prés, aux Req.

Claude Bourgeois, 24 mars 1576, o. c [18] (P., R. d., II, 1061 (961).
Philippe Baillet, 16 mai 1586, s. r. [183] (R. d., III, 158).
J.-B. Le Goux de la Berchère, 15 juillet 1595, s. r. [184] (P., R. d., III, 567).

Office laïc.

Jean Boulon, 17 juillet 1584, o. c. (P., R. dél., III, 93) [185].
Bénigne Milletot, 28 janvier 1586, a. d. [186] (P., R. dél., III, 143)

Office laïc,

Jean Cothenot, 1er décembre 1584, o. c. (P., R. dél., III, 109) [187].
Etienne Sayve, 16 juillet 1587, a. d. [188] (P., R. dél., III, 637).

Office lalc.
Jacques Fevret, 7 juin 1595, o. c. (Palliot) [189].

Office lalc.
André Frémiot, 17 mars 1599, o. c. (P., R. dél., III, 737) [190].

Office lalc.
Jacques Vignier, 12 août 1596, o. c. [191] (P., Reg. dél., III, 640).
Antoine Bretagne, 26 mars 1597, s. r. (P., R. d., III, 653) [192].

Office lalc.
Jean Jaquot, 14 mars 1600, o. c. (P., R. d., IV, 10) [193].

PROCUREURS GÉNÉRAUX

Jean Arbelot, 16 novembre 1496 (Palliot) [194].
Hughes Le Roy, suppléant, 9 juin 1513, a. d. (R. dél., I, *passim*) [195].
Denis Poillot, 18 décembre 1514 (R. dél., I, 127 [196].
Barthélemy Gagne, 5 février 1517, s. r. (P., R. d., I, 185) [197].
Barthélemy Gagne, 24 juin 1545, s. r. (Palliot) [143].
Lazare Morin, mai 1552, s. r. (Palliot) [142].
Léonard Thomas, 7 août 1557, s. r. (R. dél., I, 710) [198].
Thomas Berbisey, 7 juin 1558, s. r. (R. dél., I, 803) [199].
Hughes Picardet, 27 janvier 1588, s. r. (P., R. d., III, 211) [200].

PREMIERS AVOCATS GÉNÉRAUX

Jacques Arbaleste, 20 mars 1493 (Palliot) [201].
Jean Baillet, 12 novembre 1520, a. d. (R. dél., I, 224) [202].
Hélie Moisson, 9 février 1521, a. d. (R. dél., I, 226-227) [203].

Jean Sayve, 17 mai 1526 [12] a. d. (R. dél., I, 311).
Olivier Sayve, février 1532, s r. (Palliot) [204].
Bénigne Frémiot, 31 juillet 1573 [14] (P., R. d., II, 846 (746) a. d.
Pierre Boursault, 9 janvier 1582 [44], s. r. (P., R. d., III, 13).
Jean Maillard, 30 avril 1586, s. r. (P., R. d., III, 136-137) [205].
Marc-Antoine Millotet, 8 mars 1594, a. d. (P., R. d , III, 538) [206].

SECONDS AVOCATS GÉNÉRAUX

Jean de Loysie, 14 novembre 1496 (Palliot) [207].
Jean Sayve, 26 janvier 1523, a. d. [12] (P., R. dél., I, 248).
Paris Jaquot. n. 4 décembre 1526, s. r. (Palliot) [208].
Guillaume de Montholon, 17 février 1536, s. r. (Palliot) [209].
Guillaume de Montholon, 11 avril 1565, a. d. [17] (Palliot).
Nicole de Montholon, 14 janvier 1566, s. r. [24] (P., R. d., II, 251).
Guillaume Le Gouz, 16 juillet 1586, s. r. [210] (P. R. d., III, 168).

GREFFIERS UNIQUES

Jean Cothereau, p. 13 novembre 1499 (Palliot) [211].
Jacques Ayrolde, 23 mars 1500 (Palliot), s. r. [212].
Antoine Robineau, 21 janvier 1507 (Paillot), a. d. [213].
Didier de Recourt, 12 avril 1508 (Palliot), s. r. [214].
Thierry Fouet-Dornes, 12 novembre 1518 (P., R. d.,I, 204), a. d. [215].
Jean Prévost, 1522 (Palliot), s. r. [216].
Bénigne Serre, 27 mai 1523 (R. d., I, 253), s. r. [217].
Jacques Fyot, 10 janvier 1528 (R. d., I, 346), s. r. [218].
Zacharie Chapelain, 5 février 1530 (Palliot), a. d. [219].
Palamedes Gonthier, 12 novembre 1549 (P., R. d., I, 443), a. d. [220].
Jean Gonthier, 2 juillet 1565, s. r. (R. dél., II, 195) [221].

GREFFIERS CIVILS

Jean Gonthier, o. c. [221].

GREFFIERS DES PRÉSENTATIONS

Joseph Griguette, 15 mai 1579 [222], o. c. (P., R. dél., II, 1341 (1241).

GREFFIERS CRIMINELS

Barthélemy Joly, 10 décembre 1578 [223], o. c. (P., R. dél., II, 1309 (1209).
Antoine Joly, janvier 1590 [224], a. d. (Palliot).

ABBÉS DE CITEAUX, CONSEILLERS NÉS

Jean de Cirey (1476) [225].
Jacques de Pontailler (1502), a. d. [226].
Blaise d'Aiserey (1516), a. d. [227].
Guillaume N. (1517) a. d.
Guillaume Fauconnier (1521), a. d. [228].
Jean Loisier (1540), a. d.
Louis de Baissey (6 janvier 1561), a. d. [229].
Jérôme de la Souchère (2 juillet 1564), a. d. [230].
Nicolas Boucherat (2 janvier 1578), a. d. [231].
Esme de la Croix (1584), s. r. [232].

PREMIERS CHEVALIERS D'HONNEUR

Claude de Vaudrey [232 bis]?
Philippe Bouton ? [233].
Jean de Courcelles, 20 mars 1515 [234], s. r. (P., R. dél., I, 137).
Charles de Courcelles ? [235].
African de Mailly, 15 novembre 1532 [236] (Palliot), a. d.
Hélion de Mailly, 16 juin 1545 [237] (Palliot), s. r.
Antoine de Vienne, 11 février 1561 [238] (Palliot), a. d.
Pierre de Courcelles, 16 juin 1571 [239] (P., R. dél., II, 680 (580), s. r.

Jean de Nagu, 22 mai 1581 [240], s. r. (R. dél., II, 1468 (1368).
François de Nagu, 4 août 1597 [241], a. d. (P., R. d., III, 661).

DEUXIÈMES CHEVALIERS D'HONNEUR

Charles de Mypont ? [242].
Girard de Vienne, 17 avril 1516 [243], a. d. (P., R. dél., I, 165).
François de Vienne, 14 mars 1538 [244], s. r. (Palliot).
Guillaume de Saulx, r. après 11 décembre 1559 [245], a. d. (R. dél., I, 964).
Gaspard de Saulx, 12 novembre 1565 [246], a. d. (P., R. dél., II, 206).
Jean de Saulx, 11 avril 1569 [247], s. r. (Reg. dél., II, 516).

NOTICES BIOGRAPHIQUES

[1] Philibert de la Ferté, sieur de Blaigny et le Mont, né à Mâcon, conseiller au Parlement de Dijon (24 octobre 1480), 2ᵉ président (11 août 1492), 1ᵉʳ président (pourvu 2 novembre 1499, Palliot), reçu 7 décembre 1499 (It.), vivant en septembre 1505.

[2] Humbert de Villeneuve, baron de Joux, Beuvray, la Motte, Ynars, fils de Jean de Villeneuve et de Catherine de Bletterans, lieutenant-général en la sénéchaussée de Joux, conseiller au Grand Conseil, 2ᵉ président au Parlement de Toulouse, 1ᵉʳ président au Parlement de Dijon (pourvu 21 septembre 1515, Palliot), reçu 12 novembre 1505 (Item), en exercice (Reg. délib. Parlement Dijon, t. I, 43, 50, 69, 70, 76, 91, 97, 119, 139, Pâques 1515), mort le 18 juillet 1515. Il épousa Claude Sextre, puis Marie de Corbiny, veuve de Jean d'Aumont.

[3] Hughes Fournier, sieur de Grinats, professeur de droit à l'Université d'Orléans, conseiller aux Sénats de Milan et de Gênes, 2ᵉ président au Parlement de Dijon (pourvu 5 septembre 1512, Palliot), reçu 12 novembre 1512 (Reg. délib., I, 70)[1], en exercice, It., I, 76, 85, 86, 92, 97, 100, 106, 119, 128, 139, Pâques, 1515), 1ᵉʳ président (reçu 6 août 1515, It. I,

---

[1] Selon les *Actes de François Iᵉʳ*, la nomination serait du *13 juillet 1513* (I, 53, 3:2). Or, le Registre fait foi que Fournier exerçait depuis trois ans, à cette époque.

151), en exercice (I, 154, 159, 160-161, 279, 7 janvier 1525), mort, à Dijon, le 30 mai 1525.

[4] Claude Patarin, baron de Crusilles, sieur de Croy, Vareilles, podestat de Milan, vice-chancelier de Milan, fils de Laurent Patarin et de Catherine de Sagie, conseiller au Parlement de Dijon (reçu 30 mai 1511, R. dél., I, 38), en exercice (I, 43, 53 (12 février 1512), 139 (Pâques, 1515), 2° président (p. 20 juillet 1515, Palliot), r. (6 août 1515, R. dél., I, 151), en exerc. (I, 159, 272 (3 mai 1524), 1er président (p. 19 juillet 1525, Pall.[1]), reçu 15 novembre 1525 (R. dél., I, 298), en exercice (I, 307, 320 (12 novembre 1526), 428 (12 novembre 1535), 12 novembre 1550. Il mourut, à Dijon, le 20 novembre 1551, à 8 heures du soir (Reg. dél., I, 474). Il épousa Françoise de Rubys (testa 20 juin 1552).

[5] Jean Baillet, baron de Saint-Germain-du-Plain, Vaugrenant, Lespervier, Givry, Autumne, Villeneuve, Saint-Désert, fils de Jean Baillet et de Marguerite du May, avocat du roi au bailliage de Châlon, conseiller au Parlement de Dijon, n. 16 novembre 1537 (Actes, III, 414, 9423) (reçu 7 janvier 1538, Pall.), en ex. 12 novembre 1538 (R. dél., I, 437), 2° président (date de réception inconnue), en exercice 12 novembre 1549 (R. dél., I, 443), 12 novembre 1550 (I, 463), 1er président, pourvu 23 décembre 1551 (Palliot), reçu 11 janvier 1552 (Item), en exercice, 2 mai 1552 (R. dél., I, 477) 486 (13 novembre 1553), mort, le 20 juin 1554, à 5 heures du matin (R. dél., I, 521). Il épousa Marguerite Foucault (morte, le 3 avril 1551 (B. N. Fr. 24019, fol. 109).

[6] Claude Le Fèvre, sieur de Pouilly, conseiller au Parlement de Paris (nommé 8 octobre, reçu 12 novembre 1540 (Arch. Nat. X¹ᵛ, 1546, fol. 100), 1er président au Parlement de Dijon (p. 19 septembre 1554, Palliot), reçu 20 novembre 1554 (R. d., I, 539), en exercice, 5 février 1555 (I, 613), 819, 1033 (12 novembre 1560), 1129, 1280, 1395 (13 juin 1563), II, 205 (12 novembre 1563), 237 (10 décembre 1565), mort, le 16 juillet 1566 (II, 281).

[7] Jean de la Guesle, sieur de la Chaux, Laureau, 1er président au Parlement de Dijon (p. 25 juillet 1566, Pall.), reçu 7 décembre 1566 (Reg. dél., II, 337), en exercice, 12 novembre 1569 (II, 566). Fils de François de la Guesle et de Marguerite d'Anglars, il avait été conseiller

[1] Selon les Actes de François Iᵉʳ (I, 408, 2173), la nomination est du 19 juin 1525. Cf. aussi Actes, V, 256, 15990.

au Parlement de Paris (1546, 31 octobre 1565). Il y fut nommé procureur général (23 février 1571-24 décembre 1583), puis président à mortier (7 janvier 1583-31 décembre 1584). Il fut aussi conseiller d'Etat
(5 septembre 1576-24 décembre 1583). Il mourut, au Loreau, en Beauce,
en 1589. Il épousa Marie Poiret de Laureau (morte entre le 5 août 1603
et le 30 novembre 1618).

[8] Denis Brûlart, deuxième fils de Noël Brûlart et d'Isabeau Bourdin,
mariés peu après mai 1523, baron de la Borde, Sombernon, Santenay,
Mimande, Vaublanc, Moutgeron, avocat (10 octobre 1557-7 octobre 1562),
puis (9 janvier 1564-2 mars 1569), conseiller au Parlement de Paris,
1er président au Parlement de Bourgogne (p. 25 janvier 1570, Arch.
Côte-d'Or, B. 23, fol. 3), reçu 14 août 1570 (R. dél., II, 599-602), en
exercice (II. II, 584, 18 août 1570), III, 715 (12 novembre 1598), IV, 180
(12 novembre 1607), mort, le 17 juin 1611 (IV, 413), cons. d'Etat (3 mars
1582, 31 mai 1586). Il épousa (9 janvier 1564, n. s.) Madeleine Hennequin
(testa 10 novembre 1609).

[9] Guillaume des Dormans, fils de Renaud de Dormans et de Colombe
de Bonnay, sieur de Nozay, Saint-Remy, Givry, Saint-Martin, Herpond-
sur-Barbuise, Follée, Belleval, Frégeville, Voix, Herpine, Wuarnioud, le
Chastellier, conseiller d'Etat, conseiller au Grand Conseil, 2e président au
Parlement de Dijon (pourvu 20 septembre 1506, reçu 12 novembre 1506),
mort, le 5 février 1508. Il épousa Marie Piédefer (morte, le 8 mars 1522).

[11] Guy de Moreau, sieur de Souhey, Sainte-Eufresne, Chassey,
Mogny, avocat du roi à Autun, lieutenant général au bailliage de Dijon,
pourvu conseiller au Parlement de Dijon (23 août 1521, Actes VIII, 591,
32362), dél., reçu 7 janvier 1522 (Reg. dél., I, 237), pourvu président
(25 novembre 1526) (Palliot, Actes, V, 802, 18847), reçu président
12 décembre 1526 (R. d., I, 323), en exercice, 12 novembre 1527 (R. dél.,
I, 340), 21 mars 1531 (406), 12 novembre 1535 (428), 430 (13 novembre
1536). Il épousa N.   Charnot.

[12] Jean Sayve, sieur de Flavignerot, Bussy, la Motte-Pallier, la
Grange-Noise, 2e fils de Jean Sayve et de Marguerite de Champsay,
mariés le 4 août 1488, 2e avocat général au Parlement de Dijon (pourvu
le 10 janvier 1523 (Palliot, Actes, V, 568, 17587), reçu 26 janvier 1523
(R. d., I, 248), en exercice (I, 262, 275, 288, 298) (13 novembre 1525),
1er avocat général (pourvu 30 avril 1526, reçu 17 mai 1526) (R. d., I,
311), président (pourvu 23 décembre 1531 (Palliot), en exercice, I, 477

(2 mai 1552), 541 (12 décembre 1554), 819 (12 novembre 1558), 900
(2 juin 1559), mort le 29 octobre 1559. Il épousa Charlotte Bouesseau
(morte, le 6 juillet 1561) (R. d., I, 1109).

[13] Fiacre Hugon, sieur de la Reynie, Barjon, Villey, Laubespi, les
Farges, fils de Jean Hugon, fut avocat au Grand Conseil, président au
Parlement de Dijon (pourvu 4 janvier 1568, Palliot), reçu, le 19 novembre
1568 (R. d., II, 471), en exercice (R. d., II, 547, 11 juin 1569), 854
(754) (13 novembre 1573) 1335 (1255) (12 novembre 1579), 1399 (1299),
(11 juin 1580), garde des sceaux du duc d'Anjou (Arch. Côte-d'Or, B.,
26, fol. 48), mourut, à Péronne, le 14 septembre 1581 (B. N. Fr. 24019,
fol. 68). Il épousa (8 septembre 1550), Elisabeth Bouesseau (vivante
14 mars 1585), veuve de Philippe Jeannault.

[14] Bénigne Frémiot, 4° fils de Jean Frémiot et de Guillemette
Godran, sieur de Toltes, né en 1538, M° à la Chambre des Comptes de
Bourgogne (14 avril 1571), avocat général au Parlement (p., 3 mai 1573,
B. 24, fol. 62), reçu 31 juillet 1573 (II, 846 (746), en exercice, 13 novembre
1573 (II, 854 (754), 12 novembre 1579 (II, 1335 (1255), 14 novembre
1581 (III, 1), p. président, 13 octobre 1581 (B. 26, fol. 237), reçu,
15 novembre 1581 (III, 7), en exercice, III, 29 (12 novembre 1582), 715
(12 novembre 1598), IV, 239 (12 novembre 1609), 286 (12 novembre 1610),
mort, le 21 janvier 1611 (IV, 296). Il fut maire de Dijon (1595,
10 novembre 1596), conseiller d'Etat (19 novembre 1594-10 novembre
1596), abbé de Saint-Etienne de Dijon, se fit chartreux après la mort de
sa femme. Il avait, durant la Ligue, joué un grand rôle, pris Flavigny,
assisté au siège de Duesmes (Cf., Scipion Doncieux : *le Président Frémiot et la Ligue en Bourgogne*, Dijon, 1865, in-8°). Il épousa Marguerite
Berbisey (morte en 1590). Il fut père de sainte Jeanne de Chantal.

[15] Jacques Godran, sieur d'Antilly, Champsu, Lochères, Villesablon,
conseiller (pourvu 21 juillet 1521, Palliot, *Actes*, V, 530, 17402), reçu
26 juillet 1521 (R. d., I, 234) en exercice, I, 234, 306 (29 mars 1525), 343
(26 novembre 1527), 436 (4 octobre 1538), président (pourvu 20 avril
1538, Arch., C.-d'Or, B. 20, fol. 35), reçu 20 mai 1539 (Palliot), en exercice (R. dél., I, 443, 12 novembre 1549), 723 (12 novembre 1557), 929
(13 novembre 1559), 1395 (13 juin 1563), 1414 (11 août 1563), en retraite,
II, 24 (4 juin 1564), mort le 18 septembre 1564 (B. N. Fr. 24019, fol.
103¹), fils d'Odinet Godran et de Charlotte N°¹¹, il épousa Jacquette

¹ Le reg. des délib. du Parlement, à la date du 6 avril 1565 (t. II, p. 77), dit qu'il
est « mort ès vacations dernières ».

Barbes (morte 5 juin 1574) (B. N. Fr. 24019, fol. 103). Il est, avec son fils qui suit, le fondateur du célèbre collège des Godrans.

[16] Odinet Godran, baron d'Antilly, Lochères, Champsu, Villesablon, fils de Jacques Godran et de Jacquette Barbes, conseiller au Parlement de Dijon (reçu 1er mars 1554, R. d., I, 500) en exercice (I, 724, 12 novembre 1557), 1140 (12 novembre 1561), président (reçu 9 décembre 1563, Palliot), en exercice, II, 22-23 (20 décembre 1563), 566 (12 novembre 1569), 1335 (1255) (12 novembre 1579), 1441 (1341) (1er décembre 1580), mort le 10 février 1581 (II, 1449 (1349). Il épousa avant 14 août 1560, Jeanne Noël (vivante 14 août 1560 (R. dél., I, 1032).

[17] Guillaume de Montholon, sieur de Mussy-la-Fosse, Chassey, Dracy, fils aîné de Guillaume de Montholon et de Catherine Moisson, avocat général (pourvu 9 juillet 1548, Arch. C.-d'Or, B. 19, fol. 106, reçu 16 juillet 1548, Palliot), en exercice, 6 juillet 1562 (I, 252), 12 novembre 1565 (II, 205), ex : 17 mai 1571 (II, 677 (577), président (p. 3 mars 1581 (Arch. C.-d'Or, B. 26, fol. 232), reçu 16 novembre 1581 (R. d., III, 8), en exercice (III, 29, 12 novembre 1582). Il mourut, le 28 avril 1583 (III, 50). Il épousa Rose Brigandet (vivante 21 mars 1599, Arch. mun. de Dijon, B. 506, fol. 267 r°, et 2 mars 1605).

[19] Claude Bourgeois, sieur de Crespy, Origny, Flée, Bierre, Saint-Léger de Fougeret, fils de Claude Bourgeois et de Marie de Villepenet, conseiller au Parlement de Dijon (p. 28 août 1571, A. C.-d'Or, B. 23, fol. 193), reçu 27 novembre 1571 (R. dél., II, 717, (617), en exercice II, 773 (673), 12 novembre 1572), 951 (851), 12 novembre 1574), p. prés. 23 février 1576 (Arch. C.-d'Or, B. 24, fol. 239), reçu 23 mars (It.) ou 24 mars 1576 (R. d. 1061 (961), en exercice II, 1335 (1255), 12 novembre 1579), III, 715 (12 novembre 1598), IV, 160 (12 novembre 1606), mort, le 7 août 1607 (IV. 178). Il épousa (5 janvier 1572) Françoise de Montholon.

[20] Claude Bourgeois, sieur de Vy, Chassenay, Crespy, Ménétreul, Ménétoy, Saint-Léger de Foucheret, prés. aux Req. au Parlement de Dijon (reçu 8 décembre 1543, Palliot), conseiller au Grand Conseil (2 décembre 1545), président au Parlement de Dijon (p. 8 novembre 1553, Arch. C.-d'Or, B. 21, fol. 5), reçu 18 décembre 1553 (R. d. I, 492), maître des requêtes (6 septembre 1558), 1er président à la Cour des Monnaies, (25 août 1558) mort, le 25 juillet 1560 (B. N. Fr. 24019, fol. 205). Il épousa Marie de Villepenet.

[21] François Alixan, fils de Guy Alixan et de Millette de May, sieur
de Chónay, Malville, conseiller au Parlement de Chambéry (8 janvier
1553), conseiller au Parlement de Dijon (p. 4 janvier 1554, Palliot), reçu
8 février 1554 (R. dél., I, 495) en exercice, I, 504 (16 avril 1554), 561
(21 février 1555), président (p. 21 janvier 1555, Palliot), reçu 11 avril
1555 (Palliot), en exercice I, 570 (19 avril 1555), 929 (13 novembre 1559),
1395 (13 juin 1563), II, 205 (12 novembre 1565), 343 (18 janvier 1567),
mourut, à Paris, huit ou dix jours avant le 4 mars 1567 (II, 356). Il
épousa Jeanne Le Goux.

[22] Jean-Baptiste Agneau-Bégat, fils de Nicolas Bégat et de Françoise
Agneau, né en 1523, à Châtillon-sur-Seine, conseiller au Parlement de
Dijon (p. 26 avril 1553, Palliot), reçu 9 juin 1553 (R. d., I, 482), en
exercice I, 486 (13 novembre 1553), 1280 (12 novembre 1562), II, 566
(12 novembre 1569), 618 (13 novembre 1570), président (p. 7 mars 1571,
Arch. C.-d'Or, B. 23, fol. 207), en exercice II, 699 (12 novembre 1571),
734 (634), 23 février 1572), mort, à Dijon, le 21 juin 1572 *(Journal* de
Pépin, p. 8, R. dél., II, 758 (658). Il épousa (8 novembre 1547) Michelle
Contault (Cf. sur lui, une notice dans la *Coutume de Bourgogne*, in-4°,
Dijon 1717).

[23] Bénigne La Verne, sieur d'Athée, Magny, la Chapelle d'Auvillars,
fils de Sébastien La Verne et de Perrette Raviet, conseiller au Parlement
de Dijon (p. 11 mai 1535, Poll., *Actes*, III, 75, 7823), reçu 22 octobre
1535 (R. d., I, 427), en exercice I, 428 (12 novembre 1535), 443
(12 novembre 1549), 577 (5 juillet 1555), 1395 (13 juin 1563) II, 205
(12 novembre 1565), 593 (24 juillet 1570), 699 (12 novembre 1571), président (p. 28 juillet 1572, Arch. Côte-d'Or, B. 23, fol., 255), reçu 13 août
1572 (R. d., II, 770 (670), en exercice II, 773 (673), 12 novembre 1572),
1355 (1255), 12 novembre 1579), III, 29 (12 novembre 1582), mort, le
24 mai 1584 (III, 85). Il épousa Elisabeth de Troyes, veuve de Pierre
Fourneret, puis Michelle Belrient.

[24] Nicole de Montholon, 2ᵉ fils de Guillaume de Montholon et de
Catherine Moisson, avocat général au Parlement de Dijon (p. 19 mai 1565
(Palliot), reçu 14 janvier 1566 (R. d., II, 251) en exercice II, 289
12 novembre 1566), 693 (593), 5 août 1571), 1355 (1255), 12 novembre
1579), III, 44 (12 novembre 1583), 131 (12 novembre 1585), président
(pourvu 12 novembre 1585, Arch. Côte-d'Or, B. 27, fol. 358), reçu
3 décembre 1585 (R. d., III, 137), en exercice, III, 171 (12 novembre
1586), 715 (12 novembre 1598), en retraite 22 mai 1602 (IV, 56), né en

10

1537, mort en septembre 1603. Il épousa, avant 26 octobre 1600, Bénigne
Chantepinot (vivante 26 octobre 1600, Arch. mun. de Dijon, B. 506,
fol. 282, rº).

[25] Bernard des Barres, 3ᵉ fils de Jean des Barres et de Guillemette
Tabourot, sieur de Ruffey, Charencey, la Bassole, Bousenois, Eschirey,
le Frestoy, Marcilly, Thil-Chastel, avocat au Parlement de Dijon (30 avril
1571), maire de Dijon (20 juin 1573, *Journal* de Pépin, 1574), conseiller
au Parlement de Dijon (pourvu 1ᵉʳ février 1573, Arch. Côte-d'Or, B. 24,
fol. 347), reçu 19 juin 1576 (Breunot, R. d., II, 1087, (987), en exercice,
II, 1106, (1006), 12 novembre 1576), 1188 (1088), 12 novembre 1577), président (pourvu 2 août 1576 (Arch. Côte- l'Or, B. 25, fol. 167), reçu 18 avril
1578 (Breunot, R. d., II, 1243, (1143), en exercice II, 1355, (1255),
(12 novembre 1579), III, 29 (12 novembre 1582), 715 (12 novembre 1598).
Mineur (10 mai 1530, 25 juillet 1539), il épousa (22 septembre 1560),
Perrette Fyot (morte entre 8 février 1581 et 6 juillet 1587). Après la mort
de sa femme, il se fit prêtre et fut archid. et chan. de Langres. Il mourut,
le 18 octobre 1599, à Dijon (Breunot III, 187).

[26] Perpétuo Berbisey, fils de Guillaume Berbisey et de Jeanne de la
Perrière, sieur de Ventoux, Charencey, la Basolle, Sauley, conseiller au
Parlement de Dijon (p. 8 novembre 1576 (Arch. Côte-d'Or, B. 25,
fol. 141), reçu (3 (It.) ou 13 mai 1578 (Breunot, I, 229, Reg. dél., II,
1248 (1148), en exercice II, 1286 (1186), 12 novembre 1578), III, 201
12 novembre 1587), 715 (12 novembre 1598), 760 (25 juin 1599), président (pourvu 21 décembre 1583, B. 31, fol. 133) reçu à survivance 18 mars
1597 (R. dél., III, 631), en exercice IV, 90 (12 novembre 1603), 286
12 novembre 1610), mort avant le 26 août 1614. Il épousa, avant 27 mai
1591, Anne des Barres-Charencey (vivante 13 février 1628), veuve de
Jean Lenet (Arch. mun. de Dijon, B. 490, f. f. 130 vº, 135 rº, 236 vº,
B. 491, fol. 327 rº).

[27] Pierre Jeannin, baron de Montjeu, Dracy, Chagny, conseiller au
Parlement de Dijon (p. juin 1579, Arch. Côte-d'Or, B. 26, fol. 24, reçu
24 juillet 1579, Reg. dél., II, 1352), en ex. II, 1355 (1255) (12 novembre
1579), président (reçu 14 mars 1581, II, 1460, (1360), en ex. III, 29 (12
novembre 1582) 715 (12 novembre 1598) IV, 52 (3 juin 1602). Ce célèbre
homme d'état, fils d'un tanneur, naquit à Autun, en 1540. Il fut député
aux États de Blois (1576), amb. de la Ligue près de Philippe II (1590-
1591), surintendant des finances, ambass. en Hollande (1607-1609); il
avait défendu (1594) Laon contre Henri IV, dont il devint, plus tard, un

des ministres. Il mourut à Paris, le 22 mars 1623 (Cf. Harold de Fonte-nay : *Du lieu et de la date de la mort du président Jeannin.* Autun, 1878, in-8°). Ses *Négociations* ont paru, en 1656, à Paris, et ont été sou-vent réimprimées. Il épousa avant 24 février 1595, Anne Guéniot (vivante 21 juin 1602, † avant 7 octobre 1623) (Arch. mun. de Dijon, B. 490, fol. 92 r°, 259 v°) (Cf. sur lui : De Mongis : *le Président Jeannin.* Dijon, 1856, in-8°. — P. de Saumaise : *Eloge du Président Jeannin.* Dijon, 1623, pet. in-4°.)

[28] Anthoine de Saint-Anthost, fils de Sébastien de Saint-Anthost et de Sébastienne de Thiard, sieur de Courcelles sous Grignon, Masoncle, le Châtel, conseiller au Parlement de Dijon, président, puis premier pré-sident au Parlement de Rouen (6 mars 1550), mort entre le 23 janvier et le 3 avril 1566. Il épousa Chrétienne Moreau d'Allin (vivante 25 février 1567).

[29] Jacques de Vintimille, fils d'Alexandre de Vintimille et d'Arcon-dessa Senasti, fut sieur d'Agey et Escouelles. Chassé, en 1522, de Rhodes par les Ottomans, il étudia à Pavie, fit des voyages à Alger, en Espagne, traduisit la *Cyropédie*, Hérodien, le *Prince* de Machiavel, fit un poème latin sur la bataille de Lépante. Conseiller au Parlement de Dijon (p. 6 mars 1550, (Paill.), reçu 10 mai 1550, Reg. délib., I, 457) en exercice I, 458 (20 mai 1550), pourvu (de nouveau, 5 octobre 1551, Arch. Côte-d'Or, B. 20, f. 272), reçu 12 novembre 1551 (Reg. délib., I, 468), en exercice I, 477 (2 mai 1552), 819 (12 novembre 1558), 1401 (1ᵉʳ juillet 1563), II, 205 (12 novembre 1565), 1355 (1255), 12 novembre 1579), 1427 (1327), (12 novembre 1580), III, 1 (14 novembre 1581). Il avait épousé, après 23 oc-tobre 1541, Jeanne Gros d'Agey, veuve de Zacharie Chapelain, greffier du Parlement. Devenu veuf, il se fit prêtre, fut archid. de Beaune, doyen de Chalon, chan. de Saint-Lazare d'Autun. Il mourut, le 16 janvier 1582 (Reg .délib., III, 16), (Cf. sur lui : L. de Vauzelles : *Vie de Jacques de Vintimille.* Orléans, 1865, in-8°). Portr. gravé dans Clair, 1195, fol. 4).

[30] Jean Fyot, sieur de Chevanay, né en 1544, conseiller au Parlement de Dijon (pourvu 16 mai 1571, Arch. Côte-d'Or, B. 23, fol. 199), reçu 11 juillet 1571, II, 691, (591), en exercice II, 773 (673), 12 novembre 1572), 1355 (1255), (12 novembre 1579), III, 201 (12 novembre 1587), 715 (12 novembre 1598), mort, le 21 mars 1599, à 3 heures du matin (Breu-not, III, 145, Reg. délib. III, 738). Fils de Jean Fyot, il épousa (1571), Anne Bégat.

[31] Claude Peto, chan. Sainte-Chapelle de Dijon, prieur de Saint-
Mesmin, grand vicaire de Langres, né en 1531 ou 1532, conseiller au
Parlement de Dijon (pourvu 28 janvier 1580, Arch. Côte-d'Or, B. 26,
fol. 190), reçu 13 juin 1581 (Reg. délib. II, 1475, (1375) en exercice III,
29 (12 novembre 1582), 201 (12 novembre 1587), 715 (12 novembre 1598),
IV, 56 (12 novembre 1602), 90 (12 novembre 1603), mourut, le 12 avril
1604 (IV, 115).

[32] Jean Le Blond, sieur de la Borde, Vieilchâtel, fils de Pierre Le
Blond, fut conseiller au Parlement de Dijon (pourvu 9 janvier 1494, reçu
28 janvier 1494 (Palliot), en exercice I, 6, 25, 30, 50, 76, 119, 175, 221,
268 (11 avril 1523), † au 8 janvier 1525 (6), (280). Selon Palliot, il mourut, le 12 janvier 1525. Il épousa Millette Baulnot, puis Gillette Margault.

[33] Lazare de Montholon, fils de Nicolas de Montholon et de Marguerite de May, mariés, le 14 juillet 1488, avocat à Chalon, conseiller au Par-
ment de Dijon (pourvu 21 janvier 1524 (Palliot, Actes V, 600, 17746),
reçu 5 février 1524 (I, 264), pourvu, de nouveau, 21 janvier 1525
(Palliot), en exercice (I, 268, 320, 12 novembre 1526), 386 (12 novembre
1529), 400 (12 novembre 1530), † 18 novembre 1531. Il épousa Jeanne
N.   († 2 mars 1532).

[34] André de Leval, abbé d'Ogny, prieur d'Epoisses, doyen de la
Sainte-Chapelle de Dijon, chan. de Saint-Lazare d'Autun, conseiller au
Parlement de Dijon (pourvu 19 janvier 1525, Actes V, 663, 18075),
(reçu 26 janvier 1525, I, 280), en exercice (I, 297-8, 320, 12 novembre
1526), 386 (12 novembre 1529), 428 (12 novembre 1533), 431 (12 novembre 1537), résilie 14 novembre 1537 (I, 432). Il mourut en 1549.

[35] François de Leval, conseiller au Parlement de Dijon (pourvu 2 novembre, reçu 14 décembre 1537 (Pall., Actes III, 410, 9403), en exercice
I, 437 (12 novembre 1538). Il mourut en 1546 (B. N. Fr. 24019, fol. 151).

[36] Guillaume Virot, sieur de Biry, Jussy, Cressy, Oizilly, avocat du
roi à Beaune, gén. à la Cour des Monnaies, à Paris, conseiller au Parlement de Dijon (pourvu 3 juillet 1555 (Palliot), reçu 21 juillet 1555 (Reg.
délib. I, 582), en exercice I, 583 (12 novembre 1555), 951 (20 novembre
1559), 1392 (19 juin 1563), II, 203 (12 novembre 1565), 566 (12 novembre 1569), 844 (744), 3e juillet 1573), 1286 (1186), (12 novembre 1578),
mort, le 8 février 1579 (II, 1314, (1214). Il était né, à Autun, en 1517, et
avait étudié le droit à Toulouse.

[37] Etienne Bernardon, sieur de Grosbois, fils de Philibert Bernardon et d'Antoinette Perrault, conseiller au Parlement de Dijon (pourvu a décembre 1579 (Arch. Côte-d'Or, B. 26, f. 43), reçu 4 mai 1580 (Reg. délib., II, 1393-4 (1293-4), en exercice III, 29 (12 novembre 1582), 715 (12 novembre 1598), IV, 56 (12 novembre 1602), 889 (12 novembre 1622), chassé, comme politique, de Dijon, par Tavannes (4 septembre 1594). Il épousa, avant 11 mai 1593, Elisabeth Lenet (vivante 25 août 1611) (Arch. mun. de Dijon, B. 482, fol. 10, v°. — B. 506, fol. 366, r°).

[38] Robert de Brinon, chan. de Reims, de la Sainte-Chapelle de Dijon, de N.-D. de Beaune, conseiller au Parlement de Dijon (24 octobre 1480), mort, le 11 septembre 1508 (B. N. Fr. 24019, fol. 48).

[39] Pierre de Xaintonge, gent. de la Ch., conseiller au Parlement de Dijon (pourvu 29 novembre 1510, Palliot), reçu 18 décembre 1510 (Reg. délib., I, 28), en exercice I, 30, 320 (12 novembre 1526), 386 (12 novembre 1529), 428 (12 novembre 1535), 436 (4 octobre 1538), vivant le 19 mai 1543.

[40] Jean de Xaintonge, fils de Pierre de Xaintonge, fut avocat au baill. d'Autun, conseiller au Parlement de Dijon (pourvu 26 avril 1542, reçu 28 septembre 1542 (Palliot, Actes, IV, 313, 12462), en exercice I, 443 (12 novembre 1549), 583 (12 novembre 1555), 899 (31 mai 1559), 1414 (11 août 1563), II, 2 (12 novembre 1563), † nuit du 11 au 12 janvier 1564 (II, 26).

[41] Jean Landroul, sieur de Grandchamps, conseiller au Parlement de Dijon (pourvu 4 avril, reçu 11 juillet 1496 (Palliot), en exercice I, 6, 307 (16 avril 1526), 377 (12 avril 1529), 409 (21 mars 1531).

[42] Philibert Berbis, sieur de Marlieu, deuxième fils de Guyot Berbis et d'Anne Taconnot, mariés le 8 mai 1490, conseiller au Parlement de Dijon (pourvu 6 août 1521, Paillot[1]), reçu 12 novembre 1521 (Reg. délib., I, 234), en exercice I, 242, 320 (12 novembre 1526), 437 (12 novembre 1538), 457 (10 mai 1550), 745 (12 janvier 1558), mort, le 19 mai 1558 (I, 796). Il épousa Andrée Le Lièvre († 30 mai 1559).

[43] Philippe Berbis, né le 28 juin 1516, mort, le 23 janvier 1586, vers 10 heures du soir (Reg. délib., III, 142, Pépin, 33), fils de Philibert Ber-

[1] Les Actes (V, 782; 18741) disent, à tort, le 6 août 1526. Le Registre prouve le contraire.

bis et d'Andrée Le Lièvre, conseiller au Parlement de Dijon (pourvu
14 mars 1551, P.), reçu 23 mars 1558 (Reg. délib., I, 775), en exercice I,
819 (12 novembre 1558), II, 205 (12 novembre 1565), 1355 (1255), (12 novembre 1579), III, 138 (9 décembre 1583), doyen de la Sainte-Chapelle
de Dijon (6 janvier 1571, Pépin, I, 1), député aux Etats de Blois (1576),
vicaire général de Langres (16 juin 1550), abbé de Saint-Etienne et de
Saint-Bénigne de Dijon, trés. et chan. de la Sainte-Chapelle de Dijon
(27 août 1539-1er juin 1569), dit *le bon doyen*, célèbre par sa douceur et
sa charité.

[44] Pierre Boursault, fils de Guillaume Boursault et d'Anne Berbis,
mariés avant le 5 septembre 1557, conseiller au Parlement de Dijon
(pourvu 18 octobre 1576 (Arch. Côte-d'Or, B. 25, fol. 60), reçu 19 juillet 1577 (Breunot, I, 207, Reg. délib., II, 1180 (1080), avocat général,
pourvu 10 novembre 1581 (Arch. Côte-d'Or, B. 26, fol. 326), reçu 9 janvier 1582 (III, 15), en exercice, 12 novembre 1582 (III, 29), 27 janvier
1586 (III, 143), conseiller en exercice, III, 156 (29 avril 1586), 715
(12 novembre 1598), mort le 1er août 1602. Il épousa, avant 5 octobre 1595,
Michelle des Barres (vivante 5 octobre 1595 (Arch. mun. de Dijon, B.
495, 60, r°)[1].

. [45] Guillaume de Machecot, deuxième fils de Jean de Machecot et de
Guillemette Juif, abbé de Moûtier Saint-Jean, doyen de la Sainte-Chapelle de Dijon, doyen de Saint-Mammès de Langres, la Chapelle au Riche
de Dijon, Vergy, chan. de Saint-Lazare d'Autun, conseiller au Parlement
de Dijon (pourvu 3 octobre 1488, Palliot), mourut, le 14 septembre 1505.

[46] Francesco Medula, diplomate distingué, sénateur de Milan, amb. en
Allemagne (1512), conseiller au Parlement de Dijon (pourvu 12 avril 1512,
Palliot), reçu 31 juillet 1513 (I, 95), en exercice I, 97 (12 novembre 1513),
207 (7 janvier 1519), conseiller au Parlement de Paris (28 novembre
1522), conseiller au Grand Conseil, épousa (?) Antoinette Le Boucher.

[47] Esme Jullien, sieur de Verchisy, Clamerey, Montagnerot, Verrey-
sous-Salmaise, la Cosme-sous-Mont-Saint-Jean, bailli de Chaussin et la
Perrière (1506-1508), lieut. au baill. de Dijon, conseiller au Parlement
de Dijon (pourvu 29 avril 1516, P. *Actes* V, 286, 16151), reçu 2 juin 1516
(Reg. délib. I, 171), en exercice I, 175, 215 (5 juillet 1519), fils aîné de

[1] M. l'Archiviste a lu, à tort, femme du *feu* conseiller. Il y a « femme du *sieur*
conseiller. »

Gérard Jullien et d'Antoinette de Carrières, mariés en 1480, né à Pouilly
en Auxois, mort avant le 14 novembre 1519 (Reg. délib., I, 217). Il
épousa Marie de Berbisey, puis Philiberte Brocard (vivante 2 août 1527
(Reg. délib. I, 338).

[48] André Brocard, sieur de Chaudenet, la Grange, fils de Gautier
Brocard et de Marie Flament, conseiller au Parlement de Dijon (pourvu
1er septembre 1519, *Actes* V, 485, 17174), reçu 14 novembre 1519 (Reg.
délib., I, 217), en exercice (I, 221, 228, 15 avril 1521), change d'office
(pourvu 4 juillet 1521, P.), reçu 26 juillet 1521 (Reg. délib., I, 234), en
exercice (I, 234, 320, 12 novembre 1526), 386 (12 novembre 1529), 409
(21 mars 1531), mort avant le 20 février 1547. Il épousa Guillemette de
la Perrière (morte au 20 février 1547).

[49] Hughes Bault, lieutenant général en la chancellerie de Bourgogne,
conseiller au Parlement de Dijon (pourvu 4 septembre 1532, reçu 28 février 1533, Palliot 1), en exercice I, 415 (12 novembre 1534), 431 (12 novembre 1537), 437 (12 novembre 1538), vivant 5 août 1548.

[50] Guillaume Gautherot, conseiller au Parlement de Dijon (pourvu 16
mars 1549, P.), reçu 5 août 1549 (It.), en exercice I, 443 (12 novembre
1549), 573 (20 juin 1555), 1280 (12 novembre 1562), III, 205 (12 novembre 1565), 618 (13 novembre 1570), mort le 28 mai 1571 (II, 678, (578).

[51] Est ce le même que l'autre Leone Belloni (n° 95)? Palliot avoue
n'en rien savoir.

[52] Bénigne Bouhier, sieur de Pouilly, Marcilly, né en 1512, mort, le
14 août 1574, conseiller au Parlement de Dijon (pourvu 4 février 1554,
P.), reçu 14 février 1554 (Reg. délib., I, 496), en exercice I, 511 (9 avril
1554), 1033 (12 novembre 1560), II, 205 (12 novembre 1565), 854 (754),
13 novembre 1573), 938 (838). (Ce jour-là, jour de sa mort, il fut nommé
conseiller *ancien*).

[53] Jean Bouhier, sieur de Pouilly, Lantenay, Marcilly, conseiller au
Parlement de Dijon (pourvu 30 août 1574, Arch. Côte-d'Or, B. 24, fol.
233), reçu 4 mai 1575 (Reg. délib., II, 997 (897), en exercice II, 1012
(912), (12 novembre 1575), III, 715 (12 novembre 1598), IV, 286 (12 novembre 1610), 689 (12 novembre 1619), mourut, le 28 mars 1620 (IV,
725). Il épousa Catherine Millière († au 14 novembre 1611).

---

1 Selon les *Actes* (VI, 280, 20325) la nomin. est du 19 janvier 1532.

[54] Philippe Bouton, fils aîné d'Aimar Bouton et d'Anne d'Oiselét, protonotaire, prieur de Saint-Sornin, (22 septembre 1486-19 août 1488), Saint-Germain-des-Bois, Saint-Pierre-le-Moûtier (17 février 1495), chanoine de Besançon, Dijon, Beaune, Autun, conseiller au Parlement de Dijon (pourvu 9, reçu 16 mars 1494, Palliot), en exercice I, 5, 25 (12 novembre 1510), testa 5 avril 1510, v. s. mort, au 10 avril 1511 (I, 36).

[55] Claude de Tournon, conseiller au Parlement de Dijon (pourvu 22 mars 1516, Palliot, *Actes* V, 280, 16123), reçu 5 avril 1516 (Reg. délib., I, 164-165), en exercice (I, 175, 307, 16 avril 1526), 392 (2 mai 1530), 418 (25 janvier 1533). Il mourut avant mars 1539. Il épousa Catherine Billon (vivante mars 1539) *(Actes de François Ier, no 31134)*.

[56] Bénigne La Verne, fils de Jacques La Verne et d'Anne de Berbisey, conseiller au Parlement de Dijon (p. 28 août 1572, Arch. Côte-d'Or, B. 24, fol. 151), reçu 27 novembre 1573 (Reg. délib., II, 868 (768), en exercice, II, 1355 (1255), (12 novembre 1579), III, 201 (12 novembre 1587), 347 (12 novembre 1590). Il épousa Françoise Grostet.

[57] Jean Folin, sieur de Terrant, Dampierre, fils de Nicolas Folin. fut conseiller au Parlement de Dijon (p. 16 août 1593) (P.), reçu 1er décembre 1593 (Breunot, I, 412, Reg. délib., III, 536), en exercice, III, 582 (12 novembre 1595), IV, 56 (12 novembre 1602) 427 (12 novembre 1614), mort, le 19 novembre 1619 (IV, 699). Il épousa (7 juin 1579) Marie Thomas, vivante 12 mars 1603 (Arch. mun. de Dijon, B. 495, fol. 131 ro), puis, avant 14 décembre 1615, Barbe de la Mare, vivante 14 décembre 1615 (Arch. mun. de Dijon, B. 483, fol. 10 ro).

[58] Antoine de Loisie, conseiller au Parlement de Dijon (13 novembre 1480), mort le 22 mars 1505, v. s.

[59] Mengin Contault, sieur de Mimeure, Musigny, fils de Mengin Contault, fut conseiller au Parlement de Dijon (p. 28 mars, r. 2 mai 1506) (P.), en exercice, I, 18 (15 avril 1509), 320 (12 novembre 1526), 413 (20 avril 1534), mourut le 18 juillet 1534 (I, 415). Il épousa Bernarde des Barres (morte le 5 mars 15...).

[60] Philippe Moisson, deuxième fils d'Hélie Moisson et de Jeanne Collot, conseiller au Parlement de Dijon, p. 9 ou 19 août 1529 (Palliot, *Actes*, VI, 185, 19837), reçu 15 novembre 1529 (I, 387), en exercice, I,

392 (2 mai 1530), 415 (12 novembre 1534), 437 (12 novembre 1538),
mort avant le 2 novembre 1540. Il épousa Marguerite Ravyet.

[61] Philippe Bataille, sieur d'Epertully, Varennes (19 février 1529),
cinquième fils de Guillaume Bataille et de Marguerite Bonvalot, né, le
8 avril 1480, maire de Beaune (13 novembre 1536), conseiller au Parlement de Dijon, pourvu 2, reçu 22 novembre 1540 (Palliot, *Actes*, IV,
152, 11696), en exercice, le 30 mars 1544, mort, le 16 octobre 1571, à
Beaune. Il épousa, avant 19 février 1529, Françoise Garin de Créot, puis
Anne Baillet de Vaugrenant.

[62] Jean Bataille, sieur de la Chaume, Prémeaux, Dicogne, Varennes,
troisième fils de Philippe Bataille et de Françoise Garin, né en 1516,
conseiller au Parlement de Dijon (pourvu 26 novembre 1547, reçu 28 novembre 1548) (Palliot), en exercice (Reg. délib., I, 443), (12 novembre
1549), 566 (13 mars 1555), 738 (26 novembre 1557), conseiller au Grand
Conseil (1558-17 octobre 1571), mort, à Beaune, le 2 juin 1574. Il épousa,
avant 23 avril 1561, Léonarde de Beaumont († 1596).

[63] Artus de la Vesvre, sieur de la Mothe des Prez, conseiller au
Parlement de Dijon, pourvu 14 juin 1558 (Palliot), reçu 23 juillet 1558
(Reg. délib., I, 811), en exercice, I, 819 (12 novembre 1558), 1379
(21 mai 1563), II, 205 (12 novembre 1565), 951 (851) (12 novembre 1574),
1306 (1206) (21 novembre 1578).

[64] Joseph de Vezon, sieur d'Anoul, Chevanay, troisième fils de
Hugues de Vezon et de Pierrette Sayve, mariés le 29 octobre 1529, conseiller au Parlement de Dijon, pourvu 8 septembre 1580 (Arch. Côte-
d'Or, B. 28, fol. 192), reçu 7 juin 1581 (Reg. délib., II, 1473 (1373), en
exercice 12 novembre 1587 (III, 201), 9 mars 1596 (III, 616). Il épousa
Jacquette de Thésut.

[65] Jean Galois, sieur de Perron, Fontereaux, Grand et Petit Taperey,
fils de Jean Galois, lieutenant chancellerie de Chalon, conseiller au Parlement de Dijon, pourvu 27 mars 1596 (Arch. Côte-d'Or, B. 30, fol. 12),
reçu 19 juillet 1596 (Breunot, III, 83 — Reg. délib., III, 637), en
exercice, III, 715 (12 novembre 1598), IV, 160 (12 novembre 1606), né en
1572, mort, à Chalon, en septembre 1607 (IV, 481) (B. N. Fr. 24019, fol.
199). Il épousa, avant 28 mai 1601, Jacqueline de Thésut (vivante 17 avril,
1604) (Arch. mun. de Dijon, B. 490, ff. 196 r°, 245 r°).

[66] Guy de Salins, sieur de la Nocle, Brion, Chancery, Saint-Ciacre,

Leseul, Aulpoux, Santenay, la Plaine, Chauvanche, Grandchamps, Cuidin, Gurses, Foulette, Mazenay les Couches, Perrigny, conseiller au Parlement de Dijon (pourvu 11 août 1492) (Palliot), en exercice, I, 16, 297-8 (13 novembre 1525), mort, le 16 juillet 1526. (B. N. Fr. 24019, fol. 168). Il épousa (12 septembre 1507) Marguerite de La Magdeleine (morte, le 27 décembre 1538). (Fr. 24019, fol. 168).

[67] Chrétien de Machecot, fils d'Arnolet de Machecot et de Claude Chisseret, sieur de la Grange du Pré, Crespan, Marcilly, Creusot, Montigny, conseiller au Parlement de Dijon, pourvu 5 mars 1524 (Palliot, *Actes*, V, 603, 1776a), reçu 19 mars 1524 (Reg. délib., I, 266-267), en exercice, I, 268, 320 (12 novembre 1526), 413 (20 avril 1534), 430 (13 novembre 1536), 437 (12 novembre 1538), mort avant le 10 mai 1554. Il épousa Perrette de Moreau-Souhey.

[68] Antoine Fyot, sieur de Drée, Chevanay, Cidemere, fils de Pierre Fyot. Il naquit à Châtillon-sur-Seine, fut prévôt de cette ville (6 novembre 1543), conseiller au Parlement de Dijon, pourvu 10 mai 1554 (Palliot), reçu 14 décembre 1554 (Reg. délib., I, 573), en exercice, I, 564 (11 mars 1555), 1280 (12 novembre 1562), II, 566 (12 novembre 1569), mourut le 18 février 1571 (II, 653). Il épousa Claire de Loisie (vivante 14 octobre 1581 (Arch. mun. Dijon, B. 494, fol. 11 r°).

[69] Bénigne Ocquidem, sieur de Broindon, Neulley, fils de Jean Ocquidem et de Jeanne Godran, selon les uns; de Michel Ocquidem et de Marguerite Chanuz, selon les autres, conseiller au Parlement de Dijon, pourvu 19 septembre 1576 (Arch. Côte-d'Or, B. 25, fol. 169), reçu 27 juin 1578 (It., Breunot, I, 236 — Reg. délib., II, 1265) (1165), en exercice, II, 1286 (1186) (12 novembre 1578), III, 201 (12 novembre 1587), 741 (12 mai 1599), IV, 180 (12 novembre 1607), mort le 17 décembre 1607 (IV, 189). Il épousa Marie de Baissey (morte, le 30 septembre 1597). (B. N. Fr. 24019, fol. 243).

[70] Aubert de Carmonne, conseiller au Parlement de Dijon, pourvu 26 juillet 1499, reçu 2 août 1499 (Palliot), en exercice, I, 6, 320 (12 novembre 1526), 330 (7 mai 1527), mort, le 25 octobre 1527. Il épousa Charlotte Bouesseau.

[71] Etienne Sayve, sieur de Vesvrotte, Eschigey, Chamblans, Couchey, troisième fils de Jean Sayve et de Marguerite de Champsay, mariés le 4 août 1488, né avant 1500, conseiller au Parlement de Dijon, pourvu 23 octobre 1527 (Palliot) ou 28 *(Actes*, VI, 94, 19373), reçu 26 novem-

bre 1527 (Reg. délib., I, 344), en exercice, I, 356 (27 avril 1528), 437
(12 novembre 1538) 443 (12 novembre 1549), 724 (12 novembre 1557),
1414 (11 août 1563), II, 289 (12 novembre 1566), résigna, le 16 mai 1567
(II, 373), vivait encore, le 19 janvier 1571 (II, 643), mourut, le 12 mai
1581, II, 1466 (1366). Il épousa Christine de Recourt.

[72] François Sayve, sieur de Vesvrotte, fils d'Etienne Sayve et de
Christine de Recourt, conseiller au Parlement de Dijon, pourvu 7 juin
1566 (Pall.), reçu 31 mai 1567 (Reg. délib., II, 379), à surviv. 12 novi
1567 (II, 391), en exercice, II, 417 (24 février 1568), 1286 (1186) (12 novembre 1578). Il mourut, le 21 février 1579 (II, 1324, (1224). Il épousa
Denise Filsjean (vivante 25 avril 1618 (Arch. mun. de Dijon, B. 506,
fol. 357 v° — B. 507, fol. 16 r°).

[73] Jean de Blondeau, quatrième fils de Pierre de Blondeau et de
Perrette Maulin, sieur de Sivry, Vesvres, Tintry, cons. et g. des sc. du
Parlement de Dijon, pourvu 15 septembre 1580 (Arch. Côte-d'Or, B. 26,
fol. 227), reçu 2 août 1581 (Reg. délib., II, 1483-4 (1383-4), en exercice,
III, 29 (12 novembre 1582), 407 (12 novembre 1592), tué, en défendant
sa maison de Sivry contre les ligueurs, peu avant le 6 juillet 1593.

[74] François de Blondeau, deuxième fils de Pierre de Blondeau et de
Perette Maulin de Vausalin, sieur de Chassaigne, Lavault, Fussey,
Saigey, Norge, Auteville, Bagneux les Juifs, lieutenant à la chancellerie
d'Autun (12 août 1591), conseiller au Parlement de Bourgogne, pourvu
26 juillet 1593 (Palliot), reçu 11 décembre 1593 (Reg. délib., III, 537),
en exercice, III, 715 (12 novembre 1598), IV, 286 (12 novembre 1610),
642 (12 novembre 1618), épousa, avant 11 juin 1599, Catherine Bonnin
de Messignac, morte, le 12 septembre 1632 (Arch. mun. de Dijon,
B. 495, 101 r° — B. 506, 174 r°).

[75] Etienne Bernard, fils d'Etienne Bernard et d'Anne Bénigne, né, le
15 mars 1553, à Dijon, mort, le 23 mars 1609, à Chalon-sur-Saône, avocat,
député aux Etats de Blois (1588), où il joua un rôle très important, maire
de Dijon (1593), conseiller au Parlement de Dijon, pourvu 11 juillet 1593
(Arch. Côte-d'Or, B. 28, p. 120), reçu 30 juillet 1594 (Breunot, II, 236
— Reg. délib., III, 467), président de la Chambre de justice de Marseille
(1594), lieutenant général baill. de Chalon (2 juin 1597). Il épousa,
(17 août 1575), Marguerite Paradin (morte, le 25 août 1597), puis (10 août
1599) Judith Quenot. Cf., sur Etienne Bernard, un très intéressant article
de M. J. Simonnet (Mémoires de l'Académie de Dijon, années 1883-1884
pp. 1-49), avec un excellent portrait.

[76] Guillaume Chambellan, sieur de Silly, Oisilly, Domoy, Perrigny, fils d'Henri Chambellan et d'Alix de Berbisey, conseiller au Grand Conseil, conseiller au Parlement de Dijon, pourvu 6 mai, reçu 15 juin 1496 (Palliot), en exercice, I, 6, 25, 221 (24 avril 1520), mort, le 21 mai 1520, à 7 heures du soir (I, 221). Il épousa Jacquette Bouesseau, (vivante 26 mai 1520 (Reg. délib., I, 223), morte avant le 19 juillet 1549).

[77] Etienne Berbisey, sieur de Belleneuve, fils aîné de Thomas Berbisey et de Marguerite Le Bonvilain, conseiller au Parlement de Dijon, pourvu 29 avril 1534 (Palliot, *Actes*, II, 670, 70:), reçu 7 juillet 1534 (It.), en exercice, I, 415 (12 novembre 1534), 437 (12 novembre 1538), change d'office (1539), en exercice, I, 443 (12 novembre 1549), 1062 (10 janvier 1561), mort, le 8 février 1561 (I, 1067). Il légua à « Messieurs du Parlement » son horloge, « pour souvenir de leur pauvre confrère et humble serviteur ». Il épousa Anne Moisson (vivante 7 février 1561).

[78] Jean Saulnier, abbé de Cernon, official d'Autun, conseiller au Parlement de Dijon pourvu 2 mars, reçu 13 mars 1499 (Palliot), mort, le 10 mars 1508 (B. N. Fr. 24019, fol. 289).

[79] Jean Bouhier, sieur de Pouilly, Marcilly, fils de Jacques Bouhier et d'Antoinette de Champfleury, conseiller au Parlement de Dijon, pourvu 14 août 1512 (Palliot), reçu 2 septembre 1512 (Reg. délib., I, 69), en exercice, I, 69, 252 (20 avril 1523), 356 (27 avril 1528), 403 (11 février 1531).

[80] Jean Tisserand, sieur de la Tour du Bled, Sassenay, Gergy, Troche, Lans, Oisilly, Is-sur-Tille, né à Dijon, professeur de droit à Bologne (1512), lieutenant mairie de Dijon (1532-19 mars 1540), conseiller au Parlement de Dijon, reçu 28 janvier 1533 (Palliot), le 2 selon les *Actes* (II, 283, 5222), en exercice, I, 413 (20 avril 1534), 463 (12 novembre 1550), mort, à Chalon, avant le 12 novembre 1551 (I, 472). Il épousa Marie de Cirey.

[81] Nicole le Roy, conseiller au Parlement de Dijon, pourvu 25 juin, reçu 13 août 1537 (Palliot, *Actes*, III, 351, 9136), en exercice 12 novembre 1537 (I, 431), mort avant 10 avril 1540, v. s.

[82] Guillaume Rémond, vivant, le 10 mai 1504, fils aîné de Jean Rémond et de Jeanne Le Goux, bailli d'Arc-en-Barrois, conseiller au Parlement de Dijon, pourvu 10 avril, reçu 11 mai 1541 (Palliot, *Actes*,

IV, 195, 11898), mort avant le 24 janvier 1547. Il épousa Marguerite de Hors, puis Françoise Agnel, veuve de Nicolas Bégat.

[83] Jérôme de Cirey, sieur de Magny, Is-sur-Tille, la Tour, deuxième fils de Bénigne de Cirey et de Bénigne-Guillemette Jacqueron, conseiller au Parlement de Dijon, pourvu 19 juin 1553 (Palliot), reçu 15 novembre 1553 (Reg. délib., I, 490), en exercice, I, 570 (19 avril 1555), 1395 (13 juin 1563), II, 566 (12 novembre 1569), 1355 (1255) (12 novembre 1579), III, 29 (12 novembre 1582), 300 (27 novembre 1589), mort, le 2 juillet 1595 (Breunot, III, 9 — (Reg. délib., III, 563). Il épousa (23 novembre 1554) Elisabeth Bordes de Monvoisin (morte, le 10 août 1617) (B. N. Fr. 24019, fol. 46).

[84] Bénigne de Cirey, sieur de Magny, Is-sur-Tille, La Tour, fils de Jérôme de Cirey et d'Elisabeth Bordes de Monvoisin, mariés le 22 novembre 1554, conseiller au Parlement de Dijon, pourvu 5 février 1586 (Arch. Côte-d'Or, B. 28, fol. 61), reçu 4 juillet 1586 (Reg. délib., III, 165), en exercice, 12 novembre 1586 (III, 171), 715 (12 novembre 1598), IV, 56 (12 novembre 1602), 642 (12 novembre 1618), mort, le 27 août 1619 (IV, 686-688). Il épousa (25 janvier 1598) Marie Jaquot (vivante 31 août 1619). (Cf. Arch. mun. de Dijon, B. 506, ff. 270, 285 v°, 324, 336, 352 v°, 366),

[85] Michel Riccio, conseiller au Parlement de Dijon, pourvu 10 février 1497, reçu 27 février 1497 (P.) (Cf. fiche au Parlement de Provence).

[86] Gauthier Brocard, lieutenant général en Auxois, conseiller au Parlement de Dijon, pourvu 26 juin, reçu 2 juillet 1502 (Palliot), mort, le 30 mai 1505, à Dijon. Il épousa Marie Flamant.

[87] Jacques Gallien, conseiller au Parlement de Dijon, pourvu 7 octobre, reçu 12 novembre 1506 (Palliot), en exercice, I, 18 (15 avril 1510), 128 (8 janvier 1515) (Cf. fiche au Parlement de Grenoble).

[88] Jean Péricard (cf. fiche au Parlement de Grenoble), conseiller au Parlement de Dijon, pourvu 14 août 1514 (P.), reçu 18 décembre 1514 (Reg. délib., I, 127).

[89] Jean de Janley, conseiller au Parlement de Dijon, pourvu 12 avril, reçu 12 novembre 1486 (P.), mort au 19 septembre 1503.

[90] Thomas Bouesseau, sieur du Rosey, du Faussey, fils de Nicolas Bouesseau et de Guillemette Jacqueron, conseiller au Parlement de

Dijon, pourvu 19 septembre, reçu 13 novembre 1503 (Palliot), en exercice, I, 6, 224 (12 novembre 1520), 228 (15 avril 1521), mort, le 3 juillet 1521 (I, 233).

[91] Claude Brocard, sieur de Chaudenet, 2ᵉ fils d'André Brocard et de Guillemette de la Perrière, conseiller au Parlement de Dijon, nommé 13 avril 1543 (*Actes* IV, 424, 12990) (reçu 3 juin 1545 (Palliot), en exercice I, 443 (12 novembre 1549), 1414 (11 août 1563), II, 566 (12 novembre 1569), 1355 (1255) (12 novembre 1579), III, 29 (12 novembre 1582). Il mourut avant le 5 avril 1596. Il épousa Claude Barjot, puis, avant le 7 mars 1582, Françoise de Montholon (vivante 5 mars 1598 (Arch. mun. de Dijon (B. 494, f. 17-B. 490, 111 vᵒ).

[92] Simon Hugon de la Reynie, fils de Jean Hugon et de Marie de Chauveron), né avant 23 juin 1555, conseiller au Parlement de Dijon, p. 26 février 1588 (Arch. Côte-d'Or, B. 28, fol. 320), reçu 21 juin 1588 (Reg. délib., III, 226), en exercice, III, 292 (12 novembre 1589), 347 (12 novembre 1590), mort avant le 24 mars 1592. Il épousa (14 mars 1583), Elisabeth Martin de Choisey (vivante 2 juillet 1593).

[93] Bénigne Saumaise, sieur de Tailly, Bouze, Mesnil-Saint-Loup, lieutenant en la chancellerie de Semur (15 mars 1587), fils d'Etienne Saumaise et d'Aiglantine Sayve, mariés le 16 mars 1557 (v. s.), père du célèbre érudit Claude de Saumaise, fut conseiller au Parlement de Dijon (p. 24 mars 1592, Palliot), reçu 11 août 1594 (P.), en exercice, 12 novembre 1598 (Reg. délib. III, 715), IV, 334 (12 novembre 1611), 889 (12 novembre 1622). Il mourut, le 15 janvier 1640 (Arch. mun. de Dijon, B. 506, f. 197, rᵒ). Il épousa (1587), Elisabeth Virot de Tailly (vivante 21 février 1608) (Cf. Arch. mun. de Dijon (B. 482, f: 68-B. 491, fol. 42, 74-B. 506, f. 259). Selon Haag *(France protestante, t. 9)*, sa femme fut une zélée huguenote et lui-même, un protestant de tendance.

[94] Antoine de Salins, chanoine (27 septembre 1456), doyen de Beaune (1479-13 novembre 1486), conseiller au Parlement de Bourgogne (p. 9 avril, r. 13 novembre 1486, Palliot), mort entre 9 avril 1505, v. s. et 22 décembre 1511 (Reg. délib., I, 49).

[95] Leone Belloni, sénateur à Milan, pendant quatorze ans, conseiller pendant dix-sept ans, au Parlement de Dijon (p. 16 septembre 1512, Palliot), r. 12 novembre 1512 (Reg. délib., I, 70), en exercice (I, 89, 97), change d'office (p. 21 avril 1514 (P.), r. 4 mai 1514 (Reg. délib., I, 102),

en exercice, I, 119, 154 (12 novembre 1515), naturalisé (août 1525), conseiller au Parlement de Toulouse (11 septembre 1525-6 juin 1533).

[96] Nicolas de Chateaumartin, conseiller au Parlement de Dijon, p. 20 août 1514, r. 13 novembre 1514 (Reg. délib., I, 120), en exercice (I. 128, 261 (12 novembre 1523), mort, le 6 mars 1524 (I, 265).

[97] Jacques Girard, conseiller au Parlement de Dijon, p. 24 août 1528 (P., le 25, selon les *Actes* (VI, 141, 19617), r. 27 novembre 1528 (Reg. délib., I, 371), en exercice, I, 374 (7 janvier 1529), 392 (2 mai 1530), mort avant le 12 novembre 1532.

[98] Antoine de Salins, fils de Jean de Salins et de Jeanne de Clugny, mariés en 1478, doyen de N.-D. de Beaune, chan. de Saint-Vincent-de-Chalon, conseiller au Parlement de Dijon (p. 7 janvier, reçu 21 janvier 1533 (Palliot, *Actes* II, 288, 5247), en exercice, I, 413 (20 avril 1534), 468 (12 novembre 1551), 655 (2 décembre 1556), mort, le 18 septembre 1557 (I, 726).

[99] Guillaume de la Colonge, sieur de la Cosne, Aubigny-la-Ronce, la-Motte-sur-Dheune, Marcey-sous-Thil (16 janvier 1610), fils de Claude de la Colonge et de N.   de Salins, conseiller au Parlement de Dijon (pourvu, à survivance, le 25 mai 1550 (Palliot), reçu 13 novembre 1557 (Reg. délib., I, 729), en exercice I, 735 (16 novembre 1557), II, 391 (12 nov. 1567), 680 (580) (15 juin 1571), 773 (673) (12 novembre 1572). Remplacé, au 23 novembre 1573 (II, 870 (770), vivant 28 novembre 1586 (III, 177). Ses opinions religieuses protestantes l'obligèrent, en 1562, à quitter temporairement Dijon, puis à se démettre, en 1572. Il épousa (17 février 1572) Françoise de Rochechouart (née 1547, à Arconcey, vivante en 1581, morte avant 1598).

[100] Louis Odebert, sieur de Rosières, Saint-Seine-sur-Vingeanne, conseiller au Parlement de Dijon (p. 29 juillet 1573 (Arch., Côte-d'Or, B. 24, fol. 88), reçu 28 (It.) ou 29 novembre 1573 (Reg. délib., II, 870 (770), en exercice, II, 1335 (1255) (29 novembre 1579), III, 715 (12 novembre 1598), IV, 889 (12 novembre 1622). Il épousa Bénigne Milletot, puis Marie Massol (vivante 14 novembre 1611), veuve de Michel Maillart.

[101] Nicole Chesley, conseiller au Parlement de Dijon (p. 27 avril, r. 26 juin 1497 (Palliot), en exercice (Reg. délib., I, 13, 24, 43 (12 novembre 1511), mort, le 19 novembre 1513 (I, 99).

[102] Josse Charpentier, fils de Jean Charpentier et d'Etiennette Turgis, conseiller au Parlement de Dijon (p. 7 décembre 1518 (P. *Actes*, V. 423, 16840), r. 24 janvier 1519 (Reg. délib., I, 208), en exercice, I, 212, 228 (15 avril 1521), mort au 7 janvier 1522 (I, 237). Il épousa Marie Grenier.

[103] Pierre Belrient, sieur de Solon, Barge, Feney, Couchey, Quingey, bailli de Chaussin et la Perrière (14 mars 1525), conseiller au Parlement de Dijon (p. 14 mars 1524 *Actes*, V, 604, 17766), r..11 avril 1524, n. s. (Reg. délib., I, 269), en exercice, I, 277, 320 (12 novembre 1526), change d'office (p. 25 février 1527 (P.), reçu 5 juillet 1527 (Reg. délib., I, 334), en exercice, I, 340, 374 (7 janvier 1529), 430 (13 novembre 1536), mort avant 21 juin 1537. Il épousa Christine Bonféal (morte, le 14 février 1554 (Reg. délib., I, 493).

[104] Philibert Tixier, sieur d'Ormée, conseiller au Parlement de Dijon (p. 30 janvier 1582 (Arch., Côte-d'Or, B. 26, fol. 292), reçu 30 mars 1582 (Reg. délib., III, 22), en exercice, III, 29 (12 novembre 1582), 347 (12 novembre 1590), Vierg d'Autun, vivant, 27 février 1598. Il épousa Françoise de Montholon.

[105] Jacques Bossuet, fils d'Antoine Bossuet et de Jeanne Richard étudia, sous Cujas, à Valence (1573), fut conseiller au Parlement de Dijon (p. 19 juillet 1577 (Arch., Côte-d'Or, B. 26, fol. 44), reçu 28 novembre 1577 (It.), aux Requêtes, reçu conseiller, 1er avril 1579 (Reg. délib., II, 341 (1241), en exercice, II, 1366 (1266), 26 novembre 1579), III, 715 (12 novembre 1598), IV, 334 (12 novembre 1611), 362 (11 août 1612), résigna avant 28 novembre 1612, fut maire de Dijon (1612-1614), et mourut, le 2 novembre 1637 (abbé Jules Thomas : *Les Bossuet en Bourgogne*, 1903, in-8°). Il épousa (18 avril 1579), Claude Bretagne (vivante, 7 février 1600) (Arch. mun. de Dijon, B., 490, f., 229, v°). C'est le grand-père de l'illustre Bossuet.

[106] Humbert Le Goux, prieur de Losne, doyen de Saint-Vincent-de-Chalon et de N.-D. de Beaune, chantre de Vergy, prévôt de Sousey, curé de Sainte-Reine, chanoine de Saint-Lazare-d'Autun, conseiller au Parlement de Dijon (p. 26 juillet, r. 2 août 1499 (Palliot), fils de Jean Le Goux et de Claire de Paisseaux, en exercice, I, 18 (15 avril 1510), 50, 97 (12 novembre 1513), mort, le 17 mai 1514 (I. 108).

[107] Jean Ravyet, sieur de Ruffey, Montmançou, fils de Philibert Ravyet, fut conseiller au Parlement de Dijon, p. 12 janvier 1515 (P.),

reçu 26 janvier 1515 (Reg. délib., I, 133), en exercice, I, 139, 307 (16 avril 1526), 376 (12 avril 1529), conseiller au Parlement de Paris (9 août, 21 octobre 1529, 1er juin 1541). Il épousa Marthe de Recourt Il fut impliqué dans le procès du conseiller René Gentil (1541).

[108] Claude Bretagne, né le 27 novembre 1523, mort le 16 août 1604 (Reg. délib., IV, 115), conseiller au Parlement de Dijon (p. 16 avril 1555 (Arch., Côte-d'Or, B. 21, f. 102), reçu 18 juin 1555 (Reg. délib., I, 575), en exercice, I, 723 (12 novembre 1557), II, 854 (754) (13 novembre 1573), III, 201 (12 novembre 1587), 715 (12 novembre 1598), IV, 43 (12 novembre 1601). Il épousa (28 janvier 1555), Denise Barjot (vivante, 26 février 1603 (Arch. mun. de Dijon, B. 506, f. 316, v°, morte entre 28 mars 1612 et 5 août 1618).

[109] Nicolas de Recourt, sieur de Rivière, Chamblan, fils de Didier de Recourt et de Charlotte Bouesseau, mineur (10 janvier 1518), conseiller au Parlement de Dijon (p. 7 juin 1538 (P., Actes, VIII, 676, 32804), r. 8 juillet 1538 (P.), en exercice, I, 437 (12 novembre 1538), 585 (12 novembre 1555), 1414 (11 août 1563), II, 566 (12 novembre 1569), mort avant le 3 juin 1570 (II, 587). Il épousa Didière Tabourot.

[110] Didier Sayve, sieur de Chamblan, 3e fils d'Etienne Sayve et de Christine de Recourt, conseiller au Parlement de Dijon (p. 19 juillet 1570 (Arch., Côte-d'Or, B. 23, fol. 261), reçu 11 (It.) ou 19 décembre 1571 (Reg. délib., II, 720 (620), en exercice, II, 773 (673) (12 novembre 1572), 1012 (912) (12 novembre 1573), mort, à Dijon, le 17 février 1576 (Breunot, I, 172, Reg. délib., II, 1046 (946).

[111] Antoine de la Grange, sieur de Saint-Anthost, Montilles, Magny, avocat, maître à la Ch. des C. de Dijon (7 août 1573), conseiller au Parlement de Dijon (p. 8 juin 1576 (Arch., Côte-d'Or, B. 24, fol. 353), r. 7 juillet 1576 (Reg. délib. II, 1090 (990), Breunot, I, 184), en exercice, II, 1188 (1088) (12 novembre 1577), III, 201 (12 novembre 1587), prend congé (11 mai 1588, III, 219), vivant 18 mai 1601 (Breunot, III, 221) et 20 novembre 1618 (Arch. mun. Dijon, B. 507, f. 20 r°). Il épousa Julienne Chisseret, puis, avant 29 juillet 1606, Anne Jullien (vivante 20 novembre 1618), veuve d'Etienne Filsjean (Arch. mun. de Dijon (B. 506, f. 327 v°, B. 507, f. 20 r°).

[112] Isaac Bretagne, sieur de Vérily, Champregnault, conseiller au Parlement de Dijon (p. 19 février 1588 (P.), r. 19 juillet 1588 (Reg. délib., III, 230), en exercice, III, 254 (2 janvier 1589), 535 (12 novembre 1593), chassé de Dijon comme royaliste, par Mayenne (décembre 1588). Né le

1er mai 1563, il mourut, le 8 décembre 1594 (B. N. Fr. 24019, fol. 248).

[113] Nicole Chiflot, fils de Chrétien Chiflot et de Barbe Ferrand, avocat à Semur, conseiller au Parlement de Dijon (p. 22 novembre 1594 (P.), r. 7 décembre 1584, à Semur (P.), en exercice, III, 582 (12 novembre 1595). Il avait été (1584), maire de Montbard et mourut, le 24 août 1616, à Semur. Il épousa N.   , puis N.   , puis Anne David.

[114] Jean de Poligny, sieur de Drambon, conseiller au Parlement de Dijon (p. 11 avril 1587 (Arch., Côte-d'Or, B. 30, fol. 187), reçu 26 novembre 1597 (Breunot, III, 102, Reg. délib., III, 669), en exercice, III, 715 (12 novembre 1598), IV, 209 (12 novembre 1608), 689 (12 novembre 1619), résigna 27 février 1620 (IV, 717), vivant le 6 septembre 1629 (Arch. mun. de Dijon, B. 500, fol. 128 v°, B. 507, f. 62 r°). Il épousa, avant 11 janvier 1602, Anne Gonthier (vivante 6 décembre 1631 (Arch. mun. de Dijon, B. 486, fol. 98, r°, B. 482, f. 80, r°, 237 v°).

[115] Jean Frémiot, sieur de Saulx, Barain, Tôtes, fils de René Frémiot et de Marguerite Billecard, audit. à la Ch. des Comptes de Dijon (1518), conseiller au Parlement de Dijon (p. 23 février 1527 (P¹), r. 5 juillet 1527 (Reg. délib., I, 334), en exercice, I, 340 (12 novembre 1527), 426 (12 novembre 1535), 585 (12 novembre 1555), 1280 (12 novembre 1562), II, 14 (14 novembre 1563), résigna, le 7 janvier 1564, encore vivant, le 24 janvier 1568 (II, 410), mort, le 30 juin 1570 (II, 591). Il épousa Guillemette Godran, puis Hughette Le Croisier.

[116] André Frémiot, 2e fils de Jean Frémiot et de Guillemette Godran, né après le 13 février 1538, conseiller au Parlement de Dijon (p. 1er juin 1563 (B. 22, fol. 537), reçu 7 mars 1564 (Reg. délib., II, 41), en exercice, II, 205 (12 novembre 1565), 951 (851) (12 novembre 1574), vivant 2 août 1575 (II, 1008 (908), mort au 27 février 1578 (Breunot). Il épousa Guillemette Tabourot (vivante 27 février 1578) (Breunot).

[117] Gabriel Breunot, conseiller au Parlement de Dijon (p. 30 mars 1575, Arch. Côte-d'Or, B. 24, fol. 263), reçu 23 juin 1575 (Reg. délib. II, 1003, 903). Breunot, Arch. Côte-d'Or, B. 24, fol. 263) en exercice II, 1012 (912) (12 novembre 1575), III, 201 (12 novembre 1587) 715 (12 novembre 1598) IV, 286 (12 novembre 1610), résigna 1er mars 1611 (IV, 299) Né à Autun, auteur d'un important *Journal* (1575-1578 et 1586-1602), dont une partie est perdue, publié par Joseph Garnier

---

1 Selon les *Actes* (V, 803. 18848), c'est le 25 novembre 1526.

(3 vol. in-8°, Dijon, 1866), il mourut, à Dijon, le 15 novembre 1618 (Reg. délib. IV, 651). Il épousa, avant 9 juin 1582, Anne Colin (vivante 1er juillet 1583), puis, avant 3 octobre 1585, Marguerite Robert (morte, le 8 novembre 1595), puis, avant 17 juillet 1600, Catherine Le Blond (vivante 17 juillet 1600) (Arch. mun. de Dijon, B. 494, fol. 20 v°, 34 v°, 72 v°. B. 495, ff. 7 r°, 30 v°, 113 v°).

[118] Etienne Jullien, sieur de Verrey, bailli de Pouilly-sur-Saône, fils aîné d'Edme Jullien et de Marie de Berbisey, maître des comptes à Dijon, puis conseiller au Parlement de Dijon (p. 15 mars 1524 (P.) reçu 11 avril 1524 (Reg. délib., I, 269), en exercice I, 277, 320 (12 novembre 1526) 585 (12 novembre 1555) 1259 (7 juillet 1562), mort, le 21 novembre 1562 (I, 1300). Il épousa Jeanne des Barres, puis avant 5 août 1557 Anne de Beaumont (vivante 6 mai 1566).

[119] Hugues Briet, avocat général à la Cour des Comptes de Dijon (1521), conseiller au Parlement de Dijon (p. 8 novembre 1537; reçu 7 janvier 1538 (P. Actes, III, 412, 9413) en exercice I, 436 (4 octobre 1538) 437 (12 novembre 1538), mort en janvier 1547. Il épousa Pierrette Mangeard.

[120] Jacques Guyotat, sieur de Chevanay, les Davrées, fils d'Edme Guyotat et d'Antoinette Poillency, né avant 17 avril 1530, conseiller au Parlement de Dijon (p. 24 septembre 1554, Arch. Côte-d'Or, B. 19, f. 263), en exercice I, 541 (10 décembre 1554) 951 (20 novembre 1559) 1044 (12 novembre 1560), prend congé, le 26 juin 1561 (I, 1108), car venait (8 déc. 1560) d'être nommé conseiller au Grand Conseil, où il était encore le 19 avril 1582 (Carrés Hozier, 293, f. 99), conseiller honoraire à Dijon (28 juin 1597). Il épousa Marie de Montbard.

[121] Claude Bourgeois, sieur de Moleron, Crespy, Origny, Flée, Bierre, Saint-Léger, né à Saint-Gengoux, fils de François Bourgeois et de Marie de Coursy, mariés le 1er mai 1530, conseiller au Parlement de Dijon (p. 21 avril 1561, Arch. Côte-d'Or, B. 21, fol. 321) reçu 15 juillet 1561 (Reg. délib., I, 1115), en exercice I, 1129 (12 novembre 1561), II, 1355 (1255) (12 novembre 1579), III, 236 (12 novembre 1588) 347 (12 novembre 1590), mort avant le 31 décembre 1592. Il épousa (1er novembre 1561) Barbe Gonthier.

[122] François Fyot, sieur de Barain, Vaugimois, Couches, Boussenois, fils de Marc Fyot et de Jeanne Le Goux, mariés le 6 novembre 1543, conseiller au Parlement de Dijon (p. 31 décembre 1592 (Palliot), reçu

20 novembre 1593 (Reg. délib., III, 535), en exercice III, 582 (12 novembre 1595), IV, 889 (12 novembre 1622). Il mourut, le 27 septembre 1636, 1 heure après minuit (Arch. mun. de Dijon, B. 503, fol. 24 v°). Il épousa (23 janvier 1583) Catherine Sayve de Vesvrotte, puis (21 juillet 1596) Christine Morin (morte 17 novembre 1640 (Arch. mun. de Dijon, B. 500, fol. 94, r°. — 503, fol. 41 v°).

[123] Pierre Coussin, conseiller au Parlement de Dijon (p. 1er décembre 1537, Palliot (*Actes*, III, 419, 9444), reçu 7 janvier 1538 (*It.*), en exercice (Reg. délib., I, 436, 4 octobre 1538), 468 (12 novembre 1551), 477 (2 mai 1552), mort, le 19 mars 1553 (I, 480). Il épousa Pierrette Mangeard, veuve d'Hugues de Briet.

[124] Guillaume Rémond, sieur de Bréviande, 4e fils de Guillaume Rémond et de Marguerite de Hors, conseiller au Parlement de Dijon (p. 16 avril 1554, Palliot), reçu 5 juin 1554 (Reg. délib., I, 519), en exercice I, 540 (10 décembre 1554) 1331 (11 février 1563), II, 510 (14 mars 1569), mort, le 2 juillet 1569, épousa (20 juillet 1549) Michelle de Saumaise (testa 12 mai 1590).

[125] Jean Vetus, sieur de Villefallier, Argent-sur-Sauldre, professeur au Collège d'Autun, à Paris, puis à la Sorbonne, médecin, anobli (mai 1580), conseiller au Parlement de Dijon (p. 11 juillet 1569, Arch. Côte-d'Or, B. 23, fol. 116), reçu 10 janvier 1571 (Reg. délib., II (643, (543), résigne, au 15 mai 1571 (Reg. délib., III, 675 (575), ambassadeur en Allemagne (1569), secrétaire du roi (1571-1573), maître des requêtes (11 août 1573-septembre 1581), conseiller au Parlement de Bretagne (31 juillet 1571), président au Parlement de Bretagne (4 décembre 1580-21 août 1581), vivant 25 juin 1593, épousa Michelle de Galmet-Villefallier, puis (10 février 1607) Barbe de Voré (vivante 24 mars 1607), veuve de Florent de Jablanc. (Cf. sur lui : Niceron : *Mémoires*, XXXIV, 394-99).

[126] Jean Thomas, sieur de Varennes sur Doubs, Terrans, Charretes, avocat général à la Chambre des Comptes de Dijon (8 mars 1558-1571), fils de Pierre Thomas et de Guillemette Maillard, mariés en 1527, né en 1553, conseiller au Parlement de Dijon (reçu 29 mai 1571, Reg. délib., II, 678, (578), en exercice II, 773, 673) (12 novembre 1572) 1355 (1255) (12 novembre 1579), III, 131 (12 novembre 1585) 150 (3 mars 1586), mort, le 1er juin 1586 (III, 161). Il épousa (14 novembre 1556) Marguerite Chantepinot, puis (4 novembre 1570) Madeleine Vion (née 1546, morte, le 4 avril 1622 (B. N. Fr. 24019. fol. 161).

[127] Jacques Thomas, sieur de Varennes, Frontenas, fils de Jean Thomas et de Marguerite Chantepinot, mariés le 14 novembre 1556, né en 1557, mort le 14 novembre 1640 (Arch. mun. de Dijon, B. 503, fol. 41, r°), conseiller, pendant 54 ans, au Parlement de Dijon (p. 27 juin 1586 (Arch. de la Côte-d'Or, B. 28, fol. 70), reçu 18 novembre 1586 (Reg. délib., III, 176), en exercice III, 201 (12 novembre 1587), IV, 889 (12 novembre 1622). Il épousa (4 décembre 1582) Jeanne de Chasot (vivante 5 février 1597) (Arch. mun. de Dijon, B. 506, fol. 257 r°).

[128] Pierre Girardot, sieur de la Roche sur Vannon, maire de Couhons, conseiller au Parlement de Dijon (p. 8 novembre 1537, P., Actes, III, 412, 9414), reçu 7 janvier 1538 (P.), en exercice, I, 436 (4 octobre 1538) 1395 (13 janvier 1563), II, 401 (11 décembre 1567), mourut, le 30 décembre 1567 (II, 402). Il épousa Marie Guénichon, puis, avant le 18 mars 1538, Jeanne Berbis (née 9 août 1517, morte le 15 janvier 1565 (Reg. délib., II, 157).

[129] Etienne Millet, sieur de la Cosne, Vergy, Aiserey, Oisilly, la Grange-Noire, fils de Pierre Millet et de Marguerite des Barres, conseiller au Parlement de Dijon (p. 29 janvier 1570, Arch. Côte-d'Or, B. 23, fol. 197), reçu 30 janvier 1572 (It. et Palliot), en exercice 7 juin 1572 Reg. délib., II, 755 (655), 12 novembre 1587 (III, 201), 12 novembre 1602 (IV, 56), 12 novembre 1614 (IV, 127). Il mourut, — le 25 octobre 1617 (B. N. Fr. 20419, fol. 94). Il épousa (7 juin 1572) Marguerite Fyot, puis Judith Baillet, veuve d'Olivier Sayve, puis Eléonore de Clugny.

[130] Philibert Collin, sieur de Chenault, né à Chailly, près d'Autun, en 1507, conseiller au Parlement de Dijon (p. 1er décembre 1537, reçu 7 janvier 1538, P., Actes, III, 419, 9445), en exercice I, 437 (12 novembre 1538) 1395 (13 juin 1563), II, 951 (851) (12 novembre 1574), aveugle dès 14 août 1574 (II, 936 (836). Il épousa Guyette Millière. Il est l'auteur de poésies latines intitulées : Senilia.

[131] Guy Catherine, sieur de Saint-Usage, Chevannes, fils de Jean-Catherine et de Drouine Contault, conseiller au Parlement de Dijon (p. 15 septembre 1574, Arch. Côte-d'Or, B. 24, fol. 181), reçu 27 novembre 1574 (Reg. délib., II, 965, (863), en exercice II, 1012 (912) (12 novembre 1575), III, 381 (13 novembre 1591) 433 (12 novembre 1593), mort entre le 26 mars et le 2 août 1595 (Brennot II, 517 et III, 20). Il épousa avant le 3 février 1583, Marie David (vivante 17 novembre 1616, Arch. mun. de Dijon, B. 490, f. 210 r°. — B. 491, fol. 27 v°. — B. 506, fol. 294 r° et 339 r°).

[132] Jean Berbisey, fils aîné de Thomas de Berbisey et de Guillemette Girault, conseiller au Parlement de Dijon (p. 23 février 1595, Arch. Côte-d'Or, B. 29, fol. 280), reçu 15 décembre 1595 (Reg. délib., III, 600), en exercice III, 641 (12 novembre 1596) IV, 889 (12 novembre 1622), testa 6 mars 1629. Il épousa (8 janvier 1592) Anne Catherine (vivante 10 mai 1610, Arch. mun. de Dijon, B. 490, fol. 109, 142 v°, 149, 157, 168 v°, 208 v°, 209, 224, 244, 259 v°. — B. 507, f. 92).

[133] Esme Julien, sieur de Verchisy, Clamerey, Montagnerol, Verrey, 3e fils d'Edme Julien et de Philiberte Brocard, conseiller au Parlement de Dijon (p. 23 novembre 1537, P., Actes, III, 417, 9434), reçu 19 janvier 1538 (P.), en exercice (Reg. délib., I, 437 (12 novembre 1538), dit Julien jeune, mort entre le 24 février 1545 et le 17 avril 1554 (à Paris, en novembre 1549. probablement. Il épousa (1537) Marguerite Griveau.

[134] Maclou Popon, né en 1514, mort le 6 mars 1577 (Reg. délib., II, 1135 (1035) et Breunot (I, 193) (qui l'appelle nostri cœlus veram decus columenque), à 4 heures du soir, magistrat fort distingué, conseiller au Parlement de Dijon (p. 17 avril, reçu 7 juin 1554, (P.), en exercice I, 527 (9 juillet 1554), II, 205 (12 novembre 1565) 1106 (1006) (12 novembre 1576). (Cf. Maculii Pomponii monumentum. Paris, 1580, in-12°, recueil de pièces à la louange de Maclou Popon, renfermant une épître en prose latine et plusieurs poésies du conseiller Jacques de Vintimille, ami de Popon, trois pièces de vers du conseiller Jean Thomas, une du conseiller Claude Bretagne, une du président Truchon, de Grenoble, une de Philippe Bataille, une de Nicolas Bouhier, une de Jean Garnier, une de Philibert Bugnyon, une de Théodore de Bèze, etc., etc.)

[135] Pierre des Barres, sieur de Ruffey, Eschirey, Villiers-le-Duc, Moloy, Vaurey, fils de Bernard des Barres et de Perrettes Fyot, mariés le 22 septembre 1560, conseiller au Parlement de Dijon (p. 23 octobre 1599, Arch. Côte-d'Or, B. 32, fol. 233), reçu 7 mars 1600 (Reg. délib., IV, 9. — Breunot, III, 198), en exercice IV, 59 (12 novembre 1602) 334 (12 novembre 1611), président (p. 9 février 1612 (Arch. Côte-d'Or, B. 35, fol. 188), reçu 9 mars 1612 (Reg. délib., IV. 346), en exercice IV, 889 (12 octobre 1622), conseiller d'État (19 juin 1623-16 avril 1641), mort, à Dijon, le 13 février 1648, épousa (2 juin 1599) Charlotte Bourgeois (morte le 1er novembre 1634, à Dijon) (Arch. mun. de Dijon, B. 503, fol. 135).

[136] Jean Le Blond, sieur de la Borde, Vieilchastel, Couchey; Quingey, fils de Jean Le Blond et de Gilette Margault conseiller au Parlement

de Dijon (p. 20 avril, reçu 20 mai 1538), en exercice (Reg. délib., I, 437 (12 novembre 1538) 570 (19 avril 1555), mort le 9 juillet 1555 (I, 578). Il épousa Michelle Belrient.

[137] Bénigne Baissey, conseiller au Parlement de Dijon (p. 7 juillet 1540. *Actes de François I*, n° 11579 et Palliot), reçu 28 juillet 1540 (Palliot), en exercice I, 413, (12 novembre 1549), II, 205 (12 novembre 1565). Il épousa Jeanne Millière, puis Marguerite Contault. (Une d'entre elles mourut, le 8 janvier 1556). Reg. délib., I, 662).

[138] Pierre Colard, fils d'Oudot Colard et de Perrette d'Aman, sieur de Mimeure, Chassenay, Arnay-le-Duc, conseiller au Parlement de Dijon (p. 28 octobre 1565 (P.), reçu 26 février 1566 (Reg. délib., II, 257), en exercice II 289 (12 novembre 1566), III, 715 (12 novembre 1598), IV, 286 (12 novembre 1610), mort, le 14 juillet 1612 (IV, 359). Il épousa, avant le 26 avril 1597, Anne de Baissey (morte, le 14 janvier 1614). (Arch. mun. de Dijon, B, 494, f. 76. B, 506, ff. 290, 371 v°).

[139] Esme Bégat, fils de Nicolas Bégat et de Françoise Agneau, conseiller au Parlement de Dijon (p. 14 avril 1543, v. s, reçu le 22 mai suivant (Palliot), *Actes*, IV, 424 12995, mort avant le 22 janvier 1554.

[140] Jean Ocquidem, sieur de Marcelois, Nanteuil, Saint-Pryé, avocat du roi à Nuits (25 août 1547), fils de Jean Ocquidem, conseiller au Parlement de Dijon (p. 22 janvier 1555 (P.), reçu 12 juillet 1355. (Reg. délib. I, 581), en exercice I, 583 (12 novembre 1555), II, 1355 (1255) (12 novembre 1579), mort, le 13 novembre 1580 (II, 1436 (1336). Il épousa Jeanne Godran.

[141] Michel Millière, baron de Saint-Germain, Brenetières, fils aîné de Guillaume Millière et d'Odette Maillard, mariés en 1554, conseiller au Parlement de Dijon, p. 13 décembre 1580 (Palliot), reçu 17 mars 1587 (Reg. délib., III, 185), en exercice III, 201 (12 novembre 1587), 715 (12 novembre 1598), mort, le 3 mars 1600 (Reg. délib., IV, 8. Breunot, III, 197), « moissonné en la fleur de son âge » (Breunot). Il épousa, avant 26 mai 1582, Philiberte Baillet (vivante 30 mai 1607). (Arch. mun. de Dijon, B, 490).

[142] Lazare Morin, sieur de Cromey, Dracy-sous-Couches, fils de Ferry Morin et de Jeanne Poillot, étudiant à Paris (30 septembre 1532), conseiller au Parlement de Dijon (reçu 1543 (P.), en exercice I, 443 (12 novembre 1549), 468 (12 novembre 1551), procureur général (reçu mai 1552, P.), en exercice I, 486 (13 novembre 1553), 527 (2 juillet 1554) conseiller

au grand Conseil (7 avril 1559-16 septembre 1568), vivant le 14 mars
1570, mort au 13 octobre 1583. Il épousa, avant le 13 septembre 1553,
Marguerite Quarré (vivante 13 septembre 1553).

[143] Barthélemy Gaigne, fils de Barthélemy Gaigne et d'Huguette
Poillot, procureur général au Parlement de Dijon (p. 4, reçu 24 juin 1543
(P.), *Actes*, IV, 747, 14473, conseiller au Parlement de Dijon (p. 10
avril 1552, n. s. r. 16 mai 1552 (Paillot), sieur d'Ormée, la Porcheresse,
en exercice I, 486 (13 novembre 1553), 1395 (13 juin 1563), II, 566 (12
novembre 1569), 1012 (912) (12 novembre 1575), mort, le 28 février 1576
(II, 1048, 948, Breunot, I, 178). Il épousa, avant le 2 janvier 1552, Michelle
Jaquot (vivante 2 janvier 1556, morte avant le 29 décembre 1596).

[144] Jean Gaigne, fils de Barthélemy Gaigne et de Michelle Jaquot,
conseiller au Parlement de Dijon (p. 18 février 1576, Arch. Côte d'Or,
B. 25, f. 5), reçu 14 *(Item)* ou 13 décembre 1576 (Reg. délib., II, 1125
(1025), Breunot, I, 188), en exercice II, 1188 (1088), 12 novembre 1577,
III, 715 (12 novembre 1598), IV, 286 (12 novembre 1610), mourut, le
14 septembre 1614 (IV, 420). Il épousa avant 7 avril 1599, Marguerite
Andrieu de Latrecey (vivante 24 septembre 1623 et 4 janvier 1631 (Arch.
mun. de Dijon (B. 496, f. 94. B. 506, f. 267 v°).

[145] Nicole Valon, sieur de Barain, fils de Philippe Valon et de
Bénigne Humbert, mariés après 8 juin 1504, conseiller au Parlement de
Dijon (p. 10 mai 1554, Arch. Côte-d'Or, B. 19, fol. 264), reçu 20 novembre
1554 (Reg. délib., I, 538), en exercice, I, 570 (19 avril 1555), 1280 (12 novembre 1562), II, 854 (754), 13 novembre 1573), 1239 (1139), 14 avril
1578. Il se retira, le 12 mai 1578 (II, 1246 (1146). Breunot, I, 228) et mourut, le 28 novembre 1583 (III, 71). Il épousa (1543) Jacquette Languet de
Dampierre.

[146] Jacques Valon, fils de Nicole Valon et de Jacquette Languet,
mariés en 1543, conseiller au Parlement de Dijon (p. 31 octobre 1574,
Arch. Côte-d'Or, B. 24, fol. 218), reçu 11 mars 1575 (Reg. délib., II, 990,
(890), à survivance, en exercice, 12 novembre 1578 (II, 1286 (1186), 12
novembre 1587 (III, 201), 15 novembre 1599 (III, 771), résigna son office,
et mourut, le 10 avril 1603 (IV, 81). Il épousa (11 janvier 1582) Marie
Comeau (vivante 2 septembre 1602, Arch. mun. de Dijon, B. 493,
fol. 142 v°).

[147] Philippe Berbis, sieur de Dracy, Cromey, Grangy, Benoisey,
Gissey, fils de Nicolas Berbis et de Marie Morin de Cromey, mariés le

1ᵉʳ juin 1569, avocat, puis conseiller au Parlement de Dijon (p. 31 décembre 1598, Arch. Côte d'Or, B. 31, fol. 100), reçu 7 juillet 1599
(Breunot, III, 176), en exercice, IV, 59 (12 novembre 1602), 889 (12 novembre 1622), 22 août 1637 (Arch. mun. de Dijon, B. 485, fol. 56, B. 500,
fol. 136 vᵒ). Il mourut, le 13 septembre 1652 (Arch. mun. de Dijon,
B. 489, fol. 3). Il épousa (8 janvier 1606), Odette Ocquidem (vivante
19 avril 1619, Arch. mun. de Dijon, B. 482, fol. 184 vᵒ, B. 496, fol. 9 vᵒ),
puis Avoye Arviset, puis Catherine des Barres (morte, le 29 janvier 1666?
Arch. mun. de Dijon, B. 489, fol. 128. Est-ce elle?)

[148] Pierre de la Grange, sieur de Villeberny, Vauxbusin, conseiller
au Parlement de Dijon, reçu 13 janvier 1581 (Reg. délib., II, 1446 (1346),
en exercice, III, 29 (12 novembre 1582), 715 (12 novembre 1598), IV, 180
(12 novembre 1607), 286 (12 novembre 1610), mort, le 16 mai 1611
(IV, 310). Il épousa Jeanne Milet, puis, avant le 5 septembre 1597, Anne
Porcherot (vivante 21 novembre 1604). Arch. mun. de Dijon, B. 491,
fol. 29, B. 506, fol. 257).

[149] Jean Catherine, sieur de Saint-Usage, conseiller au Parlement de
Dijon (p. 26 avril 1543, Arch. Côte-d'Or, B. 19, fol. 69, Actes, IV, 429,
13017), reçu 30 mai 1543 (Paillot), en exercice, I, 468 (12 novembre 1551),
585 (12 novembre 1555), 1033 (12 novembre 1560), mort, le 5 décembre
1560 (I, 1049). Il épousa Drouine Contault (morte, le 14 novembre 1560
(I, 1046).

[150] Bernard de Cirey, sieur de Villeconte, fils aîné de Bénigne de
Cirey et de Bénigne-Guillemette Jacqueron, conseiller au Parlement de
Dijon (p. 6 janvier 1544, P.), en exercice, I, 443 (12 novembre 1549),
1280 (12 novembre 1562), II, 259 (5 mars 1566). Il épousa Jeanne Le
Gouz.

[151] Jean de Maillerois, conseiller au Parlement de Dijon (nommé
2 février, reçu 16 mai 1544 (P., Actes, IV, 554, 13591), en exercice, I, 443
(12 novembre 1549), 1395 (13 juin 1563), II, 205 (12 novembre 1565), 951,
(851), (12 novembre 1574), mort, le 8 mars 1575 (II, 989 (889).

[152] Jean de Maillerois, conseiller au Parlement de Dijon (p. 8 mars
1575, Arch. Côte-d'Or, B. 24, fol. 362), reçu 7 mai 1575 (II, 998 (898),
en exercice, II 1012 (912), (12 novembr. 1575), III, 29 (12 novembre
1582), 582 (12 novembre 1595), mort, le 13 décembre 1595 (III, 599.
Breunot, III, 53). Il était fils du précédent.

[153] Philibert Chisseret, lieutenant du bailli d'Auxonne (20 juin 1553), conseiller au Parlement de Dijon (p. 26 mai 1554, Arch. Côte-d'Or, B. 19, fol. 263), reçu 16 juillet 1554 (Reg. délib., I, 528, en exercice, I, 570 (19 avril 1555), 1395 (13 juin 1563), II, 205 (12 novembre 1565), 460 (12 novembre 1568), mort, en mars 1569 (I, 561). Il épousa Jeanne Tricaudet (vivante 13 décembre 1574).

[154] Vincent Robelin, conseiller au Parlement de Dijon (p. 24 juin 1569, Arch. Côte-d'Or, B. 23, fol. 90), reçu 19 janvier 1571 (Reg. délib., II, 647), en exercice, II, 773 (673) (12 novembre 1572), 1188 (1088) (12 novembre 1577), 1286 (1186) (12 novembre 1578), mort, le 25 décembre 1578, II, 1310 (1210) Breunot, I, 256).

[155] Jean Fyot, sieur d'Arbois, Bey, Orrain, Montjay, fils de Jean Fyot, fut conseiller au Parlement de Dijon (p. 11 avril 1576, Arch. Côte-d'Or, B. 24, fol. 357), reçu 4 août 1576 (Reg. délib., II, 1097 (997). Breunot, I, 186), en exercice, II, 1355 (1255) (12 novembre 1579), III, 715 (12 novembre 1598), IV, 334 (12 novembre 1611), 468 (12 novembre 1615), mort, le 1er octobre 1616 (IV, 511). Il épousa, avant 17 novembre 1582, Gasparde de Montholon (vivante 10 juin 1608, Arch. mun. de Dijon, B. 482, fol. 182 v°, B. 491, fol. 25 r°).

[156] Jean Massol, sieur de Marcilly les Vitteaux, Précy, Ménade, fils de Jacques Massol et de Guillemette Millière, mariés le 6 août 1551, conseiller au Parlement de Dijon (p. 10 décembre 1598. Arch. Côte-d'Or, B. 31, fol. 118), reçu 25 ou 26 mai 1599. (Reg. délib., III, 742, Breunot, III, 154), en exercice (Reg. délib., IV, 56 (12 novembre 1602), IV, 826 (12 novembre 1621), mort, le 26 mai 1622 (Rég. délib., IV, 870). Il épousa, avant 26 mars 1603, Josèphe Filsjean (vivante 16 janvier et 16 août 1622). (Arch. mun. de Dijon, B. 483, fol. 52, 172. B. 495, ff. 151 v°, 172).

[157] Claude de Ferrières, sieur de Chassaigne, conseiller au Parlement de Dijon (p. 26 mai 1554 (P.), reçu 12 août 1555 (Reg. délib., I, 583)(en exercice, I, 585 (12 novembre 1555), 1395 (13 juin 1563), II, 205 (12 novembre 1565), 566 (12 novembre 1569), mort, le 18 décembre 1569 (II, 577).

[158] Jean Baillet, baron de Saint-Germain, fils de Jean Baillet et de Marguerite Foucault, conseiller au grand Conseil (3 février 1561, Reg. délib., I, 1065, refusa, conseiller au Parlement de Dijon (p. 18 mars 1554,

v. S. (Arch. Côte-d'Or, B. 21, fol. 104), reçu 15 janvier 1555 (Reg. délib.,
I, 575), en exercice I, 585 (12 novembre 1555), 1395 (13 juin 1563), II,
121 (13 novembre 1564), mort, le 18 juillet 1565 (II, 198). Il épousa
Christine Ocquidem.

[159] Artus de Chasseneux, fils de Barthélemy de Chasseneux et de
Péronnelle Languet, mariés en février 1508, conseiller au Parlement de
Dijon (p. 14 février 1556, P.), reçu 13 mars 1556 (Reg. délib. I, 620),
en exercice I, 638 (12 novembre 1556, 946 (13 novembre 1559), mort, le
4 mai 1560, à 4 heures du matin (I, 1009). Il épousa Marguerite Barjot
(vivante 4 juin 1563).

[160] Jules de Ganay, sieur de Chassenay, fils de Guyot de Chassenay
et Geneviève de la Bouthière, avocat général au Parlement de Chambéry
(1551-1559) conseiller au Parlement de Dijon (p. 22 juillet 1567, P.),
reçu 20 novembre 1568 (Reg. délib., II, 472) en exercice, II, 547 (11 juin
1569) 1106 (1006) (12 novembre 1576) 1286 (1186) (12 novembre 1578)
mourut, le 11 février 1579 (II, 1315, 1215). Il épousa Thomasse Vion
(vivante 28 juillet 1580 (II, 1412, (1312).

[161] Jean Morin, 2ᵉ fils de Lazare Morin et de Marguerite Quarré,
lieutenant général du bailli de Dijon (1551-1558), conseiller au Parlement
de Dijon (p. 5 février 1581, Arch. Côte-d'Or, B. 26, fol. 203), reçu,
24 mai 1581 (Reg. délib., II, 1468 (1368) en exercice, II, 1472 (1372)
(3 juin 1581) III, 582 (12 novembre 1595), mort, le 21 mai 1602 (Reg.
délib., IV, 50, Breunot, III, 234). Il épousa, avant 18 décembre 1583,
Hughette Arbaleste (morte, le 17 février 1598).

[162] Benoît Giroust, sieur de Marigny, Hocle, Vessey, Corcasset,
conseiller au Parlement de Dijon, reçu 20 mars 1596 (Reg. délib., III, 618)
en exercice III, 641 (12 novembre 1596) IV, 180 (12 novembre 1607),
président (p. 9 décembre 1610, Arch. Côte-d'Or, B. 25, fol. 80), reçu
pr. (9 décembre 1610) (Reg. délib., IV, 293) en exercice IV, 334 (12 novembre 1611) 889 (12 novembre 1622), vivant, 16 octobre 1638 (Arch.
mun. de Dijon, B. 485, fol. 68 r°). Il épousa, avant 14 janvier 1599,
Madeleine Baillot (vivante 5 mai 1605), puis, avant 11 octobre 1622,
Jeanne Vadot (vivante 23 septembre 1635) (Arch. mun. de Dijon, B.
482, 67, 94, B. 485, 11, 68, B. 506, 266).

[163] Pierre Odebert, conseiller au Parlement de Dijon (p. 3 juin 1568,
P.), reçu 16 décembre 1568 (Reg. délib., II, 484) en exercice, II, 566
(12 novembre 1569) 1355 (1255) (12 novembre 1579), III, 201 (12 novembre

1587) 236 (12 novembre 1588) 292 (12 novembre 1589), mourut avant
31 décembre 1592.

[164] Guillaume Millière, baron de Villeneuve, Aiserey, Bretenières,
2ᵉ fils de Guillaume Millière et d'Odette Maillard, mariés en 1534, conseiller au Parlement de Dijon (p. 30 septembre 1591, Arch. Côte-d'Or,
B. 30, fol. 34), reçu 15 janvier 1593 (Reg. délib., III, 191), en exercice,
III, 715 (12 novembre 1598) IV, 513 (12 novembre 1616), mourut, le 18 août
1617, à 4 heures du soir (IV, 575). Il épousa Michelle Fyot (vivante
16 mai 1631) (Arch. mun. de Dijon, B. 500, fol. 150 v°).

[165] Vincent Robelin, baron de Saffres, Ogny, Tauriseau, la Croix,
le Poids, lieutenant crim., au bailliage de Dijon (31 janvier 1586), conseiller au Parlement de Dijon (p. 25 juill. 1590, P.), reçu 16 juin 1593
(Reg. délib., III, 533) en exercice, III, 582 (12 novembre 1595) IV, 180
(12 novembre 1607), président (p. 16 novembre 1607, Arch. Côte-d'Or,
B. 34, fol. 95), en exercice, IV, 286 (12 novembre 1610) 889 (12 novembre
1622). Il épousa, avant 7 janvier 1615, Anne-Marie Ragot (vivante 17 mai
1626). Il mourut à Paris, en 1635 (Arch. mun. de Dijon, B. 500, fol. 89-B.
503, fol. 21-B. 506, f. 390 v°).

[166] Nicolas Berbis, sieur de Grangy, Dracy, Cromey, 9ᵉ fils de
Philibert Berbis et d'Andrée Le Lièvre, né le 27 août 1539, mort au
8 janvier 1606. Il épousa (1ᵉʳ juin 1569), Marie Morin de Cromey (morte
entre 1ᵉʳ juin 1575 et 21 août 1578). Il fut conseiller au Parlement de
Dijon (p. 28 juin 1568, P.), reçu 15 décembre 1568 (II, 483) en exercice,
II, 566 (12 novembre 1569) 1335 (1255) (12 novembre 1579), III, 201
(12 novembre 1587).

[167] Jean Quarré, sieur de Chateauregnault, 2ᵉ fils de François
Quarré et de Claude Berbis, né entre 13 septembre 1553 et 13 mai 1554,
lieutenant général du grand maître des eaux et forêts de Bourgogne
(10 janvier 1578), gruyer de Bourgogne (13 juillet 1578), conseiller au
Parlement de Dijon (p. 8 octobre 1587, P.), reçu 24 février 1588 (Reg.
délib., III, 213) en exercice (III, 209, 12 novembre 1588, IV, 209, 12 novembre 1608) 689 (12 novembre 1619) résigna 7 mars 1620 (IV, 720),
mort au 4 juillet 1621 (Arch. mun. Dijon, B. 507, fol. 38). Il épousa
(17 mai 1583), Marie Langlois (vivante 2 novembre 1627) (Arch. mun. de
Dijon, B. 491, fol. 322 v°, B. 506, ff. 17, 247, 266, 275 v°, 286 v°, 309,
323, 334 v°, B. 507, fol. 29), morte avant le 2 mai 1653. Il enleva, au
combat de Nolay, la cassette du duc de Mayenne.

[168] Bénigne Tisserand, sieur de Sassenay, Perray, Trochère, Marlieu, fils de Jean Tisserand et de Marie de Cirey, conseiller au Parlement de Dijon (p. 2 juin 1568, P.), reçu 19 janvier 1569 (Reg. délib., II, 492), en exercice, II, 566 (12 novembre 1569) III, 201 (12 novembre 1587) IV, 39 (6 août 1601) 44 (20 novembre 1601). Il laissa la place à son fils, et mourut, le 7 mars 1614, à Châlon (IV, 404). Il épousa Anne de Pontoux.

[169] Jean-Jérôme Tisserand, fils de Bénigne Tisserand et d'Anne de Pontoux, sieur de Beire, Tailly, Trochère (8 juin 1632), conseiller au Parlement de Dijon (p. 7 mars 1595, P.) (reçu à surviv. 18 mai 1596, Reg. délib., III, 628, Breunot, III, 73) en exercice, IV, 56 (12 novembre 1602) 889 (12 novembre 1622). Il mourut en 1641. Il épousa (1603) Bénigne Le Belin (vivante 8 juin 1632).

[170] Jérôme Saumaise, sieur de Chasans, Cuiley, Nanteuil, Villars, Chambœuf, fils de François Saumaise et d'Etienne Jacqueron, né en 1534, conseiller au Parlement de Dijon (p. 28 août 1568, P.), reçu 26 janvier 1569 (Reg. délib., II, 493), en exercice (II, 566, 12 novembre 1569) III, 201 (12 novembre 1587) 715 (12 novembre 1598) IV, 137 (12 novembre 1605), mort, à Dijon, le 8 avril 1614 (IV, 406). Il épousa Bénigne de Poligny, puis, avant 18 janvier 1602, Catherine de la Tour Villars (vivante 18 janvier 1602) (Arch. mun. de Dijon, B. 490, fol. 252 r°).

[171] François Briet, fils d'Hughes Briet et de Pierrette Mangeard, conseiller au Parlement de Dijon (p. 22 mars 1569, Arch. Côte-d'Or, B. 23, fol. 196) reçu 23 janvier 1572 (Reg. délib., II, 732 (632), en exercice, II, 773 (673) (12 novembre 1572) III, 201 (12 novembre 1587) IV, 90 (12 novembre 1603), mourut, le 22 mars 1605 (IV, 123). Il épousa, avant 28 septembre 1600, Françoise Arthault (née 1543, morte le 12 janvier 1637) (Arch. mun., de Dijon, B. 503, fol. 30 v°. B. 495, fol. 154 v°, B. 506, ff. 281 v°, 323 v°. B. 507, fol. 87).

[172] Robert Baillet, fils de Robert Baillet et de Philiberte Petit, conseiller au Parlement de Bourgogne (reçu 12 décembre 1571 (Reg. délib. II, 721 (621) en exercice, II, 773 (673) (12 novembre 1572) III, 201 (12 novembre 1587) 407 (12 novembre 1592) 582 (12 novembre 1595), mourut, le 25 mai 1598 (Reg. délib., III, 699, Breunot III, 115). Il épousa Madeleine Girardot.

[173] Jacques Baillet, sieur de Cressey, fils de Robert Baillet et de Madeleine Girardot, conseiller au Parlement de Dijon (p. 11 avril 1595,

Arch. Côte-d'Or, B. 29, fol. 314) reçu 9 décembre 1595 (Reg. délib., III,
597, Breunot, III, 52) en exercice, III, 641 (12 novembre 1596), IV, 889
(12 novembre 1622), mort, avant le 19 septembre 1628 (Arch. mun., de
Dijon (B. 496, fol. 217). Il épousa, avant 18 janvier 1607, Jeanne Burgat
(vivante 27 mai 1655)(Arch. mun. de Dijon, B. 482, ff. 145 et 161. B. 492,
fol. 320, B. 496, fol. 217. B. 500, fol. 116).

[174] Jean de Montbart, conseiller au Parlement de Dijon, p. 29 octobre 1575 (Arch. Côte-d'Or, B. 24, fol. 336) reçu 8 février 1576 (Breunot,
I, 178, Reg. délib., II, 1041 (941), vivant, 1er juillet 1578, mort au
16 juin 1581 (Reg. délib., II, 1479 (1379).

[175] Claude Catherine, 2e fils de Jean Catherine et de Drouine
Coutault, conseiller au Parlement de Dijon (p. 15 septembre 1580 (Arch.
Côte-d'Or, B. 26, fol. 251) reçu 7 décembre 1581 (Reg. délib., III, 13) en
exercice, III, 29 (12 novembre 1582) 715 (12 novembre 1598) IV, 56
(12 novembre 1602) 209 (12 novembre 1608). Il résigna son office.

[176] Pierre Quarré, fils aîné de François Quarré et de Claude Berbis,
mariés le 3 mai 1547, mineur (13 septembre 1553), conseiller au Parlement de Dijon (p. 6 juillet 1575, Arch. Côte-d'Or, B. 24, fol. 330) reçu
9 février 1576 (Reg. délib., II, 1041 (941), Breunot, I, 178, en exercice,
II, 1355 (1255), 12 novembre 1579), III, 715 (12 novembre 1598) IV, 137
(12 novembre 1605), mourut, le 16 décembre 1605 (IV, 142). Il épousa,
avant 3 septembre 1587, Chrétienne Jaquot (morte, le 13 novembre 1631).
Arch. mun. de Dijon (B. 506, ff. 8, 172, 389).

[177] Claude Bretagne, sieur de Nansouty, Orrain, la Borde. Béroisé,
Chaussenaise, fils de Jean Bretagne et de Jacquette Le Blond, mariés le
5 juillet 1549, conseiller au Parlement de Dijon (p. 24 septembre 1575,
Arch. Côte-d'Or, B. 24, fol. 331) reçu 9 février 1576 (Reg. délib., II,
1042 (942), Breunot, I, 178), à survivance, nommé lieutenant général en
Auxois (reçu 7 mai 1578, Breunot, I, 228), mort, le 6 avril 1616, à
Semur. Il ne paraît pas avoir siégé. Il épousa (1577), Anne Milletot,
puis (5 avril 1601), Claude de la Plume.

[178] Jean de Xaintonge, fils de Jean de Xaintonge, fut conseiller au
Parlement de Dijon (p. 24 juillet 1578, Arch. Côte-d'Or, B. 25, fol. 287)
reçu 20 mai 1579 (Reg. délib., II, 1342 (1242) en exercice, II, 1366 (1266)
(26 novembre 1579) III, 715 (12 novembre 1598) IV, 513 (12 novembre
1616), mourut, le 6 septembre 1617 (IV, 577). Il épousa, avant 3 mars 1600,

Marguerite Collard (vivante 9 octobre 1610) (Arch. mun. de Dijon, B. 506, ff. 277, v°, 359 r°).

[179] Pierre Bouhier, conseiller au bailliage, puis au Parlement de Dijon (p. 23 septembre 1575, Arch. Côte-d'Or, B. 24, fol. 356) reçu 28 mai 1576 (Reg. délib., II, 1081 (981) en exercice, III, 29 (12 novembre 1582) IV, 468 (12 novembre 1615) mourut, le 29 décembre 1615 (Breunot, I, 183, IV, 482). Il épousa avant 15 mars 1595, Jeanne de Poligny (vivante 15 mars 1595) (Arch. mun. de Dijon, B. 482, fol. 25).

[180] Pierre (Breunot l'appelle Jean) de Vaux, conseiller au Parlement de Dijon (p. 23 septembre 1575, Arch. Côte-d'Or, B. 25, fol. 22) reçu 11 février 1577 (Reg. délib., II, 1131 (1031) en exercice, III, 29 (12 novembre 1582) 131 (12 novembre 1585), mort avant le 18 septembre 1586. Il avait été (1er juillet 1578) lieutenant général en Auxois.

[181] Jules Bretagne, sieur de Blancey, Selongey, Orville, Fonsegrive, Trémont, fils de Claude Bretagne et de Denise Barjot, mariés le 28 janvier 1555, conseiller au Parlement de Dijon (p. 18 septembre 1586 (Arch. Côte-d'Or, B. 28, fol. 248), reçu 20 décembre 1587 (Reg. délib., III, 207) en exercice, III, 236 (12 novembre 1588) 715 (12 novembre 1598)IV, 180 (12 novembre 1607) 211 (16 janvier 1609) ex-cons. (21 avril 1610). Il épousa, avant 5 août 1581, Catherine Meunier (vivante 5 août 1581) (Arch. mun. de Dijon, B. 490, fol. 122 v°). Il vivait encore, le 9 décembre 1626.

[182] Georges de Souvert, sieur de Chastain, fils aîné de Lazare de Souvert et de Mathurine Ferrand, conseiller au Parlement de Dijon (p. 7 août 1592, Arch. Côte-d'Or, B. 30, fol. 141), reçu 8 juillet 1597 (Reg. délib., III, 658), en exercice, III, 662 (12 novembre 1597), IV, 286 (12 novembre 1610), président (p. 11 février 1611, Arch. Côte-d'Or, B. 35, f. 85), reçu 10 mars 1611 (IV, 302), mort, le 5 juillet 1614 (IV, 414), épousa Barbe Morisot, veuve de Guillaume Pivert.

[183] Philippe Baillet, sieur de Vaugrenant, Duesmes, conseiller au grand Conseil (10 juin 1568-12 mai 1570 (Reg. délib., II, 440 et 584), président au Parlement de Dijon (p. 28 septembre 1585, Arch. Côte-d'Or, B. 27, fol. 353), reçu 16 mai 1586 (Reg. délib., III, 158), en exercice, III, 171 (12 novembre 1586), 460 (1er juillet 1594), gouverneur royaliste de Saint-Jean-de-Losne (31 juillet 1593), chevalier de l'Ordre (30 décembre 1593), capitaine de gendarmes (5 juillet 1590), gouverneur de Beaune (1595), fut au siège de Paris (1590), et mourut, à Autun, le 2 octobre 1595 (Breunot, III, 32, Pépin, 147). Il était fils de Jacques Baillet et de Made-

leine Berbis, mariés en 1535. Il épousa (12 septembre 1577) Marguerite
Noblet (vivante 8 juillet 1620) (Cf. sur lui : Bigarne, *les Gouverneurs de
Beaune*, 1887, in-8).

[184] Jean-Baptiste Le Goux, sieur de la Berchère, Nauteuil, Saint-
Prix, Boncour, Vosne, Flagey, baron de Santenay, Chalanges, Curley,
fils d'Humbert Le Goux et de Bénigne Ocquidem, mariés le 26 janvier
1567, né en 1568, mort le 18 juin 1631, président au Parlement de Dijon
(p. 15 mai 1595, Arch. Côte-d'Or, B. 29, fol. 203), reçu 15 juillet 1595
(Reg. délib., III, 567), en exercice, III, 582 (12 novembre 1595), IV, 90
(12 novembre 1603), président (p. 1er octobre 1603, Arch. Côte-d'Or,
B. 32, fol. 324), reçu 23 janvier 1604 (Reg. délib., IV, 97), en exercice,
IV, 116 (12 novembre 1604), 889 (12 novembre 1622). Il épousa (10 octo-
bre 1592) Marguerite Brûlart (vivante 28 février 1632, Arch. mun. de
Dijon, B. 490, f. 226 v°. B. 491, ff. 342, 377. B. 506, f. 279 v°) (Cf.
Jacques Vignier, *Oraison funèbre de J.-B. Le Goux de la Berchère*,
Dijon, 1632).

[185] Jean Boulon, sieur de Velbœuf, conseiller au Parlement de Dijon
(p. 12 août 1583 (P.), reçu 17 juillet 1584 (Reg. délib., III, 95), en exercice
(III, 101, 12 novembre 1584), mort au 6 juin 1585.

[186] Bénigne Milletot, fils de Joseph Milletot et de Christine Le Blond,
sieur de Villy, Bornay, Champrenaud, conseiller à la Table de marbre de
Dijon, conseiller au Parlement de Dijon (p. 6 juin 1585, Arch. de la
Côte-d'Or, B. 28, f. 1), reçu 28 janvier 1586 (Reg. délib., III, 143), en
exercice, III, 171 (12 novembre 1586), 759 (27 juin 1599), IV, 889 (12 novembre 1622), vivant 6 mai 1627 (Arch. mun., de Dijon, B. 484, fol. 8).
Il épousa, avant 28 décembre 1598, Claudine de Cirey (vivante 6 mai
1627, Arch. mun. de Dijon, B. 484, f. 8. B. 495, f. 93 v°). Jurisconsulte
distingué, il écrivit un *Traité du délit commun et du cas privilégié* et *De
la puissance des juges séculiers sur les personnes ecclésiastiques*.

[187] Jean Cothenot, fils de Philibert Cothenot et de Marguerite du
Buisson, conseiller au Parlement de Dijon (p. 11 mai 1584,[(Arch. Côte-
d'Or, B. 27, fol. 257), reçu 1er décembre 1584 (Reg. délib., III, 109), en
exercice, III, 124 (19 juin 1585), 347 (12 novembre 1590), 539 (28 mars
1594), mort, par accident, le 19 mars 1595, pendant le siège de Beaune
(Breunot, II, 174). Il épousa Anne Espiard (morte, le 29 septembre 1601
(B. N. Fr. 24019, fol. 274).

[188] Étienne Sayve, sieur de Vesvrotte, fils aîné de François Sayve et

de Françoise Filsjean, conseiller au Parlement de Dijon (p. 25 juin 1596, Arch. Côte-d'Or, B. 30, fol. 13), reçu le 16 juillet 1596, Reg. dél., III, 627, Breunot, III, 83), en exercice, III, 662 (12 novembre 1597), IV, 889 (12 novembre 1622). Il épousa, avant 7 décembre 1597, Marie Lainé (vivante 7 décembre 1597, Arch. mun. de Dijon, B. 506, f. 259 r°).

[189] Jacques Fevret, fils de Charles Fevret et de Magnence Boursault, né à Semur, le 13 septembre 1544, mort, à Semur, le 8 février 1626, conseiller au Parlement de Dijon (p. 7 septembre 1589, P., reçu 7 juin 1595 (P.), en exercice, III, 582 (12 novembre 1595), IV, 56 (12 novembre 1602), 513 (12 novembre 1616). Il épousa (18 janvier 1575), Suzanne Guichard (née 1558, morte le 2 août 1607 (B. N. Fr. 24019, fol. 112).

[190] André Frémiot, abbé de Saint-Etienne de Dijon, archevêque de Bourges (30 juin 1615-15 mai 1627), ambassadeur à Rome (1626), mort, à Paris, le 13 mai 1641, frère de Sainte Jeanne de Chantal, fils de Celse-Bénigne Frémiot et de Marguerite Berbisey. Il fut conseiller au Parlement de Dijon (p. 10 mars 1599, Arch. Côte-d'Or, B. 31, fol. 94), (reçu 17 mars 1599 (Reg. délib., III, 737, Breunot, III, 143), en exercice (IV, 56, 12 novembre 1602). Il y a un portrait (gravé) de lui, dans le B. N. Fonds latin 17024, fol. 153.

[191] Jacques Vignier, baron de Ricey, Villemor, Juilly, Saint Liébaut, comte de la Chapelle-Gautier, Bagneux, Chenegy, Villemoron, Palis, les Deux Dierreys, Brouvilliers, Vavirennes, Beauvoir, Paisy, Moirey, les Fosses, le Fays, Thuisy, Saint-Usage, fils de Jacques Vignier et d'Isabeau de Saumaise, mariés le 29 octobre 1559, né en 1567, mort, à Ricey, le 24 avril 1631. Conseiller au Parlement de Dijon (p. 31 décembre 1595, Arch. de la Côte-d'Or, B. 30, f. 38), reçu 12 août 1596 (Reg. délib., III, 640), en exercice, III, 641 (12 novembre 1596), conseiller au grand Conseil janvier 1597-15 juin 1599), surintendant des finances (13 août 1616-10 février 1631), maître des requêtes (24 mars 1603-21 mai 1611), intendant de justice en Guyenne (1608), conseiller d'Etat (7 janvier 1612-10 février 1631). Il épousa (13 juillet 1597), Anne-Marie de Mesgrigny (vivante 22 novembre 1621, Arch. mun. de Dijon, B. 507, f. 40), puis (1627), Claude de Lamet (morte, le 1er août 1671) (Cf. Caumartin, Recherche de la noblesse de Champagne).

[192] Antoine Bretagne, baron de Loisy, deuxième fils de Claude Bretagne et de Denise Barjot, mariés le 28 janvier 1555, conseiller au Parlement de Dijon (p. 10 janvier 1597, Arch. Côte-d'Or, B. 30, f. 107), reçu

26 mars 1597 (Reg. délib., III, 653), en exercice, III, 662 (12 novembre 1597), IV. (889, 12 novembre 1622), 23 janvier 1624 (Arch. mun. de Dijon, B. 491, fol. 267), premier président du Parlement de Metz (9 avril 1633-31 juillet 1637), premier président du Parlement de Dijon (12 août 1637), mort. le 9 janvier 1638 (Arch. mun. de Dijon, B. 503, fol. 33 v°). Il épousa (27 février 1593), Anne Massol (morte entre 14 novembre 1611 et 18 août 1622).

[193] Jean Jaquot, fils de Jean Jaquot et de Marguerite Catherine, maître extr. à la Chambre des Comptes de Bourgogne (p. 30 juin 1591, reçu 26 juillet 1593), conseiller au Parlement de Dijon (p. 15 mai 1599, Arch. Côte-d'Or, B. 31, f. 157), reçu 14 mars 1600 (Reg. délib., IV, 10, Breunot, III, 203), en exercice, IV, 56 (12 novembre 1602), 334 (12 novembre 1611), résigna, le 5 mai 1620 (IV, 731). Il épousa, avant 5 novembre 1618, Hughette Le Grand (vivante, 5 novembre 1618, Arch. mun. de Dijon, B. 507, f. 20).

[194] Jean Arbelot, sieur de Drambon, Deulley, notaire et secrétaire du roi (23 octobre 1487-18 mars 1488 n. s.), procureur général au Parlement de Dijon (17 octobre 1496), en fonctions, 9 juillet 1510 (Reg. délib., I, 23), malade, 9 mars 1513 (I, 84), mort, le 8 juin 1513 (I, 91). Il épousa Guillemine de Vezon (vivante 7 janvier 1514 (Reg. délib., I, 100).

[196] Cf. notice dans F. Vindry (les Ambassadeurs français permanents au XVIe siècle, Paris, 1903, in-4, préface). Il fut procureur général du Parlement de Dijon (p. 14 août 1514, P.), reçu 18 décembre 1514 (Reg. délib., I, 127).

[197] Barthélemy Gaigne, sieur d'Ormée, la Porcheresse, procureur du roi au bailliage d'Autun, procureur général au Parlement de Dijon (p. 4 janvier 1517, P., Actes, V, 312, 16289), reçu 5 février 1517 (Reg. délib., I, 185), en exercice, I, 297-8 (13 novembre 1525), mort entre le 4 juin 1545 et le 25 août 1547. Il épousa Hughette Poillot, puis Cyprienne Godran (vivante 25 août 1547).

[198] Léonard Thomas, lieut. au baill. de Montmorillon, procureur général au Parlement de Dijon, p. 6 mars 1557 (P.), reçu 7 coût 1557 (Reg. délib., I, 710).

[199] Thomas Berbisey, sieur de Bellevesvre, fils d'Etienne Berbisey et d'Anne Moisson, procureur général au Parlement de Bourgogne (p.

2.) mars 1558, P.), reçu 7 juin 1558 (Reg. délib., I, 803), en exercice, I,
916 (22 juin 1558), II, 289 (12 novembre 1566), 834 (754), 13 novembre
1573), III, 201 (12 novembre 1587), mort, le 2 juin 1601, à Dijon (Reg.
délib., IV, 36, Breunot, III, 222). Il épousa Guillemette Girault.

[200] Hughes Picardet, sieur de Bellevesvre, fils de Gaspard Picardet
et de Jeanne Brun, procureur général au Parlement de Dijon (p. 4 janvier 1586, (P.), reçu 27 janvier 1588 (Reg. délib., III, 211), en exercice,
III, 236 (12 novembre 1588), IV, 889 (12 novembre 1622). Né en 1560, il
mourut, à Dijon, le 29 avril 1641 (Arch. mun. de Dijon, B. 503, fol. 42 v°).
Il épousa, avant 11 août 1588, Anne de Berbisey (vivante 27 mai 1617),
puis, avant 17 décembre 1624, Antoinette Le Prévost de Saint-Germain
(vivante 7 août 1628, Arch. mun. de Dijon, B. 490, fol. 110 v°, 123 v°,
137 v°. B. 500, fol. 22 v°, 115 v°. B. 508, fol. 32 v°). Moréri a donné un
long article bibliographique sur les œuvres de Picardet.

[201] Jacques Arbaleste, sieur de Ruffey, Villargeot, Neuilly-en-Auxois,
fils de Pierre Arbaleste et de Jeanne de Piédefer, avocat du roi à Beaune,
2° avocat général au Parlement de Dijon (13 novembre 1489), 1er avocat
général (reçu 20 mars 1493, P.), en fonction, 20 novembre 1514 (Reg.
délib., I, 122), 26 avril 1520 (I, 221), mort au 12 novembre 1520 (I, 224).
Il épousa Marie de Neuilly.

[202] Jean Baillet, 1er avocat général au Parlement de Dijon, reçu
12 novembre 1520 (Reg. délib., I, 224), mort, à Dijon, le 24 janvier 1521
(I, 226).

[203] Hélie Moisson, sieur de Sey, Nauroy, 1er avocat général au Parlement de Dijon, reçu 9 février 1521 (Reg. délib., I, 226-227), en exercice
I, 252 (22 avril 1523), 297-298 (13 novembre 1525), mort au 8 février
1526 (I, 303). Il épousa Jeanne Collot.

[204] Olivier Sayve, sieur de Flavignerot, la Grange-Noire, la Mothe
au Pailly, avocat général au Parlement de Dijon (p. 5 novembre 1551,
P.), reçu février 1552 (P.), en exercice, I, 486 (13 novembre 1553), 1033
(12 novembre 1560), II, 205 (12 novembre 1565), 773 (673), 12 novembre
1572), mort, le 16 mars 1573 (II, 824, (724), fils de Jean Sayve et de Philiberte Bouesseau, épousa Anne Moisson, puis (28 janvier 1560), Anne
Le Goux de la Berchère, puis Judith Baillet.

[205] Jean Maillart, fils de Jean Maillart et de Marie Girardot, avocat

général au Parlement de Dijon (p. 5 février 1586, Arch. Côte-d'Or, B.
28, f. 31) reçu 30 avril 1586 Reg. délib., III, 156-157) en exercice. III, 201
(12 novembre 1587) 347 (12 novembre 1590) mort avant le 30 mars 1592.

[206] Marc-Antoine Millotet, avocat général au Parlement de Dijon (p.
30 mars 1592) (P.) reçu 8 mars 1594 (Reg. délib., III, 538), en exercice,
III, 240 (29 mars 1594) 767 (12 juillet 1599), IV, 889 (12 novembre 1622),
22 janvier 1623 (Arch. mun. de Dijon, B. 500, f. 58), conseiller d'Etat
(14 novembre 1614-15 octobre 1626), vivant 14 mars 1633. Il épousa, avant
2 mai 1603, Marie du Bourdin (vivante 2 mai 1603) (Arch. mun. de Dijon
B. 494, f. 152, v°).

[207] Jean de Loisie, sieur des Clopets, 2e avocat général au Parlement de Dijon (p. 4, reçu 14 novembre 1496 (P.), en exercice (Reg. délib.,
I, 39 (14 juillet 1511) 128 (8 janvier 1515), mort le 12 juin 1522 (I, 243).

[208] Paris Jaquot, sieur de Neuilly, avocat du roi au bailliage de Dijon,
2e avocat général au Parlement de Dijon (p. 19 novembre 1526 (P.) reçu
4 décembre 1526 (Reg. délib., I, 323), en exercice (I, 412 (22 juin 1531),
conseiller au Grand Conseil (15 février 1536-22 décembre 1551), mort
avant 19 octobre 1556. Il épousa Charlotte Sayve (vivante 19 octobre 1556).

[209] Guillaume de Montholon, sieur de Mussy-la-Fosse, 2e fils de
Nicolas de Montholon et de Marguerite de May, mariés le 14 juillet 1488,
né le 26 août 1493, mort le 6 août 1564 (Reg. délib., II, 112), 2e avocat
général au Parlement de Dijon (p. 5 février 1536. P., Actes, III, 172, 8292)
reçu 17 février 1536 (P.) en exercice I, 486 (13 novembre 1553) 1033
(12 novembre 1560) III, 94 (4 juin 1564). Il épousa Catherine Moisson.

[210] Guillaume Le Gouz, sieur de Gurgy-la-Ville, Vellepesle, Lucey,
fils de Pierre Le Gouz et d'Henriette des Barres, mariés en juin 1557, avocat général au Parlement de Dijon (p. 30 avril 1586 (Arch. Côte-d'Or, B.
28, f. 54) reçu 16 juillet 1586 (Reg. délib., III, 169), en exercice, III, 201
(12 novembre 1587) 715 (12 novembre 1598) IV, 239 (12 novembre 1609),
mort, le 30 juin 1614 (IV, 413). Il épousa (13 décembre 1587) Odette Bour-
lier, puis (20 décembre 1609) Françoise de Montholon, puis Renée Le
Valois, veuve de François Le Héricy de Curlai.

[211] Jean Cottereau, notaire et secrétaire du roi, maître des c. à Paris,
greffier au Parlement de Dijon (p. 13 novembre 1499 (P.) en exercice
(12 janvier 1501).

[212] Jacques Ayrolde, sieur de la Couste, notaire et secrétaire du roi (22 octobre 1493-22 mars 1505 v. s.), mort avant le 22 novembre 1506, greffier au Parlement de Dijon (r. 23 mars 1500-1501 (P.)

[213] Antoine Robineau, fils de Jean Robineau et d'Anne Gager, notaire et secrétaire du roi, secrétaire du Dauphin, greffier au Parlement de Dijon (p. 22 novembre 1506, r. 21 janvier 1507 (P.) Il épousa (6 février 1508) Marie de Rueil. Il mourut, le 24 août 1509.

[214] Didier de Recourt, sieur de Rivière, greffier au Parlement de Dijon (p. 19 mars 1508, reçu 12 avril 1508 (P.) en exercice (Reg. délib., I, 5 (11 décembre 1509) 193 (12 novembre 1517), mort, le 12 décembre 1517, 2 heures après minuit (I, 194). Il épousa Charlotte Bouesseau.

[215] Thierry Fouet, sieur de Dornes, Raiz, baron de Chevannes, les Voumeaux, Cordebœuf, fils de Thierry Fouet et d'Anne Rocque, greffier au Parlement de Dijon (p. 16 décembre 1517 (P.) reçu 12 novembre 1518 Reg. délib. I, 204), président à la Chambre des Comptes de Moulins, puis premier président à la Chambre des Comptes de Dijon (31 janvier 1522-24 juillet 1530) secrétaire de la Chambre du roi (1514-1518), conseiller d'Etat, mort avant le 22 avril 1535. Il épousa Françoise Grossier (vivante 25 février 1544). (Cf. Du Broc de Segange : *la Famille de Dornes*. Moulins, 1901, in-8°).

[216] Jean Prévost, trés. de l'extr. des g. (15 mars 1521-22 juin 1523), greffier au Parlement de Dijon (1522-8 mai 1523), général des finances de Guyenne (2 juin 1527-23 octobre 1532), payeur du Grand Conseil (12 avril 1526-1er juillet 1527), encore vivant, le 1er juin 1537.

[217] Bérigne Serre, fils d'André Serre et de Jacqueline de Machecot, sieur de Cléney, Brétigny, Daix, les Barres, Orsan, Ogny, Aubigny, grenetier du grenier à sel de Dijon (1514), contrôleur des droits et octrois de Dijon (7 décembre 1515), receveur général de Bourgogne (1516-1528), greffier au Parlement de Dijon (p. 8 mai 1523 (P.) reçu 27 mai 1523 (Reg. délib., I, 253) en exercice, I, 270, 297, 298 (13 novembre 1525), 1er président de la Chambre des Comptes de Dijon (22 avril 1533-16 mai 1536). Il épousa Catherine de Recourt.

[218] Jacques Fyot, sieur de Barain, secrétaire du roi, gouverneur de Châtillon-sur-Seine (25 mars 1520, v. s), greffier au Parlement de Bour-

gogne (p. 29 novembre 1526 (P.) reçu 10 janvier 1528 (Reg. délib., I, 346), mort avant le 26 janvier 1530, fils de Jean Fyot et de Henriette Le Lièvre du Martrois. Il épousa Marie de Mochecot (vivante 6 novembre 1543).

[219] Zacharie Chapelain, greffier au Parlement de Bourgogne (p. 26 janvier, reçu 5 février 1530 (P.) en exercice, 12 novembre 1534 (Reg. délib., I, 415), mort entre le 23 octobre 1541 et le 21 juillet 1549. Il épousa Jeanne Gros d'Agey.

[220] Palamedes Gonthier, né en Auxerrois, fils de Louis Gonthier et de Radegonde Donet, sieur de Sauvement, le Suchault, Saint-Vallier, le Plessis, secrétaire de l'amiral Chabot, trésorier de France en Bretagne (11 décembre 1528) chef du tabellionage de la vicomté de Rouen (24 juin 1541-4 novembre 1545), secrétaire du Dauphin (14 juin 1522), baron de Sen-sur-en-Brionnais, greffier au Parlement de Dijon (p. 21 juillet 1549 (P.) reçu 12 novembre 1549 (Reg. délib., I, 443) en exercice, I, 450 (14 novembre 1549) 1395 (13 juin 1563), II, 381 (19 juin 1567), mort, le 30 juin 1569 (II, 555). Il épousa (5 février 1544) Marie de Corbary (vivante 26 septembre 1558).

[221] Jean Gonthier, sieur de Sauvement, Esbatis, Choisy-sur-Seine, Château-Gontier, fils de Palamedes Gonthier et de Marie de Corbary, mariés le 5 février 1544, né en 1549, reçu à survivance 16 janvier 1555 (Reg. délib., I, 550) assermenté, 22 juin 1564 et 2 juillet 1565 (Reg. dél., II, 102 et 195), en exercice III, 561 (1er juillet 1595) 16 juin 1619 (Arch. mun. de Dijon, B. 507, fol. 23, mort avant le 15 janvier 1624 (Arch. mun. de Dijon, B. 507, f. 54). Il épousa (24 juin 1573) Marie Comus de Pontcarré (vivante 15 janvier 1624) (Arch. mun. de Dijon, B. 506, ff. 20, 293, v°. B. 507, ff. 23, 54).

[222] Joseph Griguette, greffier des présent. au Parlement de Dijon (p. 23 juillet 1578, Arch. Côte-d'Or, B. 25, fol. 301) reçu 15 mai 1579 (Reg. délib., II, 1341, (1241), en exercice III, 561 (1er juillet 1595), mort le 20 juillet 1611 (IV, 325). Il épousa, avant le 11 octobre 1579, Nazaire Ferrault (vivante 11 octobre 1579), puis, avant le 29 janvier 1593, Jeanne Le Gourd (vivante 26 juillet 1622) (Arch. mun. de Dijon B. 490, f. 122 v°. B. 506, f. 117, v°. B. 508, f. 5, v°).

[223] Barthélemy Joly, sieur de Chorey, procureur du roi au bailliage de Beaune, fils de Barthélemy Joly et de Catherine Verne, mariés le 5 décembre 1512, né en 1527, mort le 4 janvier 1590 (Reg. délib., III,

307), greffier au Parlement de Dijon (p. 2c juillet 1578) (Arch. Côte-d'Or,
B. 25, f. 227), reçu 10 décembre 1578 (Reg. délib., II, 1309 (1209) III,
71 (19 décembre 1583). Il épousa Claude Ferrand (morte, le 12 mai 1599).

[224] Antoine Joly, baron de Blaisy, Cutigny, 4° fils de Barthélemy
Joly et de Claude Ferrand, greffier au Parlement de Dijon, mort le
22 novembre 1649 (Arch. Côte-d'Or, B. 12072, fol. 166 et Arch. mun. de
Dijon). Il épousa (13 septembre 1591), Jeanne Morin (morte, le 10 sep-
tembre 1595), puis (5 mai 1602), Claude Jaquot (morte, le 19 janvier 1643
(Arch. mun. de Dijon, B. 491, f. 365. B. 503, f. 47). Il fut député aux
Etats-Généraux (1614).

[226] Jacques de Pontailler, 3° fils de Guillaume de Pontailler et de
Guillemette de Vergy, mariés le 2 mars 1453, abbé de Charlieu, Charmis,
Morimond, Citeaux (1503), mort en 1516. Il siège en Parlement, le 12 no-
vembre 1512 (Reg. des délib., I, 69).

[227] Blaise d'Aiserey, abbé de Citeaux (1516), mort à Paris, le 10 septembre 1517.

[228] Guillaume Fauconnier, abbé de Mortemer, le Miroir, Citeaux
(1521), mort en 1540.

[229] Louis de Baissey, fils de Claude de Baissey et de Jeanne de Crux,
religieux à la Prée, abbé de Mézières, abbé de Citeaux (6 janvier 1561),
Il siège au Parlement, le 20 mai 1561 (Reg. délib., I, 1094). Il mourut, le
19 juin 1564 (B. N. Fr. 24019, fol.33).

[230] Jérôme de la Souchière, né en 1508, mort, à Rome, le 10 novembre
1571, abbé de Citeaux (11 juillet 1564), cardinal (9 avril 1568).

[231] Nicolas Boucherat, abbé de Citeaux (3 décembre 1571-1584),
né en 1517, mort le 12 mars 1586, 3° fils d'Edmond Boucherat et
de Marguerite Favier. Il siège au Parlement, les 13 novembre 1573, 11 juillet 1575 (Reg. délib., II, 854 (754), 1005 (905).

[232] Edme de la Croix, abbé de Citeaux (1584), mort, en 1604, à Bar-
celone, reçu au Parlement: 28 mai 1586 (Reg. délib., III, 158) en exercice,
III, 621 (27 mars 1596) 629 (28 mai 1596) 771 (28 juillet 1599), vivent le
1er avril 1601 (Arch. mun. de Dijon, B. 482, f. 73).

[232 bis] Claude de Vaudrey, sieur de Courlaou, le Pin, l'Aigle, Chilly,

Rochefort, Chissé, Lielle, fils d'Antoine de Vaudrey et de Marguerite de Chauffour, bailli de la Montagne, chevalier d'honneur au Parlement de Dijon, mort sans postérité en 1515, épousa (25 février 1511) Marie de Challant.

[233] Philippe Bouton, sieur de Corberon, Roussillon, Glenne, Sau-maite, Moisenant, Chambly, Laiz, Burisot, Glanon, Villiers-le-Brûlé, Saint-Bury, Clamerey, Saint-Thibaut, 3e fils de Jacques Bouton et d'An-toinette de Salins, mariés avant 1431, bailli de Dijon et d'Auxonne, chamb. et 1er cc. et ch. du duc de Bourgogne (1461), amb. en Savoie (1473), gouverneur de Sagey (1er février 1474) et d'Argilly (4 mai 1499), Binois, testa le 25 mars 1514, v. s, ch. d'honn. au Parlement de Bourgogne (p. 6 mars 1515, (P.), en exercice (Reg. délib., I, 25, 97, 12 novem-bre 1513). Il mourut avant le 21 août 1515, âgé de plus de 96 ans. Il épousa (samedi après 2 février 1455), Catherine de Dyo (testa 5 mars 1519).

[234] Jean de Courcelles, sieur de Polans, Auvillars, Rousselanges, baron de Saint-Julien (1539), fils de Philippe de Courcelles et d'Hughette Bouton, mariés le 2 janvier 1456, ch. d'honn. au Parlement de Dijon, reçu 20 mars 1515 (Reg. délib., I, 137), en exercice I, 154, 320 (12 novembre 1526), 376 (12 avril 1529). Il épousa Philiberte de Ténarre.

[235] Charles de Courcelles, sieur d'Auvillars, fils aîné de Jean de Courcelles et de Philiberte de Ténarre, ch. d'honn. au Parlement de Bourgogne, pourvu le 5 mars 1515 (Actes, I, 23, 134), mourut avant le 4 septembre 1532.

[236] African de Mailly, ch. d'honn. au Parlement de Bourgogne (p. 4 septembre 1542 (P., Actes, VI, 305, 20457), reçu 15 novembre 1532 (P.), siège (Reg. délib., I, 428, 12 novembre 1535), 431 (12 novembre 1537), (Cf. sur lui : F, Vindry : Dictionnaire de l'Etat Major français au xvie siècle, t. II, p. 45).

[237] Hélion de Mailly, sieur d'Arc-sur-Tille, Flogny, Arceau, Clomot, Savigny-les-Beaune, Varennes, Chorey, fils aîné de Pierre de Mailly et de Françoise de Rossillon, mariés le 5 janvier 1498, ch. d'honn. au Parle-ment de Dijon (p. 2, reçu 16 juin 1545 (P., Actes, IV, 753, 11503), en exercice, 12 novembre 1551 (Reg. délib., I, 468). Il mourut entre le 10 mai 1559 et le 13 décembre 1560. Il épousa Catherine de Plaines (vivante 10 mai 1559), veuve d'Antoine de Ténarre et d'Esme des Choux-Chassy.

[238] Antoine de Vienne, sieur de Bauffremont, Listehois, ch. d'honn., au Parlement de Dijon (p. 13 décembre 1560, Arch. Côte-d'Or, B. 19, fol. 265), reçu 11 février 1561 (Reg. délib., I, 1071) (Cf. sur lui F. Vindry, *op. cit.*, II. 41).

[239] Pierre de Courcelles, baron d'Auvillars et Glanon, sieur de Grosbois et Chazelles, 2ᵉ fils de Jean de Courcelles et de Philiberte de Ténarre, ch. de l'O., ch. d'honn. au Parlement de Dijon (p. 17 mars 1571, Arch. Côte-d'Or, B. 28, fol. 184), reçu 16 juin 1561 (Reg. délib., II, 680, 580), en exercice, II, 773, (673), 12 novembre 1572), 1355 (1255) (12 novembre 1579), mort en 1596. Il épousa Jeanne des Loges.

[240] Jean de Nagu, ch. d'honn. au Parlement de Dijon (p. 7 janvier 1581, Arch. Côte-d'Or, B. 26, fol. 176), reçu 22 mai 1581 (Reg. délib., II, 1468, 1368), en exercice, III, 29 (12 novembre 1582), 582 (12 octobre 1595), reçu, à nouveau, 8 janvier 1596 (Reg. délib., III, 603), en exercice III, 606, 607 (15 janvier 1596) (Cf., F. Vindry, *op. cit.*, II, 175). M. Char-vériat, qui a publié (Lyon 1903, in-12°) sa correspondance (1589-1595) avec les échevins de Lyon, nous apprend qu'il naquit, le 25 avril 1545, fut aux sièges de Vienne (1562), la Rochelle (1573), aux bat. de Jarnac et Moncontour, échoua sur Paray-le-Monial (15 novembre 1589), et fut battu, par Tavannes, à Lespinasse.

[241] François de Nagu, marquis de Varennes, Laye, Longecourt Janlis, Tard, Mersey, Marzé, Belleroche, fils de Jean de Nagu et de Philiberte des Loges, né 1577, guidon à la compagnie d'Aiguillon, capitaine ch. légers (4 août 1597) m. de camp, fut au siège d'Amiens, lieutenant de la compagnie maréchal Biron, bailli d'Autun (6 juin 1594), gouverneur de Beaujeu (25 septembre 1596), gént. de la Ch. (31 décembre 1608-30 décembre 1620), mestre de camp (1610), maréchal de camp (26 septembre 1616-2 juillet 1632), bailli de Saint-Pierre-le-Moûtier, conseiller d'Etat (4 mai 1632), capitaine de gendarmes, gouverneur d'Aigues-Mortes (4 mai 1632-29 novembre 1640), ch. d'honn., au Parlement de Bourgogne (p. 23 octobre 1596, Arch. Côte-d'Or, B. 33, fol. 37), reçu 4 août 1597 (It.), en exercice, 12 novembre 1597 (Reg. délib., III, 662), 12 novembre 1622 (IV, 889), ch. du Saint-Esprit (14 mai 1633). Il épousa (4 février 1599) Eléonore du Blé-Uxelles.

[242] Charles de Mypont, ch. d'honn. du Parlement de Dijon, né 1453, en exercice, I, 9, 154 (12 novembre 1515) mort le 11 mars 1516 (B. N. Fr. 24019, fol. 90). Il épousa Jeanne de Lugny (morte, le 30 juillet 1514). (B. N. Fr. 24019, fol. 90.)

[243] Gérard de Vienne, sieur de Ruffey, Commarin, la Borde, Villeneuve, baron d'Antigny, Saint-Aubin, Annoires, Béchemin, gouverneur
de Beaune, chambellan, ch. de l'O., ch. d'honneur d'Eléonore d'Autriche, ch. d'honn. au Parlement de Dijon (p. 13 mars 1516, P.,
Actes, 280, 16119), reçu 17 avril 1516 (Reg, délib., I, 163), en exercice,
I, 170, 320 (12 novembre 1526), 431 (12 novembre 1537). Il mourut, à
Beaune, le 27 mai 1543. Il était fils de Louis de Vienne et d'Isabelle
de Neufchâtel et épousa Bénigne de Dinteville.

[244] François de Vienne, sieur de Ruffey, Commarin, la Borde, Bou-
ligneux, Annoires, Béchemin, baron d'Antigny et Saint-Aubin, gouverneur de Beaune, panetier du Dauphin, ch. d'honn. au Parlement de
Bourgogne (reçu 14 mars 1538, P., le 11 mars 1538, selon les *Actes*, III,
302, 9825), en exercice, I, 443 (12 novembre 1549), 591 (13 novembre
1553), mort au 20 septembre 1559, fils de Gérard de Vienne et de Bénigne
de Dinteville, il naquit, à Condrieu (Rhône), le 10 juin 1513. Il épousa
Gilette de Luxembourg.

[245] Guillaume de Saulx, chev. de l'O., sieur de Villefrançon, baron
de Sully, Pouilly, Igornay, Orrain, Dampierre-sur-Salon, Mont Saint-
Vincent, ch. de l'O., lieutenant général en Bourgogne (dernier février
1557), ch. d'honn. au Parlement de Dijon (reçu après 11 décembre 1559
Reg. délib., I, 964), ayant été pourvu, le 20 septembre 1559, selon
Palliot, le 14 juillet 1543, selon les Arch. de la Côte-d'Or, B. 19, fol. 67,
le 6 juin 1543, selon les *Actes*, IV, 748, 14477), en exercice, 14 décembre
1560 (Reg. délib., I, 1032), 13 avril 1562 (I, 1203). Il était fils de Jean
de Saulx et de Marguerite de Tavannes, épousa avant le 21 janvier 1538,
Claudine de Cusance (vivante 21 janvier 1538), et mourut, sans post.,
avant le 12 mars 1564.

[246] Gaspard de Saulx, ch. d'honn. au Parlement de Bourgogne
(p. 16 juin 1565, P.) reçu 12 novembre 1565 (Reg. délib., II, 206), en
exercice, 12 novembre 1566 (II, 289), (Cf. sur lui, F. Vindry, *op. cit.*
II, 402-403).

[247] Jean de Saulx, ch. d'honn. au Parlement de Bourgogne (p. 4 mars,
1566, reçu 11 avril 1569 (Reg. délib., II, 316), en exercice, II, 751 (651)
(28 avril 1572), III, 29 (12 novembre 1582), 662 (12 novembre 1597), IV,
889 (12 novembre 1622), Cf. sur lui, F. Vindry, *op. cit.*, II, 429-430.

CONSEILLERS DOUTEUX

Palliot nomme, parmi les conseillers au Parlement de Dijon, vers 1502, Jean Briçonnet (248). M. d'Arbaumont *(Armorial de la Chambre des Comptes de Bourgogne)*, indique aussi, le 7 juin 1538, Jean de Machecot (249), qui seroit mort, peu après sa réception. Le registre des délibérations ne commençant qu'en 1508, et étant, de 1538 à 1549, en lacune, impossible de vérifier ces affirmations. Quelques généalogistes veulent aussi que Guy de Blondeau (250) ait été nommé conseiller, mais n'ait pas siégé. M. d'Arbaumont indique encore, sans donner aucune date de réception, Bernard Julien (251). Enfin, nous mentionnerons Guillaume Bataille (252), qui, nommé le 24 novembre 1480, mourut « au bord du siècle » et Jean Charnot, prévôt de Notre-Dame d'Autun, nommé le 22 mars 1482, conseiller, mais qui dut, vraisemblablement, mourir avant 1500.

———

[248] Jean Briçonnet, archidiacre de Beaune.

[249] Jean de Machecot, reçu à surviv. le 7 juin 1538 *(Actes*, III, 559, 10082), fils de Chrétien de Machecot et de Perrette de Moreau, épousa Guillemette de Carmonne.

[250] Guy de Blondeau, fils aîné de Pierre de Blondeau et de Perrette de Maulin-Vausalin, sieur de Beauvoir, Chapuis, Sivry, Montaguillon, Vieilchâtel, s. du r. et très. de son écurie (26 août 1591-16 juin 1622), conseiller au Parlement de Bourgogne (18 février 1581), g. m. des eaux et forêts de Bourgogne (30 juin 1590-31 mars 1598), grand louvetier de Bourgogne, conseiller d'Etat (6 janvier 1619), mort entre le 18 février 1623 et le 2 août 1627. Il épousa Marie-Anne Bourdin (vivante 2 août 1627).

[251] Bernard Julien, sieur d'Arcenay, Chevannay, Verrey, 4e fils d'Etienne Jullie et de Philiberte Brocard, mort en 1569, s. post.

[252] Guillaume Bataille, sieur de Roson, le Tillot, Pansy, 3e fils de Jean Bataille et de Marie de la Chasse, né en 1441, mort, le 12 février 1500 (Etait-il, alors, encore conseiller?), à Beaune, conseiller au Parlement de Dijon (24 novembre 1480). Il épousa (19 septembre 1474) Marguerite Bonvalot (vivante 12 mai 1507).

PARLEMENT DE CHAMBÉRY

PRÉFACE

Le personnel du petit Parlement français de Chambéry qui, créé vers février 1538[1], dura jusqu'au 7 août 1559, époque à laquelle il fut remplacé par le Sénat de Savoie, n'aurait, sans doute, subi que peu de changements, par suite du décès ou de la démission de ses membres, sans la néfaste présence, dans ses rangs, du procureur général Julien Tabouet.

Ce personnage, durant les quinze à vingt années de son séjour à Chambéry, ne cessa, à tort ou à raison, de poursuivre ses collègues de sa haine et de leur susciter des ennuis et des condamnations de tout genre.

L'histoire des démêlés de Tabouet avec le président Pellisson, les conseillers Scève, Crassus, du Rozet, Boyssonné, Pellissier, Morin, Sarnyn et avec l'avocat général Thierrée, a été parfaitement exposée dans deux excellents ouvrages, où nous avons beaucoup puisé, l'*Histoire du Sénat de Savoie* par Eugène Burnier, 2 vololumes in-8°, Chambéry 1864-1865, et le *Jean de Boyssonné et le Parlement Français de Savoie*, de M. le conseiller François Mugnier, 1 volume in-8°, Paris 1898.

M. Mugnier a consulté, comme nous l'avons fait nous-même,

---

[1] Voir, sur la date exacte de la création du Parlement de Savoie, l'excellente discussion de M. Burnier (*Histoire du Sénat de Savoie* t. I, p. 114-116). Les lettres de provision de Raymond Pellisson, étant de février 1537, c'est cette date que nous choisissons. M. Mugnier, dans son *Jean de Boyssonné*, ne prend pas parti sur la question.

les quelques registres de l'ancien Parlement Français, conservés au greffe de la Cour d'Appel de Chambéry et en a tiré un excellent parti.

Tous nos remerciements à l'aimable M. Gabriel Pérouse, archiviste départemental de la Savoie, qui nous a été du plus grand secours dans nos recherches. M. Pérouse et Mme veuve Honoré Pérouse, sa mère, nous ont fourni, en outre, sur leur famille, qui tint une place importante, au xvie siècle, soit directement, soit par ses alliances, dans le personnel du Parlement de Grenoble, les renseignements les plus précieux. Qu'ils veulent bien recevoir ici, ainsi que M. Blanchard, greffier en chef de la Cour de Chambéry, qui s'est mis, avec une rare bonne grâce, à notre disposition, l'expression de toute notre reconnaissance.

PARLEMENT DE CHAMBÉRY

PREMIERS PRÉSIDENTS

Raymond Pellisson [1], 10 février 1537.
Claude Pascal [2], 25 août 1551.
Raymond Pellisson [1], 15 octobre 1556.

VICE-PRÉSIDENTS

Nicole de la Chesnaye [3], époque inconnue, conseiller dès l'origine
Claude Pascal [2], vers le milieu de 1548.
Jean Truchon [4], 25 août 1551.
Claude Pascal [2], 1556.

TROISIÈME PRÉSIDENT

Guillaume de Portes [5], 27 juin 1554.

CONSEILLERS

Humbert Veillet [6], origine.
Robert Tignac [7], début de 1548.

13

Benoit Crassus [8], origine.

Jean de Boyssonné [9], origine.
Philippe de Montholon [10], 25 août 1551.

Julien du Gué, origine [11].

Louis Gausseraud du Rozet, origine [12].
Antoine Goignepain [13], 25 août 1551.

Guillaume Pellissier [14], origine.

Guillaume Scève, 19 octobre 1539 [15].

Celse Morin, 20 janvier 1543 [16].

Raymond Sarnyn [17], origine.
Jean Boyer, 12 mai 1543 [18].
François de Valence, en exercice 5 novembre 1546 [19].

Jean Truchon [4], 1549.

Jean Poille, en exercice 1er janvier 1550 [20].

Etienne de Roybons, en exercice mai 1552 [21].

François Alixant, en exercice juillet 1552 [22].

Louis Oddinet de Montfort, n. 25 juillet 1553 [23].

Pomponne de Bellièvre, n. 27 juin 1554 [24].

PROCUREURS GÉNÉRAUX

Julien Tabouët, origine [25].
Mathieu Coignet, n. 18 juin 1554, r. 16 janvier 1555 [26].

AVOCATS GÉNÉRAUX

Antoine de Lausergie, origine [27].
Jean Thierrée, n. 25 avril 1542 [28].
Jules de Ganay, en exercice 10 avril 1554 [29].

GREFFIER CIVIL

Jean Ruffin [30].

GREFFIER CRIMINEL

Jean Tourault,

Pendant la courte occupation française de 1600-1601, le Sénat de Savoie fut remplacé par un *Conseil Souverain*, composé de trois membres : Jean de la Croix-Chevrières [31], Pierre de Granet [32] et Claude Expilly [33], ce dernier, procureur général.

NOTICES BIOGRAPHIQUES

[1] Raymond Pellisson, né à Montferrand-en-Auvergne, fils de Martin Pellisson et de Jeanne de Redon, professeur de droit à Tournon (1534-1536), ambassadeur en Portugal (novembre 1536), n. 1ᵉʳ président au Parlement de Chambéry (10 février 1537) (*Actes de François Iᵉʳ*, 29 mai 1540 (Reg. 1542, fol. 11 v°, VI, 482, n° 21383), maitre des requêtes (6 mai 1545), en exercice à Chambéry (3 février 1541-5 décembre 1542, Reg. d'*entrées*, ff. 1 et 55), 9 juillet 1558 (Reg. crim. de 1557 à 1559, fol. 112). Il mourut, le 11 juillet 1558. Il épousa Françoise Regin. Sa condamnation, à Dijon, est du 27 juillet 1551. D'août 1550 à 15 octobre 1556, il ne siégea pas.

[2] Claude Paschal (cf. Notice Parlement de Grenoble), en exercice 8 novembre 1549 (Reg. crim., 1549-1550, fol. 103 v°) au Parlement de Savoie, est nommé 1ᵉʳ président le 25 août 1551 (Burnier), encore en exercice, le 24 septembre 1558 (Reg. crim. de 1557 à 1559, fol. 127 v°).

[3] Nicolas de la Chesnaye, fils de Nicole de la Chesnaye et d'Etiennette Budé, né avant le 3 octobre 1507, podestat de Milan, en exercice 2 avril 1540 (Mugnier, p. 96), 3 août 1540 (Reg. 1540-1542, fol. 7 v°), 3 février 1541, 6 juin 1543 (Reg. d'*entrées*, ff. 1 et 72 v°), 12 juillet 1547 (Mugnier, p. 184), vice-président, en mars 1548, en exercice 15 septembre 1548 (Reg. crim., 1548-1549, f. 110), mourut avant mai 1549. D'origine lorraine, il épousa Anne de Fontenay.

[4] Jean Truchon (cf. Notice Parlement de Grenoble). Il est en exercice, les 8 juin 1549 (Reg. crim. 1549-1550, fol. 12) 19 décembre 1552 (Burnier), 5 décembre 1553 (Reg. civil de 1553-1554, fol. 16), 23 février 1555, (Reg. civil de 1555-1556, fol. 33 v°).

[5] Guillaume de Portes (cf. notice Parlement de Grenoble), nommé 27 juin 1554, installé 12 mars 1555 (Mugnier, p. 253), en exercice, 9 mai 1555 (Reg. civil de 1555-1556, fol. 76 v°) et 27 avril 1559 (Reg. crim. de 1557-1559, fol. 133 v°). Ce fut lui, qui, le 7 août 1559, remit la Savoie au maréchal René de Challant (Burnier, I, 238 sqq.).

[6] Humbert Veillet, avocat au Parlement de Paris (15 mars-19 mai 1527), puis conseiller au Parlement de Chambéry, en exercice 29 mai 1540 (Reg. 1540-1542, fol. 1 v°), 3 février 1541 (Reg. d'*entrées*, fol. 1), 22 décembre 1547, (Reg. crim., 1546-1547, fol. 217), 12 janvier 1548

(Mugnier). Il mourut avant juillet 1549. Il épousa Denise Aubert (vivante juillet 1549) (Mugnier, p. 213, note).

[7] Robert Tignac, en exercice, 19 avril 1548 (Reg. crim. 1548-1549, fol. 57), 24 novembre 1553 (Reg. civil, 1553-1554, fol. 8 v°), 21 avril 1559 (Reg. crim. 1557-1559, fol. 151). Il épousa Madeleine de Ribiers (Mugnier). (Cf. Parlement d'Aix, pp. 18, 19).

[8] Benoît Crassus, de Saint-Rambert-en-Bugey, en exercice, 13 août 1540 (Reg. 1540-1542, fol. 8), 3 février 1541 (Reg. d'entrées, fol. 1), 15 avril 1559 (Reg. crim. 1557-1559, fol. 118).

[9] Jean de Boyssonné, en exercice, 2 avril 1540 (Mugnier, p. 96), 14 août 1540 (Reg. 1540-1542, fol. 9), 3 février 1541 (Reg. d'entrées, fol. 1), 28 mars 1558 (Reg. crim. 1557-1559, fol. 93 v°), encore vivant, 1er juillet 1558 (Mugnier, p. 306). Né à Castres, vers 1501-1505, il étudia à Castres, Toulouse, où il professe ensuite. Suspect d'hérésie, il voyage en Italie (Padoue, Bologne, Venise, Modène, Rome, Turin (1533), revient à Toulouse, où il professe (1533-1534), se réfugie à Lyon, revient à Toulouse (1537), repart (août 1537), pour Beauvais, Paris, Lyon, Valence, Avignon, Nîmes, Montpellier, revient à Toulouse, où il reprend son cours (décembre 1537-mars 1538), se rend à Moulins, Paris, Lyon, Valence. Est nommé à Chambéry. En 1550-1551, compris dans le procès Tabouet, il est emprisonné, puis condamné à l'amende. Il professe à Grenoble (1551-1555), puis reprend ses fonctions à Chambéry. Il a laissé de nombreuses lettres, publiées en partie par M. Joseph Buche, des poésies françaises assez plates et force poésies latines, qui ont le fastidieux genre de mérite de celles des trois quarts de nos humanistes de la Renaissance. Il fut, sinon prêtre, au moins clerc. Cf. sur lui : Georges Guibal, *Jean de Boysson*, Paris 1864, in-8°. Fr. Mugnier, *Jean de Boyssonné et le Parlement français de Chambéry*, Paris, 1898, in-8°.

[11] Julien du Gué, sieur de la Tour de Grésy, normand, cousin de Tabouet, en exercice, 14 août 1540 (Reg. 1540-1542, fol. 9), 3 février 1541 (Reg. d'entrées, fol. 1), 22 avril 1559 (Reg. crim. 1557-1559, fol. 151 v°). Il épousa Bonaventure Le Charron (Mugnier).

[12] Louis Gauzeraud du Rozet, en exercice, 19 juin 1540 (Reg. 1540-1542, fol. 2), 3 février 1541-6 juin 1543 (Reg. d'entrées, ff. 1 et 72 v°), 15 juillet 1550 (Reg. civil de 1550, fol. 107) 22 juin 1551 (Burnier), encore vivant, le 14 août 1551 (Mugnier), où il fut condamné, à Dijon, et, le

29 décembre 1553 (Mugnier, 238), 16 mai 1555 (It. 239), 15 octobre 1556
(It. 242).

[13] Philippe de Montholon, nommé 25 août 1551 (Burnier), en exercice 6 juillet 1552 (Reg. crim. 1550-1552, fol. 138 v°), 23 novembre 1553
(Reg. civ. 1553-1554, fol. 6 v°), 5 août 1558 (Reg. crim. 1557-1559,
fol. 118 v°). Il fut lieutenant général à Chalon (nommé 17 octobre 1563.
Arch. Côte-d'Or, B. 22, fol. 43.) C'était un neveu du chancelier de Montholon, probablement fils de Nicolas de Montholon et de Françoise La Done.

[14] Guillaume Pellissier, en exercice, 21 octobre 1541 (Reg. d'entrées,
fol. 14 v°), 23 novembre 1548 (Reg. crim. 1548-1549, fol. 136 v°), mort
entre le 16 janvier et le 30 juin 1558 (Mugnier, pp. 248-249).

[15] Guillaume Scève, fils de Barthélemy Scève et cousin de Maurice
Scève, fut nommé 19 octobre 1539, reçu 27 novembre 1539 (Mugnier
p. 99), en exerc. 13 août 1540 (Rég. 1540-1542 p. 8) 21 octobre 1541,
8 mars 1543 (Reg. d'entrées ff. 14 v°, 63), correcteur et commanditaire
de Sébastien Gryphe (?), poursuivi par Tabouet, il mourut, à Paris, en
prison, après le 1er janvier 1545 (Cf. Mugnier pp. 98-108 et 405-407). Ce
fut un poète latin de quelque envergure, au dire de ses doctes contemporains qui, on le sait, n'étaient point difficiles en ces matières, car,
s'il fut jamais une école d'admiration et d'injures mutuelles, c'est bien
celle des lettrés du xvie siècle, qui passaient sans cesse de la grosse invec-
tive à la plate adulation. Il exerce encore le 26 juin 1545 (Reg. crim. 1544-
1545 fol. 183, v°).

[16] Celse Morin, fils de Ferry Morin de Cromey et de Jeanne Poillot,
vivant, 30 septembre 1532 (B. N. Fonds Moreau, 800, fol. 57), prêtre, né
à Autun, n. 21 janvier 1543 (Actes de François Ier VI, 689 n° 22.505)
en ex. 28 mars 1543 (Reg. d'entrées, fol. 63) 13 juin 1558 (Reg. crim.
1557-1559 f. 106), prieur de Contamines en Faucigny (1549-4 avril 1560),
chanoine de Sallanches (Cf. sur lui, Mugnier pp. 338-346).

[17] Raymond Sarny ou Sarnyn, professeur de droit à Cahors (1538) en
ex. à Chambéry, 11 décembre 1540 (Reg. 1540-1541 f. 13) les 3 février 1541,
8 mars 1543 (Reg. d'entrées, ff. 1 63). Il résigna, le 12 mai 1543 et fut n.
conseiller au Parlement de Toulouse, (30 janvier 1553-19 juillet 1554.)

[18] Jean Boyer, n. 12 mai 1543 (Actes de François Ier VI, 708,
n° 22.604) en ex. 21 août 1543 (Reg. 1543-1544, fol. 52 v°) 9 septembre
1545 (Reg. crim. 1544-1545, f. 220 v°).

[19] François de Valence, en ex. 5 novembre 1546 (Mugnier p. 187) 20 décembre 1547 (R. crim. 1546-1547, f. 243), en ex. 23 novembre 1553 (Reg. civil de 1553-1554, f. 5) 17 avril 1559 (Reg. crim. 1557-1559 f. 149). Il vivait encore, le 21 avril 1571 (B. N. P. O. dossiers Valence).

[20] Jean Poille, fils de Jean Poille et d'Olive de la Chesnaye, mineur (14 août 1538), conseiller au Parlement de Chambéry, en ex. 1ᵉʳ février 1549 (R. crim. 1548-49, fol. 163) 25 octobre 1550 (Reg. civ. 1550, f. 199) 9 avril 1552 (R. crim. 1551-1552, fol. 96 v°), conseiller au Parlement de Paris (20 novembre 1551-19 juillet 1590). Il fut, en 1582, cassé et banni, pendant 10 ans, pour malversations. Il épousa (11 mai 1560) Catherine Tiraqueau, fille du fameux jurisconsulte.

[13] Antoine Gaignépain, avocat bi ill. de Chalon-sur-Saône n. 25 août 1551 (Mugnier), en ex. 13 mars 1554 (Reg. civ. 1553-1554, fol. 121) 26 avril 1559 (Reg. crim. 1557-1559 f. 153). Il épousa Françoise Petit (Mugnier) ou Pellot (de Courcelles, *Généalogis de Jullien*, Paris, 1826, in 4°.)

[21] Etienne de Roybons (Cf. notice au Parlement de Grenoble). En ex. 13 août 1552 (Reg. crim. 1551-1552, f. 171 v°), 2 décembre 1553 (Reg. civil 1553-1554, fol. 15 v°) 19 avril 1559 (Reg. crim. 1557-1559 fol. 150).

[22] François Alixant (Cf. notice au Parlement de Grenoble) en ex. 13 juillet 1552 (Reg. crim. 1551-1552, fol. 143) 7 décembre 1553 (Reg. civ. 1553-1554, f. 19).

[23] Louis Oddinet de Montfort, n. 25 juillet 1553 (Mugnier, p. 252), en ex. 13 janvier 1553 (Reg. crim. 1553, fol. 2 v°) 24 septembre 1558 (Reg. crim. 1557-1559, fol. 127 v°), fut vice-président du Sénat de Savoie (25 avril 1560), conseiller d'Etat (3 juillet 1561).

[24] Pomponne de Bellièvre, n. 27 juin 1554, en ex. 26 décembre 1554 (Reg. crim. de 1553-1556, f. 235) 27 avril 1559 (Reg. crim. de 1557-1559 fol. 153, v°), sieur de Grignon, fils de Claude de Bellièvre et de Louise Faye d'Espeisses, né en 1529, à Lyon, étudia à Toulouse, Padoue, fut conseiller au Parlement de Chambéry, lieutenant général en Vermandois (13 mars 1563), ambassadeur aux Grisons (1560), président présidial de Lyon, conseiller au Parlement de Paris (14 avril 1569), conseiller d'Etat (1ᵉʳ juillet 1570-10 mars 1595), ambassadeur en Suisse (1572), surintendant des finances (12 août 1575-1ᵉʳ août 1585), président au Parlement de Paris (8 avril 1576-août 1580), ambassadeur en Angleterre, plénipotentiaire aux conférences de Suresnes et de Vervins, chancelier de France

(2 août 1599-1605), mort, le 9 septembre 1607, à Paris. Il épousa (1er février 1569) Marie Prunier de Grigny.

[25] Julien Tabouet, né à Chantenay près du Mans, épousa Guillemette du Val. Ce bizarre personnage, fut avocat à Paris, puis à Toulouse (19 août 1538), procureur général à Chambéry, où il ne cessa de persé- cuter ses collègues. En ayant triomphé, en 1550-1551, il fut nommé (10 juin 1554) conseiller au Parlement de Paris, qui refusa de le recevoir. A son tour condamné et exilé (15 octobre 1556), emprisonné (1556-1559), il revint, en 1559, à Toulouse, y publia ses *Lettres*, et mourut vers 1563. Il était d'une grande érudition et est l'auteur d'*Actiones forenses et responsa judicum illustrium* (Lyon 1542) et d'une *Généalogie de la maison de Savoie* (Lyon 1560), d'*Ephémérides historiques*, de la *République et la langue de France*, de *Lieux communs et Manuel de droit divin*, des *Magistratures à partir du déluge*, tous ouvrages publiés à Lyon, en 1559, chez Théobald Pagan. Cf. sur lui les ouvrages de MM. Burnier (t. I) et Mugnier, *passim*.

[26] Mathieu Coignet, sieur de la Thuillerie, la Hacqueboulle, n. 18 juin 1554, r. 16 janvier 1555 (Reg. 8, ff. 16 à 19), fils aîné de Mathieu Coignet et de Marie Le Poirier, mariés le 13 août 1507, né en 1514, mort en 1586, maître des requêtes (18 février 1563, 28 novembre 1581), ambassadeur en Suisse (1558, juillet 1562). Il épousa, avant le 12 octobre 1542, Mar- guerite Rapoël (morte entre 4 juillet 1605 et 20 avril 1608). Il publia : *Instruction aux princes de garder la foi promise* 1583. *Philosophie Chrétienne*. Il est procureur général en ex. à Chambéry, le 11 mai 1555 (Reg. crim. de 1553-1556, p. 301).

[27] Antoine de Lausergie (1540), selon Mugnier.

[28] Jean Thierrée n. 25 avril 1542 (*Actes de François Ier*, VI, 664, n° 22.368), encore vivant, le 3 juillet 1550 (Mugnier p. 207) en ex. 22 juin 1551 (Burnier) condamné à Dijon, le 4 février 1552 (Mugnier, 223).

[29] Jules de Ganay (Cf. notice au Parlement de Dijon) en ex. à Cham- béry, les 10 avril 1554 (Reg. d'*audience* de 1554, fol. 1) 17 septembre 1558 (Reg. d'*audience* de 1557-1558, fol. 251).

[30] Jean Ruffin, en ex. 19 mai 1554 (Reg. crim. 1553-1556, fol. 92), 14 décembre 1556 (Mugnier p. 296).

[31] Cf. notice au Parlement de Grenoble, Il remplaçait le maître des

requêtes Lambert, nommé président de ce Conseil et qui mourut avant son installation.

[32] Cf. notice au Parlement de Grenoble.

[33] Claude Expilly, fils de Claude Expilly et de Jeanne Richard, né à Voiron, le 21 décembre 1561, étudia à Tournon, Paris, Turin, Padoue, Bourges, fut avocat au Parlement de Grenoble (3 novembre 1582), substitut à la Ch. des comptes de Grenoble (1586) puis procureur général à cette même Chambre (11 août 1595) assista à la bataille de Pontcharra (8 septembre 1591) fut procureur général Ch. des comptes (1595), procureur général au Conseil souverain de Savoie (1600-1601), avocat général au Parlement de Grenoble (30 janvier 1604), président au Parlement de Grenoble (1616), président au Conseil souverain de Savoie (1630-1631). Il mourut, à Grenoble, le 25 juillet 1636. Il a publié des *Poèmes* (Grenoble, 1623). *Epitaphes* (en vers). *Supplément à l'Histoire du Chevalier Bayard*. Ses poésies ne manquent pas d'une certaine simplicité vigoureuse. Sa *Vie* a été écrite par Boniel de Catilhon, Grenoble, 1660. Cf. sur lui: Bailly: *Claude Expilly*, Chambéry 1880, broch. in-8°. Il épousa (4 avril 1589) Isabeau de Boneton (née, 10 avril 1573, morte, le 22 septembre 1627).

PARLEMENT DE DOMBES

PRÉFACE

Outre le livre de Guichenon : *Histoire de la souveraineté de Dombes* et celui de M. Pierre Lenail : *le Parlement de Dombes*, nous avons consulté la *Bibliotheca Dumbensis*, de Smith et Guigue, et, aux Archives de la Côte-d'Or, quinze registres manuscrits (originaux et copies) du Parlement de Dombes, qui nous ont permis de rectifier quelques menues erreurs des travaux imprimés.

Nos remerciements à M. Jules Gauthier, archiviste de la Côte-d'Or, pour son gracieux accueil.

PARLEMENT DE DOMBES

PREMIERS PRÉSIDENTS

Jacques de Chabannes, 1523 [1].
Antoine du Bourg, 1525 [2].
Jean de Godon, 1544 [3].
Jean du Peyrat, 1544 [4].
Claude de Baronnat [5].
Hugues du Puy, 1572 [6].
Jean Fournel, 1572 [7].
Jérôme de Châtillon, n. 9, reçu 27 septembre 1571 (Arch. Côte-d'Or,
  LXXXV, t. 2, pp. 30-31), a. d. [8].
Nicolas de Langes, r. 17 mars 1593 (Arch. Côte d'Or, LXXXVI, t. 2,
  fol. 105), a. d. [9].
Balthazar de Villars, n. 3 novembre 1596, reçu à survivance, 28 janvier
  1597 (Arch. Côte-d'Or, LXXXVI, t. 2, fol. 156), s. r. [10].

DEUXIÈMES PRÉSIDENTS

Jean Fournel, 1561 [7].
Nicolas de Langes, n. 8, reçu 29 octobre 1572 (Arch. Côte-d'Or, LXXXV,
  t. 2, fol. 49), a. d. [9].

CONSEILLERS

Néry de Torvéon, 1559 [11].
Claude de Torvéon, n. 20 août 1578, r. 13 mai 1579 (Arch. Côte-d'Or,
  LXXXV, t. 2, fol. 126) sur résignation [12].

Pierre Austrein, r. 10 juin 1598 (Arch. Côte-d'Or, XCII, t. 2, fol. 7), a. d. [12 *bis*].

Etienne Faye, 1536 [13].

Mathieu Athiaud, 1543 [14].

Jean Tignac, 1543 [15].
Jean Fournel, 1558 [7].

Jérôme de Châtillon, 1559 [8].
Jean de Guillens, n. 9, reçu 27 septembre 1571 (Arch. Côte-d'Or, LXXXV, t. 2, fol. 30) sur rés. [16].

Claude de Rubis, n. 16 septembre, reçu 22 novembre 1581 (Arch. Côte-d'Or, LXXXVI, t. 2, fol. 15), a. d. [17].

Nicolas de Langes, 1559 [9].
Antoine de Masso, n. 30 mai 1578, reçu 28 janvier 1579 (Arch. Côte-d'Or, LXXXV, t. 2, fol. 124 [18] sur rés.
Georges Langlois, n. 15 mars, reçu 7 septembre 1594 (Arch. Côte-d'Or, LXXXVI, t. 2, fol. 108) [19], a. d.

Jean de Cybérand, 1559 [20].
Georges Grolier, n. 17 janvier, reçu 11 février 1573 (Arch. Côte-d'Or, LXXXV, t. 2, fol. 52 v°) [21], a. d.
Toussaint Grolier, n. 26 mars, reçu 25 avril 1596 (Arch. Côte-d'Or, LXXXVI, t. 2, fol. 147), a. d. [23].

Toussaint Charreton, 1559 [23].
André Charreton, n. 30 septembre 1582, reçu 22 juin 1583 (Arch. Côte-d'Or, LXXXVI, t. 2, fol. 29), a. d. [24], a. d.

Claude Trelon, n. 10 mars, reçu 22 juin 1594 (Arch. Côte d'Or, LXXXVI, t. 2, fol. 107 v°), s. r. [25].

Benoit Buatier [26].
Etienne de la Barge, n. 19 janvier, reçu 15 février 1576 (Arch. Côte-d'Or, LXXXV, t. 2, fol. 96) [27], a. d.
Nicolas de Regnaud, 16 décembre 1597 (Guichenon, Lenail) [28], s. r.

Pierre Allard, n. 15 novembre, reçu 14 décembre 1594 (Arch. Côte-d'Or, LXXXVI, t. 2, fol. 114), o. créé [29].

François de Champier, 10 juin 1598 (Arch. Côte-d'Or, XCII, t. 2, fol. 7), o. c. [30]

Jean d'Albon, 1525 [31].

André Bohier, 6 novembre 1523 [32].

Franc des Champs, 8 novembre 1523 [33].

Antoine Odouin, n. 6 novembre 1524 (Actes de François Ier, V. 624, n° 17867) [34].

N. Pariel, 1525 [35].

Jean Varinier, 8 novembre 1523 [36].

François de Villars, 1559 [37].
Nicolas de Langes, n. 6 novembre 1524 (Actes, n° 17866) [38].

Balthazar de Villars [10].
François de Regnaud, 22 février 1597 [39].

14

AVOCATS GÉNÉRAUX

André Baronnat [10].
Claude de Bellièvre [41].
Mathieu de Vauzelles, 10 mars 1536 (Guichenon, Lenail), [42].
Jean Girinet, 1559 [43].
Louis Bussillet [44].
Justinien Micolier, n. 15 février, reçu 14 septembre 1594 Arch. Côte
d'Or, LXXXVI, t. 2, fol. 109), a. d. [45].

PROCUREURS GÉNÉRAUX

Pierre Bullioud, 1559 [46].
Pierre Bullioud, n. 22 janvier, reçu 27 mai 1574 (Arch. Côte-d'Or,
LXXXV, t. 2, fol. 68 v°1, a. d. [47].
Alexandre Cholier, 1598 (Guichenon, Lenail) [48]

GREFFIERS

Etienne Fergon, sieur de la Pataudière [49].
François de la Praye, n. 13 mai, reçu 4 juin 1567 (Arch. Côte-d'Or,
LXXXVI, t. 1, fol. 1) [50].
Frédéric de Romans, n. 30 mai, reçu 11 juin 1579 (Arch. Côte-d'Or,
LXXXVI, t. 2, fol. 15, s r. [51].

---

[1] Cf. Notice, *Dict. de l'Etat-major Fr.*, pp. 116-117.

[2] Antoine du Bourg, baron de Saillans, fils d'Anne du Bourg et
d'Anne de la Mercy, né à Laqueille, en Auvergne, lieutenant civil au
Châtelet (12 avril 1526-31 janvier 1532), conseiller au grand conseil
(16 novembre 1532), gouverneur de Châteauneuf-le-Duc, maître des
requêtes (n. 28 avril, r. 16 novembre 1532), président au Parlement de
Paris (n. 26 septembre, r. 9 décembre 1534) chancelier de France (16 juillet 1535-31 janvier 1537). Il mourut, à Laon, entre le 1er janvier et

19 novembre 1538, des suites d'une chute de cheval. Il épousa Anne Hénard (vivante 23 février 1542).

[3] Jean Godon, sieur de Gravins, Collonges, Villon, conseiller au Grand Conseil [23 octobre 1518-24 février 1533) et maître des requêtes de la reine mère (24 février 1533), mort avant le 1er janvier 1551, épousa Marguerite Chorel, puis Anne de Faverges.

[4] Jean du Peyrat, sieur du Perron et du Plat, Villeneuve, d'origine limousine, fils de Jean du Peyrat et de Marie Garnier, né le 27 novembre 1493, mort en janvier 1550, lieutenant général au bailliage de Mâcon (29 janvier 1532), lieutenant criminel (5 mai 1523), lieutenant général en Lyonnais (29 décembre 1546-18 décembre 1547), lieutenant du sénéchal de Lyon (10 novembre 1535-9 janvier 1548). Il épousa Claudine de Laurencin-Vaux.

[5] Claude de Baronnat, sieur de Bussy, Brussieux, Poleymieux, fils de Mathieu Baronnat et de Catherine Ponceton, juge d'appel du Beaujolais, mort entre 9 septembre 1571 et 28 octobre 1572, épousa Lucrèce de Palmier († au 28 octobre 1572).

[6] Hughes du Puy, fils de Jean du Puy et de Jacqueline Taupeau sieur de la Mothe, né à Saint Galmier-en-Forez.

[7] Jean Fournel, lieutenant général sénéchal de Lyon (23 mai 1555-30 janvier 1556), prés. président Lyon (12 février 1558), vivant 7 février 1561. Il épousa N. Tignac.

[8] Jérôme de Châtillon, sieur de Soleillan, avocat général au présidial de Lyon (6 juin-20 juillet 1563), fils de Pierre de Châtillon et de Geneviève Buatier, mort entre le 9 janvier 1587 et le 17 mars 1593 (Arch. Côte-d'Or, LXXXV, t. 2, fol. 78 et 105), président au Parlement de Dombes, en exercice 7 octobre 1571-4 mai 1577 (Arch. Côte-d'Or, LXXXV, t. 2 ff. 33 et 113). Il épousa Anne Teste, puis Hélène de Villars.

[9] Nicolas de Langes, sieur de Laval, Cuire, Dommartin, la Croix-Rousse, Vaise, fils de Nicolas de Langes et de Françoise de Bellièvre, lieutenant général du sénéchal de Lyon (4 septembre 1563-12 mars 1588), échevin de Lyon (1572), né 1526 † 5 avril 1606, conseiller (1559-6 novembre 1569 (Arch. Côte-d'Or, LXXXV, t. 2 fol. 12), 2e président (en exercice 4 mai 1577, Arch. Côte-d'Or, LXXXVI, t. 2, fol. 113), puis

1er président (en exercice, 25 janvier 1594, Arch. Côte-d'Or, LXXXV, t. 2, fol. 66), 17 mai 1598-27 juin 1601, Arch. Côte-d'Or, XCII, t. 2, fol. 204). Il épousa N. de Vinols, puis Claudine-Louise Grolier (née avant 18 octobre 1556). Papyre Masson a écrit son *Éloge*. Il fut ambassadeur en Suisse.

[10] Balthazar de Villars, sieur de Laval, le Roquet, né novembre 1557, mort le 12 avril 1627, fils de François de Villars et de Françoise Gayant, conseiller, puis 1er président au Parlement de Dombes (en exercice, 27 mai 1598 et 24 mars 1627, Arch. Côte-d'Or, LXXXIX, t. 1, fol, 1-XCI, t. 2, fol. 750 v°). Il épousa (4 février 1582) Louise de Langes († 9 août 1630).

[11] Néry de Torvéon, fils d'Aynard de Torvéon et de Madeleine de Lyon, lieutenant des foires de Lyon, juge crim. au prés. de Lyon (25 décembre 1555), lieutenant général en Lyonnais (22 décembre 1555-3 décembre 1560), conseiller au Parlement de Dombes (en exercice, 7 octobre 1571-25 janvier 1574, Arch. Côte-d'Or, LXXXV, t. 2, fol. 33-66, résigna 20 août 1578, fol. 126), testa 29 octobre 1583. Il épousa (25 novembre 1551) Catherine de Chaponnay (testa 25 novembre 1599).

[12] Claude de Torvéon, fils de Néry de Torvéon et de Catherine de Chaponnay, mariés le 25 novembre 1551, lieutenant criminel en la sénéchaussée de Lyon, juge criminel au présidial de Lyon (11 octobre 1574), testa 16 mars 1594, mourut avant le 10 juin 1598 (Arch. Côte-d'Or, XCII, t. 2, fol. 7). Il épousa (23 janvier 1578) Marie Neret.

[12 *bis*] Pierre Austrein, sieur de Jarnosse, fils de Pierre Austrein et de Catherine Berny, lieutenant particulier au présidial de Lyon (26 août 1616), conseiller, puis (1601), 2e président au Parlement de Dombes, en exercice comme conseiller 17 juin 1598 (Arch. Côte-d'Or, XCII, t. 2, fol. 11), 28 juin 1600 (fol. 142), comme président (dernier février 1601, (XCII, t. 2, fol. 179), et 26 avril 1617 (Arch. Côte-d'Or, LXXXIX, t. 1, fol. 18 et 290), prévôt des marchands de Lyon (1613-1614). Il épousa Nonciade de Gayant. Il était mort au 31 octobre 1617 (Arch. Côte-d'Or, LXXXVI, t. 3, fol. 57).

[13] Étienne Faye, sieur d'Espeisses, official de Lyon, fils d'Humbert Faye.

[14] Mathieu Athiaud, fils de Benoît Athiaud, fut échevin de Lyon (1545) et mourut avant le 14 décembre 1569. Il épousa Françoise Lhoste (vivante 14 décembre 1569). (Cf. Arch. Côte-d'Or, LXXXV, t. 2, fol. 14).

[15] Jean Tignac, probablement fils de Simon Tignac, fut juge civil et criminel à Lyon (10 décembre 1545-11 novembre 1558) et lieutenant général en Lyonnais (1554).

[16] Jean de Guillens, sieur de Montjustin, le Vivier, Puylaval, fils de Michel de Guillens et d'Antoinette de Sala, mariés le 16 novembre 1530, né avant le 22 juin 1540, mort en août 1581 (Arch. de la Côte d'Or, LXXXVI, t. 2, fol. 15), testa 28 juillet 1581. Il épousa (12 mars 1562) Sibylle de Garnier des Garets (vivante 14 juillet 1586). Il fut conseiller au Parlement de Dombes (en ex. 25 janvier 1574, 4 mai 1577 (Arch. C. d'Or, LXXXV t. 2, fol. 66 et 113).

[17] Claude de Rubys, sieur de l'Anticaille, historien distingué et ligueur farouche, échevin de Lyon, procureur général de Lyon (1565-1595), né à Lyon, en 1533, y mourut en septembre 1613.

[18] Antoine de Masso, sieur de la Cluzelle, Vierrie, conseiller au prés. de Lyon, échevin de Lyon (1580) cap. g. de p. (25 mars 1584), fils d'Humbert de Masso et de Clémence Grolier, mort avant le 15 mars 1594 (Arch. C. d'Or, LXXXVI, t. 2, fol. 108). Il épousa Bonne Bullioud, puis (19 octobre 1574) Andrée de Bourdon (morte entre 11 décembre 1623 et 20 décembre 1635).

[19] Georges Langlois, sieur de Tanay en Dombes, conseiller au Parlement de Dombes, en ex. 27 mai 1598, 12 mai 1604 (A. C. d'Or, XCII, t. 2, fol. 2 et 512) 18 janvier 1623 (It., LXXXIX, t. I, fol. 738), 31 mai 1623 (XCI., t. II. p. 306), mort au 12 juin 1623 (It., LXXXVI, t. 4, fol. 157).

[20] Jean Cybérans, sieur de Boyer, official de Lyon, mort le 14 nov. 1572 (Arch. C. d'Or, LXXXVI, t. 1, fol. 27).

[21] Georges Grolier, sieur de Cazault, fils de Georges Grolier et de Jacqueline Stuart de Cazault, mariés le 20 janvier 1528, échevin de Lyon (1575-1576), cons. prés. Dombes (en ex. 25 janvier 1574, 7 septembre 1575 (Arch. C. d'Or., LXXXV, t. 2, fol. 66 et 94) vivant, 20 mai 1585, mort, avant le 25 mars 1596, épousa (15 février 1565) Françoise de Reys-Bertholon.

[22] Toussaint Grolier, sieur de Belair, fils aîné de Georges Grolier et de Françoise de Reys-Bertholon, mariés le 15 février 1565, conseiller au Parlement de Dombes (en ex. 12 août 1598, 12 mai 1604 (Arch. C. d'Or, XCII, t. 2, ff. 16 et 512) 21 octobre 1609 (XCI, t. 1, fol. 156) mort s. post.

[23] Toussaint Charreton, sieur de Jourjon et du Tremblay, quatrième fils de Claude Charreton et de Catherine Barjot, mariés le 15 novembre 1506, intendant général du duc de Montpensier, conseiller au Parlement de Dombes (2 août 1567, 25 janvier 1574. 2 janvier 1579 (Arch. Côte d'Or, LXXXV, t. 2, fol. 4, 66 et 123). Il épousa (20 juin 1560) Anne de Joffrey (1566), puis Madeleine Bertholon. Il était mort au 30 septembre 1582 (Arch. Côte d'Or, LXXXVI, t. 2, fol. 26).

[24] André Charreton, sieur de la Douze, fils de Toussaint Charreton et de Anne de Joffrey, mariés 20 juin 1560.

[25] Claude Trelon, sieur de Mogneneins, Fleurie, conseiller au Parlement de Dombes (en ex. 27 mai 1598 (Arch. C. d'Or, XCII, t. 2, fol. 2) et 17 septembre 1625 (It., LXXXIX, t. 1, f. 978), mort, le 25 novembre 1625, épousa, avant le 10 août 1598, Isabeau de Torel (vivante 10 août 1598) (Arch. C. d'Or, LXXXVIII, t. I, fol. 49).

[26] Benoît Buatier, conseiller au Parlement de Dombes (en ex. 25 janvier 1574 (Arch. C. d'Or., LXXXV, t. II, fol. 66), né en 1497, mort le 15 novembre 1575, vicaire général de Lyon (23 juin 1532-2 septembre 1561), Chamarier de Saint-Paul de Lyon, prieur de Villemeust, probablement fils d'Antoine Buatier et de Marguerite Bullioud.

[27] Etienne de la Barge, chanoine de Lyon, abbé d'Ydrac (15 février 1578) et Saint-André de Clermont, grand vicaire de Lyon, aumônier du roi, sieur d'Aulgerolles et Salviac, deuxième fils d'Antoine de la Barge et de Charlotte de Rivoire-la-Bâtie, mariés le 25 novembre 1525, mort en 1602.

[28] Nicolas de Regnaud, sieur d'Oulins, fils de Jacques de Regnaud et de Jeanne Pérouse, mariés le 11 novembre 1551, sieur du Chier, Valgaudemar, échevin de Lyon (1572), conseiller présid. Lyon (20 juin 1586) conseiller au Parlement de Dombes (en ex. 27 mai 1598, 9 août 1616) mort avant le 31 octobre 1617 (Arch. C. d'Or, LXXXVI, t. III, fol. 57. LXXXIX, t. 1, fol. 260, XCII, t. 2, fol. 2, XCI, t. 1, fol. 646). Il épousa (25 novembre 1597) Hélène de Bartoly (morte entre 26 février 1618 et 19 octobre 1619), veuve de J.-B. Regnaud.

[29] Pierre Allard, sieur de Sardon, conseiller au Parlement de Dombes, en ex. 27 mai 1598, 12 mai 1604 (Arch. C. d'Or, XCII, t. 2, ff. 2 et 512). Il épousa, entre le 10 juillet 1597 et le 13 avril 1601, Marie de Guillens (vivante, 14 avril 1601), veuve de Pierre Bullioud.

[3o] François de Champier, sieur de Corcelle, doyen de Trévoux, fils de Claude de Champier et de Madeleine du Peyrat, conseiller au Parlement de Dombes (en ex. 17 juin 1598 et 1ᵉʳ août 1611 (Arch. Côte d'Or, XCII, t. 2, fol. 11; LXXXIX, t. 1, fol. 58), 16 mai 1612 (XCI, t. 1, fol. 315), mort au 24 février 1613.

[31] Cf. notice *Dict. de l'État-Major fr.*, pp. 5-6.

[32] André Bohier, sénéchal de Lyon. C'est *Henri* Bohier (et non André), sieur de la Chesnaye, la Chappelle-Bellouin, la Meilleraye, baron de Castelnau, fils d'Austremoine Bohier et de Béraude Bayart, valet de chambre et secrétaire du roi (4 février 1491), trésorier des menus plaisirs (1505), général des finances (13 août 1502-27 décembre 1520), en Languedoc, maître d'hôtel du roi, sénéchal de Lyon (26 juillet 1511) et bailli de Mâcon (26 novembre 1522). Il épousa Claude Picot.

[34] Antoine Odoin, sieur de Janneyrias, fils de Joffrey Odoin et de Claudine Favel, mort avant 1554, épousa Barbe Thèze (vivante 1554).

[36] Jean Varinier, conseiller au Parlement de Dombes (8 novembre 1523).

[37] François de Villars, fils aîné de Pierre de Villars et de Suzanne Jobert, lieut. partic. de la sénéch. et au prés. de Lyon, né en 1514, mort à Lyon, le 1ᵉʳ novembre 1582. Il épousa Françoise Gayant (vivante 24 mars 1574). Conseiller au prés. de Lyon (3 avril 1557-19 mai 1565) puis au Parlement de Dombes (en ex. 3 avril 1557-25 janvier 1574, 7 septembre 1575 (Arch. C. d'Or), LXXXV, ff. 66 et 94).

[38] Nicolas de Langes, fils de Barnabé de Langes et d'Elisabeth d'Amanzé. Il épousa, avant 1525, Françoise de Bellièvre. Il vivait, le 16 juillet 1509 et le 7 juin 1561.

[39] François de Regnaud, sieur de Champagnieu, fils d'Antoine de Regnaud et de Jeanne du Peyrat, conseiller au Parlement de Dombes, en exercice, 27 mai 1598, 12 mai 1604 (Arch. C. d'Or, XCII, t. 2, ff. 2 et 512) vivant 4 octobre 1607. Il épousa, avant 4 octobre 1601, Catherine de la Rochette (vivante 4 octobre 1607).

[40] André Baronnat, deuxième fils de Guillaume Baronnat et de Françoise Buatier, mariés le 8 janvier 1472, procureur du roi en la sénéch. de Lyon (2 juin 1539) épousa Marie de Pierrevive-Lésigny (testa 10 février 1557).

[41] Claude de Bellièvre (Cf. notice Parl. Grenoble).

[42] Mathieu de Vauzelles, fils d'Etienne de Vauzelles, fut échevin de Lyon (1524), juge-mage (23 avril 1517), testa 24 avril 1556, v. s., fut avocat général sénéch. de Lyon (10 mars 1533-4 janvier 1557), lieutenant général au prés. de Lyon, publia un *Traité des Péages* (Lyon 1550, J. de Tournes). Il épousa (24 octobre 1551) Jeanne Fournier de Laval.

[43] Jean Girinet, avocat général au Parlement de Dombes (1560).

[44] Louis Bussillet, avocat général au Parlement de Dombes (en ex. 12 mars 1572, 23 juin 1578 (Arch. C. d'Or, LXXXV, t. 2, ff. 41 et 127). Fils d'Antoine Bussillet, il fut sieur de Vénissieux, avocat général au Parlement de Dombes (nommé, 21 décembre 1563, en exercice, 24 novembre 1581), conseiller au même Parlement (24 juin 1576), maître des requêtes de Catherine de Médicis (13 octobre 1579), surintendant de justice en Genevois (9 janvier 1587). Il mourut entre le 28 juin 1589 et le 7 mai 1590. Il épousa (3 octobre 1558) Marie du Boys, puis, avant le 25 janvier 1586, Marguerite Marc (vivante, 25 janvier 1586). Il avait été conseiller et garde des sceaux au présidial de Lyon (3 octobre 1558).

[45] Justinien Micolier, avocat général au Parlement de Dombes (en ex. 27 mai 1598, 14 octobre 1604) (Arch. C. d'Or, XCII, t. 2, ff. 2 et 306).

[46] Pierre Bullioud, sieur de la Tour d'Espinay, Celettes, fils d'Edouard Bullioud et de Marguerite Patarin, mariés le 23 juillet 1499, fut (?) conseiller au Parlement de Dombes (1539), puis procureur général et procureur général au présidial de Lyon (5 janvier 1571). Il testa, le 27 janvier 1572. Il épousa (28 janvier 1540) Bonne Prunier, puis (7 février 1546) Émeraude de la Porte.

[47] Pierre Bullioud, fils de Pierre Bullioud et d'Émeraude de la Porte, mariés le 7 février 1546, sieur de la Tour d'Espinay, Celettes, testa, le 10 juillet 1597, et mourut, à Paris, avant le 14 avril 1601. Il épousa (2 janvier 1582) Marie de Guillens (vivante le 14 avril 1601), fut procureur général au Parlement de Dombes (en ex. 7 septembre 1575, 4 mai 1577) (Arch. C. d'Or, LXXXV, t. 2, fol. 94, 113).

[48] Alexandre Cholier, sieur de la Serpollière, troisième fils de Marc-Antoine Cholier et de Claudine de Villars, baptisé à Trévoux, le 24 mars 1574, testa le 30 avril 1633, fut conseiller au prés. de Lyon (13 avril 1609), échevin de Lyon (1618). Il épousa (20 avril 1598) Françoise Frère (testa

4 septembre 1607, morte, en 1608, à Charfeleins), puis (1ᵉʳ février 1608) Anne de Serracin-Prisi (vivante 30 avril 1633). Il fut procureur général au Parlement de Dombes (en ex. 27 mai 1598, 14 octobre 1602) (Arch. C. d'Or, XCII, t. 2, fol. 2 et 306).

[48] Etienne Fergon, fils de Charles Fergon et de N. de Nays, sieur de la Pataudière, Veniers, Condé, élu de Loudun, commissaire extraordinaire des guerres (15 mars 1568), général des finances de Languedoc (20 octobre 1561-22 octobre 1573), intendant de justice à l'armée du duc de Montpensier, dont il avait été secrétaire, il mourut, avant le 14 octobre 1587. Il épousa Perrine Ferrant.

NOTES

Selon Aubret *(Mém. pour servir à l'hist. du Parlement de Dombes)*, les conseillers Philippe Gayant, Guillaume Martin, Pierre Bouilloud, Pierre Grolier, Pierre de Limandas, nommés en 1544, ne furent jamais reçus (Smith et Guigue : *Bibliotheca Dumbensis*, I, 456).

ADDENDA ET CORRIGENDA

Page 20, ligne 2, *depuis :* nommé, *jusqu'à :* 24, 057, doit être reporté à la ligne 9, *après :* Aix.

Ligne 34, *au lieu de :* Mérindol, *lire :* et Mérindol.

— 21, ligne 23, *après :* 735 *lire :* vivante 9 mai 1622 (Archives de Grenoble. E. II. 798, avant dern. pièce, fol. 1, v°).

— 25, ligne 1, *au lieu de :* da, *lire :* de.

Ligne 20, *au lieu de :* n°, *lire :* n.

Ligne 24, *après :* Agoult, *lire :* Ce fut peut-être elle (Mᵐᵉ de Barras) qui mourut à Aix, le 5 juillet 1583 (greffe d'Aix, registre des Augustins).

Ligne 31, *au lieu de :* Augutins, *lire :* Augustins.

— 28, ligne 7, *après :* postérité, *lire :* avant le 22 juin 1588.

— 33, ligne 17, *après :* (t. 18), *lire :* mort au 19 décembre 1597.

— 38, ligne 12, *au lieu de :* 1850, *lire :* 1580.

— 43, ligne 20, *au lieu de :* 1637, *lire :* 1617.

— 68, ligne 13, *au lieu de :* v. 5, *lire :* v. s.

— 71, ligne 19, *supprimer :* au 6 février 1608.

— 72, ligne 10, *avant :* 4 juillet, *lire :* vivante.

Ligne 13, *avant :* conseiller, *lire :* fut baptisé, à Grenoble, le 28 décembre 1543 (Arch. Grenoble GG. 1.).

— 75, ligne 17, *au lieu de :* Mérande, *lire :* Méraude.

— 80, ligne 11, *avant :* fut, *lire :* il.

— 81, ligne 34, *au lieu de :* Grigues, *lire :* Guigues.

— 85, ligne 12, *au lieu de :* Trusel, *lire :* Trufel.

Lignes 21-22, *supprimer :* testa 2 mars 1618 et 3 avril 1625.

— 86, ligne 31, *au lieu de :* Ponnat, *lire :* de Ponnat.

— 90, ligne 13, *au lieu de :* Mérande, *lire :* Méraude.

— 91, ligne 1, *au lieu de :* col, *lire :* fol.

— 92, ligne 6, *au lieu de :* Bayard, *lire :* Bayart.

— 93, ligne 24, *au lieu de :* 1575, *lire :* 1775.

— 97, ligne 11, *au lieu de :* Costaich, *lire :* Costaing.

— 118, ligne 15 des notes, *après :* 1574, *lire :* Elle épousa (7 mai 1579) Henri de Torchefelon-Mornas.

Page 142, ligne 9, *au lieu de :* Moutgeron, *lire :* Montgeron.
— 162, ligne 6, *après :* Drambon, *lire :* probablement fils de Jean de Poligny et d'Anne Mallion.
— 165, ligne 35, *au lieu de :* Brennot, *lire :* Breunot.
— 166, ligne 27, *au lieu de :* Perrettes, *lire :* Perrette.
— 173, ligne 12, *au lieu de :* Chasaus, *lire :* Chasans.

PARLEMENT DE ROUEN

PRÉFACE

En 1867, M. Stéphane de Merval publia un luxueux in-4°, sous
le titre de *Catalogue de Messieurs du Parlement de Rouen*. Cet
ouvrage, selon la remarque de M. Émile Picot, de l'Institut, dans
un récent discours prononcé à Rennes, est « plutôt un Armorial
qu'un travail définitif ». En effet, il se borne à donner les noms et
les armes des officiers du Parlement, avec la date de leur année de
réception. Il existe, à la Bibliothèque municipale de Rouen, deux
séries de manuscrits, qui nous ont été du plus grand secours, pour
compléter le travail rudimentaire de Merval. C'est, d'abord, le
recueil Y. 24, du conseiller Bigot, dont M. G. A. Prévost a publié
(1 vol. in-8°, Rouen, 1905), pour la *Société d'Histoire de Normandie*, la première partie, de 1499 à 1550 (sauf les tableaux généalogiques). Nous avons donc consulté cette série, *in-extenso*. Puis,
nous avons attaqué la série Y. 214 (26 volumes de copies des Registres originaux du Parlement, exécutées par ordre de Claude Pellot),
et la série Y. 32 (7 volumes in-fol., de copies des mêmes registres), qui la contrôle et la complète. Nous avons aussi, à la
Bibliothèque Nationale, consulté une dizaine de manuscrits, renfermant des copies de registres originaux du Parlement, aujour-
d'hui perdus, et les précieux registres manuscrits (Originaux) du
Fonds Français (18932 et sqq.), qui sont le plumitif-journal du

PAGINATION DECALEE

greffier de la Chambre des Enquêtes du Parlement de Rouen, de 1578 à 1587.

Cette besogne préliminaire exécutée, nous avons abordé ce qui reste des registres originaux des délibérations du Parlement, aux Archives Départementales de la Seine-Inférieure. Les registres ont disparu jusqu'en 1540, où se trouve un registre isolé, puis de 1540 à 1541. A partir de ce moment, hors une lacune sérieuse (1555 à 1568) et quelques lacunes partielles, nous avons pu suivre, à travers une centaine de manuscrits, notre sujet jusqu'à son terme (1658, mort du conseiller Pierre de Brinon).

Pour suppléer aux lacunes, nous avons feuilleté encore une quarantaine des poudreux et croulants registres de la Tournelle, de 1506 à 1540, et glané quelques précisions dans l'immense collection des Registres d'Arrêts, de 1500 à 1646, soit près de six cents volumes.

Enfin, pour parachever notre œuvre, outre nos recherches généalogiques à Paris et dans le recueil Bigot, déjà cité, à Rouen, que nous rappelons pour mémoire, nous avons longuement fouillé, aux Archives municipales de Rouen, dans ce qui reste de l'état-civil des quarante-deux paroisses de Rouen, avant la Révolution, et nous nous flattons d'avoir exhumé de toute cette poussière quelques détails intéressants, complétant, confirmant ou rectifiant les renseignements fournis, soit par nos recherches dans les Registres Originaux du Parlement, soit par les nombreuses épitaphes insérées par Farin, dans son *Histoire de Rouen*.

Tous nos remerciments à M. Poullain, archiviste municipal de Rouen, dont la compétente obligeance nous a été des plus utiles, au personnel de l'admirable bibliothèque municipale de Rouen, à l'aimable M. Jacquelin, chef de bureau aux Archives départementales de Seine-Inférieure et à ses employés.

Nous avons rencontré, à Rouen, auprès des divers conservateurs et gardiens de dépôts publics, toute l'aménité et la complaisance nécessaires pour nous permettre d'abattre en un laps de deux mois, au prix d'un labeur acharné, une somme de travail suffisante pour présenter au public un « état » aussi complet que possible du Parlement de Normandie, de son origine (1499) à la fin du xvi⁰ siècle[1].

1 Rappelons aussi que nous avons consulté la classique *Histoire du Parlement de Normandie*, de Floquet, et les *Éloges* latins du conseiller Le Chandelier.

EXPLICATION DES ABRÉVIATIONS

BR : Bibliothèque de Rouen.
AD : Archives départementales de Seine-Inférieure.
AM : Archives municipales de Rouen.
RS : Registres secrets du Parlement (Délibérations).
RT : Registres du Parlement (Tournelle).
RA : Registres du Parlement (Arrêts).
  n : nommé.
  r : reçu.
a. d. : après décès.
s. r. : sur résignation.

PARLEMENT DE ROUEN

PREMIERS PRÉSIDENTS

Geoffroy Hébert, n. avril, r. 1er octobre 1499 (BR. Y. 24) [1].

Jean de Selve, r. 17 mars 1508 (BR. Y. 24) [2]. a. d.

Jean de Brinon, n. 21 avril, r. 6 juillet 1515 (BR. Y. 24) [3]. s. r.

François de Marsillac, r. 14 juillet 1528 (BR. Y. 24) [4]. a. d.

Pierre Raymond, n. 8, r. 20 décembre 1543 (Bibl. Nat. Fr. 24113 p. 205, v°, et BR. Y. 214, t. 3, fol. 11) [5]. a. d.

Antoine de Saint-Anthost, n. 11, r. 21 juin 1553 (BR. Y. 24) [6]. a. d.

Jacques de Bauquemare, r. 11 mars 1565 (BR. Y. 24) [7]. a. d.

Claude Groulart, n. 19 octobre, r. 13 décembre 1585 (Item) [8]. a. d.

DEUXIÈMES PRÉSIDENTS

Christophe de Carmonne, n. avril, r. 1er octobre 1499 (BR. Y. 24) [9].

Jean Malingre, r. 7 juin 1504 (Bibl. Nat. Fr. 22457, f. 34) [10]. s. r.

Camille de Corsiatis, r. 1er octobre 1504 (It. Fr. 22457, f. 36) [11]. a. d.

Jacques Berdel, r. 1508 [12]. s. r.

Jean Feu, n. 28 juillet, r. 17 août 1523 (BR. Y. 24) [13]. a. d.

Louis Pétremol, n. 3 mai 1543, r. 2 déc. 1549 (BR. Y. 214, t. 4, fol. 142) [14]. a. d.

Gilles de Hastes, n. 18 décembre 1567 (BR. Y. 24) [15]. a. d.

Emery Bigot, n. 9 février, r. 7 mars 1578 (BR. Y. 24) [16]. a. d.

Raoul Bretel, r. 26 novembre 1585 (Bibl. Nat. Fr. 18936, fol. 2) [17]. a. d.

Louis Bretel, r. à survivance 30 mai 1587 (It. Fr. 18936, fol. 273), réellement, en 1596, environ. Nommé, le 30 juin 1586 (BR. Y. 24) [18]. s. r.

TROISIÈMES PRÉSIDENTS

Antoine Bohier, n. avril, r. 1er octobre 1499 (BR. Y. 24) [19].

Robert de Bapaume, r. en 1508 [20]. s. r.

Pierre Bourbenon, n. 6 septembre, r. 12 novembre 1512 (Bibl. Nat. Fr. 24457, fol. 42) [21]. Il signe : *Burbenon*.

Robert de Bapaume, de nouveau, en 1513 ou 1514.

Robert de Villy, n. 17 juin, r. 12 novembre 1522 (BR. Y. 24) [22]. a. d.

Jean Vialart, r. pr. 7 ou 15 janvier 1541 (BR. Y. 24) [23]. a. d.

Antoine de Saint-Anthost, r. 27 mars 1550, n. s (BR. Y. 214. t. 4, fol. 157) [6]. a. d.

Jean Lallemant, n. 4., r. 14 août 1553 (It. Y. 214. t. 4, fol. 441) [24]. s. r.

Michel Vialart, n. 12, r. 17 décembre 1567 (BR. Y. 24) [25] a. d.

Nicolas d'Amours, r. 9 septembre et 12 novembre 1573 (AD. RS. VIII, 147, v°, BR. Y. 214, t. 6, f. 249) [26]. s. r.

François Anzeray, r. 17 juillet 1581 (BR. Y. 24) [27]. s. r.

QUATRIÈMES PRÉSIDENTS

Jacques Calenge, r. 1er octobre 1499 (BR. Y. 24) [28].

Jean Le Nepveu, r. vers 1502 [29].

Jean de Selve, 1504 [2]. a. d.

François de Bordeaux, n. 13 mai, r. juillet 1519 (BR. Y. 24) [30]. s. r.

Pierre de Monfault, r. 28 février 1528 (BR. Y. 24) [31]. a. d.

Etienne de Tournebulle, r. 6 ou 20 février 1542 (BR. Y. 24) [32]. a. d.

Jacques Daniel, r. 13 novembre 1555 (BR. Y. 214, t. 5, f. 149) [33]. a. d.

Antoine Fumée, r. av. 16 déc. 1564 (AD. RA., reg. 297). [34]. s. r.

Jean de Croismare, n. 29 novembre, r. 16 décembre 1567 (BR. Y. 24) [35]. s. r.

Nicole Le Conte, r. 13 novembre 1570 (AD. RS. IV, fol. 1) [36]. a. d.

Pierre le Jumel, r. 14 novembre 1571 (AD. RS. V, fol. 5) [37]. s. r.

Georges de la Porte, r. 15 avril 1597 (BR. Y. 214, t. 8, fol. 68) [38]. s. r.

CINQUIÈMES PRÉSIDENTS

Charles Maignart, r. 23 juin 1600 (AD. Reg. vac. 1600-1604, p. 39) [39].

CONSEILLERS

François de Ternay, clerc, r. 1499 (BR. Y. 24) [39].

Mathieu Pascal, clerc, r. 1er avril 1503 (Bibl. Nat. Fr. 22457, f. 23) [40]. a. d.

Jean Le Sueur, clerc, r. 3 mars 1519 (BR. Y. 24) [41]. a. d.

puis lay ┌───────────────────────────────────────┐
Geoffroy du Puy, r. 29 juillet 1552 (BR. Y. 24) [42].
clerc.

Etienne Miffant, r. 20 novembre 1536
(BR. Y. 24) [43] lay.

puis de nouveau, clerc. r. 20 novembre 1536 (BR. Y. 24).

Nicolas Le Conte, r. clerc 27 novembre ou 23 décembre 1538 (BR. Y. 24) [36]. a. d.

Bernardin de Bouliers, clerc, exam. 26 mars 1545 (BR. Y. 214, t. 3. p. 101) [44]. s. r.

Guillaume Maignart, lay, r. 1499 (BR. Y. 24) [45].

Geoffroy du Puy, lay, r. 9 janvier 1525 (BR. Y. 24) [42]. a. d.

Nicolas Le Conte, lay, r. 12 novembre 1544 (BR. Y. 24) [36]. a. d.

Antoine de Civile, lay, r. 8 juin 1554 (BR. Y. 214, t. 5. f. 37) [46]. s. r.

Jacques de Civile, lay, r. 30 octobre 1587 (BR. Y. 24) [47]. a. d.

Jean du Bosc, lay, r. 1499 (BR. 24) [48]

Jean Feu, lay, n. 6 septembre, r. 12 novembre 1512 (Bibl. Nat. Fr. 22457, 2e série, fol. 42) [13]. a. d.

Antoine Le Marchant, lay, n. 1er août, r. 22 nov. 1525 (BR. Y. 24) [49]. s. r.

Isambart Busquet, lay, n. 25 janvier, r. 9 nov. 1542 (BR. Y. 24) [50]. s. r.

Jean Busquet, lay, r. 17 mai 1553, à surviv. (BR. Y. 214, t. 5. fol. 428) [51]. s. r.

Robert Busquet, lay, n. 22 décembre 1577, r. 23 avril 1578 (BR. Y. 214, t. 6. p. 481) [52]. s. r.

Pierre de Mélicourt, clerc, r. 1499 (BR. Y. 24) [53].

Denis de Bredevent, clerc, r. 18 mai 1527 (BR. Y. 24) [54]. a. d.

Jacques de Brevedent, clerc (quoique lay), 8 juillet 1534 (BR. Y. 24 [55].
s. r.

Charles du Val, clerc, n. 7, r. 18 janvier 1556 (BR. Y. 214 t. 5. f. 169) [56].
s. r.

Charles Turgot, clerc, n. 1er juin, r. 18 décembre 1585 (Bibl. Nat. Fr. 18936,
f. 53 [57]. a. d.

Jean d'Argouges, clerc, r. 1499 (BR. Y. 24) [58].

Nicolas de Quievremont, clerc (quoique lay) r. 14 décembre 1517 (BR. Y.
214. t. 1., fol. 70) [59]. s. r.

Jean Gombault, clerc, r. 7 janvier 1521 (BR. Y. 24) [60]. a. d.

Christophe de Marle, clerc, n. 1er janvier, r. 15 mai 1523 (BR. Y. 24) [61].
a. d.

(Jean de Corbie, clerc, ne siégea pas).

Etienne Bernard, clerc, r. 11 février 1528 (BR. Y. 24) [62]. s. r.

Robert de Bapaume, lay, n. avril, r. 1er octobre 1499 (BR. Y. 24) [20].

Frédéric Le Vicomte, lay, r. 12 novembre 1504 (BR. Y. 81) [63] s. r.

Claude du Fresnoy, lay, r. 12 novembre 1511 (Bibl. Nat. Fr. 22457,
2e série, f. 39) [64]. a. d.

Claude du Fresnoy, clerc, r. mars 1507 (BR. Y. 81) [64].

René de Becdelièvre, clerc, n. 7 septembre, r. 16 novembre 1512 (Bibl.
Nat. Fr. 22457, f. 15) [65]. s. r.

Robert d'Esquetot, lay, r. 1er avril 1502 (BR. Y. 81) [66].

René de Becdelièvre, lay, r. 25 mai 1516 (BR. Y. 24) [65]. a. d.

Robert de Boislevé [n°], lay, n. avril, r. 1er octobre 1499 (BR. Y. 24) [67].

Etienne Patrix, lay, r. avt 18 octobre 1528 (BR. Y. 24) [68]. a. d.

Pierre de Médine, lay, r. 21 janvier 1549 (BR. Y. 214, t. 4, fol. 16). a. d.
(Il avait été reçu clerc (office créé), le 2 mai 1543 (BR. Y. 214,
t. 2, f. 431) [69]. (Son office clerc fut probablement supprimé
(BR. Y. 24).

Pierre de Croismare, lay, n. avril, r. 1er octobre 1499 (BR. Y. 24) [70].
Robert de Croismare, lay, r. 12 ou 13 nov. 1529 (BR. Y. 24 [71]. s. r.

Guillaume Le Roux, lay, n. avril, r. 1er octobre 1799 (BR. Y. 24) [72].
Claude Le Roux, lay, n. 15 juillet, r. 12 août 1520 (BR. Y. 24) [73]. a. d.
Nicolas Le Roux, lay (quoique clerc), r. 19 ou 29 mars 1537 (BR. Y. 24)
    [74]. a. d.
Robert Le Roux, lay, n. 28 septembre 1553, r. 8 juin 1554 (BR. Y. 214,
    t. 5, fol. 37) [75]. s. r.
Jean Véron, lay, r. 7 mai 1586 (BR. Y. 24) [76]. a. d.

Pierre Charles, lay, n. avril, r. 1er octobre 1499 (BR. Y. 24) [77].
Nicolas Pongnon, lay, r. 1er octobre 1503 (Bibl. Nat. Fr. 22457, 1er série,
    fol. 29) [78]. a. d.

Jean Le Monnier, clerc, n. avril, 1er octobre 1499 (BR. Y. 24) [79].
Guillaume Lescrivain, clerc, r. 12 novembre 1504 (Bibl. Nat. Fr. 22457,
    fol. 38) [80] a. d.
Jean Le Lieur, clerc, r. 25 ou 28 mai 1507 (BR. Y. 24) [81]. s. rés.
André Maillart, clerc, r. 5 décembre 1537 (BR. Y. 214, t. 2, fol. 121)
    [82]. a. d.
Louis Bonenfant, clerc, n. 30 juin, r. 8 août 1543 (BR. Y. 214, t. 2
    (f. 456-457) [83] s. rés.
Denis du Val, clerc, n. 17 nov. 1552, r. 29 mars 1556 v. s. (BR. Y. 24)
    [84]. s. r.

Robert de la Fontaine, lay. n. avril, r. 1er octobre 1499 (BR. Y. 24) [85].
Jacques Bordel, lay, r. 12 novembre 1504 (Bibl. Nat. Fr. 22457, f. 38) [12].

Arnaud Goupil, clerc, n. avril, r. 1er octobre 1499 (BR. Y. 24) [86].
Christophe de Nocey, clerc, n. 13 mars, r. 16 avril 1509 (BR. Y. 24)
    [87]. a. d.
François Le Charron, clerc, n. 6 septembre, r. 12 novembre 1512 (BR.
    Y. 24) [88] a. d.

Jean Heuzé, lay, n. avril, r. 1er octobre 1499 (BR. Y. 24) [89].
Louis de Quievremont lay, r. 1er oct. 1503 (Bibl. Nat Fr. 22457, f. 29)
    [90]. a. d.

Guillaume Aoustin, clerc, n. avril, r. 1er octobre 1499 (BR. Y. 81) [91].

Robert d'Estain (92).

Guillaume Cappel, clerc, n. avril, r. 1er octobre 1499 (BR. Y. 81) [93].

Guillaume Feydeau, clerc, n. avril, r. 1er octobre 1499 (BR. Y. 81) [94].

Guillaume Toustain, lay, n. avril, r. 1er octobre 1499 (BR. Y. 81) [95].

Laurent de la Perreuse, lay, n. avril, r. 1er octobre 1499 (BR. Y. 81) [96].

Pierre Le Séneschal (97).

Jean Masselin, probablement clerc, n. avril, r. 1er octobre 1499 (BR. Y. 81) [98].

Guillaume de Perrières, clerc, n. avril, r. 1er octobre 1499 (BR. Y. 81) [99].

Jean Patry, n. avril, r. 1er octobre 1499 (BR. Y. 24) [100].

Pierre Le Lieur, clerc, puis lay, n. avril, r. 1er octobre 1499 (BR. Y. 24) [101].

Pierre Le Lieur, lay, reçu 28 mars 1532, v. s. ou environ (Cf. Floquet. II 62, note) [102] s. r.

Jean Le Lieur, lay, r. 5 septembre 1549 (BR. Y. 214, t. 4, f. 128 [103] s. r.

Jean du Fay, lay, n. 22 février, r. 28 avril 1552 (BR. Y. 24) [104] s. r.

Charles Le Verrier, lay, n. 21 janvier, r. 4 mai 1564 (BR. Y. 24) [105] a. d.

Jacques de Boisyvon, lay, r. 14 décembre 1573 (AD. RS. VIII, 189 v°) s. r. [106].

Pierre Charles, lay, n. 7 décembre 1595, r. 12 février 1596 (AD. RS. de 1596, f. 158 v°) [107] s. r.

———

Guillaume Carrey, clerc, n. avril, r. 1ᵉʳ octobre 1499 (BR. Y. 81) [108].

———

Guillaume Adoubart, clerc, n. avril, r. 1ᵉʳ octobre 1499 (BR. Y. 81) [109].

———

Thomas Postel, lay, n. avril, r. 1ᵉʳ octobre 1499 (BR. Y. 81) [110].
Antoine Pestel, lay, r. 24 novembre 1528 (BR. Y. 81) [111] s. r.

———

Jean Le Bienvenu, lay, n. avril, r. 1ᵉʳ octobre 1499 (BR. Y. 81) [112].

———

Jean le Héricy, clerc, n. avril, r. 1ᵉʳ octobre 1499 (BR. Y. 24) [113].

———

Guillaume Jubert, lay, r. avant 6 février 1505 (AD. RA. reg. 8) [114].
Claude Jubert, lay, r. 13 juin 1543 (BR. Y. 32, t. 1, fol. 100 [115] a. d.

———

Jean de Cormeilles, lay, r. avant 18 mars 1505 (AD. RA. reg. 8) [116].
Richard Le Mancel, lay, r. 16 avril 1540 (BR. Y. 214, t. 2. fol. 180) [117] a. d.

———

Jean de Yberrola, clerc, r. avant 29 mai 1506 (AD. RA. reg. 12) [118].
Jean de Serre, clerc, r. entre 23 août 1515 et 4 février 1516 (AD. RA. reg. 53 et 54) [119] s. r.
Robert Surreau, clerc, puis lay, r. 4 mars 1523 (BR. Y. 81) [120] s. r.
Nicolas Panigarola, lay, n. 22 juillet 1525 (Actes, n° 18455), r. 15 décembre 1525 (BR. Y. 24) [121] s. r.
Nicolas de la Place, lay, n. 11 avril 1543 (Actes, n° 22652), r. 10 mai 1543 (BR. Y. 24) [122] s. r.

———

Jean Le Carpentier, lay, r. avt 20 mai 1506 (AD. RA. reg. 12) [123].

François de Bordeaux, lay, n. 22 avril 1517 *(Actes,* n° 23469), r. avant 27 juin 1516 (AD. RA. reg. 56) [30] a. d.

Mathieu Raoullin, lay, r. 19 novembre 1519 (BR. Y. 81) [124] s. r.

Robert Raoullin, lay, r. 3 août 1529 (BR. Y. 24) [125] a. d.

Guillaume Tulles, clerc, r. mars 1507 (BR. Y. 81) [126].

Pierre de la Place, clerc, r. 13 août 1544 (BR. Y. 81) [127] a. d.

Jean Le Cousturier, non reçu.

Jean Le Gras, non reçu.

François Cabart, clerc, n. 6 juin, reçu 13 juillet 1588 (AD. RS. de 1588 à 1595, fol. 62) [128] a. d.

Guillaume de Calenge, clerc, r. mars 1507 (BR. Y. 81) [129].

René des Buats, clerc, r. 26 novembre 1532, selon certains, en tout cas, avant 18 juin 1533 (AD. RA. reg. 121) [130].

Jessé Godet, clerc, r. mars 1507 (BR. Y. 81) [131].

Simon Boullenc, lay, r. mars 1507 (BR. Y. 81) [132].

(Robert de Villy le jeune, n. 1er mai 1525 *(Actes,* n° 18282) (ne siégea pas) a. d.

Antoine Le Marchant, n. le 1er août 1525 (Cf. plus haut) succéda, en réalité, à Jean Feu, s. r.

Raoul Boullenc, clerc, reçu 18 mai 1526 (BR. Y. 81) [133] a. d.

Claude Boullenc, lay, n. 25 février, r. 21 novembre 1552 (BR. Y. 81) [134] s. r.

(Toussaint Vassal, n. reçu.)

Martin Hallé, lay, n. 22 janvier, r. 24 février 1568 (BR. Y. 81) [135] a. d.

Jean Belin, lay, r. mars 1507 [136].

Nicolas-Jean de Mortereul, clerc, r. 22 ou 28 novembre 1516 (BR. Y. 24) [137].

Jean Noblet, clerc (r. 17 août 1517), puis lay (n. 25 janvier 1519) (BR. Y. 24) [138].

Geoffroy de Manneville, clerc, r. 8 août 1519 (BR. Y. 24) [139] s. r.

Jean de Quintanadoine, clerc, n. 8 mai, examiné (ajourné à deux ans) 18 juillet 1554 (BR. Y. 214, t. 5, fol. 53) [140] a. d.

Jean de Cahaignes, clerc, n. 13 octobre, r. 9 décembre 1573 (Pièces Orig. 568, AD.-RS. reg. 8, fol. 186) [141] s. rés.

Antoine Carles, clerc, r. 22 août 1517 (BR. Y. 81) [142].

Gassiot de la Combe, clerc, n. 13 décembre 1520, r. 7 janvier 1521 (BR. Y. 24) [143] s. r.

Martin Hennequin, clerc, r. 22 février 1523 (BR. Y. 24) [144] s. r.

Germain Vialart, clerc, n. 20 octobre 1555, r. 16 décembre 1555 (BR. Y. 214, t. 5, fol. 165) [145] a. d.

Philippe de Nocey, clerc, n. 21 novembre 1563, r. 11 janvier 1564 (BR. Y. 24) [146] s. r.

Pierre de la Tigeoire, clerc, r. 22 août 1574 (AD. RS. VIII. 309) [147] a. d.

Renaud du Quesnay, lay, r. 2 ou 21 juillet 1519 (BR. Y. 24) [148].

Hughes Le Voys, lay, r. 8 août 1519 (BR. Y. 24 [149].

Guillaume de Bordeaux, lay, r. 16 janvier 1538 (BR. Y. 214, t. 4, fol. 231) [150] a. d.

Jacques Dyel, lay, n. 18 janvier, r. 6 mai 1581 (BR. Y. 24) [151] a. d.

Baptiste Le Chandelier, lay, n. 19 juillet, r. 7 août 1519 (BR. Y. 24) [152].

Robert Le Prieur, lay, n. 22 avril, r. 4 août 1554 (BR. Y. 214, t. 5, fol. 58) [153] a. d.

Nicolas du Val, lay, n. 19 juillet, r. 18 août 1519 (BR. Y. 24 [154].

Claude Bongars, lay, r. 12 août 1519 (BR. Y. 24) [155].

Guillaume Allard, lay, n. 1er juillet 1521 (Actes, 1376), r. 9 août 1521 (BR. Y. 24) [156], s. rés.

Etienne Luillier, lay, r. 21 août 1523 (BR. Y. 24)[157] s. r.

David de Bures, lay, n. 6 septembre, r. 12 novembre 1519 (BR. Y. 24) [158].

Robert de la Maeure, lay, r. 23 juin 1520 (BR. Y. 24)[159].

Innocent Piole, lay, r. av¹ 12 novembre 1521 (BR. Y. 24) [160].
Jean Quesnel, lay, n. 26 juin (Actes, n° 22820), r. 9 août 1524 (BR. Y. 214 t. 1, fol. 73)[161] s. r.
Guillaume Quesnel, lay, r. 18 novembre 1556 (BR. Y. 214, t. 5, fol. 206) [162] a. d.

Nicolas Fatin, clerc, r. 20 juin 1524 (BR. Y. 24) [163].

Geoffroy du Puy, clerc, r. 29 juillet 1522 (BR. Y. 24)[42].
Jean Morin, clerc, n. 9 janvier 1525 (Actes, n° 18046), en ex: au 14 juin 1525 (AD. RA. reg. 82) [164] s. r.

Jacques Morise, lay, n. av¹ 12 août 1524 (AD. RA. reg. 79)[165].
Jean Odoard, lay, n. 2 avril (Actes, n° 19099), r. 10 mai 1527 (BR. Y. 24) [166] a. d.
Pierre du Four, lay, r. 8 août 1543 (BR. Y. 214, t. 2, fol. 457) s. r. [167].
Adrien Toustain, lay, r. 17 mars 1571 (AD. RS. 4, fol. 131) [168] a. d.

Christophe Héroard, lay, r. avant 12 novembre 1521 [169].

Olivier Labô, clerc, r. av¹ 24 novembre 1525 (AD. RA. reg. 84) [170].
Philippe Raymond, clerc, n. 23 janvier, r. 26 mai 1546 (BR. Y. 24) [171] a. d.

Jean des Dormans, lay, n. 3, r. 26 mai 1525 (BR. Y. 24) [172].
Charles des Dormans, lay, r. 31 décembre 1530 (BR. Y. 24)[173] s. rés.

Etienne Bellot, clerc, r. 16 novembre 1529 (BR. Y. 24) [174], devint président aux Requêtes (n. 20 oct. 1544, r. 9 janvier 1545) (BR. Y.
214, t. 1, p. 111 et t. 3, p. 140).
Jacques de Bauquemare, r. 2 mai 1543 (BR. Y. 214, t. 2, p. 431 [7]
s. rés.
Jean Le Febvre, r. 30 juin 1544 (BR. Y. 214, t. 3, fol. 101) [175] s. rés.
Charles Le Febvre, r. 26 novembre 1573 (BR. Y. 214, t. 6. fol. 252) [176]
s. rés.

Eustache Chambon, lay, r. 19 novembre 1529 (BR. Y. 24) [177].
Nicolas Harnois, lay, r. 14 juillet 1537 (BR. Y. 214, t. 2, fol. 115)
[178] s. r.
Louis Bonenfant, lay, r. 13 novembre 1550 (BR. Y. 214, t. 4, f. 201) [84]
a. d.

Louis Pétremol, r. clerc, 30 juin 1531 (BR. Y. 24), r. lay, 14 janvier 1537
(BR. Y. 24) [14].

Etienne Poncher, clerc, r. 22 novembre 1531 (BR. Y. 24) [179].
Etienne Miffant, clerc, r. 11 mai ou 13-14 juin 1535 (BR. Y. 24) [43]
s. rés.

Jacques Mesnage, clerc (quoique lay) r. 23 décembre 1532 (BR. Y. 24)
[180].
Baptiste Le Chandelier, oncle, n. 15 mai 1554, r. 8 août 1556 (BR. Y. 24)
[181] a. d.
Baptiste Le Chandelier, neveu, n. 20 octobre 1584, r. 18 décembre 1585
(Fr. 18936. fol. 53) s. r. [182].
Baptiste Le Chandelier, oncle, 1587, a. d. [181].
Robert Le Chandelier, r. 7 août 1598 (AD. RS. 1597-98, ff. 321-325) [183]
s. rés.

Jean de Bauquemare, lay, r. 18 avril 1534 (BR. Y. 32) t. 1, fol. 19 [184].
Guy de Cailly, lay, n. 10 novembre 1542 (Actes, nº 22488), r. 16 février
1543 (BR. Y. 32, t. 1, fol. 90) a. d. [185].
Artus Martel, lay, n. 31, r. 27 novembre 1553 (BR. Y. 214, t. 4, fol. 480)
s. r. [186].

Nicolas Le Sueur, clerc, reçu, selon certains, le 18 avril 1534, en tout cas, avant le 12 avril 1538 (AD. RA. reg. 151) [187].

Jérôme Maynet, clerc (quoique lay) n. 14 novembre (Fr. 24113, fol. 171), r. 23 novembre 1551 (BR. Y. 214, t. 4, fol. 229) s. r. [188].

Guillaume Auber, lay, r. 8 mai 1537 (BR. Y. 214, t. 2, fol. 114) [189].

Adrien de Croismare, lay, n. 20 janvier, r. 5 mars 1564 (BR. Y. 24), [190] a. d.

Jean Doynel, lay, r. 28 avril 1569 (BR. Y. 24) s. r. [191].

Nicolas Heudei, lay, n. 23 avril, r. 22 octobre 1580 (BR. Y. 24) [192].

Jean Lallemant, lay, n. 13 avril (Actes, n° 22568), r. 2 mai 1543 (BR. Y. 214. t. 2, fol. 431) [24].

Jean Bouchart, lay, n. 11 avril, r. 17 juin 1553 (BR. Y. 214. t. 4, fol. 435) s. r. [193].

Jean de Bonshoms, lay, n. 4 avril (Actes, n° 22550), r. 2 mai 1543 (BR. Y. 214. t. 2, fol. 431) [194].

Guillaume de Bauquemare, lay, n. 2 mai, r. 3 août 1554 (BR. Y. 214. t. 5, fol. 58) [195] a. d.

Jean Cavelier, lay, n. 27 septembre, r. 18 décembre 1585 (Fr. 18936, fol. 53) [196] a. d.

Christophe Ripault, lay, n. 2 avril (Actes, n° 22548) r. 2 mai 1543 (BR. Y. 214, t. 2, fol. 431) [197].

Raoul Bretel, lay, n. 1er juillet 1552 (BR. Y. 214, t. 4, fol. 261) s. r. [17].

Jacques Voisin, lay, r. 7 mai 1586 (BR. Y. 24) s. r. [198].

Jean Thorel, clerc, n. 9 avril (Actes, n° 22556), r. 2 mai 1543 (BR. Y. 214, t. 2, fol. 431) [199].

Louis Le Roux, lay, n. 9 avril (Actes, n° 22553), r. 2 mai 1543 (BR. Y. 214, t. 2, fol. 431) [200].

Gabriel de Rupierre, lay, n. 4 juin, r. 28 novembre 1556 (BR. Y. 214, t. 5, fol. 211) a. d. [201].

François Sédille, clerc, n. 11 avril *(Actes,* n° 22566), r. 2 mai 1543 (BR. Y. 214. t. 2, fol. 431) [202]

Claude Auvray, clerc, r. le 13 août 1544, selon certains, en tout cas, av^t 27 janvier 1545 (BR. Y. 32, t. 1, fol. 236) s. r., puis lay, n. 5 mars 1548 (BR. Y. 214, t. 3, fol. 448) [203].

Michel Guiffart, clerc, n, 21, r. 28 février 1556 (BR. Y. 214, t. 5, fol. 177) [204] s. r.

Renaud Vigor, clerc, r. 7 décembre 1579 (Fr. 18933, fol. 174) [205] a. d.

Claude Le Georgelier, lay, n. 10 avril *(Actes,* n° 22557), r. 2 mai 1543 (BR. Y. 214, t. 2, fol. 431) [206].

Georges Le Brun, clerc (quoique lay), n. 11 avril *(Actes,* n° 22563), r. 2 mai 1543 (BR. Y. 214, t. 2, f. 431) [207].

Jean-Baptiste Le Brun, clerc, n. 21 septembre, r. 3 décembre 1567 (BR. Y. 24) [208], puis lay, n. 14, r. 28 juin 1568 (BR. Y. 24) office c1 éé.

Guillaume Martin, clerc, n. 18 juin, r. 10 juillet 1568 (BR. Y. 24) [209] s. rés.

Charles de la Roque, clerc, n. 17 octobre 1580, r. 10 janvier 1581 (Fr. 18934, 31) [210] a. d.

Jean Centsoulz, clerc, n. 11 avril *(Actes,* n° 22561), r. 2 mai 1543 (BR. Y. 214, t. 2, f. 431) [211].

Jean de Quievremont, lay, n. 9 avril 1543 *(Actes,* n° 22555), r. 5 mai 1543 (BR. Y. 24) [212].

Jean Piperey, lay, r. 18 juin 1575 (BR. Y. 214, t. 6, fol. 312) [213] s. r.

Robert Piperey, lay, r. 29 novembre 1567 (AD. RS. 1597-98, fol. 19 v° [214] a. d.

Robert Briselet, lay, n. 9 avril 1543 *(Actes,* n° 22554) r. 5 mai 1543 (BR. Y. 24) [215].

Robert Le Roux, clerc, n. 11 avril 1543 *(Actes,* n° 22564) r. 2 mai 1543 (BR. Y. 214, t. 2, fol. 431) [216].

Nicolas de Croixmare, clerc, n. 13 janvier, r. 12 avril 1578 (BR. Y. 24)
[217] a. d., lay, n. 18 juin, r. 1er juillet 1587 (BR. Y. 24).

Etienne Patrix, clerc [69].

Jacques Daniel, clerc.(quoique lay) n. 18 octobre 1528 (Actes, n° 19670)
r. 15 avril 1529 (BR. Y. 214, t. 1, fol. 87) s. r. [33]. Il fut, ensuite,
président aux requêtes, puis président (Cf. plus haut).

Nicolas de la Place, clerc, n. 11 avril, r. 10 mai 1543 (BR. Y. 24). Il
remplaça, le 25 juillet 1548, comme lay, Nicolas Panigarola (Cf.
plus haut).

Constantin de Bures, lay, r. 11 février 1544 (BR. Y. 214, t. 3, fol. 40)
[218].

Nicolas Paixdecœur, lay, r. 11 février 1544 (BR. Y. 214, t. 3, fol. 40)
219.

Nicolas Blanchaston, lay, r. 11 février 1544 (BR. Y. 214, t. 3, fol. 40)
[220].

Nicolas Rassent, lay, r. 3 août 1554 (BR. Y. 214, t. 5, fol. 58) [221] a. d.

Jacques Rassent, lay, r. 16 janvier 1595 (AD. RS. 1588 à 1595, fol. 252)
[222] a. d.

Nicolas Cavelier, lay, r. 11 février 1544 (BR. Y. 214, t. 3, fol. 42) [223]
(Adrien Le Doulcet, n. reçu) a. d.

Louis de la Rue, lay, r. 6 juillet 1573 (AD. RS. reg. 8, fol. 102 v°) a. d.
[224].

Alexandre Bouchart, lay, n. 29 juillet, r. 22 septembre 1587 (BR. Y. 24)
[225] a. d.

Jean Garin, lay, r. 18 février 1544 (BR. Y. 214, t. 3, fol. 42) [226].

Gilles de Hastes, lay, n. 26 mars, r. 2 mai 1552 (BR. Y. 214, t. 4,
fol. 254) [227] a. d.

Jean Le Roy, lay, n. 1er décembre 1568, r. 1er février 1569 (BR. Y. 24) [228] s. r.

Gilles Le Carpentier, lay, 1. 12 juillet 1593 (BR. Y. 24) [229] a. d. [229].

Jean du Bosc, lay, r. 30 juin 1544 (BR. Y. 214, t. 3, fol. 101) [230].

Pierre Fresnel, lay, n. 6 novembre 1551, r. 27 avril 1552 (BR. Y. 24 — Y. 214, t. 4, p. 253) [231] s. r.

Pierre de Moges, lay, r. 4 juillet 1573 (AD. RS. reg. 8, fol. 100 v°) [232] s. r.

Scipion de Moges, lay, r. 16 janvier 1590 (AD. RS. 1588 à 1595, fol. 84) [233] a. d.

Jacques Muterel, lay, r. 13 ou 15 août 1544 (BR. Y. 24) [234].

Jean de Croismare, lay, r. 30 juin ou 6 juillet 1543 (BR. Y. 24) [35].

Nicolas Romé, lay, n. 29 novembre 1567, r. 23 février 1568 (BR. Y. 24) [235] s. r.

Laurent Romé, lay, r. 15 juin 1575 (BR. Y. 214, t. 6, fol. 311) [236] s. r.

Robert de Trescot, clerc, r. 13 août 1545 (BR. Y. 24) [237] (Olivier de Quierville n. r.).

Louis Thiboust, lay, r. 18 juin 1550 (BR. Y. 214, t. 4, fol. 187) [238].

René Le Moyne, clerc, d'abord, n. 26 juin 1555 (BR. Y. 214, t 5, fol. 117), puis, lay, le 20 janvier 1564 [239] a. d.

Charles Le Verrier, r. 29 août 1552 (BR. Y. 214, t. 1, fol. 112 et t. 4, fol. 269) [240¹].

Melon Prudhomme, clerc, n. 20, r. 28 janvier 1555 (BR. Y. 214, t. 5, fol. 69-70) [241].

---

¹ Est-il distinct du Charles Le Verrier, qui succéda à Jean du Fay (Cf. plus haut)? Nous n'avons pu réussir à le découvrir, mais c'est probable.

Guillaume Péricard, clerc, n. 1er juin, reçu 17 décembre 1571 (BR. Y. 214, t. 6, fol. 213) [242] a. d.

François de Villy, r. 3o août 1552 (BR. Y. 24) [243].

Jean Chesneau, clerc, n. 8, r. 18 mars 1555 (BR. Y. 214, t. 5, fol. 77) [244].

Claude Le Clerc, clerc, n. 24 mars, r. 12 mai 1574 (AD. RS. VI. fol. 124) a. d. [245].

Nicolas Robillart, clerc, r. 13 janvier 1589 (AD. RS. 1588 à 1595, fol. 105 v°) a. d. [246].

Pierre Charles, lay, n. 28 avril 1564, r. 14 janvier 1565 (BR. Y. 24) [247].

Jean-Paul Le Conte, lay, n. 22 décembre 1567, r. 13 mars 1568 (BR. Y. 24) [248].

Nicolas Le Cordier, lay, r. 18 juillet 1571 (AD. RS. IV. fol. 243) s. r. [249].

Jacques Roques, lay, r. 17 juin 1596 (AD. RS. de 1596, fol. 231) a. d. [250].

Guillaume Paixdecœur, lay, n. 5 janvier, r. 13 mars 1568 (BR. Y 24) [251].

Jean Paixdecœur, lay, r. 20 mai 1591 (BR. Y. 214, t. 7, p. 322) [252] s. r.

Raoul Labbé, lay, r. 22 novembre 1597 (AD. RS. 1598 à 1599, fol. 2) [253] r. s.

François Anzeray, lay, n. 5 février, r. 13 mars 1568 (BR. Y. 24) [27].

Louis de Maromme, lay, n. 18 août, r. 20 décembre 1581 (Fr. 18934, fol. 131) [254] s. r.

Jacques Fizet, lay, n. 7 janvier, r. 13 mars 1568 (BR. Y. 24) [255].

Jacques Fizet, lay, r. 7 décembre 1599 (AD. RS. nov. 1599 à mai 1600,

1er reg. fol. 28-29; 2e rég., f. 33 v°) a. d. (BR. Y. 214, t. 8, fol. 487) [256].

Georges de la Porte, lay, n. 8 janvier, r. 13 mars 1568 (BR. Y. 24) [38].
Romain Boyvin, lay, n. 24 décembre 1570, r. 30 juin 1571 (AD. RS. IV, fol. 232; BR. Y. 214, t. 6, fol. 200) [257] s. r.
Laurent Restaut, lay, n. 18 novembre, r. 15 décembre 1586 (BR. Y. 24) [258] a. d.

Jean Volant, lay, n. 6, r. 13 mars 1568 (BR. Y. 24) [259].
Pierre du Quesne, n. 18 movembre 1571, n. 9 janvier 1572 (AD. RS. reg. 5, fol. 38; BR. Y. 214, t. 6, fol. 215) [260] a. d.

Robert de la Vache, lay, n. 8, r. 13 mars 1568 (BR. Y. 24) [261].
Charles de la Vache, lay, r. à surviv. 17 mai 1597 (AD. RS. janv.-mai 1597, fol. 153; BR. Y. 214. t. 8, fol. 99) [262].

Thomas du Val, lay, n. 24 janvier, reçu 13 mars 1568 (BR. Y. 24) [263].
Jérôme Vauquelin, lay, r. 13 août 1582 (Fr. 18934, fol. 214) [264] s. r.
Laurent Godefroy, lay, n. 10 novembre, r. 18 décembre 1585 (Fr. 18936, fol. 53) s. r. [265].

Philippe de Montaigu, lay, r. 12 mai 1568 (BR. Y. 24) [266].
Antoine de Montaigu, lay, r. à surviv., le 22 avril 1598 (BR. Y. 24) [267]. Ne siégea pas.

Guillaume Martin, clerc, n. 18 juin, r. 8 juillet 1568 (BR. Y. 214) [268].
Charles de la Roque, clerc, n. 17 octobre 1580, r. 10 janvier 1581 (Fr. 18934, fol. 31) [269] a. d.

Robert Le Goupil, lay, n. 9 juillet, r. 4 août 1568 (BR. Y. 24), prés. aux Requêtes [270].
Jacques Jubert, lay, n. 28 août, r. 14 novembre 1571 (AD. RS. reg. 5, fol. 4 v°; BR. Y. 214, t. 6, p. 206 [271] a. d.

Vincent de Civile, lay, r. 16 septembre 1587 (BR. Y. 24) [272] s. r.

Jacques Le Chandelier, lay, n. 27 juillet, r. 4 août 1568 (BR. Y. 24 [273].
Charles Paschal, lay, r. av⁴ 3 août 1592 (AD. RS. Parl⁴ Caen 1592, fol. 28 v°) a. d. [274].
Jean Le Cornu, lay, n. 28 novembre 1594, r. 18 janvier 1596 (AD. RS. 1596, fol. 137 v°) [275] s. r.

Jean Le Prévost, lay, n. 27 juillet, r. 4 août 1568 (B. Y. 24) [276].
Robert Le Prévost, lay, n. 24 décembre 1593, r. 19 janvier 1593 (AD. RS. 1588 à 1593, fol. 254) [277] a. d.

Marian de Martinbosc, clerc, r. 24 novembre 1568 (BR. Y. 24) [278].
Claude du Rosel, clerc, r. 11 décembre 1596 (AD. RS. novembre-décembre 1596, fol. 52) [279] s. r.

Nicolas Le Boucher, lay, n. 4 août, r. 4 décembre 1568 (BR. Y. 24) [280].
Guillaume Anfrie, lay, r. 4 avril 1591 (AD. RS. de 1589 à 1591, fol. 294 v°; BR. Y. 214. t. 7, fol. 92 [281] a. d.

Nicolas de la Champagne, lay, n. 23 décembre 1568, r. 24 janvier 1569 (BR. Y. 24) [282].
Charles de la Champagne, lay, n. 27 octobre 1582, r. 13 décembre 1586 (BR. Y. 24) [283] a. d.

Robert Tourmente, cons. aux req., n. 18 décembre 1568, r. 10 mars 1569 (BR. Y. 24) [284].
Louis Garin, cons. aux req., n. 13 janvier, r. 14 mars 1582 (Fr. 18934, fol. 159) [285] s. r.

Guillaume Courant, cons. aux req., n. 12 septembre 1568, r. 10 mars 1569 [286].
Pierre Puchot, cons. aux req., r. 5 décembre 1573 (AD. RS. reg. 8. fol. 184 v°) [287] a. d.

Michel Le Bottey, lay, n. 6 février, r. 15 mars 1569 (BR. Y. 24) [288].
Charles de Gruchet, lay, n. 19 février 1579, r. 8 février 1580 (Fr. 18933,
    fol. 199) [289] a. d.

Louis Le Maçon, cons. aux req., n. 16 mai, r. 20 août 1569 (BR. Y. 24) [290].
Gilles Anzeray, cons. aux req., r. 17 avril 1595 (BR. Y. 24) [291] s. r.
Claude Eudes, cons. aux req., r. 13 janvier 1599 (AD. RS. 1598 à 1599,
    fol. 119) s. r. [292].

Guillaume de Pinchemont, lay, n. 16 décembre 1569, r. 22 février 1570
    (BR. Y. 214, t 6, fol. 45) [293].
Quentin Mahaut, lay, n. 24 octobre 1586 (Arch. S. Inf. C. 2286), r. 26 no-
    vembre 1586 (BR. Y. 24) [294] a. d.

Claude Hédiard, lay, r. 19 juillet 1570 (BR. Y. 24) [295].
Charles Bigot, lay, n. 1er janvier, r. 26 août 1589 (BR. Y. 24, AD. RS.
    1589, fol. 44) [296] a. d.

Adrien Martel, clerc, r. 22 novembre 1570 (BR. Y. 214, t. 6, fol. 119) [297].

Michel de Monchy, clerc, r. 30 janvier 1571 (BR. Y. 214, t, 6, fol. 144)
    [298].
Anne du Buisson, clerc, r. 29 mai 1595 (AD. RS. 1596, fol. 26 v°) [299] s. r.

Richard Regnault, lay, r. 19 mars 1571 (AD. RS. reg. 4, fol. 133, v°) [300].
Galiot de Béthencourt, lay, r. 19 septembre 1594 (AD. RS. de 1588
    à 1595, fol. 216) [301] s. rés.

Nicolas de Brinon, lay, n. 28 mars 1571, r. 22 mars 1572 (BR. Y. 24) [302].
Pierre de Brinon, lay, r. à surviv., 19 mai 1597 [303].

Jean du Perron, lay, n. 28 mars 1571 (BR. Y. 24) [304].

Marc-Antoine de Brevedent, clerc, r. 17 avril 1600 (BR. Y. 24) [305] a, d.

Nicolas Caillot, lay, n. 11 mars 1571, r. 22 mars 1572 (BR. Y. 24 [306].
Nicolas de Croixmare, n. clerc, 13 janvier, r. 12 avril 1578 (BR. Y. 24)
   [217]. n. lay. 18 juin, r. 1er juillet 1587 *(item)*, a. d.
Isambart Selles, clerc, n. 28 juin 1587, n. 17 février 1588 (AD. RS. de
   1588 à 1595, fol. 20, v°) [307].

Marin Benoist, lay, n. 22 mars, r. 17 décembre 1572 (BR. Y. 214, t. 6,
   fol. 243) [308].
Augustin Benoist, lay, r. 18 janvier 1595 (AD. RS. de 1588 à 1595, fol.
   253 v°) s. r. [309].

Michel Bouju, clerc, n. 6, reçu 18 juillet 1578 (AD. RS. reg. 8, fol.
   117 v°) [310].
Joachim de Mathan, clerc, n. 11 octobre, r. 2 novembre 1587 (BR. Y. 24)
   s. r. [311].

Antoine de Boislevêque, lay, r. 18 mai 1575 (AD. RS. reg. 8, fol. 466 v°)
   [312].
Mathurin Le Blais, lay, r. 24 avril 1600 (AD. RS. novembre 1599, mai
   1600, fol. 145 v°) a. d. [313].

Nicolas Thomas, lay, n. 10 janvier, r. 20 février 1576 (AD, RS. reg. 9, fol.
   46 v°) [314].
Pierre Le Cornier, lay, n. 13 juillet 1578, r. 12 janvier 1579 (BR. Y. 24)
   s. r. [315].
Nicolas Le Jumel, lay, n. 9 octobre 1593, r. 27 juillet 1594 (BR. Y. 24)
   a. d. [316].
René d'Amphernet, lay, r. 16 septembre 1597 (AD. RS de 1597, fol. 164)
   s. r. [317].

Antoine de Caradas, lay, r. 10 mars 1576 (AD. RS. reg. 9, fol. 60) [318].
Jacob Le Roux, lay, n. 22 octobre 1587, r. 11 mai 1588 (AD. RS. reg.
   1588 à 1595, fol. 43 v°) s. r [319].

Pierre Roque, lay, n. décembre 1575, r. 12 mars 1576 (BR. Y. 214, t. 6, fol. 396) [320].

André Bonissent, lay, n. 9 juillet, r. 15 décembre 1586 (BR. Y. 24) s. r. [321].

———

Antoine Le Grand, lay, r. 12 mars 1576 (BR Y. 214, t. 6, fol. 396) [322]. (Nicolas de Bailleul).

Nicolas Throsnel, lay, n. 3o juin, r. 31 août 1588 (AD. RS. 1588 à 1595, fol. 84) [323].

Charles Le Doulcet, lay, r. 23 août 1593 (AD. R. RS. 1588 à 1595, fol. 154 v°) [324].

———

Claude Sédille, clerc, r. 18 juin 1577 (BR. Y. 24) [325].

———

Georges Péricard, clerc, n. 16 février 1578 (AD. C. 2285), r. 21 janvier 1579 (Fr. 18933.32) [326].

François Péricard, clerc, en ex. 18 avril 1583 (Fr. 18933.2) s. rés. [327].

Antoine du Val, r. 21 juillet 1589 (AD. RS. 1588 à 1595, fol. 20 v°) [328].

———

(Quentin de la Porte, n. reçu), lay.

Jacques Moynet, lay, n. 12 juin 1579 (AD. C. 2285), n. 9 février 1580 (Fr. 18933, fol. 199) [329].

———

Maximilien de Limoges, prés. aux req., n. 8, reçu 28 novembre 1594 (AD. RS. 1588 à 1595, fol. 236) [330].

———

Jean de Marguerite, lay, r. 3 août 1592 (BR. Y. 214, t. 7, fol 123) [331].

———

Michel Hue, lay, r. 11 septembre 1592 (BR. Y. 214, t. 7, fol. 128) [332].

———

Jean Roger, r. 22 septembre 1592 (BR. Y. 214, t. 7, fol. 128) (AD. RS. Parl. Caen, 1592, fol. 64) [333].

———

Adrien Le Doulx, lay, r. 7 septembre 1592 (RS. 1598-99, fol. 2) à Rouen, nomination régularisée plus tard [334].

Nicolas le Jumel, lay, n. 9 octobre 1593, r. 27 juillet 1594 (BR. Y. 24)[335].

Jean Bunache, cons. aux req., r. avant 5 septembre 1594 (BR. Y. 214, t. 28, fol. 120) [336].

Pierre du Moncel, lay, r. 6 octobre 1597 (AD. RS. juin-octobre 1597, fol. 183) [337].

Jean de la Faye, cons. aux req., r. 23 décembre 1598 (AD. RS. 1598 à 1599, fol. 114) [338].
Robert Dyel, cons. aux req., r. 30 juin 1599 (BR. Y. 214, t. 8, fol. 383)[339].

Nicolas Grimoult, lay, r. 7 décembre 1599 (BR. Y. 214, t. 8. fol. 480) [340].

Jean de la Rivière, r. entre 13 décembre 1599 et 11 janvier 1600 (AD. RS. novembre 1599 à mai 1600, fol. 58 v°) [341].

Jacques Le Seigneur, r. 17 janvier 1600 (BR. Y. 214, t. 8, fol. 487) [342].

PROCUREURS GÉNÉRAUX

Guillaume Gouël, 1499 (BR. Y. 24) [343].
Robert de Villy, avant 25 janvier 1515 (Fr. 24113, fol. 168) [22].
Simon Muterel, r. 7 janvier 1523 (BR. Y. 24) s. r. [344].
François Morelon, r. 30 janvier 1542 (BR. Y. 214, t. 2, fol. 303) a. d. [345].
Jean de Lantier, en ex. 20 juillet 1553 (BR. Y. 214, t. 4, fol. 440) a. d. [346].
Jean Péricard, n. mars 1558, probablement en ex. 1er octobre 1558 (BR. Y. 34, fol. 115) [347].

Georges de la Porte, n. 13 novembre 1570 (BR. Y. 214, t. 6, fol. 117) a. d. [38].

Nicolas Le Jumel, r. 15 avril 1597 (BR. Y. 214, t. 8, fol. 68) s. rés. [335].

AVOCATS GÉNÉRAUX

Mathieu Aubert, n. 21 décembre 1499 (BR. Y. 24) [348].

Nicolas Caradas, r. 1505 (BR. Y. 24) [349].

Laurent Bigot, n. 1527 (BR. Y. 24) [350].

Emery Bigot, r. à surv. 22 août 1552 (BR. Y. 214, t. 4, fol. 268), puis réellement, en 1570, a. d. [16].

Nicolas Thomas, n. 1578, s. r. [314].

Pierre Raoullin, n. avril, r. 1er octobre 1499 (BR. Y. 24) [351].

Pierre Monfault, r. 1522 (BR. Y. 24) a. d. [31].

Nicolas Harnois, r. av. 4 août 1534 (AD. T. 1534-35) s. r. [178].

Jacques de Cormeilles [352].

Jean de Longuejoue, r. 15 janvier 1541 (BR. Y. 32, t. 1, p. 59) a. d. [353].

Jacques Le Fèvre, r. 8 août 1543 (BR. Y. 214, t. 2, fol. 456-457) s. r. [354].

Jean Péricard, n. 23 février, r. 14 avril 1556 (BR. Y. 214, t. 5, fol. 177) a. d. [347].

Nicolas d'Amours, r. 28 novembre 1558 (BR. Y. 24) s. r. [26].

Guillaume Vauquelin, r. 25 ou 27 novembre 1573 (BR. Y. 214, t. 6, fol. 252) s. r. [355].

Jérôme Vauquelin, r. 1586 [263].

Charles Paschal, r. entre 12 et 30 août (probabl. le 17) 1594 (BR. Y. 214, fol. 106 et 114) [273].

Gilles Anzeray, r. 7 avril 1599 (BR. Y. 24) [291].

GARDES DES SCEAUX

Georges d'Amboise, 1499 [356].
Georges d'Amboise, 1510, a. d. [357],
René de Beedelièvre, s. r. [65].
Payen Le Sueur d'Esquetot, 1544, a. d. (?) [358].
Raoul Bretel, 1552, a. d. [17].
Louis Bretel, 1578, s. r. [18].

GREFFIERS CIVILS

Jean Herouët, 1499 [359].
Guillaume Fremin, 1500 [360].
Adam Baillon, 1512 [361].
Jean Surreau, r. 6 février 1515 (BR. Y. 24) [362].
Thomas Surreau, r. 24 janvier 1537 (BR. Y. 24) [363].
Robert de Boislevêque, r. 19 avril 1564 (BR. Y. 24) [364].

GREFFIERS CRIMINELS

Jacques de la Croix, 1499 [365].
Jean Dorgite, 1515 [366].
Pierre Le Clerc, 1525, a. d. [367].
Robert de Boislevêque, r. 19 juin 1537 (BR. Y. 24) [368].
Adrien Toustain, r. 3 août 1541 (BR. Y. 24) [369].
Pierre Houel, r. 31 août 1557 (BR. Y. 24) [370].
François Guesnon, 1579 [371].
François du Quesne, n. 16 juillet 1585 (BR. Y. 24) [372].
Jean Bertoult, n. 1595, s. r. [373].

NOTICES BIOGRAPHIQUES

[1] Geoffroy Hébert, fils de Jean Hébert d'Aussonvillers et d'Hélène Guérin, baron de Courcy, évêque de Coutances (31 décembre 1478), premier président en ex. 9 mars 1500 (AD. RA. reg. 1), 14 avril 1508 (It. reg. 17), testa le 1er janvier et mourut le 1er février 1510.

[2] Jean de Selve, sieur de Cromières, Duison, Villiers le Chastel, 2e fils de Fabien de Selve et de Marguerite de Misac, mariés le 7 juillet 1465, né après 1468, conseiller au Parlement de Toulouse (1er décembre 1500, 27 janvier 1505), président à Rouen (13 février 1505, 28 août 1506) (AD. RA. reg. 8 à 12), premier président à Rouen (en ex. 3 mars 1507 (AD. T. 1507 à 1509), 21 juillet 1514 (AD. RA. reg. 49), ambass. extr. en Angleterre (12 mars, 22 avril 1515), vice-chancelier de Milan (22 décembre 1516), premier président à Bordeaux (25 décembre 1515), premier président au Parlement de Paris (reçu 17 décembre 1520), mort, le 10 décembre 1529, auteur probable d'un *Tractatus beneficialis* (Galiot du Pré 1514). Il ép. (18 janvier 1503) Cécile de Buxis (morte entre 20 août 1532 et 13 juin 1539). Cf. G. Clément-Simon : *Jean de Selve*. Paris, s. d. in 8° (extrait de la *Revue des Questions Historiques*).

[3] Jean de Brinon, fils de Guillaume de Brinon et de Jeanne Hennequin, sieur de Villaines, Autheuil, Remy, Gournay, Moyenneville, chancelier d'Alençon, Berri, Armagnac, ambassadeur en Angleterre, premier président à Rouen (en ex. 7 juillet 1515 (AD. RA. reg. 52), 31 mars 1520 (It. reg. 68), 23 janvier 1523 (AD. T. 1522 à 1523), 20 novembre 1527 (Fr. 18932, fol. 38), 23 décembre 1527 (AD. RA. 92). mort, le 2 avril 1528. Il ép. Perronnelle Perdriel (morte entre le 5 juillet 1537 et le 2 janvier 1560).

[4] François de Marcillac, fils de Jean de Marcillac et de Marie Pastourel, mariés en 1488, baron des Combres et Courcelles, gouverneur de Saint-Sulpice et Joderez en Périgord, greffier des présentations (12 janvier 1515), greffier civil et criminel (30 avril 1514, 31 mars 1522, v. s.), jurat de Bordeaux (1520), 2e prés. à la Cour des Aides de Paris (31 mars 1522), ambassadeur à Gênes, premier président à Rouen (en ex. 16 juillet 1528 (AD. RA. 95), 17 juin 1532 (Fr. 18932, fol. 46 v°), 28 février 1536 (AD. RA. reg. 141), 12 septembre 1540 (AD. RS. I. fol. 1), 6 juin 1543 (BR. Y. 32, t. 1, fol. 99), mort le 15 septembre 1543 (Farin, par. St-Lô). Il épousa Marguerite de Selve, puis, avant 1er août 1539, Madeleine Payon, veuve de Claude Le Roux.

[5] Pierre de Raymond, fils de Guillaume de Raymond, né à Toulouse, d'abord avocat à Paris, substitut (2 mars 1533), puis avocat général au Parlement de Paris (5 janvier 1535), diplomate distingué, conseiller d'Etat (2 août 1542), premier président au Parlement de Rouen (n. 8, r. 20 décembre 1543 BR. Y. 214. t. 3. fol. 11), mort le 14 mai 1553, ép. Marie de Rougier-Ferrals (morte, le 22 août 1542), puis (2 juin 1543) Marthe de Selve (vivante 2 décembre 1558). Il était en ex. les 1er août 1545 (AD. RA. 198) 23 mars 1548 (It. 220) 23 mars 1553 (It. 247). Cf. sur lui, Floquet, I. 465.

[6] Antoine de St Anthost. Cf. notice au Parlement de Dijon. Il était en exercice, les 25 mai 1552 (AD. RA. 244) 13 mai 1553 (It. 248), comme président, puis comme premier président, les 21 août 1556 (It. 266), 30 juin 1559 (It. 279), 11 décembre 1561 (It. 289), 18 août 1563 (It. 293). Homme modéré et courageux. Cf. sur lui, Floquet, II. 147, 273, 378, 399, 400, 417, 474 à 476, 579, 581.

[7] Jacques de Bauquemare, 2e fils de Jean de Bauquemare et d'Hughette du Bosc, sieur de Bourdeny, le Mesnil, Varangeville, la Rivière, né en 1518, conseiller au Parlement de Rouen (n. 9 avril, reçu 2 mai 1543 (BR. Y. 214, t. 2. p. 431), en exercice, les 6 juin 1543 (BR. Y. 32, t. 1. p. 99), 17 mars 1544 (AD. RA. 186), puis conseiller au Grand Conseil (2 juin 1544-1548), postule une présidence à Rouen, le 11 février 1549 (BR. Y. 214, t. 4, p. 17), premier président à Rouen (r. 11 mars 1566, en ex. 13, 18, 30 mars 1566 (AD. RA. 303), 22 novembre 1572 (It. 326), 28 avril 1581 (It. 363), 16 mars 1584 (It. 375), conseiller d'Etat (23 novembre 1566-2 octobre 1578), mort le 28 juin 1584 (Farin. par. St Lô). Il ép. avant le 8 septembre 1550, Catherine de Croismare (morte le 1er août 1608 (BR. Y. 214, t. 10, fol. 237-E. 56, fol. 50 v°). Des portraits de lui et de sa femme se trouvent à la Bibliothèque Nationale (Estampes. Oa. 17, nos 1052 et 1053). Cf. Floquet III, 24, 28, 67, 78, 102, 153, 179, 198, 213, 223.

[8] Claude Groulart, fils de Claude Groulart et d'Hélène Bouchard de Blosville, né à Dieppe, en 1551, vicomte de Blasqueville, baron de Montivilliers, sieur de la Court, Torcy, Bricquedalle, Monville, Bosevert, St Aubin, étudia à Bourges, sous Hotman ; à Valence, sous Cujas ; à Genève, sous Scaliger, fut conseiller au Grand Conseil (8 mars 1578-1585), premier président à Rouen (en ex. 10 avril 1585 (AD. RA. 379), 22 décembre 1590 (AD. RA. Parlt Caen. 4) 18 décembre 1598 (AD. RA. 424) 26 octobre 1607 (AD. RA. 476), mort le 2 ou le 3 décembre 1607, à

Rouen. L'avis donné « Parlement est du 4 (AD. RS. nov. 1607 à mars 1608, fol 41. v°). Il ép., avant le 28 août 1578, Elisabeth Bouchart (morte à Dieppe, le 15 février 1584), puis (23 juillet 1584) Barbe Guiffart (morte à Rouen, le 14 janvier 1599 (BR, Y, 214, t. 8, fol. 313), veuve de Robert Le Roux de Tilly. Il est l'auteur d'un livre célèbre : *Récit de mes voyages en cour*, réédité sous le nom de *Mémoires de Groulart*, dans les grandes collections de Mémoires. Cf. sur ce haut magistrat : Sorbier : *Notice sur Groulart*; Caen, 1843. — Le même : *Claude Groulart*, Bordeaux, 1867, in 8°. — Grenier : *Etude sur Claude Groulart*, Rouen, 1867, in 8°. — Floquet. o. c. III. 180-184, 204, 209-213, 218-220, 234-236, 238-239, 248, 259-260, 263-273, 283, 283, 365, 419, 449-454, 560-563, 572. — IV. 47, 84-85, 87-88, 96-99, 110-111, 147, 184-201, 206-208, 216-232. M. Floquet a, pour ce personnage, une admiration sans bornes.

[9] Christophe de Carmonne, sieur de Mareuil-lès-Guyon, avocat au Parlt Paris (8 juillet 1481), lieut. civil à Paris (29 juin 1486-17 mai 1487), cons. au Parlt Paris, président criminel à l'Echiquier de Rouen (26 mars 1492 v, s.-1er août 1493), après avoir été (9 juillet 1487-4 mai 1489) premier président au Parlement de Dijon, fut ensuite procureur général au Parlement de Paris (20 octobre 1495), puis (16 mai 1496), maître des requêtes, puis revint à Rouen, comme 2e président, lors de la création du Parlement, en 1499. Il était en exercice, les 23 décembre 1499 (AC. RA. reg. 1), 9 janvier 1503 (Fr. 22,457, fol. 21) 14 février 1503 (AD. RA. reg. 4). Il fut reçu président au Parlement de Paris, au lieu de Robert Thiboust, le 27 juin 1503 (Arch. Nat. Xia. 1608). Il mourut, le 10 février 1508. Il avait ép. Jeanne Le Picart, puis Radegonde de Nanterre (morte, le 9 août 1504), puis Hélène de Saveuse (vivante, le 4 septembre 1528). Cf. Floquet, I, 295.

[10] Jean Malingre, fils de Nicolas Malingre et de Perrette Mariette, conseiller au Parlement de Paris (4 mai 1493), reçu prés. au Parlt Rouen, le 7 juin 1504 (B. N. Fr. 22.457, fol. 34) en exerc., le 19 juin 1504 (AD. RA. 6), mort au 1er octobre 1504 (B. N. Fr. 22.457; fol. 35).

[11] Camille d'Escorciatis ou de Corsiatis, napolitain, r. prés. au Parlt de Rouen, le 1er octobre 1504 (B. N. Fr. 22.457, fol. 36), en ex. 2 octobre 1504 (It. It.) 7 novembre 1504 (It. fol. 38), 21 août 1506 (AD. RA. 12) 29 avril 1508 (AD. RA. 18). Il était, selon Le Chandelier, très dur aux coupables, au criminel. Selon Bigot (BR. Y, 24), il vivait encore le 1er juin 1539. C'est peu vraisemblable.

7

[12] Jacques Bordel ou Bourdel, limousin, sieur de Graveron, reçu cons. le 12 novembre 1504, en exerc. le 20 novembre 1504 (Fr, 22.457, f. 38), puis président en ex. 3 juillet 1505 (AD. RA. reg. 8) 30 mars 1509 (AD. T. 1507 à 1509) 7 avril 1514 (AD. RA. 47) 27 mai 1521 (AD. T. 1521) 16 mai 1515 (AD. RA. 81). Il mourut avant le 28 juillet 1525.

[13] Jean Feu, né à Orléans, où il professa le droit, fut sénateur à Milan, puis conseiller (n. 6 sept., r. 12 novembre 1512, en ex. 20 novembre 1512 (Fr. 22.457. 2e série ff. 42 et 49) 7 janvier 1525 (AD. T. 1524 à 1525), reçu prés. 17 août 1525, en ex. 24 janvier 1526 (BR Y. 214, t. 1. fol. 46) 12 novembre 1530 (It. t. 2, fol. 1) 20 septembre 1535 (AD. T. 1535) 28 juin 1543 (AD. RA. 183) 12 août 1549 (BR. Y. 32. t. 1, fol. 232) 6 septembre 1549 (AD. RA. 232) 4 novembre 1549 (B. N. P. O. dossier Feu). Il mourut à Rouen, rue de l'Escurerie, le 15 novembre 1549 (BR. Y. 214, t. 4, fol. 133-BR. Y. 24). Il avait été chargé de réformer le Parlement de Provence. Ses œuvres (Iohannis Ignaei opera, Lyon, 1509, 3 vol. in-fol.) traitent surtout de divers points de droit romain. Cf. sur lui, Floquet. I, 461-463 ; Cabasse : Essais historiques sur le Parlement de Provence, et l'ouvrage mss. de Bicaïs sur le Parlement de Provence, qui se trouve à la B. N. Cf. Floquet, II, 109.

[14] Louis de Pétremol, sieur de Vierville, fils de Jacques de Pétremol et d'Anne Hennequin, r. cons. le 30 juin 1531 (clerc), puis le 14 janvier 1538 (laïc), en exerc. le 8 juillet 1531 (AD. T. avril-novembre 1531, fol. 74), n. 3 mai, r. 6 juin 1543, président aux Enquêtes (BR. Y. 214, t. 1, fol. 103), en exerc., comme conseiller, le 22 déc. 1531 (AD. RA. 112), 14 févr. 1536 (It. 141) 30 décembre 1540 (AD. RS. I. 41 v°) 16 mars 1543 (AD. RA. 181), comme prés. aux Enquêtes, les 26 juillet 1543 (BR. Y. 32, t. 1, fol. 102), 14 mars 1548 (AD. RA. 218) 27 mars 1549 (BR. Y. 32, t. 1, fol. 212), rec. président à mortier, le 2 décembre 1549 (BR. Y. 214, t. 4, fol. 142), en ex., le 30 septembre 1550 (Fr. 24.113, fol. 170 v°) 1er déc. 1555 (It. fol. 196), 10 décembre 1560 (BR. Y. 32, t. 2, fol. 143) 8 juillet 1561 (AD. RA. 287), 19 août 1561 (AM. Bapt. St Laurent. I, 62). Il épousa N. du Buisson et mourut vers 1563, en tout cas, après le 9 octobre 1561. Cf. Floquet, II, 323, 346, 351, 367.

[15] Gilles de Hastes, sieur de Suzey d'Angers, Farceaux, Neufville, Arquenay, cons. au Parlement de Rouen (n. 26 mars, r. 2 mai 1552 (BR. Y. 214, t. 4, fol. 254), en ex. 9 juillet 1552 (AD. RA. 245), 7 décembre 1558 (AD. RA. 277) 12 août 1563 (BR. Y. 214, t. 28, fol. 22), 13 juillet 1566 (AD. RA. 305) prés. en ex. les 31 août 1568 (AD. RA. 314) 4 février

1576 (BR. Y. 214, t. 6, fol. 370) 4 mars 1577 (AD. RS. VIII, fol. 501),
24 octobre 1577 (It. fol. 553) 23 décembre 1577 (AD. RA. fol. 351). Il
mourut, le 9 mars 1578 (Farin, par. St Lô). Il ép. Marie Austin de Hanouart
(viv^te 19 octobre 1580). Cf. Floquet II, 478.

[16] Emery Bigot, fils de Laurent Bigot et de Marie Auber d'Aubeuf,
né le 12 décembre 1528 (B. N. *Carr. Hoz.* 45), sieur de Tibermesnil, n.
le 22 nov. 1551 et reçu av^t g^l à survivance, le 22 août 1552 (BR. Y. 214,
t. 4, fol. 268), en ex^r après la mort de son père et même un peu avant,
dès le 13 juillet 1570 (BR. Y. 214, t. 6, fol. 95) en 1570, le 8 octobre 1573
(AD. RA. 333) 19 septembre 1576 (BR. Y. 214. t. 6. p. 411), 21 février
1578 (AD. RA. 352) n. 9 févr. reçu 7 mars 1578, président, en ex. 16 avril
1578 (AD. RS. VIII, 571), 18 juillet 1581 (Fr. 18934, fol. 100) 2 décembre
1583 (AD. RA. 374). Il mourut célibataire, le 6 décembre 1583 (Farin.
St Laurent. — B. N. Fr. 18935, fol. 60 v°. Le « deuil » (enterrement) fut
le 9). C'était un magistrat distingué et un ami d'Etienne Pasquier. Cf.
Floquet I, 376; III; 8, 158, 170, 275.

[17] Raoul Bretel, fils de Raoul Bretel et de Martine de Bretteville,
sieur de Grémonville, Estalleville, Lanquetot, la Chapelle, Lussy,
St-Beuve, Pesque, Rivas, Vatierville, Irecrique, d'origine cauchoise, n.
cons. au Parl^t de Rouen, le 11 mai, r. le 1er juillet 1552 (BR. Y. 214, t. 4,
f. 261), en exerc., les 22 juillet 1553 (AD. RA. 249) 23 déc. 1558 (It. 277)
12 août 1562 (BR. Y. 214, t. 5, p. 411) 14 mars 1566 (AD. RA. 303)
13 septembre 1572 (AD. RS. V. 132 v°) 22 août 1580 (Fr. 18934, fol. 1)
18 avril 1583 (Fr. 18935, fol. 2), 30 janvier 1584 (AD. RA. 374), reçu
président, le 26 novembre 1585 (Fr. 18936, fol. 2), en ex., le 4 août 1586
(AD. RA. 385), 3 mai 1588 (BR. Y. 214, t. 28, fol. 57) 28 mars 1594 (It.
t. 7, fol. 442) 1er avril 1596 (AD. RA. 407), honoraire, le 15 avril 1597
(BR. Y. 214, t. 8, fol. 68), 6 juin et 30 octobre 1597 (AD. RS. de 1597,
ff. 8 et 201). Né en 1527, conseiller d'Etat (30 juin 1586), il mourut, le 2
(funérailles, le 5) février 1598, à Rouen (Farin. St Candé le jeune + BR.
Y. 214, t. 8, fol. 203 -AD. RS. 1597 à 1598, fol. 76). Il ép. (15 décembre
1552) Marie de Saldanha (vivante 5 février 1598). Cf. Floquet, II, 357;
III, 8, 208, 297, 298, 325, 571,

[18] Louis Bretel, sieur de Lanquetot, Grémonville, fils de Raoul Bretel
et de Marie de Saldanha, mariés le 15 décembre 1552, né en 1553, conseiller
au Grand Conseil (21 novembre 1573-17 septembre 1578 (AM. Reg.
St Eloi), cons. au Parl^t de Rouen, n. 2 mars, r. 13 août 1578, en ex., les
3 décembre 1578 (AD. RS. VIII. fol. 600) 19 octobre 1591 (AD. RS. 1589

à 1591, fol. 363) 15 avril 1594 (BR. Y. 32, t. 4, fol. 246), reçu président à survivance, le 30 mai 1587 (Fr. 18936, fol. 273), en exercice, au début de 1597, les 6 juin 1597 (AD. RS. de 1597, fol. 8) 14 nov. 1597 (AD. RA. 416 et BR. Y. 214, t. 8, fol. 186) 28 mai 1599 (It. 424 et It. t. 28, fol. 156) 10 avril 1600 (BR. Y. 214, t. 8, fol. 59) 16 et 27 juin 1600 (AD. RA. 431). Il mourut à Rouen, le 29 juin 1600 (AD. RS juin-août 1600, ff. 54 à 56-BR. Y. 214, t. 9, fol. 15-Farin, St Candé le jeune). Il ép. (18 octobre 1575 (AM. Reg. St Eloi) Françoise Le Roux de Bourgthéroulde (née en 1552, morte le 5 mai 1629, à Rouen (AM. Reg. St Candé le J. Inhum. fol. 7), enterrée le 7 (BR. Y. 214, t. 15, fol. 28-AD. RS. nov. 1628 à juillet 1629, fol. 129 v°). Cf. Floquet, III, 597 ; IV, 86, 87, 88.

[19] Antoine Bohier, fils d'Austremoine Bohier et d'Anne du Prat, abbé de Saint-Ouen, Issoire, Cluny (11 novembre 1503), Fécamp, archevêque de Bourges, cardinal (1517), mort, le 27 novembre 1519. Il fut conseiller au Parlement de Rouen (en ex. 9 déc. 1499 (AD. RA. 1) 7 avril 1503 (AD. RA. 4) 19 juin 1504 (Fr. 22457, fol. 35) 29 mai 1506 (AD. RA. 12) 14 février 1508 (AD. RA. 16).

[20] Robert de Bapaume, chanoine et doyen de Rouen, cons. au Parlement de Rouen (en ex. 10 février 1500 (AD. RA. 1) 5 décembre 1504 (Fr. 22457, fol. 38) 17 juillet 1506 (AD. RA. 12), puis président (en exerc 24 janvier 1509 (Fr. 22457, 2e série, fol. 7 et sqq.) 12 septembre 1517 (It. fol. 74) 25 mai 1520 (AD. RA. 68) 26 juin 1521 (AD. RA. 72 — Fr. 18932, fol. 26 v°), mort avant le 12 novembre 1522. Il fut ambassadeur en Angleterre (Cf. F. Vindry : *Les Ambassadeurs français permanents au XVIe siècle*, Paris, 1903, in-4°), et, disgrâcié pendant quelque temps et exilé à Avranches, il fut, temporairement, remplacé par Pierre Burbenon. Cf. Floquet, I, 444, 448.

[21] Pierre Burbenon (il signe ainsi) ou Bourbenon, d'origine lyonnaise, sénateur à Milan, nommé 2e président à Dijon, n'exerça pas, fut nommé président à Rouen, le 6 septembre, reçu le 12 novembre 1512 (Fr. 22457, fol. 47) en ex. 10 décembre 1512 (AD. RA. 42) 7 avril 1514 (It. 47) 22 décembre 1514 (It. 50).

[22] Robert de Villy, sieur de Fief-Blouet, cons. à la Cour des Aides (3 octobre 1496) puis proc. général (25 janvier 1515. Fr. 24113, fol. 168) au Parlement de Rouen (3 décembre 1507, 15 juillet 1519) puis président (n. 17 juin, r. 12 novembre 1522, en ex. 15 juillet 1523 (AD. RA. 74) 8 mars 1527 (AD. T. 1526-27) 30 mars 1531 (AD. RA. 108) 14 novembre 1535 (BR. Y. 214, t. 2, fol. 104) 12 décembre 1539 (It. fol. 161)

19 mars 1540 (AD. RA. 164), mort, le 7 mai 1541 (BR. Y. 214, t. 2, fol. 187). Il ép. Jeanne du Breuil, puis Anne du Bosc du Mesnil (viv^te 9 septembre 1547). C'était un magistrat désintéressé, courageux, très fort en droit coutumier (Cf. Floquet, I, 466).

[23] Jean Vialart, fils de Pons Vialart, fut juge d'Issoire, puis lieute-tenant-civil au Châtelet et avocat au Parlement de Paris (6 novembre 1536-11 novembre 1538), nommé président de Chambre intérimaire, le 6 novembre 1540 (puis effectif, le 7 ou 15 janvier 1541) en ex. les 30 no-vembre 1540 (AD. RA. 172) 6 juin 1543 (BR. Y. 32, t. 1, p. 99) 17 juin 1545 (BR. Y. 214, t. 3, fol. 246) 23 août 1549 (AD. RA. 232), mort, le 28 novembre 1549 (BR. Y. 214, t. 4, fol. 142). Il avait ép. Marie Seguier, puis Jeanne Poncet. C'était un avocat remarquable et un jurisconsulte éminent (Floquet, I, 463).

[24] Jean Lallemant, fils de François Lallemant et de Denise des Friches, cons. au Parlement de Rouen (r. 2 mai 1543, BR. Y. 214, t. 2, fol. 431, en ex. 23 juin 1543 (AD. RA. 182) 12 novembre 1546 (AD. RS. II, 1) 12 octobre 1549 (AD. RS. III, 17) 8 octobre 1550 (AD. RS. III, 108), 19 mai 1553 (AD. RA. 248) puis président (n. 4, r. 14 août 1553, BR. Y. 214, t. 4, fol. 441) en ex. 8 août 1555 (BR. Y. 214, t. 5, fol. 129) 23 décembre 1558 (AD. RA. 277) 7 octobre 1562 (BR. Y. 214, t. 5, fol. 471) 7 septembre 1565 (AD. RA. 301) 15 octobre 1565 (P. O. 1623). Il mourut, le 8 décembre 1565, à Angers. Après avoir passé, à Rouen, un examen d'admission, qui fit époque par son éclat (Floquet I, 375), il se tourna, en 1561, vers les Guise, ce qui lui vaut l'animadversion mouton-nière des historiens, mais ne l'empêcha point d'être un grand magistrat. Cf. Floquet II, 424. Il avait ép. Lyette Feu (vivante 7 août 1593), fille du président.

[25] Michel Vialart, sr. de la Forest, Herse, fils aîné de Jean Vialart et de Jeanne Poncet, lieutenant-civil à Paris (20 janvier 1547), maître des requêtes (12 septembre 1553-1576), président au Parlement de Rouen (en ex. 30 août 1568 (AD. RA. 314) 12 novembre 1569 (BR. Y. 214, t. 6, fol. 1) 1er septembre 1570 (Fr. 24113, fol. 210) 26 novembre 1571, BR. Y. 214, t. 6, fol. 213) président au Grand Conseil (12 septembre 1572-3 août 1575). Il fut assassiné, à Herse, le 19 avril 1576, par MM. de Richebourg. Il avait ép., avant le 5 avril 1559, Lamberte Hotman. Cf. Floquet, III, 59 et 81-85 (récit de sa célèbre altercation avec le conseiller huguenot Jérôme Maynet).

[26] Nicolas d'Amours, fils de Lambert d'Amours et d'Anne Girard,

sieur du Buisson-Guillot, avocat général au Parlement de Roueu (reçu
28 novembre 1558, en ex. 26 février 1559 (BR. Y. 214, t. 5, fol. 3o3)
20 juin 1572 (It. t. 6, fol. 224), puis président (r. 9 septembre 1573 et
12 novembre 1573) (BR. Y. 214, t. 6, fol. 235 et 249) en ex. 10 septembre 1573 (AD. RA. 333)(AD. RS. VIII. 148) et 14 novembre 1573
(Item) 5 mars 1576 (BR. Y. 214. t. 6. fol. 378) 15 juillet 1581 (B. N. Fr.
18934, fol 67), 11 août 1581 (AD. RA. 365), mourut, à Rouen, le 22 août
1585 (Farin : égl. des Carmes). Il ép. Marie du Monceau (morte, le
2 janvier 1593. Farin : Item) Cf. Floquet, II, 283, 357, 367, 411, 535,
545 ; III, 27, 138, 146.

[27] François Anzeray, sieur de Courvaudon, Boisnormand, Savené,
Durcet, fils de Geoffroy Anzeray et de Jacquette Thiboust de Grez, cons.
au Parlement de Rouen (n. 5 février, r. 13 mars 1568 (en exerc. : 1er septembre 1568 (AD. RA. 315) 21 juin 1574 (BR. Y. 214, t. 6, fol. 275)
21 avril 1581 (AD. RA. 363), président (r. 17 juillet 1581, en ex. 29 juillet 1581 (Fr. 18934, fol. 106) 8 avril 1598 (BR. Y. 214, t. 8, fol. 241)
13 avril 1605 (BR. Y. 214, t. 28, fol. 197) 5 février 1607 (AD. RS. janv.
avril 1607, fol. 58), 7 mars 1607 (AD. RA. 471) mort le 22 (inhumé le 24)
mars 1607 (BR. Y. 214, t. 10, fol. 136-AD. RS. janvier, avril 1607,
fol. 140. Farin.: égl. des Carmes). Il ép., avant le 26 mars 1572, Marie
d'Amours (morte, le 1er août 1585 : Farin ; Carmes) Floquet, III, 208,
297, 321, 326, 419, 445, 571, 581.

[28] Jacques Calenge, prés. au Parlement de Rouen, r. 1er octobre 1499
en ex., 4 juin 1500 (AD. RA. 1) 13 août 1501 (It. 2). Il ép. Marguerite
Langlois.

[29] Jean Le Nepveu, président au Parlement de Rouen, en ex. les
12 février 1502 (AD. RA. 3) 29 mars 1503 (AD. RA. 4), 18 mars 1504
(AD. RA. 5), 19 juin 1504 (Fr. 22457, fol. 35) mort, le 30 août 1504. Il
ép. Blanche de Rollant. Il y a, à la B. N., deux portraits (Est. Oa. 15,
nos 827, 828) de lui et de sa femme.

[30] François de Bordeaux, né à Vire, baron de Coulonces, conseiller
(r. 12 février 1516, en ex. 27 juin 1516 (AD. RA. 56) 12 décembre 1517
(Fr. 22457, 2e série, fol. 74), puis président au Parlement de Rouen (n.
3 mai, r. juillet 1519, en exerc., 25 mai 1520) (AD. RA. 68) 28 octobre
1523 (Fr. 22457, 2e série, fol. 102), 22 novembre 1525 (Fr. 18932, fol. 35)
13 février 1527 (AD. RA. 89), 4 janvier 1528 (P. O. 417), Il mourut, le 14
(ou 15 : Farin) janvier 1528, à Rouen, paroisse Saint-Lô. Il avait été am-

bassadeur en Danemarck (18 avril-20 novembre 1518) et en Allemagne. Il
ép. Florimonde de la Barre-Estampes.-Veretz (vivante le 19 décembre
1528). Floquet, I, 466.

[31] Pierre Monfault, fils de Charles Monfault et de Guillemette d'Esquetot, sieur de Fontenelles, 2ᵉ avocat général au Parlement de Rouen,
r. prés., le 28 février 1527, en ex., le 17 juillet 1528 (AD. RA. 95) 12 novembre 1530 (BR. Y. 214, t. 2, fol. 1) 27 janvier 1535 (AD. T. 1534)
9 juin 1540 (Fr. 18932, fol. 84) 2 septembre 1541 (AD. RA. 175), mort, le
20 décembre 1541, selon le BR. Y. 24, en tout cas, avant le 14 février 1542 (BR. Y. 214, t. 2, fol. 306). Il ép. Marie d'Orgères-Fontenelles.
Il était de petite taille (Le Chandelier) et fort éloquent (Floquet, I, 467).

[32] Etienne de Tournebulle (Turnbull), d'origine écossaise, d'abord
avocat au Parlement de Paris, puis h. d'a. à la cᵗᵉ Robert Stuart d'Aubigny, cons. au Parlement de Paris (12 décembre 1533), président au
Parlement de Rouen (n. 6 février 1542, r. 14 février 1542 (BR. Y. 214,
t. 2, fol. 306), en ex. 14 mars 1542 (AD. RA. 177), 2 avril 1547 (BR. Y.
32, t. 1, fol. 187) 7 octobre 1550 (It. t. 2, fol. 36) 19 janvier 1552 (BR.
Y. 214, t. 4, fol. 238) 16 novembre 1553 (AD. RA. 251), mort le 4
(enterré, le 8) janvier 1554 (BR. Y. 214, t. 1, fol. 147 et t. 5, fol. 2). Il
ép. Germaine de Laistre (morte avant le 15 juillet 1578). Cf. Floquet, II,
185, 195.

[33] Antoine Fumée, sieur des Landes, Blandé, la Roche-Saint-
Quentin, troisième fils d'Adam Fumée et de Catherine Burdelot, né, en
1511, aux Roches-Saint-Quentin, conseiller au Parlement de Paris
(n. 13 novembre, r. 15 décembre 1536), compromis dans l'affaire du
Bourg et condamné à mort par contumace (21 novembre 1562), maître
des requêtes (n. 29 mars, r. 10 décembre 1567-18 août 1572), président à
Rouen, en ex, 7 déc. 1564 (AD. RA. 297) 30 août 1566 (It. 307) 22 novembre 1567 (It. 312). M. Frédéric Saulnier, qui le dit décédé en 1569 ou
1570, dit qu'il fut reçu président en Bretagne (pourvu 22 février 1561 et
reçu 4 août 1563). Il ne dut guère y siéger. Il ép., avant 1540, Françoise
du Fau. Il vivait encore le 2 avril 1569 (Saulnier).

[34] Jean de Croismare, sieur de la Blandinière, Etempuis, Bosedroul-
lin, conseiller au Parlement de Rouen (r. 6 juillet 1545, en ex. 28 juin
1546 (AD. RA. 203) 8 nov. 1550 (AD. RS. III, 108) 15 avril 1556 (AM.
Bapt. St Eloi. Reg. nᵒ 4) 14 mai 1560 (BR. Y. 114, t. 5, p. 371) 1ᵉʳ septembre 1565 (It. t. 28 p. 27) 27 mars 1566 (AD. RA. 303). n. président
29 nov. r. 16 décembre 1567, en ex. 10 juin 1569 (AD. RA. 316) 16 août

1570 (AD. RS. VII, 45), mort, le 24 août 1570 (BR. Y. 214, t. 6, fol. 113).
Deuxième fils de Pierre de Croismare et d'Isabeau Paon, il ép. (6 mai 1536)
Marie de Gombault (morte, le 13 juin 1616 (AD. RS. nov. 1615-août 1616,
fol. 315. — BR. Y. 214, t. 12, fol. 179).

[35] Nicole Le Conte, fils de Jourdain Le Conte et de Marguerite de
Bures, sieur de Dracqueville, cons. au Parlement de Rouen (r. 27 nov.
ou 23 déc. 1538, clerc, 12 nov. 1544, lay) en ex., 12 nov. 1539 (BR. Y.
214, t. 2, fol. 155) 14 février 1543 (AD. RA. 180) 12 novembre 1546
(AD. RS. II, 1) 9 novembre 1551 (AD. RS. III, 123) 31 juill. 1553 (AD.
RA. 249), maître des requêtes (21 septembre 1553-12 novembre 1560),
président à Rouen (r. 13 nov. 1570 (AD. RS. IV. 1), en ex. 10 janvier 1571 (AD. RS. IV, 38) 12 février 1571 (BR. Y. 214, t. 6, fol. 156), a
résigné, au 18 juillet 1571 (AD. RS. IV, 243), de nouveau, maître de requêtes (5 juin 1572), mort, le 20 (Farin) ou 23 mars 1577 (AD. RS. VIII,
525 v° B. N. Est. P° 1 C). Il épousa Catherine Meigret.

[36] Pierre Le Jumel, sieur de Lisores, Esquencauville, Barneville-la-
Bertrand, Pennedepie, né à Pont-Levêque, fils d'Elie Le Jumel et de
Jacqueline des Buats, mariés le 20 août 1524, mineur (3 mars 1533),
bailli d'Evreux, cons. au Grand-Conseil (14 juin 1563), rapporteur à la
Grande-Chancellerie (21 octobre 1568), président au Parlement de Rouen,
(r. 14 nov. 1571) (AD. RS. V. 5, en ex. 15 nov. 1571 (It. It.) 26 mars 1572
(AM. Reg. bapt. St-LÂ, II, 16 v°) 12 nov. 1578 (Fr. 18933. 2) 26 mars 1583
(BR. Y. 214, t. 28, fol. 55) 23 mars 1589 (AD. RA. Parlement Eigueur, 1)
22 déc. 1590 (It. Parlement lig. 4) 5 mars 1597 (BR. Y. 214, t. 8, fol. 46)
28 mars 1597 (AD. RS. janv.-mai 1597, fol. 95 v°). nommé honoraire, le
15 avril 1597 (BR. Y. 214, t. 8, fol. 68) 20 oct. 1597 (AD. RS. juin-
oct. 1597, fol. 194) 16 août 1600 (AD. RS. juin-août 1600, fol. 131).
Il fut conseiller d'État (6 juin 1578), Il ép. (25 novembre 1557) Madeleine Eudes de Bérangeville (très malade, le 27 février 1613 (AD. RS.
nov. 1612-fin mars 1613, fol. 189). Cf. sur lui, Floquet, III, 208, 271,
297, 305, 325, 571, 593.-IV. 81.

[37] Georges de la Porte, fils de Jean de la Porte et de Madeleine
de Gayant (AM. Bapt. Saint-Laurent II, 24. v°). sieur de Montagny, le
Framboisier, Vasteville, le Mesnil, d'abord cons. au Parlement de Rouen
(n. 8 janvier, r. 13 mars 1568, en ex. 16 août 1568 (AD. RA. 314)
12 nov. 1569 (BR. Y. 214, t. 6, fol. 1) 21 juillet 1570 (AD. RA. 320)
11 nov. 1570 (AD. RS. IV. 1), reçu proc. gén. 13 nov. 1570 (BR. Y. 214.
t. 6, fol. 117) en exerc. 5 février 1571 (BR. Y. 214, t. 6, fol. 141) 31 oc-

tobre 1576 (AD. RA. 345) 10 juillet 1589 (BR. Y. 214, t. 7, fol. 245) 5 octobre 1595 (AD. RS. juillet-novembre 1595, fol. 110), reçu présid. le
15 avril 1597 (BR. Y. 214, t. 8, fol. 68-AD. RS. janv. mai 1597, fol. 101)
en ex. 16 avril 1597 (BR. Y. 214, t. 8, fol. 73. — AD. RS. janv.-mai 1597,
fol. 104) 10 avril 1600 (BR. Y. 214, t. 8, fol. 509) 24 nov. 1604 (It. t. 9, fol.
436) 27 avril 1609 (It. t. 10, fol. 282) 11 janvier 1610 (AD. RS. janv. avril
1610, fol. 6. v°), nommé honor. le 30 janvier 1610 (It. fol. 40) Il mourut
avant le 28 juin 1611 (BR. Y. 34, t. 5, fol. 177). Il fut (1607) président de
l'Académie de l'Immaculée-Conception, à Rouen : Il ép. (14 août 1571),
Marie Du Four (morte, le 31 décembre 1597 (Farin : Saint-Lô). Son
enterrement est du 2 janvier 1598 (Reg. Saint-Lô (AM.) fol. 17 r° : le
texte porte : 1594, mais tout le contexte indique que c'est une erreur
pour 1598). Cf. Floquet, III, 335, 378, 384, 386, 538; IV, 211, 219, 220.

[38] Charles Maignart, sieur de Bernières, la Ferté, la Rivière-Bourdet,
Cailletot, Thibouville, Maisons, le Saussoy, fils de Jean Maignart et de
Marie de Croismare, mariés le 13 août 1557, avocat au Parlement de Paris
(13 nov. 1581) cons. C. des Aides de Rouen (12 janvier 1583) cons. au
Grand Conseil (18 mars 1587-27 juin 1597), maître des requêtes
(10 avril 1595), cons. d'Etat, président au Parlement de Rouen, r. 23 juin
1600 (BR. Y. 214, t. 9, fol. 11 et AD. RS. Reg. Vac. 1600-1604, fol. 39)
en ex. 30 juin 1600 (AD. RA. 431) 1er juillet 1600 (AD. RS. Vac. 1600-
1604, fol. 54) 9 déc. 1610 (BR. Y. 214, t. 11, fol. 59) 18 déc. 1617 (It.
t. 12, fol. 408) 27 mai 1621 (AD. RS. févr. mai 1621, fol. 172 v°) 28 juin
1621 (AD. RA. 581), né le 30 novembre 1562, mort, le 20 juillet 1621
(Farin : par. Sainte-Croix-Saint-Ouen, B. N. Est. P° 1 C.). Il ép. (25 mai
1583) Madeleine Voisin d'Amfreville (née 1576, morte le 6 mai 1596) puis
(20 avril 1597, 2 h. du matin (AM. Reg. mar. Saint-André 1) Catherine
Gouel de Poville (morte, le 22 avril 1623, à Rouen (Farin.-BR. Y. 214,
t. 14, fol. 25, B. N. Est. P° 1 C). Cf. sur lui, Floquet, IV, 232, 263, 369,
420.

[39] François de Ternay, cons. au Parlement de Rouen (en ex. 23 déc.
1499, 9 juin 1502 (AD. RA. 1 et 3), mourut avant le 7 janvier 1503 (B. N.
Fr. 22457. fol. 21). Il était déjà âgé quand il fut nommé (Le Chandelier).

[40] Mathieu Pascal, de Paris, cons. au Parlement de Rouen,
r. 1er avril 1503 (B. N. Fr. 22457, fol. 23) en ex., les 1er octobre 1503 (Fr.
22457, fol. 29) 5 mai 1511 (It. 2e série, fol. 33) 25 janvier 1515 (Fr. 24113,
fol. 168) 18 juin 1517 (Fr. 18932, fol. 7 v°), mort avant le 17 novembre 1517.
C'était un magistrat de sens un peu exclusif (Floquet, I, 335).

[41] Jean Le Sueur, de Chartres, cons. au Parlement de Rouen, r. 3 mars 1519 (Le Chandelier), en ex., 23 déc. 1519 (AD. RA. 67) 9-16 août 1524 (AD. T. 1524) 27 août 1530 (AD. RA. 106) 4 juillet 1534 (Fr. 18932, fol. 60), 20 juillet 1537 (AD. T. 1537), mort avant le 16 avril 1538. Il ép. Catherine de la Rosière (morte entre le 1er janvier 1547 et le 31 décembre 1550). C'était, selon Le Chandelier, un excellent magistrat.

[42] Geoffroy du Puy, fils de Jean du Puy et de Jacqueline Turpeau, cons. au Parlement de Rouen, r. 29 juillet 1522 ou 1521, selon Le Chandelier, en ex., 3 juin 1523 (AD. RA. 74) 18 mai 1526 (AD. RA. 86) 14 juillet 1531 (AD. T. 1531) 19 juillet 1537 (BR. Y. 214, t. 27, fol. 78) 30 janvier 1541 (BR. Y. 214, t. 2, fol. 303) 19 août 1544 (BR. Y. 32, t. 1, fol. 123), mort, à Rouen, en oct. 1544 (Fr. 24113, fol. 221). Il ép. Claude de Poges (vivante, 24 janvier 1543).

[43] Etienne Miffant, de Dieppe, sieur de Longueil, probablement fils de Geoffroy Miffant, r. 11 mai ou 13-14 juin 1535, clerc, puis le 20 novembre 1536, lay, en ex. 13 juillet 1536 (AD. RA. 143) 12 novembre 1539 (BR. Y. 214, t. 2, fol. 155) 28 juin 1543 (BR. RA. 181) 16 janvier 1546 (BR. Y. 214, fol. 332) 10 novembre 1552 (AD. RS. III, 139), mort, le 21 octobre 1553. Il avait été, en 1539-1540, suspendu, fut rétabli, le 9 novembre 1542 (Cf. Floquet, II, 63). Il ép. Marguerite de Sureau-Farceaux (vivante 1er janvier 1564).

[44] Bernardin de Bouliers, piémontais, de Chieri, dont il fut podestat (21 mai 1538) (Arch. Nat. J. 962, n° 15), cons. au Parlement de Rouen, examiné, le 26 mars 1545 (BR. Y. 214, t. 3, n° 161), reçu, le 14 avril 1545, en ex., les 19 août 1545 (AD. RA. 191, dern. févr. 1548 (AD. RA. 219) 6 octobre 1552 (AD. RS. III, 129 v°) 29 octobre 1556 (AD. RS. III, 180 v°) 3 février 1557 (AD. RA. 268), mort, le 1er mai 1559 (Farin, par. des Célestins).

[45] Guillaume Maignart, fils de Richard Maignart et d'Isabeau Fourel, sieur de Bernières, le Sausay, Beauficel, Longuemare, né à Vernon, cons. au Parlement de Rouen, en ex., les 12 février 1500 (AD. RA. 1), 12 juillet 1504 (AD. RA. 5) 23 juin 1509 (Fr. 22457, 2e s. fol 10) 18 juin 1517 (Fr. 18932, fol. 7 v°) 27 juin 1521 (It. fol. 29 v°) 18 juillet 1524 (AD. RA. 79), mort au 8 janvier 1525. Il ép. Geneviève-Jeanne Surreau (née le 8 juin 1484, morte, le 20 juillet 1514), puis Marguerite Le Guay, veuve de N. Le Sergent. Il était très brutal aux plaideurs (Floquet, I, 335).

[46] Antoine de Civile, sieur de Bouville, 2e fils d'Alonzo de Civile et

de Marie de Saldanha, cons. au Parlement de Rouen, r. 18 juin 1554 (BR.
Y. 214, t. 5, fol. 37), en ex., les 3 octobre 1554 (AD. RS. III, fol. 144 v°),
1er juin 1556 (AM. Bapt. Saint-Eloi, Reg. 5) 26 février. 1558 (AD. RA.
274) 12 août 1563 (BR. Y. 214, t. 28, fol. 22) 30 juin 1567 (AD. RA. 310),
suspendu, pour huguenoterie, le 3 novembre 1568, rétabli, le 28 mai 1576
(AD. RS. 1575-76, fol. 105- BR. Y. 214, t. 6, p. 404) 30 juin 1576 (AD.
RA. 343) 8 janvier 1577 (AM. Saint-Laurent, B. II, 8 v°) 26 mars 1583
(BR. Y. 214, t. 28, fol. 55) 14 septembre 1587 (It fol. 65), mourut, le
3 octobre 1587 (B. N. Fr. 18936. fol. 2). Il ép. (1er août 1554) Françoise
Quesnel, puis Catherine Aubert (vivante, le 17 janvier 1590). Il avait passé
un examen d'admission peu brillant (Floquet, I, 385). Il était calviniste.
(It. II, 274 — III, 80, 162).

[47] Jacques de Civile, fils d'Antoine de Civile et de Françoise Quesnel, mariés le 1er août 1554, né en 1563, sieur de Rombosc, Haltemare,
Moulineaux, Gousseville, Hautot, Laulneray, avocat au Parlement
(30 janvier 1587), cons. au Parlement de Rouen, en ex. le 12 novembre 1587 (Fr. 18936. fol. 258) 23 décembre 1590 (BR. Y. 32, t. 3, fol. 216)
23 novembre 1595. (BR. Y. 214, t. 28, fol. 92) 2 mai 1611 (BR. Y. 214, t. 11,
fol. 130) 26 mai 1618 (BR. Y. 214, t. 12, fol. 474) 10 juin 1624 (BR.
Y. 32, t. 5, fol. 315) 22 août 1631 (BR. Y. 214, t. 15, fol. 254) 7 novembre 1633 (AD. RS. vac. 1626-37, fol. 244) 9 septembre et 3 novembre
1637 (AD. RS. Vac. 1626-37, ff. 310 v° et 341), mort, le 3 novembre, 1637
(It. fol. 343, v°) d'apoplexie. Son enterrement eut lieu, le 6 (AM.
St Patrice. Décès, fol. 15 v°). Il ép. Marie du Val-Bonneval et mourut s. p.
Cf. Floquet, III, 57?.

[48] Jean du Bosc, si ? d'Emandreville, 3e fils de Louis du Bosc et de
Marie des Planches, mariés le 27 août 1503, conseiller au Parlement de
Rouen r. 30 juin 1544 (BR. Y. 214, t. 3, fol. 101) en ex. 27 mars 1545
(AD. RA. 195) 13 février 1548 (AD. RS. II, 104) 1er octobre 1550 (AD.
RS. III, 75), résigna, avant le 19 janvier 1552, n. s. (BR. Y. 214, t. 4,
p. 238), fut président à la C. des A. de Rouen (26 janvier 1552, n. s.). Il
prit part, en 1562, à l'insurrection qui aboutit au siège et à la prise de
Rouen par l'armée royale, et fut décapité, le 30 octobre 1562. (Cf. Flo-
quet, II, 448 et sqq.). Il ép. N.   Guyot, puis Catherine Guérin.

[49] Antoine Le Marchant, sieur du Grippon, cons. au Parlement de
Rouen (r. 22 nov. 1525) (Le Chandelier) en ex., les 24 janvier 1526 (BR.
Y. 214, t. 27, fol. 46) 5 juin 1526 (AD. RA. 87) 31 août 1531 (AD. T.
1531) 27 février 1536 (AD. RA. 141) 29 avril 1539 (AD. T. 1539) 16 juin
1540 (Fr. 18932. fol. 88) 16 décembre 1540 (Fr. 24113. 169 v°). Suspendu,

pour évidentes concussions (Floquet, II, 77-80), rétabli plus tard, il est, de nouveau, en exercice, les 3 mars 1559 (AD. RA. 278) 7 juillet 1561 (AD. RA. 287). Il mourut, le 22 octobre 1561 (P. Orig. 1837). Il ép. N.   de Bauquemare, puis N.   de Brécé.

[50] Isambart Busquet, cauchois, fils de Robert Busquet et d'Hélène d'Amfreville, mariés en 1480, avocat au Parlement de Rouen (16 décembre 1539), bailli d'Estouteville, cons. au Parlement de Rouen (r. 9 nov. 1542 (Le Chandelier), en ex., les 6 juin 1543 (BR. Y. 32, t. 1, fol. 99) 12 nov. 1546 (AD. RS. II, fol. 1) 4 novembre 1550 (AD. RS. fol. 106 v°) 28 mai 1554 (BR. Y. 214, t. 5, fol. 24) 16 décembre 1556 (It. fol. 218) 23 avril 1558 (AD. RA. 275). Il avait démissionné, en faveur de son fils, le 2 juin 1554 (BR. Y. 214, t. 5, fol. 33), mais il continua à exercer, et mourut le 25 mai 1561 (Farin: par. St-Patrice. AM. reg. n. paginé (fol. 50 r°) coté: St-Nicolas, renfermant un compte du revenu de St-Patrice. Le 25 mai est le jour de l'enterrement). C'était un magistrat peu éminent, mais il savait l'italien (Floquet, I, 455).

[51] Jean Busquet, fils d'Isambard Busquet, fut bailli d'Estouteville (6 mars 1548), reçu, à survivance, cons. au Parlement de Rouen, le 17 mai 1553 (BR. Y. 214, t. 5, fol. 428), en ex., les 16 janvier 1561 (AD. RA. 285) 24 octobre 1564 (AD. RA. 297) 10 janvier 1571 (BR. Y. 214, t. 6, p. 120) 24 mars 1575 (BR. Y. 214, p. 338) 19 septembre 1576 (AD. RS. VIII, 159 v°) 20 février 1578 (AD. RA. 332) 13 mai 1578 (AD. RS. VIII. 590 v°), avait été nommé honoraire, le 23 avril 1578 (BR. Y. 214, t. 6, p. 481). Il mourut avant le 19 juin 1587. Il ép. Hughette du Moncel (morte, le 2 août 1554) (BR. Y. 214, t. 5, fol. 57). AM. par St-Nicolas-(compte de St-Patrice, fol. 20 v°: il y est mentionné, à la date précitée, « une messe de *la jeune Busquette*, pour la sépulture d'icelle ». L'enterrement est du 3 août 1554. Le « bout de l'an » de la « *baillive Busquet* » est du 3 août 1555 (It. fol. 25), puis Marthe Le Roux (vivante 19 juin 1587).

[52] Robert Busquet, sieur de la Perrière, Bouquelon, la Neufville-Champdoisel, fils de Jean Busquet et d'Hughette du Moncel, né avant le 3 août 1554, cons. au Parlement de Rouen, n. 22 décembre 1577, r. 23 avril 1578 (BR. Y. 214, t. 6, p. 481. — AD. RS. VIII, 580) en ex., les 26 avril 1578 (AD. RS. VIII, 580 *bis* v°) 19 juin 1579 (AD. RA. 337) 23 avril 1586 (AD. RA. 383) 26 avril 1593 (AD. Reg. Parl. Caen. 11) 2 décembre 1598 (AD. RA. 422) 27 mars 1608 (AD. RS. nov. 1607-mars 1608, fol. 227 v°), résigna, tout en gardant voix délibérative, le 1er juillet 1610 (BR. Y. 214, t. 10, fol. 472), honoraire, 29 mai 1612 (AD. RS. nov. 1611-juin 1612, fol. 367), mourut, le 30 décembre 1612 (AD. RS. nov. 1612-

avril 1813, fol. 83) à Rouen, par. St-Patrice. Il ép. (1577) Jeanne de la Haye (sur les causes de la mort de celle-ci, cf. Floquet, III, 467) Cf. sur lui, Floquet, III, 241, 319, 462, 466-67.

[53] Pierre de Mélicourt, chan. de Rouen (30 juin 1500), prieur du Val aux Malades (3 février 1513), cons. au Parlement de Rouen, en ex., les 9 mars 1500 (AD. RA. t. 1) 23 janvier 1503 (Fr. 22457, fol. 22) 17 juillet 1506 (AD. RA. 12) 22 mars 1510 (AD. RA. 28) 18 juin 1517 (Fr. 18932, fol. 7 v°) 12 novembre 1523 (Fr. 22457, 2° série, fol. 91) 12 mars 1527 (AD. RA. 90), mort en 1527.

[54] Denis de Brevedent, sieur de Vanecroq, abbé de St-Spire, fils de Robert de Brevedent et de Marie Huault, cons. au Parlement de Rouen (n. le 4 août 1526, r. 18 mai 1527 (Le Chandelier), en ex. les 29 mai 1528 (AD. RA. 94) 22 mars 1532 (AD. RA. 113), mort, le 12 juillet 1542 (Farin, par. St-Sauveur, B. N. Est. P° 1 C).

[55] Jacques de Brevedent, sieur de Sahurs, le Veneur, fils de Robert de Brevedent et de Marie Huault, cons. au Parlement de Rouen (examiné 8 juillet 1534 (BR. Y. 32, t. 1, fol. 19 v°), en ex, les 17 octobre 1534 (AD. T. 1534-35) 22 février 1535 (AD. RA. 134) 14 février 1539 (AD. RA. 157) 6 juin 1543 (BR. Y. 32. t. 1. fol. 99) 30 mars 1547 (AD. RA. 209) 16 juin 1547 (BR. Y. 32, t. 1, fol. 191), reçu, le 28 juin 1547, lt gal baill. de Rouen (BR. Y. 32, t. 1, fol. 191) en ex. 11 janvier 1548 (BR. Y. 32, t. 1, fol. 194) 11 août 1570 (BR. Y. 32, t. 2, fol. 208) 4 février 1576 (It. fol. 276), mort, le 15 avril 1580 (Farin, St-Sauveur). Il ép., avant 2 août 1536, Marie des Champs (morte, le 9 août 1573. Farin, St-Sauveur) du Réal. Cf. B. N. Est. P° 1 C.

[56] Charles du Val, sieur de Bocquencé, fils de Marin du Val et de Jeanne Le Franc, doyen de Bayeux, n. 7, r. 18 janvier 1556 (BR. Y. 214, t. 5, fol. 169), en ex. les 18 mars 1556 (AD. RA. 263) 7 février 1560 (AD. RA. 281) 30 juillet 1566 (AD. RA. 305) 10 mai 1570 (BR. Y. 32, t. 2, fol. 201) 9 mars 1575 (BR. Y. 32, t. 2, fol. 291) 16 mars 1579 (AD. RS. VIII, fol. 613) 18 avril 1583 (Fr. 18935, fol. 2) 13 juin 1584 (AD. RA. 376) Cf. sur lui: Floquet, II, 323, 411, 509; III, 146.

[57] Charles Turgot, abbé de St-Victor en Caux, chanoine de Coutances, 3° fils de Louis Turgot et de Valdrine de Trolley, mariés le 22 janvier 1548, sieur de la Trésorie, Demonville, n. 1er juin, r. 18 décembre 1585 (Fr. 18936, fol. 53) en ex., le 19 décembre 1585 (It. fol. 53 v°) 14 février 1594 (BR. Y. 214, t. 7, fol. 422) 18 décembre 1598 (AD. RA. 419) 26 no-

vembre 1602 (BR. Y. 214, t. 28, fol. 170) 4 décembre 1607 (BR. Y. 214,
t. 28, fol. 219) 28 juillet 1610 (BR. Y. 214, t. 10, fol. 499) 3 avril 1617
(AD. RS. avril-août 1617. fol 1) 20 août 1620 (AD. RS. avril-sept. 1620.
fol. 238. v°), mort avant le 27 février 1621 (BR. Y. 214, t. 13, fol. 355).
Cf. Floquet, III, 463-IV, 297.

[58] Jean d'Argouges, 2ᵉ fils de Jean d'Argouges et de Jeanne Labbé,
mariés le 18 octobre 1462, sieur de Thaon, Quetteville, Pléville, Bacon,
la Forest, poterie et verderie du Molay, d'abord maître des requêtes
(quoiqu'en dise Chérin : une pièce du 9 juillet 1496 (Carrés Hozier, 31.
fol. 232) le prouve péremptoirement), puis protonotaire (14 juin 1508),
curé de St-Malo d'Argouges, cons. au Parlement de Normandie (en ex.,
les 28 janvier 1500 (AD. RA. 1) 28 mars 1503 (AD. RA. 4), 7 juillet 1506
(AD. RA. 12) 10 octobre 1511 (Fr. 22457, 2ᵉ sect. fol. 22) 25 janvier 1515
(Fr. 24113, fol. 168) 14 février 1517 (AD. RA. 57), résigna, le 12 décembre 1517 (Fr. 22457, 2ᵉ sect. fol. 83).

[59] Nicolas de Quievremont, sieur de Heudreville, fils de Louis de
Quievremont et de Catherine Auber, cons. au Parlement de Rouen, reçu
4 décembre 1517 (BR. Y. 214, t. 1, fol. 70), en ex., les 27 février 1518
(AD. RA. 62) 25 mai 1519 (Fr. 18932, fol. 18) 23 août 1520 (AD. RA. 69),
mort, le 4 septembre 1520. Il ép. Barbe Le Lieur.

[60] Jean Gombault, fils de Guillaume Gombault, r. 7 janvier 1521 (Le
Chandelier), en ex. 18 avril 1521 (AD. RA. 71) 14 février 1522 (AD. RA.
73), mort au 4 décembre 1522. Il ép. Catherine de Quievremont (vivante
13 septembre 1547 (AM. Bapt. St-André. B. 22).

[61] Christophe de Marle, fils de Jean de Marle et d'Anne du Drac,
mariés le 31 décembre 1472, né en 1485, mort, s. p., en 1555, sieur de
Versigny, Beaubourg, Clotomont, chanoine d'Avranches, cons. au Parlᵗ
de Rouen (n. 1ᵉʳ janv. 1523, r. 15 mai 1523 (Le Chandelier), en ex. 10 juillet 1523 (AD. RA. 74) 18 mai 1526 (It. 86) 7 juin 1527 (It. 91), cons. au
Parlement de Paris (5 mars 1534-18 août 1553), testa, le 19 août 1555.

[62] Etienne Bernard, sieur de la Court, cons. au Parlᵗ de Rouen,
n. 11 février 1528 (Le Chandelier), en ex. les 29 mai 1528 (AD. RA. 94)
23 décembre 1530 (AD. RA. 107) 14 août 1533 (AD. RA. 129), mort
avant le 31 décembre 1533. Il ép. Marie Feu (vivante, le 13 août 1550).

[63] Frédéric Le Vicomte, fils de Jean Le Vicomte, fut cons. au

Parlement de Rouen, en ex., 1er mai 1508 (AD. RA. 19) 24 juillet 1511
(AD. RA. 36), mort au 9 janvier 1512.

[64] Claude de Fresnoy, fils de Jean de Fresnoy et de Catherine Bou-
langer, mariés le 21 août 1462, sieur de Nully, Baillon, Bournel, Bonnes,
Bois-Archambault, cons. au Parlement de Rouen, r. 12 novembre 1511
(Fr. 22457, 2e série, fol. 39) en ex., les 13 décembre 1511 (AD. RA. 37) 12
février 1515 (AD. T. 1514-1515) 25 mai 1520 (AD. RA. 68) 22 novembre
1525 (Fr. 18932, fol. 35) 19 décembre 1528 (AD. RA. 96), mort avant le
16 juin 1529. Il ép. Marie de Chauvreux (morte au 16 juin 1529). C'était
une âme droite, mais emportée (Floquet, I, 335).

[65] René de Becdelièvre, angevin, sieur de Sazilly, podestat d'Alexandrie (1510), 2e fils de Charles de Becdelièvre et de Gilonne de Beaune-
Semblançay, né avant le 21 janvier 1491, cons. au Parlement de Rouen
(n. 7 septembre r. 16 nov. 1512) (Fr. 22457, fol. 45), en ex., 9 mars 1513
(AD. RA. 43) 25 janvier 1515 (Fr. 24113, fol. 168), reçu laïc, le 25 mai
1516, en ex., les dern. févr. 1517 (AD. T. 1515-1517) 21 mai 1520 (AD.
RA. 68) 17 décembre 1527 (AD. T. 1526-1527) 9 novembre 1531 (AD. T.
avril-nov. 1531) 4 août 1535 (AD. RA. 138) 12 novembre 1539 (BR.
Y. 214, t. 2, fol. 155) 19 août 1544 (BR. Y. 214, t. 3, fol. 125), mort le
21 février (Le Chandelier) ou le 14 avril 1545. Il fut chancelier du Parlement de Normandie. Il ép. (9 février 1514) Marie d'Osmont (morte, le
10 décembre 1531), veuve de Robert de Croixmare, puis (4 septembre
1538) Marguerite de Bonshoms, veuve d'Hughes Le Voix.

[66] Robert d'Esquetot, sieur de Bouville, trésorier de St-Maclou, cons.
au Parlement de Rouen, en ex., les 4 juin 1582 (AD. RA. 3) 17 juillet
1506 (AD. RA. 56) 21 novembre 1516 (AD. T. 1515-1517).

[67] Robert de Boislevêque, fils de Robin de Boislevêque, fut sieur de
St-Léger, cons. au Parlement de Rouen (en ex., les 6 juin 1500 (AD. RA.
1) 17 juillet 1506 (AD. RA. 12) 14 février 1511 (AD. RA. 33) 7 avril 1514
(AD. RA. 47) 27 juin 1521 (Fr. 18932, fol. 29 v°) 3 avril 1525 (AD. T.
1524-1525) 29 mai 1528 (AD. RA. 94), mort avant le 18 octobre 1528. Il
avait été lieut. du vte de Beaumont-le-Roger (27 janv.-6 mars 1493). Il
ép. (22 août 1497) Anne Jubert (née le 10 mars 1482). Il était de grande
taille (Le Chandelier).

[68] Etienne Patrix, de Narbonne, professeur de droit à Caen, cons. au
Parlement de Rouen, en ex., les 20 novembre 1528 (AD. T. 1528-29) 28
février 1536 (AD. RA. 141) 15 juillet 1537 (AD. T. 1537) 22 décembre

1543 (BR. Y. 214. t. 3. fol. 12) 7 décembre 1548 (BR. Y. 32, t. 1, fol.
209), mort, le 23 décembre 1548 (ou le 25, selon Le Chandelier). Il ép.
N.   , puis N,   , puis (22 janvier 1523) Jeanne Le Fournier (vi--
vante 8 mars 1568).

[69] Pierre de Médine, fils de Christophe de Médine et de Madeleine
Petit, mariés le 20 janvier 1514, sieur de Marmouville, cons. au Parlement
de Rouen, r. 2 mai 1543 (BR. Y. 214, t. 2, fol. 431), en ex., les 6 juin 1543
(BR. Y. 32, t. 1, fol. 99), 14 février 1548 (AD. RA. 218), promu lay, le
21 janvier 1549 (BR. Y. 214, t. 4, fol. 16) 7 janvier 1556 (It. t. 5, fol.
168) 19 août 1562 (It. t. 5. fol. 424) 20 février 1565 (AD. RA. 303) 20
septembre 1570 (It. 321) 10 avril 1571 (BR. Y. 32, t. 2, fol. 227) 14 février
1572 (AD. RA. 327) 11 octobre 1572 (AD. RA. 330), mort, le 15 janvier
1573. Il ép. (13 décembre 1542) Marguerite de Quintanadoine, puis
(14 novembre 1549) Barbe du Val (vivante 26 août 1577).

[70] Pierre de Croismare, fils de Jacques de Croismare et d'Isabeau Le
Duc, sieur de Limesy, Cailleville, Etennemare, Pelletot, cons. au Parlement de Rouen, en ex. les 23 décembre 1499 (AD. RA. 1) 17 juillet 1506
(AD. RA. 12) 28 janvier 1511 (AD. RA. 33) 18 juin 1517 (Fr. 18932. fol. 7,
v°), 30 juillet 1524 (AD. T. 1524) 20 nov. 1527 (BR. Y. 214, t. 27, fol.
58) 16 juillet 1529 (AD. RA. 99). Il résigna, en novembre 1529. Il mourut
le 12 novembre 1544 (BR. Y. 214, t. 3, fol. 130). Il ép. avant 1500, Isabelle
Paon (vivante 6 mai 1536). Il était pieux et équitable (Floquet, I, 339).

[71] Robert de Croixmare, sieur de Limesy et Cailleville, fils de
Pierre de Croixmare et d'Isabeau Paon, mariés avant 1500, avocat au
Parlement de Rouen (20 juillet 1528), trésorier de Saint-Laurent (1540-
1541), r. 12 ou 13 novembre 1529, en ex. 12 novembre 1530 (BR. Y. 214,
t. 2, fol. 1) 22 mai 1533 (AD. RA. 121) 28 mars 1539 (AD. RA. 158)
16 janvier 1546 (BR. Y. 214, t. 3, fol. 332) 10 novembre 1552 (AD. RS.
III, 139) 27 juillet 1559 (AD. RA. fol. 280), mort, le 17 septembre 1561
(Farin. Saint-Laurent). Il ép. Marie Aoustin (vivante 26 février 1575). Il
était trop doux aux criminels (Fioquet I. 443).

[72] Guillaume Le Roux, fils de Guillaume Le Roux et d'Alison du
Fay, sieur de Bourgthéroulde, Tilly, Lucy, Sainte-Beuve, le Mouchet,
Becdal, Villettes, Saint-Aubin d'Escroville, le Val, Vironvay, Mauper-
tuis, cons. au Parlement de Rouen (en ex. les 6 juin 1500) (AD. RA. 1)
17 juillet 1506 (AD. RA. 12) 24 mars 1509 (AD. T. 1507 à 1509) 7 avril
1514 (AD. RA. 47) 25 mai 1519 (Fr. 18932, fol. 18) 3 mars 1520 (AD. RA.
68). Il mourut, avant le 12 novembre 1520. Il ép. (27 juin 1486) Jeanne

Jubert de Vély (née le 15 août 1469). Il était riche et consciencieux (Floquet. I, 339).

[73] Claude Le Roux, sieur de Bourgthéroulde, Tilly, Becdal, Villettes, Lucy, Sainte-Beuve, le Mouchet, Vironvay, Mauperluis, fils de Guillaume Le Roux et de Jeanne Jubert, mariés le 27 juin 1486, né en 1494, mort entre le 17 juin et 'e 31 décembre 1537, cons. au Parlement de Rouen (n. 15 juillet, r. 12 août 1520, en ex. le 7 février 1521 (AD. T. 1521) 18 mai 1526 (AD. RA. 86) 30 septembre 1531 (AD. T. avril-nov. 1531 fol. 114) 28 juin 1536 (AD. RA. 143) 17 août 1537 (AD. RA. 148). Il ép. Jeanne de Calenge (morte, le 1er décembre 1531 (Farin, Saint-Etienne des Tonneliers), puis Madeleine Payen (vivante 1er août 1539).

[74] Nicolas Le Roux, sieur d'Escroville, Becdal, Saint-Aubin, fils aîné de Guillaume Le Roux et de Jeanne Jubert de Vély, mariés le 27 juin 1486, abbé de N.-D. de Rouen, Val-Richer, prieur de Mont aux Malades (28 octobre 1528-19 février 1559) reçu 19 ou 29 mars 1538, n. s. en ex. 14 février 1539 (AD. RA. 157) 28 juin 1543 (AD. RA. 183) 21 janvier 1548 (BR. Y. 32, t. 1, fol. 194 v°) 8 octobre 1550 (AD. RS. III, 86, 18 juillet 1554 (BR. Y. 32, t. 2, fol. 79) honor., les 28 juillet 1554 (BR. Y. 214, t. 6, fol. 55) 4 août 1554 (BR. Y. 32, t. 2, fol. 79), mort, le 11 septembre 1561.

[75] Robert Le Roux, sieur de Tilly, Becdal, Villettes, fils de Claude Le Roux et de Jeanne de Calenge, né avant le 2 décembre 1531, n. 28 septembre 1553, r. 8 juin 1554 (BR. Y. 214, t. 5, fol. 37), en ex. 28 mai 1555 (AD. RA. 258) 26 février 1562 (AD. RA. 290) 23 février 1568 (AD. RA. 313) 31 janvier 1572 (AD. RA. 326) 16 mars 1579 (AD. RS. VIII, fol. 612 v°) 26 mars 1583 (BR. Y. 214, t. 28, fol. 55) 17 août 1583 (AD. RA. 373). Il mourut, le 19 (enterrement le 21) novembre 1583 (Fr. 18935, fol. 53 v°). Il ép. Madeleine Valles (morte, le 6 février 1561, Farin : Saint-Laurent), puis (25 janvier 1576) Barbe Guiffart (Cf. l'article de Claude Groulart). Son château fut pillé (Floquet, III, 571) mais il était mort depuis plusieurs années, alors. Cf. Floquet, III, 198.

[76] Jean Véron, cons. au Parlement de Rouen (r. 7 mai 1586, en ex. 8 mai 1586 (Fr. 18936, fol. 107), en ex. les 13 juillet 1587 (AD. RA. 391) 3 août 1588 (AD. RA. 396) 30 août 1594 (BR. Y. 214, t. 28, fol. 114) 16 janvier 1599 (BR. Y. 214, t. 8, fol. 313) 4 décembre 1607 (BR. Y. 214, t. 28, fol. 239) 2 août 1611 (BR. Y. 214, t. 11, fol. 165) 20 février 1619 (AD. RS. nov. 1618-août 1619, fol. 176 v°) 20 août 1620 (AD. RS. avril-septembre 1620, fol. 238 v°), mort au 28 juin 1621 (BR. Y. 214,

t. 11, fol. 165). Il se fit prêtre, après la mort de sa femme et fut curé d'Offranville.

[77] Pierre Charles, sieur de Gruchet, fils de Jean Charles, fut cons. au Parlement de Rouen, en ex, le 9 décembre 1499 (AD. RA. 1), 28 mai 1501 (AD. RA. 2), mort, le 23 décembre 1501. Il ép. (1495) Catherine Planchon [1] (vivante, le 21 juin 1502). Il était fort en droit coutumier et mourut jeune (Le Chandelier).

[78] Nicolas Pougnon, sieur de la Barre, cons. au Parlement de Rouen (prés. ses lettres, le 1er octobre 1503, reçu 1er octobre 1503 (Fr. 22457, fol. 29). Selon Bigot (Y. 24), il siégeait déjà, en septembre 1503. En ex, les 23 novembre 1503 (AD. RA. 5) 22 novembre 1508 (AD. T. 1509) 12 mai 1514 (AD. T. 1514-1515) 17 mai 1521 (AD. RA. 72) 27 juin 1521 (Fr. 18932, fol. 29 v°). Fort en droit coutumier (Le Chandelier).

[79] Jean Le Monnier, chan. de Rouen, cons. au Parlement de Rouen, en ex, le 7-9 janvier 1503 (Fr. 22457, fol. 21) mort, le 17 avril 1504 (It. fol. 31, BR. Y. 214, t. 1, fol. 49). Il y eut, à ses funérailles, un vif incident entre chanoines de Rouen et conseillers au Parlement (Floquet, I, 417-19).

[80] Guillaume Lescrivain, parisien, cons. au Parlement de Rouen, r. 12 novembre 1504 (Fr. 22457, fol. 38) en ex, 14 mars 1505 (AD. RA. 8. Il signe : Scriptoris). Il résigna, en mai 1507, et retourna à Paris.

[81] Jean Le Lieur, 2e fils de Robert Le Lieur et d'Isabeau de Lailly, doyen de Rouen (28 février 1522) curé d'Octeville et Anfreville, cons. au Parlement de Rouen (en ex, les 14 janvier 1507 (AD. RA. 14) 7 avril 1514 (AD. RA. 17) 16 décembre 1518 (Fr. 18932, fol. 12) 26 juin 1521 (BR. Y. 214, t. 27, fol. 37) 23 novembre 1527 (Fr. 18932, p. 142) 21 janv. 1535 (AD. T. 1534-35) 13 mai 1536 (AD. RA. 142), mort, le 11 septembre 1536.

[82] André Maillart, fils de Gilles Maillart et de Jeanne Boucher d'Orsay, sieur de Saint-Suplex, les Boulets, cons. au Parlement de Rouen (reçu 5 décembre 1537 (BR. Y. 214, t. 2, fol. 121), en ex. le 23 juillet 1538 (AD. RA. 153) 12 nov. 1539 (BR. Y. 214, t. 2, fol. 153) 14 février 1543 (AD. RA. fol. 180) 6 juin 1543 (BR. Y. 32, t. 1, fol. 99), cons. au Parlement de Paris (18 juillet 1543-31 août 1549), mort entre le 12 janvier

[1] Ou, selon d'autres, Miffant.

1558 et le 21 décembre 1578. Il ép. (1er septembre 1543) Madeleine
Sanguin de Livry (morte entre le 12 janvier 1558 et le 21 décembre
1578).

[83] Louis Bonenfant, fils de Philippe Bonenfant et d'Anne de Villy,
sieur de Magny le Freule, le Breuil-Mézidon, cons. au Parlement de
Rouen, en ex. les 17 décembre 1543 (AD. RA. 184) 15 décembre 1547
(It. 217), nommé lay, le 13 novembre 1550 (BR. Y. 214, t. 4, fol. 201) au
lieu de feu Nicole Harnois, en ex., les 23 décembre 1551 (AD. RA. 240)
10 janvier 1556 (BR. Y. 214, t. 5, fol. 169) 1er août 1559 (AD. RA. 280)
30 mai 1560 (AD. RA. 283), mort avant le 7 mai 1568.

[84] Denis du Val, prêtre, cons. au Parlement de Rouen, examiné et
ajourné, le 4 février 1555 (BR. Y. 214, t. 5, p. 74) r. 29 mars 1556, v. s.,
en ex. les 11 janvier 1558 (AD. RA. 273) 15 novembre 1561 (P. O. 2911)
12 août 1563 (BR. Y. 214, t. 28, fol. 22) 7 février 1568 (AD. RA. 312)
14 novembre 1568 (Fr. 24113, fol. 171) Magistrat assez ignorant (Floquet,
I, 380) et suspect de tendances hérétiques.

[85] Robert de la Fontaine, sieur de Pissy, cons. au Parlement de
Rouen, en ex. les 15 janvier 1500 (AD. RA. 1) 27 février 1504 (AD. RA. 5)
mort au 27 avril 1504 (Fr. 22457, fol. 32).

[86] Arnaud Goupil, fils de Robert Goupil et de Perrette Baudry, né en
1446, chanoine de Lisieux (31 janvier 1458) selon Bigot (Y. 24) (?) et chapelain de Saint-Nicolas de Villiers (3 mai 1466) selon le même (?), cons.
au Parlement de Rouen (en ex. les 2 juillet 1500 (AD. RA. 1) 18 avril
1504 (Fr. 22457, fol. 31) 9 juin 1508 (AD. RA. 19), mort avant le 13 mars
1509.

[87] Christophe de Nocey, né à Lisieux, clerc, 2e fils de Richard de
Nocey et de Jeanne de Baulté-la Suhardière, sieur de Torquesne, cons.
au Parlement de Rouen (n. 13 mars, r. 16 avril 1509, n. s.) en ex., les
25 mai 1509 (AD. RA. 24) 5 mai 1511 (Fr. 22457, fol. 33) 24 juillet 1511
(AD. RA. 36), mort avant le 12 novembre 1512 (Fr. 21457, 2e série,
fol. 42).

[88] François Charron, lyonnais, clerc, probablement fils de Benoît
Charron, fut sénateur de Milan (1509), cons. au Parlt de Rouen (en ex.
18 mars 1513 (AD. RA. 43) 25 janvier 1515 (Fr. 24113, fol. 168) 13 juillet
1515 (AD. RA. 52).

[89] Jean Heuzé, cons. Parlt Rouen, en ex. les 26 février 1500 (AD.

RA. 1) 25 mai 1503 (Fr. 22457, fol. 24) mort avant le 4 juillet 1503, à Rouen (Farin, par. St Pierre du Châtel). Il ép. Laurence Boitte. Excellent juriste, romain et coutumier (Floquet, I, 341).

[90] Louis de Quievremont, sieur de Heudreville, fils de Pierre de Quievremont, substitut au bailliage de Rouen (26 octobre 1501-25 mai 1583), cons. au Parlt de Rouen (r. 1er octobre 1503. Fr. 22457, fol. 27) en ex. les 18 novembre 1503 (AD. RA. 5), 7 juin 1504 (It. 6), mort avant le 3 octobre 1504 (Fr. 22457, fol. 37). Il ép. Catherine Auber (morte le 6 août 1524).

[91] Guillaume Austin, curé de Moyaux (28 janvier 1503, n. s.), cons. au Parlt de Rouen (en ex. les 8 janvier 1500, 19 juin 1501 (AD. RA. 1 et 2).

[92] Robert d'Estain, sieur de Villerets, probablement fils de Robert d'Estain et d'Antoinette des Loges, cons. au Parlt de Rouen (en ex. 5 mai 1503). C'était un militaire estimé, connaissant bien le droit romain. Ce fut lui qui installa le Parlement (Floquet, I, 340, 342-43).

[93] Guillaume Cappel, cons. au Parlt de Rouen, en ex. 7 janvier 1503 et 1er octobre 1504 (Fr. 22457, ff. 21 et 36). Il était peu lettré (Floquet, I, 337) mais « *ingressu blando, miti fronte* » (Le Chandelier).

[94] Guillaume Feydeau, 6e fils de Thomas Feydeau et d'Aimée Bardon du Méage, cons. au Parlt de Rouen (en ex. les 13 mars 1501 (AD. RA. 2) 17 juin 1504 (Fr. 22457, fol. 35) 14 février 1506 (AD. RA. 5 et 6), conseiller au Parlt de Paris, ambassadeur extr. en Angleterre, mort, en priant, à la Sainte-Chapelle, le 31 mai 1520.

[95] Guillaume Toustain, fils de Guillaume Toustain et de Jacqueline Gouel de Frontebosc, sieur de Frontebosc, Limésy, les Fresnes, Houguemare, la Neuvecourt, St Maur, St Etienne de Beauvoir, Sotteville lès Rouen, Grestain, Aubeuf, Forest, né le 4 septembre 1471, h. d'a. à la compagnie Montgommery, échanson (1498), puis porte-manteau du roi, cons. au Parlement de Rouen (en ex. les 6 avril 1500 (AD. RA. 1) 1er juillet 1502 (It. 3) 1er octobre 1504 (Fr. 22457, fol. 36), échevin de Rouen (1517), mort le 15 mai 1535 (Farin, Cimet. de l'Hôtel-Dieu). Il épousa (23 octobre 1507) Anne de Croismare (testa 27 mai 1540). Cf. B. N. Impr. Lm¹ 888.

[96] Laurent de la Perreuse, fils de Jean de la Perreuse, fut sieur de

Fresquième, cons. au Parlement de Rouen (en ex. les 26 février 1500 (AD. RA. 1) 1er octobre 1503 (Fr. 22457. fol. 29). Il ép. Isabeau Autin.

[97] Pierre Le Séneschal, avt du roi à Caen, cons. au Parlement de Rouen (en ex. 27 avril 1500, selon BR. Y. 24). Nous n'avons pas trouvé traces de son passage et de sa signature dans les documents originaux.

[98] Jean Masselin, cons. au Parlement de Rouen, en ex. les 9 mars 1500 (AD. RA. 1) 2 juillet 1505 (AD. RA. 9) 21 mai 1508 (AD. RA. 18).

[99] Guillaume de Perrières, chanoine de Bayeux, curé de St Michel, cons. au Parlement de Rouen, en ex. les 23 décembre 1499 (AD. RA. 1) 6 avril 1503 (It. 4) 17 juillet 1506 (It. 12), mort peu après. Il était peu lettré (Floquet, I, 337).

[100] Jean Patry, cons. Parlement Rouen, en ex. les 28 mai 1502 (AD. RA. 3) 17 juillet 1506 (It. 12) 30 avril 1510 (It. 29) 8 juillet 1514 (It. 48) 17 juillet 1517 (It. 60).

[101] Pierre Le Lieur, fils de Roger Le Lieur et d'Isabelle de Lailly, sieur de Bosgouët, Mallemains, cons. au Parlement de Rouen, en ex. les 10 avril 1500 (AD. RA. 1) 6 avril 1503 (It. 4) 14 févr. 1510 (It. 28) 25 janvier 1515 (Fr. 24113. fol. 168) 31 mars 1520 (AD. RA. 68) 17 mai 1526 (AD. RA. 86) 16 mai 1530 (AD. RA. 104) 13 février 1532 (AD. RA. 113). Il ép. (fiançailles le 16 janvier 1505) Luque Jubert (née le 27 septembre 1485). Trop verbeux (Le Chandelier).

. [102] Pierre Le Lieur, fils aîné de Pierre Le Lieur et de Luque Jubert, fiancés le 16 janvier 1505, sieur de Bosgouët, Mallemains, cons. au Parlement de Rouen, en ex. les 22 décembre 1536 (AD. RA. 144) 10 septembre 1540 (BR. Y. 32, t. 1, fol. 52) : suspendu en 1540 (Floquet, II, 62), rétabli le 2 avril 1543. n. s. (BR. Y. 214, t. 1, fol. 411) en ex. 6 juin 1543 (BR. Y. 32, t. 1, fol. 52) 19 août 1543 (AD. RA. 199), devint fou. On décida de l'enfermer, le 8 janvier 1547 (BR. Y. 214, t. 3, fol. 379). Il mourut, le 1er janvier 1549, à Rouen, au couvent des Augustins.

[103] Jean Le Lieur, sieur du Bosgouët, Mallemains, fils de Pierre Le Lieur et d'Anne Jubert, fiancés le 16 janvier 1505, cons. au Parlement de Rouen, r. 5 septembre 1549, en ex., les 20 septembre 1549 (AD. RS. III, fol. 1) 8 novembre 1550 (AD. RS. III, fol. 108) 5 décembre 1551 (AD. RA. 245), cons. au Parlement de Paris (21 décembre 1552), premier président à la Cour des monnaies.

[104] Jean du Fay, fils de Pierre du Fay et de Jeanne de Bailleul, sieur du Taillis, la Londe, Bourg-Achard, chanoine d'Andely, cons. au Parlement de Rouen, reçu le 28 avril 1532 (BR. Y. 214, t. 4, fol. 253), en ex. les 9 septembre 1552 (AD. RS. III, fol. 124) 10 novembre 1556 (It. fol. 178, v°) 2 juillet 1558 (AD. RA. 276) 23 mai 1561 (It. 287), mort le 5 janvier 1562 (Farin, St Laurent). Il ép. (21 juillet 1552) Anne du Moncel (morte le 11 février 1602).

[105] Charles le Verrier, sieur du Bouchet, cons. au Parlement de Rouen, n. 21 janvier, r. 4 mai 1564, en ex., les 27 janvier 1565 (AD. RA. 298) 4 juillet 1567 (It. 309) 30 juillet 1571 (BR.Y. 214, t. 6, fol. 201) 4 août 1572 (AD. RA. 329), suspendu, pour huguenoterie, le 12 novembre 1572 (BR. Y. 214. t. 6. fol. 229). Cf. Floquet, I, 384 ; II, 274 ; III, 80, 141.

[106] Jacques de Boisyvon, fils de Pierre de Boisyvon et de Françoise de Ste Marie, sieur de la Chapelle, lieut. du bailli de Caen à Vire (9 juin 1571), bailli de Thorigny (20 déc. 1567), cons. au prés. de Caen (15 mars 1570), cons. au Parlement de Rouen, en ex. les 15 décembre 1573 (AD. RS. VIII, 190, v°) 7 déc. 1577 (AD. RA. 351) 12 avril 1580 (Fr. 18933) 5 juin 1585 (Fr. 18933, fol. 230) 13 juin 1588 (BR. Y. 32, t. 28, fol. 71) 7 octobre 1593 (AD. Reg. Parlt. Caen, 12) 4 juillet 1595 (AD. RS. juil.- nov. 1595, fol. 1), résigna, avant le 12 février 1596 (AD. RS. 1596, fol. 158, v°) vivant, le 1er février 1599, mort au 14 octobre 1637. Cf. Floquet, III, 329, 342, 359.

[107] Pierre Charles, sieur de Gruchet, la Blandinière, le Plessis, fils aîné de Pierre Charles et de Marthe de Croismare, mariés le 12 avril 1559, cons. au Parlement de Rouen, en ex., les 13 février 1596 (AD. RS. 1596, fol. 158 v°) 6 mars 1596 (It. fol. 172 v°) 12 novembre 1597 (AD. RS. 1597- 8, fol. 1) 24 mars 1599 (BR. Y. 214, t. 8, fol. 327) 12 novembre 1601 (AD. RS. nov. 1601-févr. 1602, fol. 1) 12 novembre 1603 (AD. RS. nov. 1603-sept. 1604, fol. 1). Il naquit en 1568 et mourut en 1638.

[108] Guillaume Carrey, curé de Moyaux (28 février 1503), cons. au Parlement de Rouen, en ex. les 10 avril 1500 (AD. R. A. 1), 17 juillet 1506 (It. 12), 14 février 1511 (It. 33), 17 juin 1517 (Fr. 18932, fol. 1), 26 juin 1521 (It. fol. 29, v°), 15 janvier 1522 (AD. RA. 73), vivant le 12 janvier 1524, mort avant le 14 août 1526.

[109] Guillaume Adoubart, curé de Montivilliers (6 juin 1500, 1er janv. 1502), fils de Guillaume Adoubart, fut cons. au Parlement de Rouen, en

ex. les 29 janv. 1500 (AD. RA. 1) 17 juillet 1506 (It. 12), 14 février 1511
(It. 33), 18 juin 1517 (Fr. 18932 fol. 7, v°), 25 mai 1520 (AD. RA. 68),
22 novembre 1525 (Fr. 18932, fol. 35), 30 mars 1531 (AD. RA. 108),
8 juin 1532 (AD. RA. 114), 19 juin 1532 (Fr. 18932, fol. 48). Il mourut
entre le 16 août et le 31 décembre 1532.

[110] Thomas Postel, fils de Jean Postel et de Catherine Lespringuet,
sieur des Minières, Le Colombier, Baubray, Le Cormier, Sainte Marthe,
Le Mesnil, Fourneaux, trés. de Saint Laurent de Rouen (1518-1520),
bailli de Jouy (12 mars 1497), cons. au Parlement de Rouen, en ex., les
4 juin 1500 (AD. RA. 1), 9 janvier 1503 (Fr. 22457, fol. 21), 21 août
1506 (AD. RA. 12), 2 octobre 1510 (Fr. 22457, 1ʳᵉ série, fol. 21), 22 février 1514 (AD. RA. 47), 31 mars 1517 (AD. T. 1515-1517), 20 avril 1520
(AD. RA. 68), 24 janvier 1526 (BR. Y. 214, t. 27, fol. 46), 28 août 1528
(AD. RA. 95). Il mourut, le 19 octobre 1529 (Farin dit, à tort, 1519 :
église de Baubray). Il ép. Catherine de Calenge. Il était de petite taille
(Le Chandelier).

[111] Antoine Postel, sieur des Minières, Sainte Marthe, Le Colombier, Le Cormier, fils de Thomas Postel et de Catherine de Calenge, cons.
au Parlement de Rouen, en ex. les 27 novembre 1528 (AD. T. 1528-29),
23 août 1531 (AD. RA. 111), 28 février 1536 (It. 141), 16 juin 1540
(Fr. 18932, 88), 2 sept. 1540 (AD. RA, 168), suspendu (Floquet, II, 64),
rétabli le 5 février 1544 (BR. Y. 32, t. 2, fol. 22). Il siégeait déjà, le
6 juin 1543 (It. t. 1, fol. 99), après des aventures curieuses, mais non,
comme on l'a prétendu, extraordinaires (cf. Floquet, II, 62 à 75,265) en
ex. 9 nov. 1549 (AD. RS. III, 27), 10 novembre 1552 (It. 139), 6 octobre
1556 (It. 176) (28 mars 1558 (AD. RA. 274). Il mourut avant le 31 décembre 1560. Il épousa (19 juillet 1532), Isabeau Le Barge (vivante
16 juin 1558). Il avait une signature étrange et gigantesque. (Registres
d'arrêts, *passim*).

[112] Jean Le Bienvenu, fils de Guillaume Le Bienvenu et de Pierrette
du Couldray, sieur de l'Espinay, cons. au Parlement de Rouen, en ex.
les 12 novembre 1500 (AD. RA. 1), 14 février 1504 (It. 5), 1ᵉʳ octobre
1504 (Fr. 22457, fol. 36). Il avait été av. du roi à Pont-Audemer (16 mars
1499, n. s.). Selon Bigot (BR. Y. 24), il aurait été reçu le 24 janvier 1500.
Il ép. Jacqueline de Voisines.

[113] Jean Le Héricy, fils de Jean Le Héricy et de Guillemette Crestot,
official de Caen, cons. au Parlement de Rouen, en ex. le 6 juillet 1503

(BR. Y. 24). Nous n'avons pas rencontré sa signature aux registres d'Arrêts.

[114] Guillaume Jubert, fils de Guillaume Jubert et de Catherine Daniel de Boisdenemetz, né à Vernon, le 15 septembre 1471, sieur de Vély, Bisy, le Thil, Canteleu, Bonnemare, Guetteville, le Marais-Vernier, Arquency, les Châtelets, Gamaches, Fanuche, le Val, substitut au bailliage de Rouen (mars-10 juillet 1503), cons. au Parlement de Rouen, en ex. les 6 février 1505 (AD. RA. 8), 30 janvier 1511 (AD. RA. 33), 13 juillet 1523 (AD. T. 1522-23), 11 août 1525 (Fr. 22457, 2ᵉ série, fol. 112), 12 novembre 1530 (BR. Y. 214, t. 2, fol. 1), 13 août 1535 (AD. RA. 138), 10 septembre 1540 (BR. Y. 32, t. 1, fol. 52), mort entre le 5 novembre 1542 et le 14 juin 1543. Il ép. (9 février 1500) Marie Gouël de Poville (morte en 1518), puis (15 avril 1521, v. s.) Catherine de Blancbaston (morte le 21 janvier 1548 (BR. Y. 32, t. 1, fol. 194-AD. RS. II, fol. 90), veuve de Jean Surreau. Il était un peu prolixe dans ses arrêts (Floquet, I, 335) ou exposés d'opinions.

[115] Claude Jubert, fils de Guillaume Jubert et de Catherine de Blancbaston, sieur de Vély, le Val, Canteleu, Fanuche, le Marais-Vernier, le Mont, Arquency, Guetteville, les Châtelets, né le 21 janvier 1522, mort le 6 novembre 1559 (Farin; par. Saint-Laurent), cons. au Parlement de Rouen, en ex. les 14 mars 1544 (AD. RA. 186), 12 novembre 1547 (AD. RS. II, fol. 61), 26 juin 1550 (BR. Y. 32, t. 2, fol. 13), 9 août 1552 (AD. RA. 246), 21 août 1556 (R. 266). Il ép. Anne Raymond (morte entre 9 décembre 1559 et 15 août 1574).

[116] Jean de Cormeilles, sieur de Mallemains, Tendos, vicomte de La Neuville-Champdoisel, très. de Sainte-Croix-Saint-Ouen (1525), cons. au Parlement de Rouen, en ex., les 18 mars 1505 (AD. RA. 8), 16 février 1509 (AD. T. 1507-1509), 25 janvier 1515 (Fr. 24113, fol. 168), 12 juin 1517 (Fr. 18932, fol. 1), 12 mai 1526 (AD. RA. 86), 14 novembre 1530 (BR. Y. 214, t. 2, fol. 1), 12 novembre 1539. (R. fol. 155), mort au 30 janvier 1540. (R. fol. 180). Il ép. Marie Garin (morte le 24 juillet 1525). (Farin, Carmes). Il était âpre au gain. (Floquet, I, 334, 448-450).

[117] Richard Le Mancel, d'Évreux, cons. au Parlement de Rouen, en ex. les 16 juin 1540. (Fr. 18932, fol. 88), 8 nov. 1543 (BR. Y. 214, t. 3, fol. 9), 12 novembre 1546 (AD. RS. II, fol. 1), 13 janvier 1548. (R. fol. 85, v°). Il mourut le 8 février 1548. (Farin, Saint-Godard), cf. BR. Y. 32, t. 1, fol. 203.

[118] Jean de Yberrola, basque, cons. au Parlement de Rouen, en ex.
les 29 mai 1506 (AD. RA. 12), 9 mars 1510, (It. 28), 25 janvier 1515, (Fr.
24113, fol. 168), 23 août 1515 (AD. RA. 53), 15 novembre 1515 (AD. T.
1515-1517), cons. au Parlement de Bordeaux (1516-13 septembre 1536),
chanoine de Saint-André, de Bordeaux, mort à Bordeaux, le 11 décembre
1537, auteur de : *Opus quod Baptista Salvatoris nuncupatur* (Bazas, 1530,
petit in-4° rarissime). Il était prolixe en ses décisions (Floquet, I, 335),
mais « *fons legum* », et grand discuteur (Le Chandelier).

[119] Jean de Serre, auvergnat, chanoine de Chartres, prévôt d'Auvers,
abbé de Clairefontaine, près Chartres (30 novembre 1523-16 mars 1537),
cons. au Parlement de Rouen, en ex. 4 fév. 1516 (AD. RA. 51), 25 mai
1520 (It. 68), 13 janvier 1522 (It. 73), cons. au Parlement de Paris
(11 août 1522-6 mars 1538), résigna avant le 11 septembre 1538, et mourut
avant le 17 décembre 1538.

[120] Robert Surreau, fils aîné de Thomas Surreau et de Geneviève
Chapelle, né le 9 juin 1485, sieur de Touffreville, Lisors, Quenonville,
général des aides (13 mars 1509-21 mars 1519), cons. au Parlement de
Rouen, en ex. les 30 juin 1523 (AD. RA. 74), 10 janvier 1525. (It. 80),
7 avril 1525 (AD. T. 1524-25), mort au 22 juillet 1525. Il épousa Jeanne
Roussel (morte en 1551 ou 1555).

[121] Nicolas Panigarola, de Gênes, cons. au Parlement de Rouen, en
ex. 24 janvier 1526 (BR. Y. 214, t. 27, fol. 46), 12 novembre 1530
(BR. Y. 214, t. 2, fol. 1), 22 février 1536 (AD. RA. 141), 12 septembre
1540 (AD. RS. I. fol. 4), 17 décembre 1547 (AD. RS. II, 79), mort le
15 ou 16 février 1548. Il ignorait, en arrivant à Rouen, le français, et prit
de nombreux congés pour aller en Italie. (Floquet, I, 455-56).

[122] Nicolas de la Place, fils de Nicolas de la Place et de Marie de
Quievremont, sieur de Saint-Suplix, Saint-Etienne de Rouvray, cons. au
Parlement de Rouen, en ex. les 6 juin 1543 (BR. Y. 32, t. 1, fol. 99),
13 septembre 1547 (AM. Saint-André, Bapt. 22), 8 octobre 1550 (AD. RS.
III, 86), 6 novembre 1555 (AD. RS. III, 170, v°), 3 août 1559 (AD. RA.
280), 25 janvier 1561 (AD. RA. 285), mort le 25 février 1561. Il ép.
Louise Thiboust (vivante 7 juillet 1572). Cf. Floquet, I, 375.

[123] Jean Le Carpentier, sieur de Clairefontaine et Rainfreville, fils
de Jean Le Carpentier et d'Aline Alorge, en ex. 20 mai 1506 (AD. RA. 12),
30 mars 1509 (AD. RA. 23), 25 janvier 1515 (Fr. 24113, fol. 168), 23 dé-

cembre 15:6 (AD. RA. 57). Il avait été lieut. gén. au bailliage de Caux
(25 juin 1502-3 juin 1504). Bon coutumier (Le Chandelier).

[124] Mathieu Raullin, sieur du Vertbois, fils de Pierre Raullin et
d'Anne de Munster-Vibœuf, lieut. gén. vicomté de Rouen (9 septembre
1515-12 novembre 1519), cons. au Parlement de Rouen, en ex. les 21 janvier 1520 (AD. RA, 67), 15 juillet 1523 (AD. T. 1522-23), 23 mars 1525
(AD. T. 1524-25), mort, le 22 avril 1525. Il épousa Alix Daré de Bucordé
(vivante 15 septembre 1565).

[125] Robert Raoullin, sieur de Longpaon, La Geole, Le Plessis,
Vibeuf, La Motte, Haltemare, fils de Robert Raoullin et de Laurence de
Saint-Laurent, cons. au Parlement de Rouen en ex. les 13 août 1529
(AD. RA. 100), 12 août 1535 (It. 138), 12 novembre 1539 (BR. Y. 214,
t. 2, fol. 155), 12 novembre 1546 (AD. RS. II, fol. 1), 9 septembre 1550
(AD. RS. III, fol. 28), 28 mars 1561 (AD. RA. 286), 1er juin 1565 (AD.
RA. 300). Il mourut le 19 février 1566. Il avait été suspendu en 1540,
puis rétabli le 19 avril 1543 (BR. Y. 214, t. 2, fol. 418) en ex. le 28 juin
1543 (AD. RA. 183). C'était un ardent catholique. (Floquet II, 64, 136,
141, 295, 356, 367, 397, 477, 494-95-96). Il ép. Marguerite de Manneville,
puis N. du Monchel, puis Anne de Civile (vivante 1584).

[126] Guillaume Tulles, chanoine de N. D. de Rouen (7 janvier 1536-
27 mai 1544), cons. au Parlement de Rouen, en ex. 19 novembre 1507
(AD. RA. 15), 7 mars 1514 (AD. RA. 47), 20 novembre 1527 (BR. Y. 214,
t. 27, fol. 58), 30 mars 1531 (AD. RA. 108), 19 juillet 1537 (BR. Y. 214,
t. 27, fol. 78), 12 septembre 1540 (AD. RS. I, 4), 6 juin 1543 (BR. Y. 32,
t. 1, fol. 99), 30 mai 1544 (AD. RA. 187), mort en août 1544. Il légua
6.000 livres aux pauvres. (Floquet, II, 105).

[127] Pierre de la Place, fils de Nicolas de La Place et de Jeanne
Amiot, sieur de Saint-Etienne, curé de Raffetot, chanoine de Rouen (27
mai 1544-13 septembre 1570), cons. au Parlement de Rouen, en ex. les
19 août 1544 (BR. Y. 214, t. 3, fol. 125), 21 janvier 1548 (AD. RA. 192),
10 septembre 1554 (AD. RS. III, 142), 19 août 1562 (BR. Y. 214, t. 5,
fol. 424), 28 avril 1569 (AD. RA. 315), 11 novembre 1572 (AD. RS. VI,
fol. 1), 23 décembre 1575 (AD. RA. 341), 30 mai 1576 (AD. RS. IX,
108, malade), mourut le 13 août 1576 (enterrement, le 14) (AD. RS. IX,
fol. 142). Cf. Floquet, II, 272, 281.

[128] François Cabart, fils de Guillaume Cabart et de Gratienne Dansel,
sieur des Essarts, cons. au Parlement de Rouen, en ex. 14 juillet 1588

(AD. RS. de 1588-95, fol. 63), 26 juin 1589 (BR. Y. 214, t. 7, fol. 5),
27 octobre 1593 (AD. RA., Parlement Caen, 12), 6 novembre 1598 (AD.
RA. 422) 3 juin 1600 (BR. Y. 214, t. 9, fol. 1) 4 août 1603 (AD. RA.
430), mort, le 19 (funér. le 20) octobre 1603 (AD. RS. vac. 1600-1604,
fol. 124 vᵒ). Cf. Floquet, III, 433, 521, 540.

[129] Guillaume de Calenge, fils de Jacques de Calenge et de Margue-
rite Langlois, chanoine de Rouen (20 juin 1508-30 août 1530), cons. au
Parlement de Rouen, en ex. 28 juillet 1508 (AD. RA. 20) 16 mars 1514
(AD. RA. 47), 26 juin 1521 (Fr. 18.932, fol. 29 vᵒ) 26 février 1526 (AD.
RA. 85), 26 mai 1531 (AD. RA. 109). Il testa en 1535. « *Insignis can-
tor* » (Le Chandelier).

[130] René des Buats, fils de Jean des Buats, fut prieur de Cléville-en-
Caux, curé de St Médard de Bacqueville, vic. gén. de Rouen (13 mai 1560),
cons. gén. au Parlement de Rouen, en ex. 18 juin 1533 (AD. RA. 121),
21 mars 1539 (It. 158), 21 juin 1544 (BR. Y. 214, t. 3, fol. 191), 23 mars
1548 (AD. RA. 220), 28 février 1557 (BR. Y. 214, t. 5, fol. 234), 23 juillet 1550 (AD. RA. 284), mort au 29 octobre 1560 (BR. Y. 214, t. 5, fol.
254). Cf. Floquet II, 295, 300.

[131] Jessé Godet, prêtre, d'Argentan, fils de Jean Godet et de N. de
Louvières, chanoine de Rouen (17 mars 1522), cons. au Parlement de
Rouen, en ex. 9 juin 1508 (AD. RA. 19), 14 février 1511 (AD. RA. 33),
5 mars 1517 (AD. T. 1515-17), 5 mars 1521 (AD. T. 1521), 16 mars 1525 (Fr.
22,457, 2ᵉ série, fol. 17), 18 mai 1526 (AD. RA. 86), 29 mai 1528 (AD. RA.
94). mort, le 17 août 1528. D'esprit subtil et de parole facile (Le Chandelier).

[132] Simon Boullenc, fils de Richard Boullenc et de Madeleine Alorge,
sieur de Garambouville, Grisoles, Saccanville, Blancfossé, Bretemare,
Tournedos, Lespringuet, les Rotys, Haute-Maison, Marcilly-la-Champa-
gne, cons. au Parlement de Rouen, en ex. les 10 novembre 1507 (AD.
RA. 15), 30 janvier 1510 (AD. RA. 28), 12 février 1515 (AD. T. 1514-15),
25 mai 1520 (AD. RA. 68), 26 octobre 1524 (AD. T. 1524-25), mort, le
3 janvier 1525. Il ép. Jeanne-Colette Le Pelletier, puis Marguerite Henry
(viv. 9 novembre 1531). Habile praticien et juriste (Le Chandelier).

[135] Raoul Boullenc, fils de Simon Boullenc et de Jeanne-Colette Le
Pelletier, sieur de Grisolles, chanoine d'Evreux (8 sept. 1525-juin 1538),
curé de Sᵗᵉ-Marie-la-Petite, à Rouen (juin 1538),, cons. au Parlement de
Rouen, en ex. 13 février 1529 (AD. RA. 97), 28 février 1536 (It. 119),
12 nov. 1539 (BR. Y. 214, t. 2, f. 155), 14 février 1548 (AD. RA. 218),

31 octobre 1550 (AD. RS. III, 106), 20 juillet 1552 (AD. RA. 245), mort,
à Grisolles. le 29 mai 1553.

[134] Claude Boullenc, fils de Jacques de Boullenc et de Françoise de
Foucault, mariés le 28 novembre 1522, sieur de Garambouville, Grisolles,
cons. au Parlement de Rouen, en ex. 25 février 1553 (AD. RA. 247),
26 août 1558 (It. 276), 14 mai 1560 (BR. Y. 214, t. 5, fol. 37), 12 août
1563 (It. t. 28, fol. 22), 7 décembre 1565 (AD. RA. 302), 19 décembre
1566 (It. 308). Il épousa Jeanne de Varennes (vivante 5 mai 1582). Cf.
Floquet I, 463, II, 298.

[135] Martin Hallé, fils de Martin Hallé et de N. de Nollent, sieur de
la Chapelle-Baynel, cons. au Parlement de Rouen, en ex. les 13 mai 1568
(AD. RA. 313), 24 juillet 1574 (AD. RS. VI, fol. 181 v°), 6 août 1589
(BR. Y. 32, t. 3, fol. 31), 27 décembre 1597 (BR. Y. 214, t. 8, fol. 187),
27 octobre 1603 (AD. RS. Vac. 1600 à 1604, fol. 128), 18 mai 1604 (It,
fol. 213), honor. 20 mai 1604 (It. fol. 217 v°), 12 nov. 1608 (AD. RS.
nov. 1608-juin 1609, fol. 7), 17 mars 1610 (AD. RS, janvier-avril 1610,
fol. 149 v°). Il ép. Jeanne Faulcon, puis Charlotte de Montléard. Cf.
Floquet III, 225-26, 241, 288, 433, 464-5.

[136] Jean Belin, de Paris, cons. au Parlement de Rouen, en ex. 22 novembre 1508 (Fr. 22.457, 2ᵉ série, fol. 1), 7 avril 1514 (AD. RA. 47).
18 juin 1517 (Fr. 18.932, fol. 7 v°), 17 mai 1521 (AD. RA. 72), 26 juin
1521 (Fr. 18.932, fol. 27 v°). Habile praticien et juriste (! e Chandelier).

[137] Jean de Mortereul, cons. au Parlement de Rouen, mort le 8 avril
1517, à Rouen (G. A. Prévost).

[138] Jean Noblet, d'Orléans, cons. au Parlement de Rouen, en ex.
9 mars 1518 (AD. RA. 62), 27 juin 1521 (Fr. 18. 932, fol. 29 v°), 14 février
1522 (AD. RA. 73).

[139] Geoffroy de Manneville, sixième fils d'Etienne de Manneville et
de Catherine de Roquigny, chanoine de Rouen, curé de St-Sauveur de
Rouen, cons. au Parlement de Rouen, en ex. 23 décembre 1519 (AD.
RA. 67), 3 avril 1524 (Fr. 22.457, 2ᵉ série, fol. 107), 12 novembre 1530
(B. N. Y. 214, t. 2, fol. 1), 14 février 1536 (AD. RA. 141, 15 septembre
1540 (It. 168), 12 novembre 1546 (AD. RS. II, fol. 1), 29 juin 1547 (It.
fol. 54), 16 août 1547 (AD. RA. 211), mort, le 17 septembre 1547 (Farin,
St-Pierre le Portier).

[140] Jean de Quintanadoine, fils de Jean de Quintanadoine et d'Isa-

beau de Civile, mariés le 23 décembre 1527, chan. de Rouen (12 mai
1576, AM. St-Lo, Baptêmes II, 47 v°), curé de Boscguérard, cons. au
Parlement de Rouen, examiné et ajourné à deux ans, le 18 juillet 1554
(BR. Y. 214, t. 5, fol. 53, Floquet I, 382). Il dut peu siéger, car nous
n'avons pas rencontré sa signature aux registres d'Arrêts. Il est l'oncle et
probablement le parrain, de Jean de Quintanadoine-Brétigny, fondateur
du Carmel en France (Cf. Paul Baudry, *les Carmélites de Rouen*, Rouen,
1875, in 8° qui donne de nombreux détails sur cette famille.)

[141] Jean de Cahaignes, professeur de droit, cons. au Parlement de
Rouen, en ex. les 14 décembre 1573 (AD. RS. VIII, 189 v°), 27 février
1577 (AD. RA. 347), 28 avril 1581 (It. 363), 6 août 1589 (BR. Y. 214,
t. 7, fol. 249), 19 mars 1597 (It. t. 8, fol. 58), 4 décembre 1603 (AD. RS.
nov. 1603 sept. 1604, fol. 34), 5 février 1604 (It. fol. 94), mort, le 27 avril
1604 (It. fol. 134). Cf. Floquet III 540, IV, 297.

[142] Antoine Carles, cons. au Parlement de Rouen, en ex. 12 novembre 1517 (Fr. 22457, 2° s., fol. 74), 15 avril 1519 (AD. RA. 65), puis au
Parlement de Grenoble (Cf. notice au Parlement de Grenoble. Il était
« *speciosus tenera lanugine fungens* » (Le Chandelier).

[143] Gassiot de la Combe, gascon, cons. au Parlement de Rouen, en
ex. les 16 nov. et 23 décembre 1521 (AD. RA. 73), puis (5 janvier 1523),
cons. au Parlement de Paris.

[144] Martin Hennequin, fils de Guillaume Hennequin et de Margue-
rite Avyn, sieur de Cissey, abbé de la Trappe, trésorier de St-Etienne de
Troyes, cons. au Parlement de Rouen, en ex. les 30 juillet 1523 (AD.
RA. 74), 20 novembre 1527 (BR. Y. 214, t. 27, fol. 58), 18 juin 1534
(Fr. 18932, fol. 57 v°), 12 septembre 1540 (AD. RS. I, 4), 19 août 1544
(BR. Y. 214, t. 3, fol. 125) 20 février 1547 (P. O.), mort d'apoplexie, à
la Chambre des requêtes, le 6 janvier 1549. Il était de mœurs douces,
polies, innocentes et bon juriste romain (Le Chandelier).

[145] Germain Vialart, 2° fils de Jean Vialart et de Jeanne Poncet,
chan. de Rouen (9 janvier 1562), chan. et trés. de la Ste Chapelle de
Bourges, cons. au Parlement de Rouen, en ex. les 23 février 1556 (AD.
RA. 263) 24 septembre 1562 (BR. Y. 32, t. 2, fol. 172) 27 août 1563 (AD.
RA. 293), cons. au Parlement Paris (7 janvier 1564-31 janvier 1569),
mort, le 12 mai 1574.

[146] Philippe de Nocey, fils de Geoffroy de Nocey et de Marie de

Grieu, mariés le 5 juin 1498, chanoine (19 décembre 1543) et official de Lisieux, prieur de la Motte (9 sept. 1560-7 juillet 1562), cons. au Parlement de Rouen, en ex. les 15 avril 1564 (AD. RA. 296) 28 avril 1569 (AD. RA. 316) 23 juillet 1571 (AD. RS. IV, fol. 244 v°) 25 juin 1571 (BR. Y. 214, t. 6, fol. 199 ; malade) 12 novembre 1571 (AD. RS. V. 1). Il avait résigné au 1er août 1571 (AD. RS. IV, 249 v°), mais son successeur fut refusé et il continua à rester quelque temps en charge.

[147] Pierre de la Tigeoire, 3e fils de Christophe de la Tigeoire et d'Apolline de Hattes, mariés peu après le 12 avril 1537, v. s., cons. au Parlement de Rouen, reçu 22 août 1574 (AD. RS. VIII, 309) en ex. 9 sept. 1574 (It. 313) 27 avril 1581 (AD. RA. 363) 22 décembre 1590 (AD. RA. Parl'lig. 4) 2 septembre 1595 (BR. Y. 214, t. 28, fol. 40) 26 novembre 1602 (It. fol. 170) 20 décembre 1610 (BR. Y. 214, t. 11, fol. 76) 1er décembre 1618 (BR. E. 56, fol. 56 v°), mort, le 14 octobre 1619 (Farin, St-Lô). Cf. Floquet, III, 540, 574.

[148] Regnaud du Quesnay, trésorier de N.D. de la Ronde, cons. Parlement. Rouen, en ex., les 7 septembre 1519 (AD. RA. 66) 24 avril 1523 (AD. T. 1522-23) 2 mars 1525 (Fr. 18932, 30) 11 novembre 1528 (AD. T. avril-nov. 1528, fol. 117) 13 février 1529 (AD. RA. 97), mort, le 18 mai 1529 (Fr. 22457, 2e série, fol. 150).

[149] Hughes Le Voys, d'Orléans en ex. 23 décembre 1519 (AD. RA. 67) 23 mars 1526 (It. 86) 23 août 1531 (AD. T. 1531) 24 février 1536 (AD. RA. 142) 2 août 1537 (AD. RA. 148). Il ép. Marguerite de Bonshoms (vivante 20 novembre 1551). Aimable pour tous et bon juriste romain (Le Chandelier).

[150] Guillaume de Bordeaux, fils de Richard de Bordeaux et de Marie Payen, baron de Coulouces, la Poussinière, en ex. 1er avril 1538 (P. O. 417), 6 septembre 1538 (AD. RA. 155) 6 février 1548 (AD. RS. II. 100) 8 nov. 1550 (AD RS. III, 108) 19 janvier 1559 (AD. RA, 277) 27 mars 1566 (AD. RA. 303) 29 janvier 1572 (AD. RA. 326) 23 décembre 1579 (AD. RA. 358) 22 août 1580 (Fr. 18934, 1) 28 janvier 1581 (AD. RA. 362). Il ép. (1535) Françoise de Bordeaux-Coulouces (vivante 18 juin 155).

[151] Jacques Dyel, fils de Nicolas Dyel et de Marie Le Conte de Dracqueville, sieur de Miromesnil, cons. au Parlement de Rouen, en ex. les 8 mai 1581 (Fr. 18934, fol. 68) 10 janvier 1590 (BR. Y. 32. t. 3. fol. 56 v°) 30 avril 1597 (BR. Y. 214. t. 8, fol. 88) 16 janvier 1612 (BR. Y. 32, t. 5, fol. 184) 9 décembre 1620 (BR. Y. 214, t. 13, fol. 339) 12 novembre 1627

(AD. RS. nov. 1627-sept.-1628, fol. 1) 23 février 1628 (AD. RS. nov. 1627-sept. 1628, fol. 188), mort, le 31 mars 1628 (It. fol. 246). Il ép. Marthe de Croismare, puis N.   du Jardin. Il avait assisté au combat de Saint-Victor, au siège de Dieppe, à la bataille d'Arques, dans les rangs royalistes. Cf., sur lui, Floquet, III, 286-88, 304, 305, 559-60, 571; IV, 264, 536.

[152] Baptiste Le Chandelier, cons. au Parlement de Rouen, en ex. les 6 mars 1520 (AD. RA. 68) 3 avril 1525 (AD. T. 1524-25) 18 août 1531 (AD. T. 1531) 6 avril 1538 (AD. RA. 151) 12 novembre 1546 (AD. RS. II, 1) 13 février 1548 (AD. R. S. II, 104) 12 avril 1549 (AD. RA. 229), mort, le 15 mai 1549 (BR. Y. 214, t. 4, fol. 82) trésorier de la fabrique Saint-Nicolas de Rouen (14 avril 1536, v. s.), poète latin, a écrit un volume d'*Eloges*, en vers latins, d'un certain nombre de ses collègues du Parlement de Rouen. Ce travail (B.N. Fonds Latin, 10054) a été publié par M. G. A. Prévost. Il renferme peu de détails bien intéressants, bien que Floquet y ait beaucoup puisé (Sur Le Chandelier, cf. Floquet, I, 467-469) : la forme est médiocre. Le Chandelier est encore l'auteur de : *Parthénie ou Banquet des Palinods de Rouen en 1546*, publié par la Soc. des Bibliophiles Rouennais (1883, in-4°). Il ép. Jacqueline de la Place. C'était, en somme, un aimable rhéteur, qui paraît avoir été, du même coup, un brave homme.

[153] Robert Le Prieur, sieur de Baudribosc, cons. au Parlement de Rouen, reçu 4 août 1554 (BR. Y. 214, t. 5, fol. 58) en ex. les 14 juin 1555 (AD. RA. 259) 9 septembre 1555 (AD. RS. III, 151) 6 octobre 1556 (It. fol. 176 v°) 24 avril 1561 (AD. RA. 286) 28 janvier 1562 (AD. RA. 289). Il ép. Françoise de Quintanadoine. Il fut tué, à Dieppe, en 1562, d'un coup de feu accidentel, tiré par un de ses amis, dans une échauffourée entre protestants et catholiques (Floquet, II, 407). Il vivait encore, le 16 avril 1562 (It. II, 385).

[154] Nicolas du Val, sieur de Bonneval, 2° fils de Guy-Nicolas du Val et de Julie de la Valère, cons. au Parlement de Rouen, en ex. les 20 décembre 1519 (AD. RA. 67) 2 mai 1526 (AD. RA. 86) 21 janvier 1529 (AD. T. 1528-29) 19 juin 1532 (Fr. 18932, fol. 46 v°). Il mourut avant le 12 janvier 1545. Il ép. Charlotte de la Vallée, puis Florence Le Roy (vivante 12 janvier 1545).

[155] Claude de Bongars, d'Orléans, fils de Lambert de Bongars et de Jeanne de Villedart, cons. au Parlement de Rouen, en ex. les 23 décembre 1519 (AD. RA. 67) 25 mai 1520 (AD. RA. 68) 19 juillet 1520 (Fr. 18932,

fol. 26), lieut. gén. au présidial d'Orléans (14 octobre 1532). Il ép.
Michelle Bouchier.

[156] Guillaume Allard, fils de Guillaume Allard et de Marguerite
Garandeau, cons. au Châtelet (9 février 1519), puis au Parlement de Rouen
(1er juillet-12 nov. 1521) puis au Parlement de Paris (n. 23 déc. 1522
(Fr. 2964, fol. 55) r. 2 janvier 1523, en ex., les 5 mars 1533 et 15 octobre 1558, mort le 11 juin 1559, ép. Valentine de Reillac († au 27 novembre 1539), puis Geneviève Teste de Coupvray.

[157] Etienne Luillier, d'Orléans, cons. au Parlement de Rouen, en ex.
les 13 avril 1524 (AD. T. 1521) 13 mai 1529 (AD. T. 1528-9) 24 février
1536 (AD. RA. 141) 26 juin 1543 (AD. RA. 183) 5 mai 1553 (BR. Y. 214,
t. 4, fol. 426) 11 août 1559 (AD. RA. 280) 12 juillet 1560 (AD. RA. 283),
16 avril 1561 (P. O. 1772). Il mourut, le jeudi 26 juin 1561, à Rouen
(AM. Reg. Saint-Nicolas, fol. 50 v°, renf. un compte de Saint-Patrice).
Il ép. avant sept. 1538, Marthe Ango (cond. pour adultère, le 1er février
1543 (Fr. 24113, fol. 194). Il n'était pas très fort en droit, mais orateur
excellent (Le Chandelier).

[158] David de Bures, de Dieppe, en ex. 19 juin 1520 (AD. RA. 69)
18 juillet 1523 (AD. T. 1522-23) 23 déc. 1528 (AD. RA. 96) 27 janvier
1529 (AD. T. 1528-29). Il mourut, avant le 11 février 1544. Il était poète
(Le Chandelier — Floquet, I, 469).

[159] Robert de la Masure, sieur du Quesnay, fils d'Alevyn de la
Masure et de Jeanne Le Bouteiller, mariés le 19 août 1473, cons. au Par-
lement de Rouen, en ex. le 11 avril 1521 (AD. RA. 71) 5 mai 1526 (It.
86) 26 mai 1531 (AD. T. 1531) 16 mars 1543 (AD. RA. 181) 2 déc. 1549
(BR. Y. 32, t. 2, fol. 3) 10 juillet 1554 (It. fol. 78) 15 septembre 1556
(AD. RA. 267), mort au 26 mars 1557. Il ép. (15 janvier 1530) Cardine Le
Cacheur (vivante 15 mai 1557). Il parlait lentement, après avoir bien
réfléchi (Le Chandelier).

[160] Innocent Piole, milanais, resta trois jours, selon Floquet (I, 455),
à Rouen. Selon Bigot (BR. Y. 24), il aurait été en exercice, les 12 nov.
1521 et 12 janv. 1524. Nous avouons n'avoir rencontré, ni sa signature
aux registres d'Arrêts, ni son nom dans les différents mss., copies des
registres perdus de délibérations.

[161] Jean Quesnel, sieur de Bois le Vicomte, avoc. fiscal à la C. des
Aides de Rouen (29 juin 1520-août 1524), cons. au Parlement de Rouen,

en ex. 27 août 1524 (AD. T. 1524), 22 nov. 1525 (Fr. 18934, fol. 35) 7 juin
1527 (AD. RA. 91) 4 mars 1533 (It. 118) 29 avril 1539 (AD. T. 1539)
10 janvier 1546 (BR. Y. 214, t. 3, fol. 319) 12 décembre 1551 (BR. Y.
214, t. 4, fol. 230), 11 janvier 1554 (BR. Y. 214, t. 5, fol. 6). Il résigna,
avant le 4 juillet 1554 (It. fol. 47). Il ép. Jacqueline Aubert.

[162] Guillaume Quesnel, fils de Jean Quesnel et de Jacqueline Aubert,
sieur de Boislevicomte, cons. au Parlement de Rouen, en ex. 18 décembre 1557 (AD. RA. 272) 17 février 1558 (AD. RA. 274), mourut avant le
22 juillet 1561. Il ép. Marguerite Aubert (morte, le 16 juin 1601).

[163] Nicolas Fatin, trésorier d'Escouis, cons. au Parlement de Rouen,
en ex. les 1er février 1525 (AD. RA. 80) 19 mai 1534 (AD. RA. 132),
20 février 1537 (AD. R. A. 146), mort au 7 décembre 1538. (BR. Y. 32,
t. 1, fol. 31)

[164] Jean Morin, d'Autun, cons. au Parlement Rouen, en ex. les
14 juin 1525 (AD. RA. 82) 25 janvier 1528 (It. 93) 13 août 1529 (It. 100),
mort au 12 novembre 1529.

[165] Jacques Morisse, cons. au Parlement de Rouen, n. 5 janvier 1524
en ex. les 16 juillet 1524 (AD. T. 1524) 4 février 1525 (Fr. 22457, fol. 105)
19 février 1527 (AD. RA. 90), mort, le 31 mars 1527.

[166] Jean Odoard, sieur de la Chapillardière, fils d'Humbert Odoard
et d'Anceline de la Combe, podestat d'Alexandrie, cons. au Parlement de
Rouen, en ex., les 20 avril 1528 (AD. T. avril. nov. 1528) 8 août 1531 (AD.
T. avril-nov. 1531, fol. 93) 10 mars 1539 (AD. T. 1539) 10 janvier 1541
(BR. Y. 32, t. 1, fol. 60) 9 juillet 1543 (AD. RA. 183), nommé, avant
20 juillet 1543, cons. au Parlement de Paris (BR. Y. 32, fol. 101 v°), en
ex. 28 août 1551, mort avant le 30 juin 1567. Il ép. (27 janvier 1533)
Marie d'Estas (vivante 16 avril 1579).

[167] Pierre du Four, sieur de Saint-Jacques, fils de Pierre du Four
et de Laurence Nagerel, trésorier de Sainte-Croix-Saint-Ouen (1554-1555),
né en 1506, mort, le 13 juin 1569, cons. au Parlement de Rouen, en ex.,
les 14 décembre 1543 (AD. RA. 184) 19 janvier 1547 (BR. Y. 214, t. 3,
fol. 324) 8 octobre 1550 (AD. RS. III, 86) 6 novembre 1555 (AD. RS. III,
170 v°) 19 janvier 1559 (AD. RA. 277) 26 mars 1566 (AD. RA. 303) 1er
avril 1569 (AD. RA. 316 bis). Il ép. Marie du Bosc (vivante 24 mai 1572).
Cf. Floquet. II, 397.

[168] Adrien Toustain, sieur de Frontebosc, Limésy, Grestain, Hau-

9

tonne, Houguemare, Aubeuf, Sotteville, la Neuvecourt, Espreville, Saint-
Maur-lès-Rouen, les Hospitalières, fils aîné d'Adrien Touslain et de
Marie de Civile, mariés le 8 novembre 1536, h. d'a. à la compagnie Retz,
blessé d'une arquebusade à la jambe, gouv. de Rouen (1562), cons. au
Parlement de Rouen (n. 8 mars 1570), en ex. 9 avril 1571 (AD. RS. IV,
182 v°), 13 juillet 1575 (BR. Y. 214, t. 6, fol. 313), 20 septembre 1583
(AD. RA. 373), 20 novembre 1590 (BR. Y. 214, t. 7, fol. 268), 28 mai
1599 (It. t. 28, fol. 156), 6 février 1601 (AD. RA., 433), honor., le
12 nov. 1601 (AD. RS. nov. 1601-sept. 1602, fol. 1), 30 septembre 1604
AD. RS. vac. 1600 à 1604, fol. 122 v°), mort le 3 (inhumé le 7) mars
1606 (AD. RS. avril 1605-janvier 1607, fol. 219 — Farin, Saint-Laurent).
Il ép. (2 avril 1571 (AM. Saint-Laurent, Mar. 6 ter v°) Françoise le Hannivel (vivante le 14 mars 1612). Cf. Floquet, III, 146, 305, 540.

[169] Christophe Héroard, de Chartres, sieur de Saint-Léger, Saulseux,
cons. au Parlement de Rouen (12 nov. 1521-12 janvier 1524) (BR. Y.
24), président au présidial de Chartres (5 septembre 1552-3 décembre
1561), testa, le 31 mars 1562. v. s. et mourut avant le 24 mars 1567, v. s.
Il ép. Jacquette Grossier. Nous n'avons pas trouvé trace de son passage
aux registres d'Arrêts ou de Délibérations.

[170] Olivier Labé, sieur du Lyvet, Saint-Cloud-lès-Dives, Courseulles,
fils de Jean Labé et de Jacqueline le Perchey, cons. au Parlement de
Rouen, en ex. 24 novembre 1525 (AD. RA. 84), 8 juillet 1531 (AD. T.
avril-nov. 1521, ff. 22 v°, 74) 18 juin 1534 (Fr. 18932, fol. 57 v°), 12 nov.
1539 (BR. Y. 214, t. 2, fol. 155), 6 juin 1543 (BR. Y. 32, t. 1, fol. 99),
23 décembre 1545 (AD. RA. 200), mort, le 24 janvier 1546 (BR. Y. 214,
t. 3, fol. 340). Il ép. Marguerite de Mézières-Socquence.

[171] Philippe Raymond, frère du premier président Raymond, chan.
de Bayeux (10 août 1549-2 août 1552), curé d'Allouville (16 décembre
1553), abbé de Sainte-Croix de Guingamp (1556), doyen du Saint-Sépulcre
de Caen, cons. au Parlement de Rouen (BR. Y. 214, t. 3, fol. 361), en
ex. les 12 novembre 1546 (AD. RS. II, 1), 10 novembre 1552 (AD. RS.
III, 139), 19 février 1557 (BR. Y. 214, t. 5, fol. 229), 7 mars 1560 (AD.
RA. 282).

[172] Jean des Dormans, fils de Guillaume des Dormans et de Marie
Piédefer, sieur de Nozay, Bièvre. Saint-Rémy, en ex., les 29 novembre
1526 (AD. T. 1526-27), 2 septembre 1530 (AD. RA. 106). Il ép. Isabeau
Anjorrant (vivante 4 février 1548) et mourut, entre le 15 novembre 1543
et le 15 janvier 1548.

[173] Charles des Dormans, tertiaire de Saint-François, sieur de Vaus-
sonnay, Herpont, Voix-sur-Barbuise, Belval, Saint-Martin-sur-Barbuise,
Saint-Rémy, Nozay, Vers, Giry, Bièvre-le-Chastel, Breteval en Argonne,
deuxième fils de Guillaume des Dormans et de Marie Piédefer, cons. au
Parlement de Rouen, en ex , 13 juin 1531 (AD. T. avril-nov. 1531, f. 45),
18 mai 1536 (AD. RA. 143), 23 mars 1537 (AD. RA. 146), cons. au Parlement de Paris (déc. 1557-15 janvier 1568), mort, le 18 octobre 1572. Il
ép. Jacqueline Le Cocq (morte, le 7 juin 1547).

[174] Etienne Bellot, prêtre, d'Auvergne, cons. au Parlement de Rouen,
en ex. les 23 décembre 1529 (AD. RA. 101), 4 avril 1533 (It. 119),
12 novembre 1539 (BR. Y. 214, t. 2, fol. 155), 1er octobre 1540 (P. O.
284), 6 déc. 1540 (Fr, 24113, 169 v°), suspendu en 1541, rétabli le 23 avril
1543 (BR. Y. 214, t. 2, fol. 419), en ex. les 12 mars 1544 (AD. RA. 186),
1er février 1548 (AD. RS. II, fol. 97 v°), 8 octobre 1550 (AD, RS. III,86),
nommé près. aux Requêtes, curé d'Auserville près Valmont et Sainte-
Marie-des-Champs près Foville (29 février 1556), mort vers 1558. Il était
de mœurs pures et de vie exemplaire (Floquet, II, 64).

[175] Jean Le Fèvre, sieur d'Escalles, fils de Nicolas Le Fèvre et de
Marguerite du Bosc, né le 14 juillet 1505, mort le 10 juin 1571 (AD. RS.
IV, 222 v°), auteur d'un important recueil mss. sur le Parlement de
Rouen, auquel Bigot a fait beaucoup d'emprunts. Cons. au Parlement de
Rouen, en ex., les 8 août 1544 (AD. RA. 189), 9 décembre 1550 (BR. Y.
214, t. 4, fol. 203), 13 juin 1554 (AD. RA. 254), 22 décembre 1558 (It.
277), 19 août 1562 (BR. Y. 214, t. 5, fol. 424), 12 novembre 1569 (BR, Y.
214, t. 6, fol. 1), 23 avril 1571 (AD. RS. IV, fol. 187). Il ép., avt 21 juin
1549, Marguerite de Bauquemare (morte, le 3 avril 1558 (AM. Saint-
Patrice. Décès. fol. 34). Cf. Floquet, II, 397.

[176] Charles Le Fèvre, sieur d'Escalles et la Gaillarde, fils de Jean Le
Fèvre et de Marguerite de Bauquemare, mariés avant le 21 juin 1549,
cons. au Parlement de Rouen, reçu le 26 novembre 1573 (AD. RS. VI,
fol. 80 v°), en ex., les 27 novembre 1573 (AD. RS. VIII, 179), 15 mai
1579 (AD. RA. 356), 14 septembre 1587 (BR. Y. 214, t. 28, fol. 65), 17 décembre 1598 (AD. RA. 422), 28 avril 1603 (BR. Y. 32, t. 5, fol. 101),
18 août 1613 (AD. RS. avril-août 1613, fol. 251, v°), honoraire, le 29 janvier 1614 (AD. RS. nov. 1613-mars 1614, fol. 137, v°), 7 mai 1616
(AD. RS. nov. 1615-août 1616, fol. 288), mourut, le 4 septembre 1622
(AM. St-André, Décès, p. 11). Il ép. N. Restout, puis (15 mai 1583
(AM. St-Laurent, Mar. fol. 22) Anne de Mussy (baptisée, le 23 janvier 1567

(AM. St-André, Bapt. 55 v°), morte, le 20 novembre 1613 (AM. St-André. Mortuaires, fol. 8. AD. RS. nov. 1613-mars 1614, fol. 16-BR. Y. 214, t. 11, fol. 378). Cf. Floquet, III, 540.

[177] Eustache Chambon, sieur de Soulerres, fils de Jean Cham bonct de Marie des Courtils, cons. au Parlement de Rouen, en ex., les 12 novembre 1530 (BR. Y. 214, t. 2, fol. 1), 18 décembre 1534 (AD. T. 1534), 13 mai 1536 (AD. RA. 142), 7 juin 1537 (AD. T. 1537), cons. au Parlement de Paris (9 juin 1543), mort le 21 novembre 1569. Il ép. Marie Thiboust (morte entre le 24 mai 1589 et le 10 mars 1603).

[178] Nicolas Harnois, av¹ du roi au bailliage de Caen, fils de Nicolas Harnois et de Perrette Le Roux de Touffreville, mariés le 26 juillet 1472, sieur d'Espreville, St-Martin aux-Buneaux, cons. au Parlement de Rouen, après y avoir été avocat général (reçu, selon Bigot, le 3 mars 1529 (BR. Y. 24), avoc. gén. en exerc. les 4 août 1534 et 23 décembre 1535 (AD. T. 1534-1535 et 1535), reçu conseiller, le 14 juillet 1537, en ex. les 17 août 1537 (AD. RA. 148), 15 septembre 1540 (It. 168) suspendu en 1540, rétabli le 29 avril 1544 (BR. Y. 214, t. 3, fol. 70), en ex. les 7 août 1548 (BR. Y. 32, t. 1, fol. 204), 15 mai 1549 (BR. Y. 214, t. 4, fol. 77), 19 août 1550 (AD. RS. III, 28), mort le 22 août 1550 (Farin, St Pierre le Portier). Il ép. (22 octobre 1520), Marie-Geneviève de Villy, puis Marie du Four (viv¹ 26 février 1563). Il était très fort en droit coutumier (Floquet, II, 63).

[179] Etienne Poncher, fils de Jean Poncher et de Catherine Hurault mariés le 8 février 1508, sieur d'Esclimont, Tremblay-le-Vicomte, la Houssaye, Villeneuve, Champigny, abbé de St Pierre le Vif lès Sens, N. D. de la Roë (15 avril 1530), prieur de St Thomas d'Epernon, cons. au Parlement de Rouen, en ex. le 3 février 1533 (AD. RA. 117), 14 septembre 1533 (P. O. 2326), cons. au gᵈ Conseil (13 avril 1534) (BR. Y. 214, t. 2, fol. 76) et 21 mai 1544, maître des requêtes au Parlement de Paris (n. 7 mai, r. 5 juin 1544), évêque de Bayonne (28 juin 1549), archevêque de Tours (9 mars 1550), mort, le 15 mars 1553, n. s.

[180] Jacques Mesnage, sieur de Cagny, Maromme, mort, le 8 novembre 1551 (Farin, St-Laurent), cons. au Parlement de Rouen, en ex. les 18 juin 1534 (Fr. 18932, fol. 57 v°), 23 juin 1539 (AD. T. 1539), 16 décembre 1540 (Fr. 24113, fol. 169 v°), suspendu, en 1541, rétabli 5 août 1542 (BR. Y. 214, t. 2, fol. 338), 29 août 1544 (AD. RA. 190), 2 juillet 1551 (AD. RA. 238). Il exerçait, conjointement avec son office de maître des requêtes, celui de conseiller à Rouen, quoique le BR. Y. 32, t. 1,

fol. 192-12 nov. 1547, semble dire le contraire, car les Registres d'arrêts portent sa signature. Cf. sur ce personnage, qui fut ambassadeur, notre ouvrage : *Les Ambassadeurs français permanents au XVIe siècle*, Paris, 1903, in-4. et Floquet, II, 64.

[181] Baptiste Le Chandelier, sieur d'Espinay, fils de Baptiste Le Chandelier et de Jacqueline de la Place, av^t du r. à la C. des Aides (24 janvier 1547), cons. au Parlement de Rouen, en ex. le 18 décembre 1557 (AD. ItA. 272), 18 août 1564 (AD. RA. 297), 12 février 1572 (AD. RA. 327), 21 juin 1574 (BR. Y. 32, t. 2, p. 252), 22 août 1580 (Fr. 18934 1), résigna à son neveu, Baptiste, puis, Baptiste mort, reprit sa charge, en ex. les dern. févr. 1588 (AD. RA. 396), 22 février 1595 (AD. RS. 1588-95, fol. 286), 19 septembre 1597 (AD. RS. 1597, fol. 170), 5 août 1598 (AD. RS. 1597-98, fol. 323), honoraire, 23 décembre 1598 (AD. RS. nov. 1598-avril 1599, fol. 36), mort, le 1er mars 1599 (AD. RA. 1598-99. fol. 151) s. p. Il ép. Marie de Tournebulle (viv^{te} 18 mars 1596). Cf. Floquet, I. 469 ; III. 539-40. Ses examens d'admission avaient été peu brillants.

[182] Baptiste Le Chandelier, sieur d'Espinay, fils de Jacques Le Chandelier et de Marie du Val, baptisé à Rouen (St-Laurent), le 23 mars 1560 (AM. St Laurent, Bapt. I, fol. 55 v°), cons. au Parlement de Rouen, en exerc. les 19 décembre 1585 (Fr. 18936, fol. 53 v°), 29 juin 1586 (AD. RA. 384), 28 juillet 1587 (AD. RA. 391), mort, le 14 décembre 1587, s. p. (Fr. 18936, fol. 267. Enterrement, le 16). Il ép. (26 septembre 1586), Marie de Bailleul (viv^{te} 1604).

[183] Robert Le Chandelier, fils de Robert Le Chandelier et de Marie de Saldanha, cons. au Parlement de Rouen, reçu 5-7 août 1598 (AD. RS. 1598-99, fol. 86 v° et 1597-98, ff. 321 et 325 — BR. Y. 214, t. 8, fol. 271 et 277), en ex. les 12 novembre 1598 (AD. RS. nov. 1598-avril 1599, fol. 1), 16 août 1600 (AD. RS. juin-août 1600, fol. 131), 29 juillet 1602 (AD. RS. févr.-août 1602, fol. 268), 26 novembre 1602 (BR. Y. 214, t. 28, fol. 170). Il mourut, le 7 avril 1604 (BR. Y. 24).

[184] Jean de Bauquemare, fils aîné de Jean de Bauquemare et de Hughette du Bosc, cons. au Parlement de Rouen, en ex. les 30 juillet 1534 (AD. T. 1534-35), 13 février 1537 (AD. RA. 145), 16 juin 1540 (Fr. 18932.83), 30 décembre 1540 (AD. RS. T. 41 v°), 23 décembre 1541 (AD. RA. 176), mort au 8 janvier 1543 (BR. Y. 214, t. 2, fol. 400).

[185] Guy de Cailly, sieur de St-Gratien, fils d'Aignan Cailly et

d'Hippolyte Viole, cons. au Parlement de Rouen, en ex. le 4 avril 1543
(B. R. Y. 32, t. 1, fol. 92), 12 novembre 1546 (AD. RS, II, 2), 9 novembre 1549 (AD. RS, III, fol. 27), 11 octobre 1552 (AD. RS. III, fol. 130),
18 juillet 1553 (AD. RA. 249). Il résigna, avant le 27 novembre 1553
(BR. Y. 214, t. 4, fol. 480) et, dans un accès de fièvre chaude, se sui-
cida, le 16 décembre 1553 (BR. Y. 24). C'était un magistrat d'une rare
ignorance, imposé par le Roi et, dit-on, par la duchesse d'Etampes
(Floquet, I, 379).

[186] Artus Martel, sieur de Hocqueville, Bertheauville, fils de N.
Martel et de N.   Pesant, cons. au présidial de Rouen (25 novembre
1552), puis au Parlement de Rouen, en ex., les 28 juin 1554 (P. orig.),
12 juillet 1554 (AD. RA. 253), 10 novembre 1556 (AD. RS, III, 178 v°),
4 août 1562 (BR. Y. 214, t. 5, fol. 386), 13 avril 1563 (AD. RA. 299),
mort au 7 juillet 1565. Il ép. Catherine Boivin (vivante 27 août 1571).
Cf. Floquet, II, 400.

[187] Nicolas Le Sueur, de Chartres, frère de Jean Le Sueur, fut
conseiller au présidial d'Alençon, vicomte de Bordeaux, cons. au Parlement de Rouen, en ex. les 12 avril 1538 (AD. RA. 151), 12 juillet 1542
(BR. Y. 32, t. 1, fol. 74 v°), 16 décembre 1548 (BR. Y. 214, t. 4, fol. 15).
Frappé de paralysie, il résigna, en 1551. Il ép., avant 13 avril 1542 (AM.
S-André. Bapt. 11 v°), Françoise de Courcillon (morte, le 16 décembre
1548 (BR. Y. 214, t. 4, fol. 15). Cf. Floquet, II, 236.

[188] Jérôme Maynet, de Dieppe, sieur de la Vallée, fougueux huguenot, fils de Thomas Maynet, fut cons. au Parlement de Rouen, en ex.
les 16 juillet 1552 (AD. RA. 245), 19 octobre 1552 (AD. RS, III, 132),
3 octobre 1556 (It. 176), 28 mars 1561 (AD. RA. 286), 29 avril 1567 (It.
309), suspendu, en 1570, pour huguenoterie, rétabli en 1572, en ex.,
les 31 janvier 1572 (AD. RA. 326), 20 août 1572 (AD. RS. V. 127 v°),
22 août 1572 (AD. RA. 329), suspendu, de nouveau (AD. RS. VI, 1),
mort, le 5 novembre 1574 (AD. RS. VIII, 344, enterré, le 6, à St-Godard,
ce qui semble indiquer son retour au catholicisme (AM. St-Godard,
Décès, fol. 7). Il ép. Marie Le Fum'er (vivante 5 mars 1557), puis Marguerite d'Espinay (morte, le 15 janvier 1611 (AD. RS. janv.-mars 1611,
fol 15-BR. Y. 214, t. 11, fol. 92). Cf. Floquet, II, 534, 535, 587 ; III, 80-
81 à 85, 141.

[189] Guillaume Auber, fils de Guillaume Auber et de Marie Courant,
mariés avant le 24 décembre 1503, sieur de St Nicolas de la Haye et le
Mesnil-Barré, cons. au Parlement de Rouen, en ex., les 10 décembre

1537 (AD. RA. 149), 12 septembre 1540 (AD. RS. I, 4), 12 novembre
1546 (AD. RS. II, 1), 9 septembre 1552 (AD. RS, III, 124), 10 novembre 1556 (It. 178 v°), 7 mai 1557 (AM. St Herbland. Bapt. fol. 14), 3 décembre 1560 (AD. RA. 285), mort, le 22 décembre 1560 (Farin : Carmes).
Il ép. (25 avril 1529), Jeanne Sureau de Farceaux (Farin (Carmes) dit
qu'elle mourut, le 24 janvier 1563. Ce doit être 1583, car, elle est pré-
sente au mar. de son fils, le 12 juillet 1568 (Car. Iloz. 38), vit encore, les
26 juillet 1582 (Item), 30 septembre 1582 (D. bleus).

[190] Adrien de Croismare, 2e fils de Robert de Croismare et de Marie
Aoustin, sieur de Limesy, Etennemare, Gouy, Cailleville, Bretteville,
Montguérard, cons. au Parlement de Rouen, en ex., les 10 février 1565
(AD. RA. 298), 5 mars 1567 (It. 309), 16 juin-13 juillet 1568 (It. 314),
prit congé, le 13 novembre 1568, 1er prés. à la Cour des Aides de Rouen
(23 novembre 1568-28 janvier 1576), cons. d'Etat (16 août 1572-28 janvier 1576), mort, le 23 avril 1589 (Farin ; Bigot dit : 1584). Il épousa
(2 avril 1563, n. s.-AM. St Laurent, Mar. f. 3), Anne de Moncel (morte,
le 11 février 1602), veuve de Jean du Fay.

[191] Jean Doynel, fils de Gilles Doynel et de Marie Le Moyant, bailli
de Préaux (10 novembre 1561), sieur de Montescot, la Saullerie, Ruebes-
nard, le Hamel, la Mengeatière, la Mauvoisinière, cons. au parlement de
Rouen, en ex. les 12 novembre 1569 (BR. Y. 214, t. 6. fol. 1) 24 novembre
1573 (AD. RA. 333) 12 juin 1574 (AD. RS. VI, fol, 147 v°) 23 août 1580
(Fr. 18934. fol. 5 v°). Il ép. (27 août 1548) Jeanne de la Berterie. Il mourut entre le 5 août.1583 et le 16 janvier 1586.

[192] Nicolas Heudei, fils de Jean Heudei et d'Isabeau Le Muterel,
mariés le 4 août 1542, majeur (19 décembre 1575), sieur de Pommain-
ville, St-Pierre de Fauville, le Châtellier, Boquencé, Maubuisson, St-Germain de Fauville, cons. au Parlement de Rouen, en ex. les 7 janvier 1581
(Fr. 18934, fol. 30) 18 janvier 1584 (AD. RA. 374) 17 juillet 1589
(AD. RS. VII, 50 v°) 23 janvier 1598 (AD. RA. 417) 26 novembre 1602
(BR. Y. 214, t. 28, fol. 170) 22 mars 1607 (AD. RS. janv.-avril 1607.
fol. 134) 22 mars 1611 (It. janv.-mars 1611, fol, 140 v°) 12 novembre 1611
(It. nov. 1611-juin 1612 ; malade), résigna avant le 26 mars 1612 (BR. Y.
214, t. 12, fol. 296), mort en 1611 ou 1612. Il ép. (25 novembre 1582)
Charlotte du Val-Boquencé (morte en 1624). Cf. Floquet, III, 540.

[193] Jean Bouchart, de Dieppe, fils de Jean Bouchart et de Catherine
Maynet, sieur de Colecoste et Bec-Réel, cons. au Parlement de Rouen,
en ex. les 22 février 1554 (AM. St-André 36 v° Bapt.) 10 novembre 1556

(AD. RS. III. 178 v°) 7 mai 1557 (AM. St-Herbland. Bapt. f. 14)
10 juin 1559 (AD. RA. 279) 22 mars 1561 (AD. RA. 286) 2 mai 1562
(It 290) 12 mai 1564 (It. 296). Il mourut, selon Farin, en juillet 1560
(St-Lô). C'est une erreur, comme le prouvent les mss ci-dessus cités. Bigot
(BR. Y. 24) affirme, au contraire, qu'il mourut, en 1564, mais « en perte
d'office », ce qui semble inexact. Il épousa (23 août 1553) Marthe Bigot
(née le 20 mars 1535, v. 5., morte en juillet 1590 (Farin, St-Lô). Il mourut, le 20 mai 1564. Cf. Floquet, II, 421-22-23.

[194] Jean de Bonshoms, fils de Jean de Bonshoms et de Guillemette
Le Prévost, né en 1505, sieur de Couronne, Hautonne, cons. au Parlement de Rouen, en ex. les 1er décembre 1543 (AD. RA. 184) 12 novembre 1546 (AD. RS. II, 1) 30 octobre 1549 (AD. RS. III, 23) 8 janvier 1550
(BR. Y. 214, t. 4, fol. 145) 15 janvier 1551 (Pièces Orig.) 14 avril 1551
(BR. Y. 24), mort, le 11 mai 1552 (It.) Il ép. (14 septembre 1541) Françoise de Becdelièvre (née le 31 décembre 1523). Cf. Floquet, II, 136-141.

[195] Guillaume de Bauquemare, 4e fils de Jean de Bauquemare et
d'Hughette du Bosc, sieur de Brauville, cons. au Parlement de Rouen,
en ex. les 27 septembre 1554 (AD. RS. III. fol. 143 v°) 10 novembre 1556
(It. 178 v°) 7 décembre 1564 (AD. RA. 297) 11 novembre 1570 (AD. RS.
IV, 1) 24 juillet 1574 (AD. RS. VI, 181, v°) 16 septembre 1583 (AD. RA.
373) 4 février 1584 (AM. St-Herbland. Bapt. fol. 53) 5 juin 1584 (AD.
RA. 376). Il mourut avant le 20 juin 1587. Il ép. Marie Le Gentil (morte,
le 14 décembre 1560 (Farin, St-Laurent), puis N. Briselet, puis (26 novembre 1564 (AM. St-Laurent). Mar. fol. 4) Marguerite Aoustin (vivante,
le 13 mars 1614).

[196] Jean Cavelier, fils de Jacques Cavelier et de Barbe Le Roux,
sieur des Busquets, lt gal au bailliage de Rouen, conseiller au Parlement
de Rouen, en ex. les 19 décembre 1585 (Fr. 18936, fol. 53 v°) 14 septembre 1587 (BR. Y. 214, t. 28, fol. 65) 2 juin 1593 (AD. RA. Parlement
Caen, 11) 9 novembre 1598 (AD. RA. 418) 23 août 1603 (BR. Y. 214, t. 9,
fol. 279) 18 juillet 1608 (AD. RS, 14 avril-22 août 1608, fol. 180) 12 septembre 1611 (AD. RS, Vac. 1611 à 1617, fol. 2 v°), mort, le 11 octobre 1611
(Farin, St-Laurent). Il épousa (28 mai 1581 (AM. St-Laurent. Mar. 18)
Marie Margas (morte, le 3 avril 1619) (Farin, St-Laurent). Il avait été
reçu, à survivance, président au présidial de Rouen, le 17 décembre 1590
(BR. Y. 214, t. 7, fol. 76).

[197] Christophe Ripault, fils de Bertrand Ripault et de Michelle Luillier, conseiller au Parlement de Rouen, en ex., les 20 juillet 1543 (AD.

RA. 143) 12 novembre 1546 (AD. RS. II, 1) 8 octobre 1556 (AD. RS. III, 86) 18 décembre 1551 (AD. RA. 240) 9 juillet 1552 (It. 245), Il avait résigné, avant le 21 juin 1552 (BR. Y. 214, t. 4, fol. 257) et prit congé, le 6 juillet 1552 (BR. Y. 214, t. 4, fol. 252), ayant été nommé conseiller au Parlement de Paris, où jadis (16 décembre 1536), il avait été avocat. Il mourut avant le 16 avril 1562. v. s. Il ép. Marie Le Febvre de Beaulieu (vivte 15 avril 1562. v. s.).

[198] Jacques Voisin, fils de Jean Voisin et de Simonne d'Aclainville, sieur de Camphéroult, avocat (15 novembre 1582), puis cons. au Parlement de Rouen, en ex., les 8 mai 1586 (Fr. 18936, fol. 107) 29 mars 1593 (AD. RA. Reg. Parlement lig. 8) 27 avril 1599 (BR. Y. 32, t. 5, fol. 81) 24 juillet 1610 (BR. Y. 214, t. 10, fol. 497) 17 février 1618 (It. t. 12, fol. 441) 15 mai 1625 (It. t. 14, fol. 267) 28 novembre 1629 (AD. RS. nov. 1629-août 1630, fol. 19), honoraire, 3-4 décembre 1629 (It. f. 22 v°, 25). Il mourut, le 14 novembre 1635 (BR. Y. 214, t. 16, fol. 134. AM. St-André, Mortuaires, p. 26) (St Jean, Mortuaires, fol. 16 v°. — Le 18, le corps fut porté, de St-André à St Jean). Il épousa Marguerite Romé (morte, le 7 septembre 1625 (AD. RS. Vac. 1618-25, fol. 319; AM. St-André, fol. 13). Cf. Floquet, III, 329, 540.

[199] Jean Thorel, fils de Jean Thorel, fut prêtre, chapelain de Dangu (15 novembre 1556), chanoine de Rouen (17 juin 1548) (P. O. 2835), archid. de Grand-Caux (11 mars 1546), archid. de Rouen (18 août 1556), cons. au Parlement de Rouen, en ex., les 6 juin 1543 (BR. Y. 32, t. 1, fol. 99) 14 février 1548 (AD. RS. II. 105) 18 mai 1553 (AD. RA. 253) 15 mars 1555 (AM. St-Lô, Bapt., I, 30, v,) 15 mars 1559 (AD. RA. 278), mort, en mai 1559.

[200] Louis Le Roux, fils de Pierre Le Roux, fut cons. au Parlement de Rouen, en ex., les 6 juin 1543 (AD. RA. 182) 12 septembre 1546 (AD. RS. II, 1) 8 novembre 1549 (AD. RS. III. 27) 8 octobre 1550 (It. 86) 8 juin 1554 (BR. Y. 214, t. 5, fol. 37) 15 septembre 1556 (AD. RA. 267). Il ép. Catherine Garin. Bigot dit, à tort, qu'il mourut, le 25 mai 1551 (c'est, peut-être, 1557). Il était très laborieux (Le Chandelier).

[201] Gabriel de Rupierre, sieur de Segrie, Ouilly-le-Vicomte, conseiller au Parlement de Rouen, en ex., les 10 juillet 1557 (AD. RA. 270) 13 décembre 1559 (It. 281) 13 octobre 1562 (It. 291) 10 juillet 1563 (It. 293) 12 août 1563 (BR. Y. 214, t. 28, fol. 22). Il mourut, entre le 17 novembre 1565 et le 27 juin 1566 (P. O). Il épousa Antonie de Rupierre.

[202] François Sédille, cons. au Parlement de Rouen, en ex. les

6 juin 1543 (BR. Y. 32, t. 1, fol. 99) 14 février 1544 (AD. RA. 185), n.
le 24 juin 1544, cons. au Parlement de Paris, au lieu de Charles Quierla-
voine, cons. au Parlement de Paris (15 mai 1546), mort au 22 janvier 1569.
Il ép. Marie de Maleville (morte entre le 2 mai 1582 et le 16 octobre 1584).

[203] Claude Auvray, vicomte de Neufchâtel, cons. au Parlement de
Rouen, en ex. les 27 janvier 1543 (BR. Y. 32, t. 1, fol. 236) 4 février 1548
(AD. R. S. II, 99) 8 novembre 1550 (AD. RS. III, 108) 29 juillet 1556
(AD. RA. 266) 16 décembre 1561 (AD. RA. 289) 4 avril 1564 (AM. St-Eloi,
Bapt. fol. 7) 1er septembre 1565 (BR. Y. 214, t. 28, fol. 32) 3 avril 1566
(AD. RA. 304). Il ép. avt 13 janvier 1549, Catherine Deschamps (vivte
31 mai 1578) (AM. St-Lô, Bapt. I. ff. 1, 13 v°, 20 v°, 27 v°, 40). Cf. Flo-
quet, II, 397.

[204] Michel Guiffart, sieur de St Cauvin, conr. au Parlement de
Rouen, en ex. les 21 août 1556 (AD. RA. 266) 12 août 1562 (BR. Y. 214,
t. 5, fol. 411) 26 mars 1569 (AD. RA. 316) 24 juillet 1574 (AD. RS.
VI, 181) 26 mars 1577 (AD. RS. VIII, fol. 528) 15 juin 1577 (AD. RA.
348), mort, le 31 juillet 1577 (Farin, Cordeliers) Cf. Floquet, II, 400.

[205] Renaud Vigor, fils de Renaud Vigor, fut abbé de Villemagne, prieur
de Trillebardou en Champagne, prévôt d'Auch, cons. au Parlement de
Rouen, en ex. les 7 décembre 1579 (Fr. 18933, fol. 175) 2 septembre 1595
(BR. Y. 214, t. 28, fol. 40) 12 novembre 1603 (AD. RS. nov. 1603-
sept. 1604, fol. 1) 18 avril 1605 (AD. RS. avril 1605-janv. 1607, fol. 1). Il
résigna, avant le 13 mai 1607 (BR. Y. 214, t. 10, fol. 154). Il mourut en
1632.

[206] Claude Le Georgelier, sieur du Bois, fils de Pierre Le Georgelier
et de Colette Bigot de Fontaines, me des req. du duc d'Alençon (24 juillet 1572) cons. au Parlement de Rouen, en ex. les 6 juin 1543 (BR. Y. 32,
t. 1, fol. 99) 14 février 1548 (AD. RA. 218) 24 février 1553 (AD. RA. 257)
8 octobre 1556 (AD. RS. III, 176 v°) 16 janvier 1559 (AD. RA. 277)
16 août 1564 (It. 297) 11 novembre 1570 (AD. RS. IV, fol. 1) 21 mars 1572
(AD. RA. 327) 9 mars 1573 (AD. RS. VIII, 64), mort, le 11 mars 1573
(AD. RS. VIII, 66 v° BR. Y. 214, t. 6, fol. 417). Il ép. (23 juin 1543)
Marguerite Le Febvre, puis (28 mars 1554) Geneviève de Bauquemare
(vivte 26 janvier 1576). Cf. Floquet, II, 265, 272, 283, 411 ; III, 8.

[207] Georges Le Brun, fils de Guillaume Le Brun et de Laurence
Maillard, sieur de Boisguillaume, cons. au Parlement de Rouen, en ex.
les 6 juin 1543 (BR. Y. 32, t. 1, fol. 99) 14 février 1548 (AD. RS. II,

fol. 105) 19 janvier 1559 (AD. RA. 277) 30 août 1565 (BR. Y. 214, t. 27)
18 juillet 1567 (AD. RA. 311). Il ép. avant le 6 mai 1552 (AM. St-Lô,
Bapt. 1, fol. 22) Catherine Le Chandelier (morte, le 20 décembre 1562)
(Farin, St-Lô). Il paraît mourir en octobre 1567.

[208] Jean-Baptiste Le Brun, sieur de Boisguillaume, Le Bosc, avocat
au Parlement de Rouen (1er septembre 1562) (BR, Y. 214, t. 5, fol. 451),
fils de Georges Le Brun et de Catherine Le Chandelier, cons. au Parlement de Rouen, en ex. les 26 février 1568 (AD. RA, 312) 30 juillet 1571
(BR. Y. 214, t. 6, fol. 201) 30 août 1576 (AD. RA. 344) 28 avril 1581
(It. 363) 28 juin 1588 (It. 395) 18 décembre 1598 (It. 422), 8 novembre
1604 (AD. RS. Vac 1600-1604, fol. 159), 18 février 1605 (AD. RA. 458).
Il résigna le 21, et mourut le 24 mars 1605 (BR. Y. 214, t. 9, pp. 453-
456[1]). Il épousa, avant 20 juillet 1582 (A-M. St-Lô, Bapt. II, 96 v°) Marie
Le Monnier (morte, le 23 juin 1587 (AM. St-Godard, Inhum., fol. 18.
Enterrée à Pont-Audemer) puis Catherine de Bauquemare. Cf. Floquet,
I, 375 ; III, 540 ; IV, 147.

[209] Guillaume Martin, official d'Avranches, cons. au Parlement de
Rouen, en ex. les 5 mars 1569 (AD. RA. 316 bis) 11 novembre 1572 (AD.
RS. VI, 1) 12 novembre 1578 (Fr. 18933, 2). Il mourut, étant malade
depuis plusieurs années, avant le 17 octobre 1580.

[210] Charles de la Roque, chanoine de Rouen (30 mars 1582), prêtre,
abbé de la Noe (AM. St-Lô, Bapt. II, 90), archidiacre de Rouen (2 octobre
1582), fils d'Etienne de la Roque, fut conseiller au Parlement de Rouen,
en ex., les 11 janvier 1581 (Fr. 18934, fol. 31) 3 juin 1588 (AD. RA. 395)
23 novembre 1595 (BR. Y. 214, t. 28, fol. 92), 26 novembre 1602 (It. fol.
170), 15 janvier 1616 (It. t. 12, fol. 140) 16 février 1616 (AD. RS. nov.
1615-août 1616, fol. 168), mort, le 8 avril 1616 (It. fol. 240). Cf. Floquet,
IV, 297.

[211] Jean Centsoulz, cauchois, cons. au Parlement de Rouen, en ex.
les 13 juillet 1543 (AD. RA. 183), 12 novembre 1546 (AD. RS. II, 2),
8 octobre 1550 (AD. RS. III, 86), 8 novembre 1554 (AD. RS. III, 149),
9 septembre 1556 (AD. RS. III, 172), 19 août 1562 (BR. Y. 214, t. 5,
fol. 424), 30 août 1566 (AD. RA. 307), mort en octobre 1566 (BR. Y. 24),
ép. Marie Monfault. Cf. Floquet, I, 375 ; II, 397.

---

[1] Le registre original des décès de St-Lô (fol. 68) dit que l'inhumation eut
lieu, le 26 avril 1605, mais, comme il renferme d'autres inadvertances, on doit
se rallier au témoignage positif du registre des délibérations.

[212] Jean de Quievremont, fils de Nicolas de Quievremont et de Barbe
Le Lieur, sieur de Heudreville, la Chaussée, cons. au Parlement de
Rouen, en ex. 6 juin 1543 (BR. Y. 32, t. 1, fol. 99), 12 novembre 1546
AD. RS. II. 1), 9 novembre 1551 (AD. RS. III, fol. 123), 6 novembre 1555
(It. fol. 170 v°), 28 mars 1561 (AD. RA. 286), 20 août 1572 (AD. RS. V.
127 v°), suspendu, deux fois, pour huguenoterie, les 10 avril 1570 et
12 novembre 1572 (BR. Y. 214, t. 6, fol. 76 et 229). Il ép. Jeanne de
Valles, puis (5 septembre 1549) Marie Le Roux de Bourgthéroulde, puis
Catherine Le Gras. Cf. Floquet, I, 375; II, 274; III, 80, 141.

[213] Jean Piperey, sieur de la Villaye près Bernay, cons. au Parlement
de Rouen, en ex. le 23 décembre 1575 (AD. RA. 341), 8 février 1577
(AD. RS. VIII, fol 479), 14 septembre 1587 (BR. Y. 214, t. 28, fol. 65),
24 novembre 1594 (AD. RA. 400), 16 août 1595 (AD. RS. 1595, fol. 76),
mort, le dimanche 20 août 1595 (It. fol. 1). Il ép. Catherine Deschamps.
Cf. Floquet, III, 297, 335, 457-459, 463-464.

[214] Robert Piperey, sieur de Montherault, fils de Robert Piperey et
de Marguerite Le Febvre de Vouart, mariés le 12 avril 1559, cons. au
Parlement de Rouen, en ex. le 9 décembre 1597 (AD. RS. 1597-8, fol. 26),
30 mars 1598 (AD. RS. 1598-99, fol. 8), 26 août 1599 (AD. RS. 1598-99.
fol. 272), 11 mai 1600 (AD. RS, nov. 1599-mai 1600, fol. 163 v°), mort,
le 16 juin 1600 (AD. RS. juin-août 1600, fol. 26 v°). Il ép. (22 novembre
1597) Catherine Toustain de Frontebose (baptisée 30 octobre 1572 (AM.
Bapt. St-Laurent, I 124, v°).

[215] Robert Briselet, sieur de St-Germain, Jonville, fils de Jean Briselet, fut cons. au Parlement de Rouen, en ex. le 6 juin 1543 (BR. Y. 32,
t. 1, fol. 99), 23 juin 1543 (AD. RA. 182) 1er mars 1555 (AD. RA. 257),
26 août 1558 (AD. RA. 276), 22 décembre 1564 (AD. RA. 297), 28 avril
1569 (It. 316), 2 juin 1572 (BR. Y. 214, t. 6, fol. 224), 20 août 1572 (AD.
RS. V, 127 v°), 22 août 1572 (AD. RA. 329), mort en octobre 1572, en
tout cas, au 14 novembre 1572 (BR. Y. 32, t. 2, fol. 239). Il passa un faible
examen (Floquet, I, 375).

[216] Robert Le Roux, sieur de Lesprevier, fils de Jean Le Roux, fut
cons. au Parlement de Rouen, en ex. les 6 juin 1543 (BR. Y. 32, t. 1,
fol. 99), 23 juillet 1545 (BR. Y. 214, t. 3, fol. 267), 12 septembre 1546
(AD. RS. II, 1), 8 novembre 1550 (AD. RS. III, 108), 19 janvier 1559
(AD. RA. 297), 28 septembre 1566 (AD. RA. 307), 19 juillet 1567 (It. 211),
24 juillet 1571 (AD. RA. 324), 14 août 1571 (AD. RA. 325), mort avant

le 13 janvier 1578. Il avait été rayé pour huguenoterie (3 janvier 1568), rétabli, le 17 janvier 1571. Floquet, II, 274 ; III, 80, 141.

[217] Nicolas de Croismare, sieur de la Pinnelière, fils de Charles de Croismare et d'Anne Jubert, mariés le 15 mars 1549, cons. au Parlement de Rouen, en ex. le 16 avril 1578 (AD. RS. VIII, 571), 23 décembre 1583 (AD. RA. 374), 22 août 1586 (AD. RA. 386), en ex., le 14 septembre 1587 (BR. Y. 214, t. 28, fol. 65), 9 février 1594 (It. t. 7, fol. 419), 23 avril 1598 (AD. RA. 418), 30 novembre 1611 (BR. Y. 214, t. 11, fol. 209), 22 décembre 1623 (AD. RS. nov.-déc. 1623, fol. 111), 8 novembre 1624 (AD. RS. vac. 1618-1625, fol. 318), 16 décembre 1624 (AD. RS. nov. 1624-août 1625, fol. 50), honoraire, le 17 décembre 1624 (It. fol. 52), 28 août 1626 (AD. RS. nov. 1625-août 1626, fol. 419 v°), mort en 1627. Il ép. Catherine de la Roche, puis (17 avril 1594) Elisabeth Novince du Crespay (viv. 4 avril 1610). Floquet, IV, 33, 37, 43.

[218] Constantin de Bures, sieur de Boscrobert, cons. au Parlement de Rouen, en ex. le 7 mars 1545 (AD. RA. 194), 4 février 1548 (AD. RS. II, 99), 8 octobre 1550 (AD. RS. III, 86), 13 mars 1553 (AD. RA. 247), 18 juin 1555 (AM. St-Lô, Bapt. I, 34), 21 août 1556 (AD. RA. 266), mort au 11 mai 1557. Il ép. Cécile Miffant (vivante, le 11 mai 1557).

[219] Nicolas Paixdecœur, fils de Guillaume Paixdecœur, fut cons. au Parlement de Rouen, en ex. les 12 mars 1544 (AD. RA. 186), 16 janvier 1546 (BR. Y. 214, t. 3, fol. 332), 20 février 1548 (AD. RA. 219), 23 mars 1553 (AD. RA. 247), mort, le 10 mai 1553. Il ép. Françoise Quesnel (viv. 1er août 1554).

[220] Nicolas Blancbaston, fils de Raoul Blancbaston et de Catherine Lhermitte [1] cons. au Parlement de Rouen, en ex. le 14 mars 1544 (AD. RA. 186), 12 novembre 1546 (AD. RS. II, 2), 4 février 1548 (AD. RS. II, 99), 28 mai 1549 (BR. Y. 214, t. 4, fol. 84), mort, le 25 juin 1550 (BR. Y. 214, t. 4, fol. 187). Il ép. Jeanne de Presteval.

[221] Nicolas Rassent, sieur d'Archelles, Bretteville, Igouville, Belleville, Herrot, Hottot, Assigny, Bapaume, avocat au Parlement de Rouen, fils de Robert de Rassent et de Marguerite Charles, mariés le 11 octobre 1528, né avant le 3 octobre 1534, conseiller au Parlement de Rouen, en ex. les 18 novembre 1555 (BR. Y. 214, t. 5, fol. 153), 12 août 1563 (It. t. 28, fol. 22), 30 août 1568 (AD. RA. 313), 15 juillet 1573 (BR. Y., 214

_____

[1] Ou, selon Bigot, de Nicolas et de Marie Surcau.

t. 6, fol. 322), 30 juin 1586 (AD. RA. 384), 30 août 1591 (AD. RA. Parlement ligueur, 6), 12 août 1594 (BR. Y. 214, t. 28, fol. 106), 14 octobre 1594 (AD. RA. 400), mort, le 1er novembre 1594 (Farin, St-Patrice-B. N. Est. P° 1 C-AD. RS. 1588-1595, ff. 1 et 231. Inhumation, le 14, à St-Patrice). Il épousa Louise Fizet (vivante 4 avril 1610). Il dirigea le Parlement ligueur de Rouen. Cf. Floquet, III, 347, 374, 394, 402, 403, 539, 548, IV ; 66-67.

[222] Jacques de Rassent, fils de Nicolas de Rassent et de Louise Fizet, sieur de Bapaume, Hottot, la Heuse, Yonville, Arsigny, Guillemecourt, Glicourt, les Hoquants, les Ventes d'Any, cons. au Parlement de Rouen, en ex. les 17 janvier 1595 (A.D.R.S. 1588-95, fol. 252 v°), 17 juillet 1607 (B.R. Y. 214, t. 10, fol. 169), 10 mars 1615 (It. t. 12, fol. 45), 20 février 1621 (AD. RS. févr. mai 1621, fol. 10), 4 juin 1622 (AD. RS., nov. 1621 août 1622, fol. 266 v°), 12 novembre 1622 (AD. RS. nov. 1622, avril 1633, fol. 1), Mort au 4 décembre 1623 (BR. Y. 214, t. 14, fol. 160), Il ép. (1er juillet 1602) Louise de Moges (née en mars 1578, vivante en 1625).

[223] Nicolas Cavelier, fils de Benoît Cavelier et d'Anne de Poivilain, sieur d'Espinay, la Lequeraye, Saint-Jacques, cons. au Parlement de Rouen, en ex. les 30 mai 1544 (AD. RA. 187), 8 octobre 1550 (AD. RS. III, 86), 10 novembre 1522 (AD. RS. III, 139), 22 décembre 1564 (AD. RA. 297), 17 juillet 1567 (It. 311), président aux Requêtes (5 décembre 1560-15 mai 1567), mort de la peste, à la Magdeleine, le 30 mai 1568. Il épousa, avant le 7 mars 1544 (AM. Saint-André, Bapt. B. 15) Madeleine Daniel de Boisdenemetz (morte entre 25 juillet 1568 et 6 juillet 1570). Cf. Floquet, II, 475.

[224] Louis de la Rue, sieur de Saint-Martin en Caux, Valcoquin, les Monts, fils de Vivien de la Rue et de Marie de Wattemare, mariés le 9 décembre 1520, fut conseiller au Parlement de Rouen, en ex. le 11 juillet 1573 (AD. RS. VIII, 108 v°), 13 novembre 1578 (F. 18933 fol. 7), 19 juin 1586 (AD. RA. 384), 1er juillet 1587 (Fr. 18936. fol. 226), mort, le 8 juillet 1587 (Fr. 18936, fol. 228), enterré, le 9 (AM. Saint-Godard, Inhum. fol. 18). Il avait été nommé, après deux refus, âgé de près de 50 ans (Floquet, I, 381). Magistrat assez médiocre. Il ép. Anne de Piédeleu.

[225] Alexandre Bouchart, fils de Jean Bouchart et de Marthe Bigot, mariés le 23 août 1553, vicomte de Blosseville, Bosc-le-Comte, la Couronne, la Motte, Val-le-Dun, Contremoulins, cons. au Parlement de Rouen, en ex. le 25 septembre 1587 (Fr. 18936, fol. 352 v°), 4 février

1597 (BR. Y. 214, t. 8, fol. 18), 20 juillet 1610 (It. t. 10, p. 494), 5 mars
1618 (It. t. 12, p. 443), 20 mai 1628 (It. t. 14, p. 465), 12 janvier 1629
(AD. RS. nov. 1628-juillet 1629, fol. 8 v°), mort, le 27 mars 1634 (Farin,
Saint-Lô). Il épousa Catherine du Val (morte, le 10 juin 1610 (Farin,
Saint-Lô — AM. Saint-Lô. Inhum. p. 66), puis (14 février 1606 — Bans,
3 janvier 1606 (AM. Saint-Lô, Mar, 21 v°), Rachel du Moncel (morte,
le 3 mars 1637 (enterrement, le 5) (Farin Saint-Lô — AM. Saint-Lô,
Décès, fol. 71). Cf. Floquet, III, 305.

[226] Jean Garin, fils de Jean Garin, fut sieur des Moulineaux, le
Landin, lieut. vté de Rouen, cons. au Parlement de Rouen en ex., le
1er mars 1544 (BR. Y. 214, t. 3, fol. 50), 12 novembre 1546 (AD. RS.
II, 1), 1er février 1548 (AD. RS. II, 97 v°), mort, le 27 mars 1552, Il
épousa Belonne Graffart.

[228] Jean Le Roy, sieur de Heudreville, le Bois, fils de François Le
Roy et de Barbe Moinet, avocat, puis cons. au Parlement de Rouen, en ex.
le 12 novembre 1569 (BR. Y. 214, t. 6, fol. 1), 7 septembre 1576 (AD.RA.
345), 9 juin 1586 (It. 384), 1er octobre 1590 (BR. Y. 32, t. 3, fol. 195),
mort, à Caen, pendant la Ligue, avant le 8 mai 1592. Il épousa (5 février
1570) Françoise Le Goupil, puis (7 novembre 1577) Philippes de Mies
(vivante 23 décembre 1582 (AM. Saint-Lô, B. II, 96) et 5 septembre 1592)
Cf. Floquet II. 475, III, 83.

[229] Gilles Le Carpentier, avocat au Parlement de Rouen, cons. au
Parlement de Rouen, en ex., le 20 juillet 1593 (AD. RS. Parlement de
Caen 1593-94, fol. 7 v°), 16 août 1600 (AD.RS. juin-août 1600, fol, 131),
20 juillet 1602 (AD. RS, février-août 1602, fol. 223), honor. 22-24 mars
1607 (AD. RS. janv.-avril 1607, ff. 135 v° et 142), 14 novembre 1611
(AD. RS. nov. 1611-juin 1612, fol. 3), 14 août 1619 (AD. RS. nov. 1618-
août 1619, fol. 435), 16 décembre 1624 (AD. RS. nov. 1624-août 1625,
fol. 50 v°). Il avait été avocat au Parlement (21 janv. 1580) et cons. à la
Cour des Aides (24 novembre 1587) et était originaire du comté d'Eu.
Après la mort de sa femme, Alix Cavelier, il se fit jésuite et mourut, le
30 septembre 1639 (Farin, Carmes). Floquet, IV, 11.

[230] Jean du Bosc, fils de Geoffroy du Bosc et d'Isabelle du Tot, sieur
de Coquereaumont, Fécamp, Epinay, Hertray, conseiller à l'Echiquier de
Rouen (19 juin 1477), puis au Parlement de Rouen, en ex. le 9 mars 1500
(AD. RA. 1), 29 mai 1506 (It. 12), 14 février 1511 (It. 33), mort au
4 mars 1512. Il ép. (1468) Perrette Le Tablettier, puis (mai 1480) Marguerite Le Cauchois (vivante, le 30 mars 1524).

[231] Pierre Fresnel, sieur du Bois, Lamberville, fils de Jean Fresnel, fut cons. au Parlement de Rouen, en ex., le 27 février 1533 (AD. RA. 247), 28 janvier 1562 (It. 289), 27 janvier 1571 (BR. Y. 214, t. 6, fol. 137) 22 novembre 1575 (It. fol. 347), maître des requêtes (4 septembre 1576) (AD. RS. 1575-76 fol. 155).

[232] Pierre de Moges, sieur de Buron, Escajeul, Estouteville, fils de Nicolas de Moges et d'Anne de Prétouville, né le 8 octobre 1543, mort subitement, le 6 février 1589, à 5 heures du soir, cons. au Parlement de Rouen, en ex., le 13 juillet 1573 (AD. RS. VIII, fol. 100 v°) 7 juin 1580 (AM. Saint-André. Bapt. 75) 28 juin 1586 (AD. RA. 384) 30 janvier 1589 (AD. RS. 1588-1595, fol. 108 v°) Cf. AM. Saint-Godard. Reg. mort. III, fol. 20. Il ép. avant le 23 août 1577 (AM. Saint-André. Bapt. 71 v°) Marie de Mussy (baptisée, le 11 janvier 1563, à Rouen (AM. Saint-André. Bapt. 50), morte, à Rouen, le 14 août 1599 (AM. Saint-André. Reg. mort. fol. 2 v°. AD. RS. 1598-99, fol. 268). Cf. Floquet, III, 565.

[233] Scipion de Moges, sieur de Buron, Saint-Georges, Jurques, le Breuil, Benneray, quatrième fils de Nicolas de Moges et d'Anne de Prétouville, né à Caen, le 6 septembre 1558, mort, le 29 septembre 1608, cons. au Parlement de Rouen, en ex., le 17 janvier 1590 (AD. RS. 1588-95, fol. 84 v°) 27 novembre 1598 (AD. RA. 422) 12 novembre 1607 [AD. RS. nov. 1607-mars 1608, fol. 1) 18 juillet 1608 (AD. RS. avril-août 1608, fol. 180) 11 août 1608 (AD. RA. 483). Il ép. (12 octobre 1593) Marie Baudouin de Préaux (morte, le 11 septembre 1610).

[234] Jacques Le Muterel, sieur de Fauville, fils de Simon Le Muterel et d'Isabeau Jubert de Velly, mariés le 23 août 1518, cons. au Parlement de Rouen, en ex. le 19 août 1544 (BR. Y. 214, t. 3, fol. 125) 8 octobre 1550 (AD. RS. III, 86) 28 janvier 1559 (AD. RA. 277) 27 février 1560 (It. 282).

[235] Nicolas Romé, sieur de Fresquienne, baron de Bec-Crespin, fils de Nicolas Romé et de Jeanne Chapelet, vivant le 1er janvier 1512, cons. au Parlement de Rouen, en ex., le 19 juillet 1568 (AD. RA. 314) 16 déc. 1574 (It. 336) 31 janvier 1575 (P. O.), prit congé, le 30 mai 1575 (BR. Y. 214, t. 6, fol. 308), m° des requêtes (23 janvier 1575-22 août 1584), mort en 1600 (?) ou le 2 avril 1589 (?) (AM. Saint-Lô), conseiller d'Etat (12 février 1582-22 août 1584). Il ép. Isabeau de Hannivel (vivante le 21 avril 1597).

[236] Laurent Romé, sieur de Berville, deuxième fils de Nicolas Romé

et de Marguerite du Four, baptisé à Rouen (AM. Saint-Herbland. Bapt.
fol. 7 v°), le 1er juillet 1551, cons. au Parlement de Rouen, en ex. le
3 août 1577 (AD. RA. 349) 17 juin 1588 (It. 384) 15 octobre 1597 (AD.
RA. 416) 27 avril 1604 (AD. RS. Ch. de l'édit. nov. 1603-5 sept. 1604.
fol. 134) 4 août 1604 (AD. RA. 456), mort, le 18 novembre 1604 (r'arin,
Saint-Herbland — B. N. Est P° 1c — Y, 214, t. 9, fol. 435), ép. avant
19 mai 1577, Marguerite Hallé (vivante 19 mai 1577 (Saint-Laurent, Bapt.
II, 13) puis Marie Burguet (vivante 26 mai 1620). Cf. Floquet, III, 241-
242.

[237] Roland de Trescot, sieur de Balleroy, av^t du roi, v^{te} de Bayeux,
m^e des req. de la reine (27 janvier 1559), cons. au Parlement de Rouen,
en ex. le 12 septembre 1546 (AD. RS. II, 1) 4 février 1548 (It. II, 99)
8 octobre 1550 (It. III, 86), mort avant le 23 juin 1578.

[238] Louis Thiboust, sieur du Bouchet, Favelles, fils de Louis Thiboust
et de Jacqueline Aubelin de Favelles, av^t du roi à la Ch. du Trésor
(23 février-28 novembre 1549), mineur (14 mai 1530-4 décembre 1538),
cons. au Parlement de Rouen, en ex., le 9 septembre 1550(AD. RS. III,
28) 30 janvier 1551 (AD. RA. 235) 19 janvier 1555 (AD. RA. 257)
22 décembre 1559 (AD. RA. 281). Il savait l'italien. Il ép., avant le
28 nov. 1549, Florimonde Feu (vivante 13 août 1550).

[239] René Le Moyne, fils de Guillaume Le Moyne, fut cons. assesseur
au présidial de Rouen (25 novembre 1552), cons. au Parlement de Rouen,
en ex. le 27 avril 1564 (AD. RA. 296), 7 avril 1565 (AD. RA. 299).

[240] Charles Le Verrier, baron de Vacy, cons. au Parlement de Rouen
en ex., les 8 mai 1555 (BR. Y. 214, t. 5, fol. 96) 15 mai 1555 (BR. Y. 32,
t. 2, fol. 87). Pas de traces de lui aux Registres d'Arrêts. Sans doute
était-il conseiller aux Requêtes. Or, à de rarissimes exceptions près, les
conseillers aux Requêtes n'ont jamais signé d'arrêts.

[241] Melon Prudhomme, prêtre, fils de Richard Prudhomme, fut curé
de Corny (2c octobre 1534-10 novembre 1556), chanoine de Rouen
(12 août 1534-10 novembre 1556), cons. au Parlement de Rouen, en ex.
le 17 août 1555 (AD. RA. 260) 23 avril 1561 (AD. RA. 286) 9 septembre
1555 (AD. RS. III, 131) 30 juillet 1566 (AD. RA. 303). Il mourut en
mars 1567.

[242] Guillaume Péricart, deuxième fils de Jean de Péricart et d'Anne
de Martin, mariés le 6 juin 1548, abbé de Saint-Ouen et Evreux (15 fév.

1583), Saint-Taurin, doyen de Rouen (24 février 1594), curé de Linetot
(2 août 1571), cons. au Parlement de Rouen, en ex. les 24 décembre 1571
(AM. Saint-Laurent, I, 115) 24 juillet 1574 (AD. RS. VI, 181 v°) 3 juin
1588 (AD. RA. 395) 16 août 1600 (AD. RS. juin-août 1600, fol. 131)
19 octobre 1604 (AD. RS. Vac. 1600-1604, fol. 151) 27 mars 1608 (AD.
RS. nov. 1607-mars 1608, fol. 227 v°) 5 juillet 1613 (AD. RS. avril-août
1613, fol. 161). Il avait été nommé évêque d'Evreux et avait eu six mois
pour démissionner, le 19 juillet 1608 (BR. Y. 214, t. 10, fol. 236), mort,
le 25 ou 26 novembre 1613. Cf. Floquet, III, 249, 254, 281, 301, 302,
303, 305, 306, 310, 314, 318, 363, 388-95, 540, 610 ; IV, 147, sur ce fougueux ligueur.

[243] François de Villy, fils aîné de Robert de Villy et d'Anne du Bosc,
cons. au Parlement de Rouen, reçu, le 30 août 1552 (BR. Y. 214, t. 1,
fol. 112 ; t. 4, fol. 270), en ex. les 8 et 15 mai 1555 (BR. Y. 214, t. 5,
fol. 96—Y. 32, t. 2, fol. 87).

[244] Jean Chesneau, doyen et official d'Avranches, cons. au Parlement
de Rouen, en ex. le 18 janvier 1556 (AD. RA. 262) 11 janvier 1563 (AM.
Saint-André, B. 50) 11 novembre 1570 (AD. RS. IV, 1) 9 septembre 1572
(AD. RS. V. 130) 7 août 1573 (AD. RA. 333) 9 septembre 1573 (AD. RS.
VIII, 147 v°), mort, le 17 septembre 1573 (AD. RS. VIII, 151. Farin,
Dominicains. B. N. Est. P° 1c).

[245] Claude Le Clerc, cons. au Parlement de Rouen, nommé, le 4 janvier 1574 (P. O. 1478), en ex. le 20 mai 1574 (AD. RS. VI, 135 v°)
28 avril 1581 (AM. Saint-Laurent B. II, 46) 21 juillet 1587 (AD. RA.
391), 14 septembre 1587 (BR. Y. 214, t. 28, fol. 65), mort, le 17 octobre
1587 (Fr. 18.936, fol. 256).

[246] Nicolas Robillard, fils d'Edmond Robillard et de Catherine Jean
(?), cons. au Parlement de Rouen, en ex., le 14 janvier 1589 (AD. RS,
1588-95, fol. 105 v°) 16 mars 1590 (AD. RA. P¹ lig. 3) 20 avril 1598 (AD.
RA. 418) 20 novembre 1613 (BR. Y. 214, t. 11, fol. 379) 24 avril 1619
(AD. RS. nov. 1618-août 1619, fol. 174 et 260), honoraire, le 3 juin 1619
(AD. RS. nov. 1618, août 1619, fol. 318) 12 novembre 1621 (AD. RS.
nov. 1621-août 1622, fol. 1); mort, le 29 janvier 1627. Cf. Floquet, III,
540.

[247] Pierre Charles, sieur de Gruchet, le Bouchet, le Plessis, Auber-
ville, fils de Jean Charles et de Jeanne de Saint-Laurent, mariés le 26 avril
1522, président au bailliage de Caux (15 avril 1563-27 janvier 1572),
cons. au Parlement de Rouen, examiné et ajourné, le 24 juillet 1555 (BR.

Y. 214. t. 5, fol. 121) en exercice, le 30 août 1566 (AD. RA, 307) 10 fév. 1568 (AM. Saint-André B. 56 v°) 25 novembre 1570 (AD. RS. IV, fol. 18) 24 juillet 1574 (AD. RS. VI, 181 v°) 23 décembre 1575 (AD. RS. IX, fol. 21) mort, le 10 janvier 1576 (AD, RS. IX. 25). Il ép. (12 avril 1559) Marthe de Croixmare (vivante 14 juin 1576).

[248] Jean-Paul Le Conte, fils de Nicolas Le Conte et de Catherine Meigret, sieur de Dracqueville, la Heuse, Hottot, né en 1541, mort, le 1er mars 1596 (Saint-I.ô), cons. au Parlement de Rouen, en ex. les 24 mai 1568 (AD. RA. 313), 29 janvier 1569 (It. 316 *bis*), 10 mai 1570 (BR. Y. 32, t. 2, fol. 201), 5 août 1570 (AD. RA. 321), maître des requêtes (13 nov. 1570 (BR. Y. 214, t. 6, fol. 113)-31 juillet 1581), cons. d'Etat. Il ép. (4 juillet 1568) (AM. Saint-Laurent. Mar. 6 *bis*) Madeleine de Croismare, (baptisée, le 31 janvier 1552 (AM. St-Laurent, Bapt. I, 13 v°[1]), (vivante 2 mai 1583).

[249] Nicolas Le Cordier, sieur du Tronc, la Pile, les Hayes, Ymars, fils de Nicolas Le Cordier et de Barbe Charles, mariés le 2 janvier 1543, cons. au Parlement de Rouen, en ex. le 28 juillet 1571 (AD. RS. IV, 246) 4 juillet 1574 (AD. RS. VI, fol. 162), 19 décembre 1578 (AD. RA. 355), 19 septembre 1583 (It. 373), 9 août 1594 (BR. Y. 214, t. 28, fol. 99), 16 mai 1596 (AD. RA. 407), mort en 1596. Il ép. (27 janvier 1578 (AM. Saint-Laurent. Mar. 12 v°) Marie de Boivin (morte, le 26 février 1591 (BR. Y. 32, t. 4, fol. 16 — AD. RS. 1591, fol. 284). C'était un homme de guerre distingué (Cf. Floquet, III, 540, 558).

[250] Jacques Roques, sieur de Varengeville, Galleville, fils de Jean Roques et de Jeanne Puchot, conseiller au Parlement de Rouen, en ex. le 18 juin 1596 (AD. RS. 1596, fol. 231), 6 décembre 1611 (AD. RS. nov. 1611-juin 1612, fol. 55 v°), 9 août 1622 (AD. RS. nov. 1621-août 1622, fol. 362), 22 août 1626 (BR. Y. 214. t. 14. fol. 347), succède, comme clerc, à du Buisson, le 19 février 1629 (BR. Y. 32, t. 6, fol. 16), en ex. 13 novembre 1630 (It. t. 15, fol. 169), 5 août 1636 (AD. RS. févr.-août 1636, fol. 182), mort, le 7 juillet 1637. Il ép (24 février 1604) Catherine Le Blanc. Floquet, IV, 320.

[251] Guillaume de Paixdecœur, fils de Pierre de Paixdecœur et de Marie Le Febvre, cons. à la C. des Aides de Rouen (22 nov. 1559-29 décembre 1566 (AM. Saint-Laurent, I, 85 v°), cons. au Parlement de Rouen, en ex. les 2 septembre 1568 (AD. RA. 315), 23 août 1576 (It.

[1] Ou bien, le 31 mars 1550 (It., fol. 6).

3{4) 16 mars 1579 (AD. RS. VIII, 612 v°), 21 août 1584 (AD. RS, 373), 26 novembre 1590 (AD. RS. 1588-95, fol. 117 — malade), honoraire, le 20 mai 1591, mort, le 15 juin 1592 (AD. RS. 1588-95. fol. 1 — Farin, Saint-Laurent — BR. Y. 214, t. 7, fol. 382). Il ép. Marie Colombel, puis Rauline de Chiffreville (morte, le 23 février 1576 (AD. RS, IX, fol 50), puis (28 octobre 1576 (AM. Saint-Laurent, Mar. 9) Marie Le Tellier de Hattenville (morte, le 20 mai 1593 (AD. RS. 1592-93, fol. 157 v°). Floquet, III, 146, 309, 540.

[252] Jean Paixdecœur, sieur de Groffy, fils de Guillaume Paixdecœur et de Marie Colombel, sieur de Groffy, baptisé, à Rouen, le 30 janvier 1568 (AM. Saint-Laurent, I, 97), cons. au Parlement de Rouen, en ex. les 26 juin 1591 (AD. RS. 1588-95, fol. 121), 7 septembre 1594 (AD. RS. 1588-95, fol. 211 v°), résigna avant le 22 novembre 1597 (AD. RS. 1598-99, fol. 2). Il mourut, le 8 septembre 1631, (AM. Saint-Laurent, Décès, 19 v°) à 64 ans.

[253] Raoul Labbé, sieur de la Motte, fils de Martin Labbé et de Marie Le Seigneur, conseiller au Parlement de Rouen, en ex. les 22 novembre 1597 (AD. RS. 1598-99. fol. 2), 28 janvier 1602 (It. nov. 1601-févr. 1602, fol. 85 v°), 23 janvier 1612 (It. nov. 1611-juin 1612, fol. 135), 11 juillet 1620 (AD. RS. avril-septembre 1620, fol. 152), 22 avril 1625 (It. nov. 1624-août 1625, fol. 201) mort, le 15 mai 1625 (It. nov. 1624-août 1625, fol. 231). Il ép. Catherine de Boislevêque-Espreville (baptisée 12 juin 1581 (AM. Saint-Herbland, Bapt. 48 v°).

[254] Louis de Maromme, sieur de Tresforest, av¹ (1ᵉʳ juillet 1578), puis conseiller au Parlement de Rouen, en ex. les 23 avril 1582 (Fr. 18934, 170), 6 août 1589 (BR. Y. 214, t. 7, fol. 249), 28 mai 1599 (It. t. 28, fol. 156), 4 août 1608 (It. t. 10, fol. 237), 8-10-12 avril 1614 (AD. RS. avril-sept. 1614, fol. 1, 7, 9), résigna, le 12 avril 1614 (It. fol. 13), honoraire 21 avril-8 mai 1614 (It. ff. 46, 75), 5 août 1617 (AD. RS. avril-août 1617, fol. 264 v°), 11 juillet 1619 (AD. RS. nov. 1618-août 1619, fol. 363 v°). Floquet, IV, 264.

[255] Jacques Fizet, sieur d'Ireville, Préville, av¹ au Parlement de Paris, cons. au Parlement de Rouen, en ex. les 23 août 1568 (AD. RS. 314), 22 avril 1587 (It. 389), 2 décembre 1595 (BR. Y. 214, t. 28, fol. 140), 4 juillet 1596 (AD. RA. 409), mort, le 30 juillet 1596 (Farin, Saint-Patrice. AD. RS. 1596, fol. 257). Il ép. Marie de Caradas. Floquet, III, 540.

[256] Jacques Fizet, sieur d'Ireville, Préville, fils de Jacques Fizet et de Marie de Caradas, cons. au Parlement de Rouen, en ex. les 13 décembre 1599 (AD. RS. nov. 1599-mai 1600, fol. 33 v°), 14 janvier 1616 (It. nov. 1615-août 1616, f. 112), 30 juin 1621 (BR. Y. 214, t. 13, fol. 396), 31 octobre 1634 (AD. RS. Vac. 1626-37, fol. 278 v°), 12 novembre 1637 (AD. RS. 1636-38, fol. 357), 25 février 1643 (BR. Y. 214, t. 17, fol. 199), mort, le 7 août 1646 (BR. Y. 214. t. 17. p. 238 — enterrement, le 9 (AM. Saint-Patrice, Décès, fol. 37. Il était mort, sur la par. Saint-Nicolas). Il ép. (27 avril 1644) Marie de Cahaignes. Cf. Floquet, IV, 536.

[256] Romain Boyvin, sieur de Vaurouy, fils de Jacques Boyvin et de Marie du Four, cons. au Parlement de Rouen, en ex. le 9 juillet 1571 (AD. RS. IV, 238 v°), 10 mai 1576 (AD. RA. 343), 17 décembre 1585 (Fr. 18936, 1), 22 août 1586 (AD. RA. 386), mort avant le 20 octobre 1586. Il épousa (9 mars 1572) Anne de Péricart (viv¹ 20 octobre 1586).

[257] Laurent Restaut, sieur de Sommanville, baron de Neuilly, Caligny, Montcardon, le Val, Launay, Querville, lieut. au baill. de Pont-Audemer, fils d'Antoine Restaut et de Madeleine Bigot, né en 1561, avocat (16 nov. 1581), puis conseiller au Parlement de Rouen, en ex. les 16 décembre 1586 (Fr. 18936, fol. 167), 18 mai 1596 (BR. Y. 214, t. 28, fol. 149), 5 mai 1606 (It. t. 10, fol. 60), 8 juillet 1617 (It. t. 12, fol. 336), 5 mars 1633 (It. t. 15, fol. 351), 2 avril 1639 (AD. RS. janv. 1638-mai 1639, fol. 322), 26 octobre 1641 (BR. Y. 32, t. 6, fol. 217), mort en avril 1642. Il ép. (1591), Geneviève Jubert (baptisée 28 janvier 1571 (AM. Saint-Lô, bapt. II, 12). Il assista au siège de Falaise (Floquet, III, 558). Cf. Floquet, IV, 147.

[258] Jean Volant, sieur de Berville, Boisgiard, fils de Jean Volant et d'Isabeau Le Brun, mariés le 14 mai 1525, cons. au Parlement de Rouen, en ex. le 17 août 1568 (AD. RA. 314), 3 décembre 1569 (It. 318), 7 février 1570 (AD. RS. VII, fol. 14), mort le 25 avril 1570. Il épousa (3 octobre 1566) Anne de Rochefort (mineure, le 30 octobre 1559, vivante le 22 avril 1632).

[259] Pierre du Quesne, sieur de Bretteville, Brotonne, Marebroc, les Huesnières, fils de Jean du Quesne, fut cons. au Parlement de Rouen, en ex. les 11 mars 1572 (AD. RA. 327), 22 décembre 1579 (AD. RS. 358), 26 juin 1589 (BR. Y. 214, t. 6, fol. 357, t. 7. fol. 5), 20 septembre 1599 (BR. Y. 32, t. 5, fol. 73), 4 décembre 1602 (AD. RS. vac. 1600-1604, fol. 97), 5 septembre 1603 (AD. RA. 451), mort, à Rouen, le 10 octobre 1603 (BR. Y. 214, t. 9, fol. 414. — AD. RS. vac. 1600-1604, fol. 119 v°—

Farin: Saint-Laurent). Il épousa Marie dé Courcy. Cf. Floquet, III, 574; IV, 147.

[260] Robert de la Vache, sieur du Saussay, cons. au Parlement de Rouen, en ex. 22 mai 1568 (AD. RA. 313), 4 février 1576 (BR. Y. 214, t. 6, fol. 370), 13 février 1587 (AD. RA. 388), 4 août 1597 (AD. RS. juin-oct. 1597, fol. 94), 16 août 1600 (It. juin-août 1600, fol. 131), 8-14-23 mars 1601 (AD. RA. 434). Il mourut, entre le 5 avril où, malade, il envoya sa démission et le 4 mai 1601 (BR. Y. 214, t. 9, ff. 64 et 76). Cf. Farin (Saint-Maclou), qui le prénomme, à tort, Charles). Il ép. N. Boyvin, puis Madeleine-Marie Le Fèvre d'Escalles (morte, le 28 juillet 1620 (AM. Saint-André, Mort. p. 12). Cf. Floquet, III, 241.

[261] Charles de la Vache, sieur du Saussay, Travaille, probablement, fils de Robert de la Vache et de Madeleine-Marie Le Fèvre d'Escalles, cons. au Parlement de Rouen, reçu, à survivance, le 17 mai 1597 (BR. Y. 214, t. 8, fol. 99. — AD. RS. janvier-mai 1597, fol. 153), assiste aux séances, le 3 août 1597 (BR. Y. 214, t. 8, fol. 136), 6 juin 1598 (BR. Y. 214, t. 28, fol. 182), 12 novembre 1601 (AD. RS. nov. 1601-février 1602, fol. 1), 12 novembre 1607 (AD. RS. nov. 1607-mars 1608, fol. 1), 30 avril 1612 (AD. RS. nov. 1611-juin 1612, fol. 315), 13 septembre 1617 (AD. RS. vac. 1611-1617, fol. 305) 6 avril 1623 (AD. RS. nov. 1622-avril 1623, fol. 174 v°), 28 août 1626 (AD. RS. nov. 1625-août 1626, fol. 419 v°), 2 décembre 1626 (AD. RS. nov. 1626-oct. 1627, fol. 23), mort, le 4 mars 1627 (AD. RS. nov. 1626-octobre 1627, fol. 115). Il ép. N,   de Boislévêque (morte, le 30 juin 1621 (BR. Y. 214, t. 13, fol. 393).

[262] Thomas du Val, sieur de Bonneval, fils de Jean dù Val et de Marie Martel de Bacqueville, cons. au Parlement de Rouen, en ex. le 1ᵉʳ septembre 1568 (AD. RA. 315), 21 mars 1569 (AD. RA. 316), 7 septembre 1576 (AD. RS. IX. fol. 158), 16 mars 1579 (AD. RS. VIII, 613), 18 juillet 1581 (AD. RA. 363), honoraire, le 8 août 1582, morte, avant le 12 mai 1603 (Est-ce lui qui fut inhumé, à Saint-Godard, le 2 janvier 1592 ? (AM. feuille d'inhum. de 1592 à 1597, Saint-Godard). Il ép. (17 mars 1569) Marie Le Pesant (vivtᵉ 21 mars 1625).

[263] Jérôme Vauquelin, sieur de Méheudin, fils de Guillaume Vauquelin et de Marie Droullin, cons. au Parlement de Rouen, en ex. le 13 août 1582 (Fr. 18934, fol. 214), 12 février 1585 (AD. RA. 378), 7 décembre 1585 (Fr. 18936, fol. 45), puis avocat général (1586), en ex. les 7 juillet 1589 (BR. Y. 32, t. 3, fol. 7), 12 août 1594 (BR. Y. 214, t. 28,

fol. 99), mort avant le 25 février 1596. Il ép. Charlotte Le Roux (vivante 26 octobre 1610). Cf. Floquet III, 202, 322, 436.

[264] Laurent Godefroy, fils de Guillaume Godefroy, fut cons. au Parlement de Rouen, en ex. le 19 décembre 1585 (Fr. 18936, fol. 53), 5 avril 1594 (BR. Y. 32, t. 4, fol. 243), 15 juillet 1603 (BR. Y. 32, t. 5, fol. 108), 22 mars 1611 (It. t. 5, fol. 175), 6 octobre 1614 (AD. RS., nov. 1613-oct. 1614, fol. 189), vivant, le 19 novembre 1614, mort avant le 10 mars 1615 (BR. Y. 214, t. 12, fol. 45). Il épousa Marie Le Febvre d'Esquetot inhumée le 30 août 1635 (AM. décès, Saint-Lô, fol. 9).

[265] Philippe de Montaigu, sieur de la Brière, la Pallu, avocat à Falaise, fils de Galois de Montaigu et de Marguerite Le Coustelier, mariés le 14 août 1519, cons. au Parlement de Rouen, en ex. le 25 mai 1569 (AD. RA. 313 ter), 22 décembre 1576 (It. 344), 26 mars 1583 (BR. Y. 214, t. 27, fol. 245), 17 juin 1588 (AD. RA. 395), 14 juillet 1603 (BR. Y. 32, t. 5, fol. 108), 7 juin 1611 (BR. Y. 214, t. 11, fol. 136), 6 décembre 1611 (AD. RS. nov. 1611-juin 1612, fol. 55 v°), 22 février 1612 (AD. RA. 509), honoraire 24 janvier-19 mai-24 novembre 1612 (AD. RS. nov. 1611-juin 1612, ff. 145 et 357. — nov. 1612-avril 1613, fol. 26), mort le 30 décembre 1612 (AD. RS. nov. 1612-avril 1613, fol. 83. — BR. Y. 214, t. 11, fol. 330). Il ép. (8 juin 1561), Nicole des Buats (née en 1533, morte fin novembre 1620, à 87 ans (AM. Saint-Candé-le-Vieux, Mort. fol. 9 v°), veuve de Jacques le Tenneur. Cf. Floquet, III, 45, 393-94, 540.

[266] Antoine de Montaigu, fils de Philippe de Montaigu et de Nicole des Buats, mariés le 8 juin 1561, mourut avant son père et ne siégea pas.

[267 et 268] Cf. 209 et 210. Une erreur typographique (p. 243), nous a fait mettre ces deux conseillers à la suite de J.-B. Le Brun.

[269] Robert Le Goupil, sieur du Parquet, Vitot, fils de Pierre Le Goupil, fut lieut. gén. à la T. de marbre de Rouen (25 janvier 1544), puis cons. au Parlement de Rouen, en ex. le 12 nov. 1569 (BR. Y. 214, t. 6, fol. 1), 26 février 1571 (It. fol. 180), 9 juillet 1571 (AD. RS. IV, 238 v°), mort le 9 août 1571 (AD. RS. IV, fol. 256). Il ép. Isabeau Jubert, puis Catherine Aoustin de Hanouart (née 1531, morte le 25 avril 1613 (AM. Saint-Sauveur. Décès, fol. 83 v°. — BR. E. 56, fol. 12. — Y. 214, t. 11, fol. 356).

[270] Jacques Jubert, sieur du Thil, Canteleu, Granville, 5° fils de Guillaume Jubert et de Catherine de Blancbaston, né le 12 mars 1530,

mort, le 14 février 1600 (Farin, Ste-Croix St-Ouen), cons. au Parlement
de Rouen, en ex. le 3 décembre 1571 (AD. RS. V, 27 v°) 21 juin 1574
(It. VI, fol. 152) 4 mars 1578 (It. VIII, fol. 561) et président aux
Requêtes, fut mᵉ des requêtes au Parlement de Paris (22 mars 1587-
5 juin 1597 (AD. RS. juin-octobre 1597, fol. 8). Il ép. (5 avril 1569)
Marie Guiffart, puis (Bans. : 4 septembre 1588 (AM. Saint-Lô, Mar.
fol. 6 v°) 8 octobre 1588) Nicole de Montholon, (morte, le 20 juin 1618).

[271] Vincent de Civile, sieur de Bouville, Bosc-le-Vicomte, fils aîné
d'Antoine de Civile et de Françoise Quesnel, mariés le 1ᵉʳ août 1554,
cons. au Parlement de Rouen, en ex. le 28 juin 1588 (AD. RA. 395)
12 novembre 1592 (AD. RS. Parlement de Caen 1592, fol. 91) 26 novembre 1602 (BR. Y. 214, t. 28, fol. 170) 14 avril 1608 (AD. RS. avril-août
1608, fol. 1 v°), mort, le 13 janvier 1611 (Farin, Minimes). Il ép., avant
23 décembre 1593, Marthe Balüe (vivante 23 décembre 1593). C'était un
h. de guerre (Cf. Floquet, III, 559).

[272] Jacques Le Chandelier, sieur de Chantelou, fils de Baptiste Le
Chandelier et de Jacqueline de la Place, cons. au Présidial de Rouen
(23 novembre 1552), puis au Parlement, en ex. le 12 novembre 1569
(BR. Y. 214, t. 6, fol. 1) 11 novembre 1570 (AD. RS. IV, fol. 1) 4 juillet
1574 (It. VI, fol. 162) 23 avril 1578 (BR. Y. 214, t. 6, fol. 481) 14 sep-
tembre 1587 (BR. Y. 214, t. 28, fol. 65) 26 août 1591 (BR. Y. 214, t. 7,
fol. 337), mort, entre le 27 avril et le 1ᵉʳ mai 1592 (AD. RS. Parlement
Rouen 1592-93, ff. 1, 118, 124). Il ép., avant le 16 mai 1553, Marie du
Val (morte, le 17 septembre 1598 (AD. RS. Vac. 1596-99, fol. 54).
Cf. Floquet, III, 540.

[273] Charles Paschal, fils de Barthélemy Paschal et de Catherine
Fieschi, vicomte de la Queutte en Ponthieu, sieur de la Barre, Dargnies,
Cornchotte, Feuquières, Fressenneville, né à Coni (Piémont), en 1547,
cons. au Parlement de Rouen, en ex. le 3 août 1592 (AD. RS. Parlement Caen, 1592, fol. 28 v°) 15 décembre 1593 (AD. RS. Parlement
lig. 1592-93, fol. 182), 12 août 1594 (BR. Y. 214, t. 28, fol. 106),
avocat général, en ex. les 30 août 1594 (BR. Y. 214, t. 28, fol. 114)
29 octobre 1598 (AD. R. S. Vac. 1596-99, fol. 79), cons. d'Etat (27 décembre 1618), ambassadeur en Pologne (1576), Angleterre (1589),
Suisse (fin octobre 1604-2 septembre 1605), auteur d'un récit de sa mis-
sion (Legatio Rhetica). Cf. Floquet, IV, 11. Il mourut, à la Queutte, le
25 décembre 1625. Il épousa Marguerite de Manessier (morte, le
12 novembre 1612). Cf. E. Rott : Histoire de la représentation diploma-

tique de la France auprès des cantons suisses, 2 vol. in-4°. Paris, 1901.
M. Roger Rodière, auquel nous devons la plupart des détails ci-dessus,
dont nous le remercions très vivement, a bien voulu nous indiquer, rela-
tivement à Charles Paschal, les sources bibliographiques suivantes :
*Testament et funérailles de Ch. Paschal (Bulletin de la Société d'Emu-
lation d'Abbeville*, 1899, n° 3). Alcius le Dieu : *Abbeville et le Ponthieu*. pp. 148 à 195 (Paris, 1894, in-8°). M. le comte de St Pol prépare
une notice sur Francières, dans laquelle il sera souvent question de notre
personnage.

[274] Jean Le Cornu, sieur de Bihorel, cons. au Parlement de Rouen,
en ex. le 18 mai 1596 (BR. Y. 214, t. 28, fol. 149) 26 novembre 1602 (It.
fol. 170) 19 mai 1609 (AD. RS. nov. 1608-5 juin 1609, fol. 288) 9 septembre 1617 (AD. RS. Vac. 1611-1617, fol. 302 v°) 18 décembre 1623
(AD. RS. nov.-déc. 1623, fol. 106) 21 septembre 1628 (AD. RS. Vac.
1626-37, fol. 31), 13 novembre 1630 (It nov. 1630-juin 1631, fol. 6 v°),
résigna, avant le 15 janvier 1631 (BR. Y. 214, t. 15, fol. 190), honoraire,
le 4 juin 1631 (AD. RS. nov. 1630-juin 1631, fol. 228), mort à Rouen,
paroisse Sainte-Croix-Saint-Ouen, le 18 janvier 1641 (enterrement, le 21)
(AM. Sainte-Croix-Saint-Ouen. Décès, fol. 5). Il ép. (6 octobre 1597)
Madeleine Restault.

[275] Jean Le Prévost, fils de Pierre Le Prévost et de Marguerite de
la Perreuse, sieur de Cocherel, le Val, Caillouël, cons. au Parlement de
Rouen, en ex. le 12 novembre 1569 (BR. Y. 214, t. 6, fol. 1), 19 août
1572 (AD. RS. V. 126) 4 juillet 1574 (It. VI, 162) 13 novembre 1589
(BR. Y. 32, t. 3, fol.49) 27 avril 1593 (BR. Y. 214, t. 4, fol. 134), mort,
le 26 mai 1593 (BR. Y. 214, t. 7, fol. 201-AD. RS. février-août 1593,
fol. 104 v°. Il y est appelé, à tort, Pierre). Il ép. (15 mars 1554, n. s.).
Isabeau-Marie Le Diacre (morte, le 4 janvier 1604 (avis du décès, le 7)
(AD. RS. Ch. de l'édit. nov. 1603-sept. 1604, fol. 36 v°). Cf. Floquet. III.
305. 620.

[276] Robert Le Prévost, fils de Jean Le Prévost et d'Isabeau Le
Diacre, mariés le 15 mars 1554, reçu cons. à survivance (28 janvier 1587)
puis conseiller au Parlement de Rouen, en ex. le 13 septembre 1595
(AD. RS. juillet-nov. 1595, fol. 88) 23 juin 1600 (It. juin-août 1600,
fol. 39) 12 novembre 1612 (AD. RS. avril 1613, fol. 1) 10 juillet 1617,
(It. avril-août 1617, fol. 212) 5 août 1620 (It. avril-septembre 1620,
fol. 214 v°), honoraire, le 2 septembre 1620 (It. fol. 278) 8 mai 1625
(It. nov. 1624-août 1625, fol. 223) 4 août 1627 (It. nov. 1626-oct. 1627,
fol. 293), mort, s. p., en 1638 ou 1639.

[277] Marian (ou Martin) de Martinbosc, sieur du Busc, chan. de Rouen, grand vicaire de Rouen (n. 17 nov. 1575 (BR. Y. 214, t. 6, p. 346) en ex., le 26 avril 1594), abbé de Jumièges (4 avril 1610), cons. au Parlement de Rouen, en ex., le 21 mars 1569 (AM. Saint-Laurent, Bapt. I, 98), 4 août 1574 (BR. Y. 214, t. 6, p. 448) 17 juin 1585 (Fr. 18936, fol. 1), 11 novembre 1593 (AD. RS. Parlement Rouen, 1593, fol. 1), honoraire, 12 novembre 1611 (AD. RS. nov. 1611-juin 1612, fol. 1) 12 novembre 1612 (It. nov. 1612-avril 1613, fol. 1) mort, le 30 avril 1614 (AD. RS. nov. 1513-octobre 1614, fol. 91 v°) BR. Y. 214, t. 11, fol.453). Cf. Floquet, III, 198, 217.

[279] Claude du Rosel, fils de Léon du Rosel et de Jeanne de Boisyvon, sieur de Vaudry, Viessoix, doyen de Lisieux (1624), abbé de Saint-Sever (18 septembre 1626), chanoine de Saint-Michel, haut doyen de N.-D. de Rouen (28 avril-13 juin 1618), cons. au Parlement de Rouen, en ex. le 13 décembre 1596 (AD. RS. nov.-déc., 1596, fol. 56) 12 novembre 1608 (AD. RS. nov. 1608-5 juin 1609, fol. 1), 5 mai 1614 (BR. Y. 214, t. 11, fol. 455), 28 avril 1618 (It. t. 12, p. 462), 18 février 1628 (BR. Y. 32, t. 6, fol. 11), 8 juin 1630 (AD. RS. nov. 1629-août 1630, fol. 218 v°). Le 16 août 1630 (AD. RA. 651), L. Restaut signe, à sa place, *ex ordinatione curiae*, un arrêt, ce qui prouve qu'il était incapable, soit par maladie, soit par mort, de ce faire. Selon Bigot (BR. Y. 24), il mourut, en octobre 1630. En tout cas, il était mort au 14 juillet 1631 (BR. Y. 214. t. 15, fol. 236). Cf. Isidore Cantrel. *Catalogue des gentilshommes de la généralité de Vire*. 1862, in-8°. Vire—Floquet IV, 237, 398, 536.

[280] Nicolas Le Boucher, sieur de Neubosc, cons. au Parlement de Rouen, en ex., le 12 novembre 1569 (BR. Y. 214, t. 6, fol. 1), 22 décembre 1575 (It. p. 331), 29 mars 1587 (AM. Sainte-Croix-Saint-Ouen-Bapt.), mort au 4 avril 1591. Il ép. Jacqueline d'Antigny.

[281] Guillaume Anfrie, sieur de Chaulieu, fils de Louis Anfrie et de Marie Sonnet, mariés le 10 octobre 1554, étudiant à Poitiers (août 1583-13 janvier 1586), lieut. à Vire et Condé-sur-Noireau (6 juin 1587), cons. au Parlement de Rouen, en ex., le 8 décembre 1591 (AD. RS. de 1589 à 1591, fol. 299), 6 juin 1598 (BR. Y. 214, t. 28, fol. 182), 12 janvier 1612 (AD. RS. nov. 1611-juin 1612, fol. 111) 13 septembre 1617 (AD. RS. Vac. 1611-1617, fol. 305), 12 novembre 1618 (AD. RS. nov. 1618-août 1619, fol. 1), honoraire, le 3 juin 1619 (AD. RS. nov. 1618-août 1619, fol. 318) 4 mai 1621 (AD. RS. février-mai 1621, fol. 123). Il sollicitait l'honorariat, le 17 novembre 1618 (AD. RA., t. 13, fol. 2, 4, 5). Il a laissé

un fragment de *Journal* autographique. Il ép. (10 août 1587) Marie Arondel (vivante 4 avril 1599). Floquet, IV, 11.

[282] Nicolas de la Champagne, du Havre, fils de Jean de la Champagne et de Catherine Le Febvre, cons. au Parlement de Rouen, en ex., le 10 juillet 1569 (AD. RA. 317), 4 février 1576 (BR. Y. 214, t. 6, fol. 370), 7 juillet 1581 (Fr. 18.934, fol. 92), 10 juillet 1581 (AD. RA. 364). Il ép. (2 novembre 1558) Catherine Gombaut. Il vivait encore le 5 septembre 1852.

[283] Charles de la Champagne, fils de Nicolas de la Champagne et de Catherine Gombaut, mariés le 2 novembre 1558, baptisé, à Rouen, le 10 septembre 1567 (AM. Saint-Laurent, I, 88 v°) (si, toutefois, ce n'est pas un frère homonyme), cons. au Parlement de Rouen, en ex., le 16 décembre 1586 (Fr 18.936, fol. 167), 23 novembre 1595 (BR. Y. 214, t. 28, fol. 92), 29 avril 1605 (BR. Y. 214, t. 9, fol. 473), 26 octobre 1615 (BR. Y. 214, t. 28, fol. 236), 28 avril 1620 (BR. Y. 214, t. 29, fol. 33), 30 juillet 1622 (AD. RS. nov. 1621-août 1622, fol. 340), honoraire, le 1er août 1622 (BR. Y. 214, t. 13, fol. 496), mort, le 6 mars 1625 (AD. RS. nov. 1624-août 1625, fol. 139 v°. BR. Y. 214, t. 14, p. 247). Il ép. (23 décembre 1586) Florimonde Bouchart (baptisée, le 10 août 1560, à Rouen (AM. Bapt. Saint-Laurent, I, 57 v°).

[284] Robert Tourmente, sieur du Harteley, Aignanbusc, avocat au Parlement de Rouen (22 avril 1567), lieut. au baill. de Caux (3 août 1568), cons. au Parlement de Rouen, en ex. le 12 novembre 1569 (BR. Y. 214, t. 6, fol. 1), 20 mai 1574 (AD. RS. VI, 139 v°), cons. au Grand Conseil, le 4 septembre 1601 (BR. Y. 214, t. 9, fol. 110), 7 juillet 1603. Il ép. N. Le Febvre d'Esquetot, puis N.   de Pons, puis Marie du Bosc.

[285] Louis Garin, sieur de Sermonville, fils de Jacques Garin et d'Alix Le Blanc, cons. au Parlement de Rouen, en ex., le 14 décembre 1587 (BR. Y. 214, t. 28, fol. 65), 23 juin 1600 (AD. RS. juin-août 1600, fol. 39), 12 novembre 1601 (It. nov. 1601-février 1602, fol. 1), résigna, ayant la vue malade (It. folio 104 (intercalé), honoraire, le 28 janvier 1602 (It. fol. 85 v°), 23 janvier 1612 (AD. RS. novembre 1611-juin 1612, fol. 133), 29 février 1616 (AD. RS. novembre 1615-août 1616, fol. 186 v°). Il épousa Marguerite de Paixdecœur (baptisée, le 29 décembre 1566 (AM. Saint-Laurent. Bapt. I, 85 v°), morte, le 1er août 1587 (Fr. 18.936, fol. 241). Cf. Floquet, III, 540.

[286] Guillaume Courant, cons. au Parlement de Rouen, en ex., le

12 novembre 1569 (BR. Y. 214, t. 6, fol. 1), 9 janvier 1572 (AD. RS, V. 38), 11 décembre 1572 (AD. RS. VI, 16), mort au 5 décembre 1573. Il ép. (21 avril 1571) Geneviève Le Roux (AM. Saint-Laurent. Mar. 6 ter v°).

[287] Pierre Puchot, 2° fils de Vincent Puchot et de Marie de la Haye-Linetot, mariés le 14 septembre 1536, né en 1545, mort le 12 juillet 1620 (Farin. : Saint-Denis. Les obsèques eurent lieu le 13 (BR. Y. 24, pièce détachée). Cf. aussi AD. RS. avril-septembre 1620, fol. 163), anobli (juin 1583), cons. au Parlement de Rouen, en ex., le 9 décembre 1573 (AD. RS. VIII, 186), 14 septembre 1587 (BR. Y. 214, t. 28. fol. 65), 19 juillet 1599 (It. t. 8, fol. 398), 19 mai 1609 (AD. RS. nov. 1608-5 juin 1609, fol. 288), 28 avril 1616 (AD. RS. novembre 1615-août 1616, fol. 240), 11 juillet 1619 (AD. RS. nov. 1618-16 août 1619, fol. 363 v°). Il ép. (24 mai 1579) (AM Saint-Laurent. Bapt. 14 v°) Jeanne Labbé. Cf. Floquet, III, 146, 319, 329.

[288] Michel Le Bottey, fils de Nicolas Le Bottey et d'Adrienne de Beauverger, mariés le 28 mai 1525, sieur du Buisson, av¹ du roi au présidial d'Evreux (20 février 1569), cons. au Parlement de Rouen, en ex. le 13 mai 1569 (AD. RA., 316 ter), 11 avril 1575 (BR. Y. 214, t. 6, fol. 313), 23 décembre 1578 (B. N. Tr. 18.933, fol. 26), mort en janvier 1579 (It. fol. 2, v°), avant le 19. (Arch. S.-Infér., C. 2285). Il ép. Jacqueline de Grieu (morte en 1622).

[289] Charles de Gruchet, sieur du Mesnil-Esnard, Socquence, fils aîné de Vincent de Gruchet et de Marguerite de Saint-Laurens, mariés le 6 août 1541, mineur (24 avril 1564-12 juillet 1572), majeur (9 mars 1574), avocat au Parlement de Rouen (16 décembre 1578), cons. au Parlement de Rouen, en ex. le 9 février 1580 (Fr. 18933, fol. 199), 9 juillet 1592 (BR. Y., 216, t. 7, fol. 117), 26 novembre 1602 (BR. Y. 214, t. 28, fol. 170), 24 mai 1613 (BR. Y. 32, t. 5, fol. 197), 13 août 1614 (AD. RS., nov. 1613-oct. 1614, fol. 185). Il résigna avant le 22 novembre 1614 (BR. Y. 214, t. 12. fol. 14), et mourut, entre le 1ᵉʳ octobre 1614 et le 16 juillet 1615. Il ép. (17 février 1582). (AM. St Laurent-Mar., fol. 20), Catherine Jubert (née et baptisée à Vernon, le 11 février 1563, viv^te 8 mars 1583, morte au 30 octobre 1615). Cf. Floquet III, 571.

[290] Louis Le Maçon, sieur de Baignopuis, fils de Pierre Le Maçon et de Jacqueline Foubert, cons. au Parlement de Rouen, en ex. le 12 novembre 1569 (BR. Y. 214, t. 6, fol. 1), 4 juillet 1574 (AD. RS, VI. fol. 162), 14 septembre 1587 (BR. Y. 214, t. 28, fol. 65), 12 août 1594 (It.

t. 28, fol. 106), mort le 19 mai 1600 (Farin. : St-Sauveur-AM. St-Sauveur.
Décès. 74 v°. Enterr. le 20). Il ép. Marie de Bauquemare (morte le
5 février 1600 (Farin. St-Sauveur-AM. St-Sauveur. Décès. 74 v°). Cf.
Floquet, III, 540.

[291] Gilles Anzeray, fils de François Auzeray et de Marie d'Amours,
sieur de Courvaudon, Boisnormand, cons. au Parlement de Rouen, en ex.
le 7 août 1595 (AD. RS. juill.-nov. 1595, t. 41 v°), 7 janvier 1599 (BR. Y.
214, t. 8, fol. 312), avocat général, en ex., le 13 janvier 1599 (AD. RS.
1598-99, fol. 119), 13 septembre 1604 (AD. RS. Vac. 1600-1604, fol.
133 v°), 13 novembre 1605 (BR. Y. 32, t. 5, fol. 121), président (reçu à
survivance, le 28 février 1600 (BR. Y. 214, t. 8, fol. 493), effectivement
le 21 mars 1607 (AD. RS. janv.-avril 1607, fol. 135 v°. BR. E. 56, fol. 1)
ou ex. le 16 octobre 1607. (AD. RA. 477), 22 novembre 1610 (BR. Y. 214,
t. 11, fol. 12), 1er décembre 1620 (It. t. 13, ff. 334-337), 9 novembre 1628
(AD. RS· Vac. 1626-37, fol. 71 v°), 19 janv. 1629 (AD. RS. nov. 1628-juillet
1629, fol. 18), mort, le 26 janvier 1629, entre 10 et 11 h. du matin (BR.
Y. 214, t. 29, fol. 70) (enterrement, le 29 (AD. RS. nov. 1628-juillet
1629, fol. 25). Il ép. N. Auber de Gouville, puis (27 mai 1609 (AM.
St-Eloi, Mar., fol. 20), Barbe Le Febvre de la Gaillarde (née en nov. 1595,
morte le 1er août 1637). Cf. Floquet, IV, 213, 263.

[292] Claude Eudes, sieur de Bérangeville, Bacquepuis, Vielmanoir,
fils de Vincent Eudes, cons. au Parlement de Rouen, en ex. le 17 septembre 1599 (AD. RS. Vac. 1596-99, fol. 91 v°), 12 novembre 1608 (AD.
RS. nov. 1608-juin 1609, fol. 1), 19 décembre 1615 (AD. RS. nov. 1615-
août 1615, fol. 75), 21 juillet 1617 (AD. RS. avril-août 1617, fol. 240 v°).
Il avait résigné avant le 29 juillet 1616 (BR. Y. 214, t. 12, fol. 188). Il
mourut, le 1er février 1619 (AD. RS. nov. 1618-fév. 1619, fol. 145). Il y a
ici, une curieuse et inexplicable contradiction entre le document précité,
original, cependant, et un autre original, le registre de St-Sauveur.
Décès (p. 88) aux Arch. municip. de Rouen, qui met cette mort au
30 janvier 1618, 1 heure du soir appuyé en ceci, par le BR. E. 56, fol.
61 (copie) et par Farin). Il ép. Louise Anzeray (baptisée le 19 mai 1576
(AM. St-L) II, fol. 48), morte, le 1er mai 1610, à 6 h. du soir (AM. St-
Sauveur. Décès, fol. 81 v°. Funérailles le 3). (Cf. AD. RS. avril-août 1610,
fol. 20. BR. Y. 214, t. 10, fol. 421). Cf. Floquet, IV, 216, qui l'appelle
à tort, Emile et non Eudes. !

[293] Guillaume de Pinchemont, avocat (29 mars 1567), puis cons. au
Parlement de Rouen, en ex. les 17 mars 1570 (AD. RA. 319), 4 juillet
1574 (AD. RS. VI. fol. 162), 21 mai 1585 (Fr. 18.935, fol. 233), 22 août

1586 (AD. RA. 386), mort au 24 octobre 1586 (en septembre 1586, selon Bigot (BR. Y. 24). Il mourut d'effroi, selon Floquet (III, 242) des menaces que lui firent les *Gautiers*, paysans normands révoltés. Chose curieuse, il y eut, en même temps que lui (7 juillet 1573-28 novembre 1576) au Parlement de Paris, un conseiller de même nom.

[294] Quentin Mahaut, fils de Jean Mahaut et d'Edeline Mauvoisin, sieur de Tierceville, le Mesnil, cons. au Parlement de Rouen, en ex., le 27 novembre 1586 (Fr. 18.936, fol. 156), 26 novembre 1602 (BR. Y. 214, t. 27, fol. 170) 16 janvier 1612 (BR. Y. 32, t. 5, fol. 184) 22 novembre 1627 (BR. Y. 214, t. 27, fol. 274), 10 février 1631 (AD. RS. nov. 1630-juin 1631, fol. 82), honoraire, le 8 avril 1631 (AD. RS. nov. 1630-juin 1631, fol. 155) 17 juin 1631 (It. juin-sept. 1631, fol. 2) 5 mars 1633 (BR. Y. 214, t. 15, fol. 351), vivant le 19 avril 1638. Il ép. (15 février 1585), Jacqueline Le Jumel de Lisores. Cf. Floquet, III 525.

[295] Claude Hédiart, sieur de Braquepont, Lanquetot, fils de Jean Hédiart et d'Agnès de Marette, cons. au Parlement de Rouen, en ex., le 11 novembre 1570 (AD. RS. IV. 1), 4 juillet 1574 (It. VI. fol. 162), 20 avril 1581 (AD. RA. 363), 14 septembre 1587 (BR Y. 214, t 28, fol. 65), 28 juin 1588 (AD. RA. 395), mort, le 2 décembre 1588 (AD. RS. 1588-95, fol. 93). Il ép. (24 septembre 1570 (AM. St-Laurent-Mar., 6 *bis* v°), Jeanne Le Seigneur. Cf Floquet, III. 241.

[296] Charles Bigot, fils puîné d'Etienne Bigot et de Marie Puchot, baptisé, à Rouen, paroisse St-Herbland, le 31 décembre 1562 (AM. St-Herbland. Bapt. f. 18)[1], mort, *à 66 ans* (AM. St Laurent. Décès. fol. 9, v°), le 19 mai 1628. (Farin dit, à tort, 1627. — Cf. AD. RS. Ch. de l'édit., 1627-28, fol. 52, v° et AD. RS. nov. 1627-sept. 1628, fol. 299), av¹ au Parlement de Rouen (27 février 1585) puis conseiller, en ex., les 28 août 1589 (AD. RS. 1589, fol. 44) 9 septembre 1598 (BR. Y. 214, t. 8, fol. 279) 13 avril 1605 (It. t. 28, fol. 197) 9 décembre 1620 (It. t. 13, fol. 339) 12 juin 1627 (AD. RS. nov. 1626-oct. 1627. fol. 220), honoraire, les 16 juin 1627 (It. fol. 227 v°) 10 avril 1628 (It. nov. 1627-sept. 1628, fol. 265). Il ép. (29 juin 1593) Jeanne du Pont (inhumée, le 24 janvier 1634 (AM. St Laurent. Décès 29 v°. — AD. RS. nov. 1633-sept. 1634, fol. 29 v°. — BR. RS. Y. 214. t. 15, fol. 446). Cf. Floquet. IV. 420.

[297] Adrien Martel, 3ᵉ fils d'Olivier Martel et de Marguerite de Cam-

---

[1] Un frère homonyme, Charles, fut baptisé, le 7 mai 1557 (AM. St-Herbland. Bapt. 14).

bernon, mariés le 6 mars 1533, né en 1541, mort, le 5 mai 1621, au château de Biville, prieur de Bolbec, ligueur, cons. au Parlement de Rouen,
en ex, les 25 novembre 1570 (AD. RS. IV., fol. 18) 28 avril 1581 (AD.
RA. 363) 14 septembre 1587 (BR. Y. 214, t. 27, fol. 65) 10 avril 1600
(It. t. 8, fol. 509) 14 août 1610 (It. t. 10, fol. 506) 2 mai 1618 (It. t. 12,
fol. 464) 31 mars 1621 (AD. RS. février-mai 1621, fol. 99) 2 avril 1621
(AD. RA. 580). Cf. Floquet, III, 281, 383, 540. — IV. 297.

[298] Michel de Monchy, 4e fils de Jacques de Monchy et de Madeleine de Bossut-Longueval, mariés le 15 août 1535, sieur de Boutonville,
abbé de Valloire, prieur de St Sillé, archidiacre de Rouen (3 juillet 1597),
reçu cons. au Parlement de Rouen, le 30 janvier 1571 (AD. RS. IV.
59 v°), en ex., les 23 avril 1571 (AD. RS. IV. 186 v° et 187) 11 mars 1579
(RS. VIII. 609) 21 juin 1593 (AD. RS. Parlement lig. 1592-93, fol. 205)
12 novembre 1593 (It. fol. 1), honoraire, les 5 avril 1604 (AD. RS. nov.
1603-septembre 1604, fol. 177) 12 mars 1608 (It. nov. 1607-mars 1608,
fol. 196). Cf. sur cet ardent ligueur, Floquet. III. 249, 250, 254, 281, 301,
303, 305, 310, 314, 318, 363, 377, 398, 404-412, 540, 610. — IV, 5, 9, 10.

[299] Anne du Buisson, 3e fils de Claude du Buisson et de Marie Le
Sueur, mariés le 23 août 1551, sieur de Laize, archidiacre du Vexin normand, grand vicaire de Rouen (14 août 1620-14 avril 1625, BR. Y. 214,
t. 14, fol. 260), chanoine de Rouen, écolâtre de Bayeux, cons. au Parlement de Rouen, en ex , les 30 mai 1595 (AD. RS. 1596, fol. 27) 21 avril
1614 (AD. RS. avril-septembre 1614, fol. 46) 4 septembre 1628 (AD. RS.
nov. 1627-sept. 1628, fol. 440 v°), mort, le 20 septembre 1628 (AD. RS.
Vac. 1626-1637, f. f. 30 v°, 31) (enterrement, le 21) (Cf. A. du Buisson :
Les du Buisson, Tarbes, 1868. in-8°, p. 38.)

[300] Richard Regnault, sieur du Pont, havrais, lt au baill. de Rouen
(n. 1er, r. 20 février 1569), cons. au Parlement de Rouen, en ex., les
9 avril 1571 (AD. RS. IV. 182 v°) 21 avril 1581 (AD. RA. 363) 5 mars
1594 (AD. RS. Parlement de Rouen, 1593-1594, fol. 94 v°). Ce fougueux
ligueur se réfugia dans les rangs de l'armée espagnole (le 19 avril 1597,
il est, à Amiens, avec elle (BR. Y. 32, t. 5, fol. 43). Il mourut aux Pays-
Bas. Il avait ép. N. Briselet. Cf. Floquet, III, 540, 598. — IV, 5, 11,
116, 118.

[301] Galiot ou Gatien de Béthencourt, fils de Jean de Béthencourt et
de Marie Le Clerc de Croisset, sieur de Mauquenchy, St Pierre du Quesnay, Glatigny, Haqueleu, Béthencourt, conseiller au Parlement de
Rouen, en ex., le 30 août 1594 (BR. Y. 214, t. 28, fol. 114) 19 décembre

1597 (AD. RA. 411) 26 novembre 1602 (BR. Y. 214, t. 28, fol. 170)
15 décembre 1616 (It. t. 12, fol. 222) 14 mars 1620 (It. t. 13, fol. 145),
12 novembre 1626 (AD. RS. nov. 1616-oct. 1627, fol. 1) 3 décembre 1629
(AD. RS. nov. 1629-août 1630, fol. 22 v°) honoraire, le 4 décembre 1629
(It. fol. 25) 10 janvier 1630 (It. fol. 57). Il mourut, le 1er décembre 1641
(AM. St-Amand. Décès, fol. 17). Il ép. (10 novembre 1594), Marie
Ygon.

[302] Nicolas de Brinon, sieur de Vaudichon, 2e fils de René de Brinon
et de Claude Chappelier, conseiller au Présidial de Bordeaux, puis conseiller au Parlement de Rouen, en ex. le 18 avril 1572 (AD. RS. V. 49)
18 avril 1581 (AD. RA. 363) 2 juillet 1591 (BR. Y. 214, t. 7, fol. 108)
17 décembre 1598 (AD. RA. 422) 14 juillet 1603 (BR. Y. 32, t. 5, fol.
108) 17 septembre 1603 (AD. RA. 431). Il résigna, étant mourant, le
1er octobre 1603 (AD. RS. vac. 1600-1604, fol. 112 v°. Billet de lui :
signature tremblée) et mourut, le lendemain, 2 octobre 1603 (BR. Y.
214, t. 9, fol. 411). Il ép. avant le 13 janvier 1579 (AM. Ste-Cr. — St.
Ouen. Baptêmes) Jeanne de Noyelle (morte au 19 janvier 1610), veuve
de Jean de Miraulmont. Il était huguenot. Cf. Floquet, III, 323, 521. IV.
35, 37. 43.

[303] Pierre de Brinon, fils de Nicolas de Brinon et de Jeanne de
Noyelle, né en 1573, sieur des Meulliers, le Rozay, Vaudichon, le Ver-
dier, cons. à survivance au Parlement de Rouen, le 19 mai 1597 (AD.
RS. janv.-mai 1597, fol. 154), en ex., les 6 octobre 1603 (AD. RS. vac.
1600-1604, fol. 114), 24 janvier 1612 (BR. Y. 214, t. 11, fol. 237) 23 août
1636 (AD. RS. févr.-août 1636, fol. 210) 20 août 1647 (BR. Y. 214, t. 18,
p. 384) 18 mai 1658 (It. t. 22, fol. 172), 23-25 mai 1658 (AD. RS. mars-
mai 1658) mort, le 23 août 1658 (AD. RS. vac. 1655-58, fol. 208. —
BR. Y. 214, t. 22, fol. 206). Il ép., avant 3 décembre 1615 (AM. St-Martin sur Renelle. Bapt. fol. 76 v°) Jeanne-Antoinette de Restault (vivante
3 décembre 1615). Floquet, IV, 285, 289.

[304] Jean du Perron, fils de Nicolas du Perron et d'Anne Postel, sieur
de Béneville, cons. au Parlement de Rouen, en ex., le 19 mai 1572 (AD.
RA. 328) 11 novembre 1572 (AD. RS. VI, 1) 30 janvier 1584 (AD. RA.
374) 20 décembre 1590 (AD. RA. Parlement lig. 4) 20 décembre 1596 (AD.
RS. nov.-déc. 1596, fol. 66), mort, le 30 janvier 1597 (AD. RS. janv.-mai
1597, fol. 30. — Farin : St-Nicolas). Il ép. avant 19 janvier 1581, Marie
Bacquelier (vivante, 19 janvier 1581) (AM. Ste-Cr. — St-O. Baptêmes).
Cf. Floquet, III. 146, 281, 377, 540, 574.

[305] Marc-Antoine de Brevedent, 2ᵉ fils de Jean de Brevedent et de Marie Gontren, mariés le 27 juillet 1567, né en septembre 1575, conseiller au Parlement de Rouen, en ex., le 24 avril 1600 (AD. RS. nov. 1599-mai 1600, fol. 145 v°), 26 nov. 1602 (BR. Y. 214, t. 28, fol. 170), promu lay, le 20 août 1604 (BR. Y. 214, t. 9, fol. 378) 3 juin 1617 (It. t. 12, fol. 290) 22 octobre 1632 (AD. RS. Vac. 1626-37, fol. 207) 21 mars 1637 (AD. RS. août 1636-janv. 1638, fol. 273) 30 mars 1637 (AD. RS. mars-juillet 1637, fol. 8), mort, le 19 mai 1637, à Paris (Farin : St-Sauveur), selon Farin. Toutefois, le décès est mentionné, aux RS. dès le 12 mai (AD. RS. mars-juillet 1637, fol. 43). Il ép. Jeanne Le Blanc (morte, le 19 décembre 1636 (BR. Y. 214, t. 29, fol. 165). Cf. Floquet, IV, 420.

[306] Nicolas Caillot, fils de Nicolas Caillot et de Madeleine de Béthencourt, sieur de Blaru, conseiller au Parlement de Rouen, en ex. le 7 juin 1572) AD. RS. V, fol. 76 v°) 7 septembre 1576 (AD. RA. 345) 23 décembre 1583 (AD. RA. 374) 27 avril 1587 (Fr. 18936, fol. 210 v°) 8 mai 1587 (AD. RA. 390), mort, le 7 juin 1587 (Farin. Stᵉ-Cr. St. O. — Fr. 18 936, fol. 219. — B. N. Est. Pᵈ 1 c). Il ép. Catherine des Champs (vivante 15 mai 1619).

[307] Isambart Selles, fils de Fouques Selles et de Catherine Le Sauvage, cons. au Parlement de Rouen, en ex. le 19 février 1588 (AD. RS. 1588-95, fol. 21) 27 mars 1597 (AD. RA. 412) 9 mai 1603 (BR. Y. 32, t. 5, fol 106) 16 janvier 1612 (BR. Y. 32, t. 5, fol. 184) 20 novembre 1613 (AD. RS. nov. 1613-mars 1614, fol. 16) mort avant le 22 juin 1615 (BR. Y. 214, t. 12, fol. 54).

[308] Marin Benoist, sieur de Monstreaux, Blacq, Commarqueron, fils de Jean Benoist et de Guillemette Cavelier, vicomte de Bayeux, anobli (mars 1586), cons. au Parlement de Rouen, reçu, le 18 décembre 1572 (AD. RS. VI, fol. 22), en ex., le 21 janvier 1573 (AD. RS. VIII 6 v°) 13 novembre 1578 (Fr 18.933, fol. 7) 16 avril 1587 (AD. RA. 389) 2 avril 1594 (AD. RS. Parlement lig. 1593. 4, fol. 263) 17 novembre 1594 (AD. RA. 400). Il ép. Madeleine Pépin de Campigny.

[309] Augustin Benoist, fils de Marin Benoist et de Marie Pépin de Campigny, sieur de Blacy, cons. au Parlement de Rouen, en ex. le 19 janvier 1595 (AD. RS. de 1588 à 1595, fol. 253 v°) 16 août 1600 (AD. RS. juin-août 1600, fol. 131) 12 novembre 1607 (AD. RS. nov. 1607-mars 1608, fol. 1) 12 novembre 1616 (AD. RS. nov. 1616-janvier 1617, fol. 1), mort au 27 mai 1617 (AD. RS. avril-août 1617, fol. 98). Il ép. Françoise Le Large.

[310] Michel Bouju, fils d'Antoine Bouju et d'Adrienne du Buisson, mariés avant le 26 septembre 1534, official de Rouen, cons. au Parlement de Rouen, reçu le 18 juillet 1573 (AD. RS. VIII, 117 v°. — BR. Y. 214, t. 6, p. 425 : Une erreur typographique nous a fait imprimer, à tort, 1578), en ex. le 12 novembre 1573 (AD. RS. VI, fol. 73) 16 mars 1579 AD. RS. VIII, fol. 612 v°) 22 août 1580 (Fr. 18.934, 1) 20 octobre 1587 (AD. RA 392). Cf. Floquet, III, 217.

[311] Joachim de Mathan, 6ᵉ fils de Georges de Mathan et de Claude des Asses, mariés le 4 juillet 1551, sieur du Homme, la Selle, Fours, Villiers, curé de Jurques (6 juillet 1596), prieur de Sᵗ-Fromont, Bourg-Achard, chanoine de Reims et Bayeux, archidiacre de Rouen, doyen d'Ecouis, président de l'Académie de l'Immaculée Conception, à Rouen (1608), conseiller au Parlement de Rouen, en ex., le 26 juin 1589 (BR. Y. 214, t. 7, fol. 5), 28 mai 1599 (It. t. 27, fol. 156), 18 juin 1611 (BR. Y. 32, t. 5, fol. 180), 11 mai 1617 (AD. RS. avril-août 1617, fol. 88), 8-12 mai 1617, (AD. RA. 550), honoraire, les 31 mai 1617 (AD. RS. avril-août 1617, fol. 104), 19 mai 1621 (AD. RS. février-mai 1621, fol. 152), 14 octobre 1624 (AD. RS. Vac. 1618-25, fol. 300), 26 novembre 1626 (AD. RS. novembre 1625-août 1626, fol. 215), mort, à Paris, le 30 décembre 1626. Il fut à la bat. d'Ivry, au siège de Falaise (Cf. Floquet, III, 558. — IV, 217).

[312] Antoine de Boislevêque, sieur d'Espreville, 2ᵉ fils de Robert de Boislevêque et de Marie-Geneviève Surreau, conseiller au Parlement de Rouen, en ex., le 30 mai 1573 (AD. RS. VIII, 469 v°), 17 mars 1581 (AD. RA. 363), 23 décembre 1586 (It. 387), 1ᵉʳ avril 1594 (BR. Y. 214, t. 7, fol. 465), 6 février 1599 (AD. RS. nov. 1598-avril 1599, fol. 69 v°), 24 mai 1599 (BR. Y. 214, t. 28, fol. 214), 25 mai 1599 (AD. RA. 424) Il mourut, le 20 octobre 1599 (Farin. : Sᵗ-Laurent). Il ép. N.   de Piedeleu, puis (16 août 1579 (AM. Sᵗ-Laurent. Mar. 15) Marguerite de Bauquemare-Brauville (baptisée, le 7 novembre 1560 (AM. Sᵗ-Laurent. Bapt. I, 58 v°). Cf. Floquet, III, 293, 425-7, 465-6.

[313] Mathurin Le Blais, sieur du Quesnay, fils de Robert Le Blais, fut conseiller au Parlement de Rouen, en ex., le 11 mai 1600 (AD. RS. nov. 1599-mai 1600, fol. 163 v°), 13 novembre 1606 (AD. RS. avril 1605-janv. 1607, fol. 356 v°), 5 décembre 1611 (AD. RS. nov. 1611-juin 1612, fol. 52), 6 juillet 1617 (AD. RS. avril-août 1617, fol. 204), 3 juin 1619 (AD. RS. nov. 1618-16 août 1619, fol. 318), 8 juillet 1619 (AD. RA. 567). Il mourut, à Caen, en 1629, après avoir résigné, avant le 8 novembre 1619 (BR. Y. 214, t. 13, fol. 108). Il ép. Marie Thyrel.

[314] Nicolas Thomas, sieur de Verdun, Criquetot, le Monet, Nestan-ville, fils de Jean Thomas et de Catherine de Rassent, conseiller à la Table de marbre de Rouen (n. 11 février, r. 11 mai 1568), lieut. gén. au même tribunal (n. 30 septembre, r. 2 décembre 1569), cons. au Parlement de Rouen, en ex., les 12-16 mars 1576 (BR. Y. 214, t. 6, fol. 396. — AD. RS. IX, 66 v°), 31 octobre 1577 (AD. RS. VIII, 557), avocat général au Parle-ment de Rouen (1578), en ex., les 7 juillet 1589 (BR. Y. 32, t. 3, fol. 7), 1er février 1599 (AD. RS. nov. 1598-avril 1599, fol. 62 v°), 9 août 1600 (BR. Y. 214, t. 9, fol. 23), président au Parlement de Rouen, reçu le 29 juillet 1602 (AD. RS. février-août 1602, fol. 268), en ex., le 7 août 1602 (AD. RA. 443), 21 avril 1605 (BR. Y. 32, t. 5, fol. 124), 16 avril 1613 (BR. Y. 32, t. 5, fol. 193), 20 mai 1621 (AD. RS. févr.-mai 1621, fol. 156). Les 26 et 29 juin 1621 (AD. RA. 581), des rapports de lui sont signés, *ex ordinatione curiae*, par le président Poërier, ce qui semble indiquer qu'il était malade ou mort. En tout cas, il mourut avant le 4 avril 1622 (BR. Y. 214, t. 13, fol. 442). Il ép. N.   de la Haye. Cf. Floquet, III, 209, 290, 322, 433, 436, 461-2, 534-5.

[315] Pierre Le Cornier, sieur de Sainte-Hélène, Vauberville, Esmale-ville, fils de Robert Le Cornier et de Barbe Le Mercier, cons. au Parlement de Rouen, en ex., le 13 janvier 1579 (B. N. Fr. 18.933, fol. 28 v°), 16 février 1585 (AD. RA. 378), 17 décembre 1590 (BR. Y. 214, t. 7, fol. 76), 5 mai 1593 (BR. Y. 32, t. 4, fol. 158), mort au 13 décembre 1593 (Doss. bleus, 211), en allant aux eaux de Spa. Il ép. avant 1er mars 1579, Marie Trancart (vivante 7 mai 1583) (AM. St-Lô, Bapt. II, fol. 66 v°, 69, 74, 90, 99). Cf. Floquet, III, 465.

[316] Nicolas Le Jumel, sieur de Lisores, Barneville, Pennedepie, fils de Pierre Le Jumel et de Madeleine Eudes de Bérangeville, mariés le 25 novembre 1557, cons. au Parlement de Rouen, reçu, le 27 juillet 1594 (AD. RS. 1586-95, fol. 182), en ex., le 28 juillet 1594 (It. fol. 182 v°), 20 novembre 1595 (AD. RS. VII, fol. 12 v°), 5 mars 1597 (AD. RA. 412), procureur général au Parlement de Rouen, en ex., le 9 juillet 1597 (AD. RS. juin-oct. 1597, fol. 53), 26 août 1605 (BR. Y. 214, t. 9, fol. 485). 27 février 1613 (AD. RS. nov. 1612-mars 1613, fol. 189), mort avant le 16 octobre 1613, cons. d'État (27 août 1599). Il ép. (25 avril 1597) Elisa-beth de Vassy (vivante, le 26 février 1616), veuve de Tanneguy Le Gris d'Echauffour. — Cf. Floquet, IV, 8, 37, 43, 211, 213, 219, 236-7, 285.

[317] René d'Amphernet, sieur de Boucey, Vergoncey, Renainville, la Bosse, fils de Jean d'Amphernet et de Suzanne de Pontbellenger, mariés le 29 mai 1562, cons. au Parlement de Rouen, en ex, le 8 octobre 1597,

(AD. RS. 1597, fol. 186), 8 novembre 1604 (AD. RS. Vac. 1600-1604, fol. 139), 12 avril 1612 (AD. RS. nov. 1611-juin 1612, fol. 310 v°), 26 octobre 1619 (AD. RS. Vac. 1618-1625, fol. 92), 5-6 novembre 1619 (AD. RA. 570), président au Parlement de Bretagne (n. 1er septembre 1619, reçu 13 janvier 1620, en exercice, le 26 septembre 1637), conseiller d'État (5 septembre 1626-26 septembre 1637), mort avant le 12 mai 1645. Il ép. (10 février 1635) Anne de Belloi (morte, à Boucey, en Normandie, le 15 août 1657 (Saulnier : *Parlement de Bretagne*, p. 25), veuve d'Henri de Choiseul-la-Ferté.

[318] Antoine de Caradas, sieur du Héron, Viel-Rouen, fils d'Antoine de Caradas et de Catherine Gombault, baptisé, à Rouen, le 13 septembre 1547 (AM. St-André. Bapt., fol. 22), cons au Parlement de Rouen, en ex., les 20 mars 1576 (AD. RS. IX, 68 v°), 26 septembre 1581 (AD. RS. fragm. inséré dans un rég, de 1592), 23 mai 1586 (AD. RA. 384), 23 décembre 1587 (Fr. 18.936, fol. 270), 2e président (6 avril 1588), puis (12 juillet 1590-2 novembre 1605), premier président à la Cour des Aides de Rouen, honoraire (2 août 1609), vivant 4 avril 1610. Il ép. (7 janvier 1579) Madeleine Le Fèvre.

[319] Jacob Le Roux, sieur de Touffreville, la Bouteillerie, la Gravelle, fils de Philippe Le Roux et de Geneviève de la Masure, mariés le 26 juin 1563, cons. au Parlement de Rouen, en ex., les 12 mai 1588 (AD. RS. 1588-93, fol. 43 v°). 15 avril 1594 (BR. Y. 32, t. 4, fol. 246), 4 octobre 1604 (AD. RS. Vac. 1600-1604, fol. 144), 12 novembre 1615 (AD. RS. nov. 1615-août 1616, fol. 1), 8 novembre 1624 (AD. RS. Vac. 1618-1625, fol. 318), 19 mars 1629 (AD. RS. nov. 1628-juillet 1629, fol. 85), mort, le 27 septembre 1629 (AD. RS. Vac. 1626-37, fol. 83; AM. St-Laurent, 13 v°, Enterr. 28). Il ép. (13 juillet 1588) Suzanne de Bailleul, puis Madeleine Dary. Cf. Floquet, III, 571. — IV, 320.

[320] Pierre Roque, sieur du Genetay, fils de Pierre Roque et d'Anne Le Cordier, avocat au Parlement de Rouen (19 janvier 1571), cons. Parlement Rouen, reçu 5 mars 1576 (AD. RS. IX, fol. 55 v°), classé, le 12 mars 1576 (It. fol. 62), en ex., le 24 avril 1576 (It. fol. 92 v°), 1er avril 1583 (Fr. 18.934, 279), 7 mai 1586 (Fr. 18.936, 107), 30 septembre 1586 (AD. RA. 386), résigna avant le 15 décembre 1586 (AD. RS. 1598-99, fol. 2). Il ép. Marie Le Chandelier (baptisée le 16 mai 1553 (AM. St-Laurent. Bapt. I, 20), morte, le 9 juillet 1616 (AD. RS. nov. 1615-août 1616, fol. 381). Cf. Floquet, III, 377.

[321] André Bonissent, sieur des Butors, fils d'André Bonissent et de

Louise Le Mercier de la Bretesque, mariés le 7 novembre 1553, cons. au Parlement de Rouen, n. 9 juillet 1586 (Arch. S.-Inf , C. 2286), en ex., le 16 décembre 1586 (Fr. 18.936, fol, 167), 23 décembre 1590 (BR. Y. 32, t. 3, fol. 216), 3 juin 1598 (AD. RA. 419), 9 septembre 1617 (AD. RS. Vac. 1611-1617, fol. 302 v°), 22 juin 1620 (AD. RS. avril-sept. 1620, fol. 117), mort, subitement, avant le 29 juin 1620 (BR. Y. 214. t. 13, fol. 207). Il ép. Perrette Hûe de Fresne.

[322] Antoine Le Grand, sieur de la Haye, fils de Nicolas Le Grand et de Jeanne Aude, cons. au Parlement de Rouen, reçu 3 mars, classé 12 mars 1576 (AD. RS. IX, ff. 53 et 62), en ex., le 24 avril 1576 (It. fol. 92 v°), 27 février 1581 (AD. RA. 363). 24 octobre 1587 (Fr. 18.936, fol. 257), en ex., le 28 mars 1588 (AD. RS. 1588-95, fol. 36 v°), mort, le 16 mai 1588 (AD. RS. 1588-1595, fol. 44 v°). Il ép. N.   de la Roche-Vaudrimont. Cf. Floquet, III, 217.

[323] Nicolas Thronel, fils de N.   Thronel et de N. Cousin, chanoine de Rouen, prieur de Saint-Martin-de-Bellecombe, cons. au Parlement de Rouen, en ex., les 1er septembre 1588 (AD. RS. 1588-95, fol. 84 v°), 6 juin 1598 (BR. Y. 214, t. 28, fol. 182), 15 juillet 1610 (It. t. 10, fol. 492), 27 mars 1621 (AD. RA. 579), 9 août 1622 (AD. RS. nov. 1621-août 1622, fol. 362). Il avait été élu, en 1588, comme lay, et, en 1592, passa clerc.

[324] Charles Le Doulcet, fils de Michel Le Doulcet, fut conseiller au Parlement de Rouen, en ex., le 9 septembre 1593 (AD. RS. Parlement lig. 1593-94. fol. 48), 6 juin 1597 (AD. RS. 1597, fol. 8), 7 janvier 1600 (Fr. 24.113, fol. 174 v°), 12 novembre 1601 (AD. RS. nov. 1601-févr. 1602, fol. 1), saisi, le 24 juin 1601 (BR. Y. 214, t. 9, p. 92), résigna, avant le 1er juillet 1602 (It. fol. 192) et mourut avant le 9 mars 1606. Il ép. Françoise Suhard (vivante 9 mars 1606).

[325] Claude Sédille, sieur de Monceaux, cons. au Parlement de Rouen, en ex., le 27 janvier 1578 (AD. RA. 353) 4 mars 1578 (AD. RS. 1588-95, fol. 230 v°), 28 juin 1584 (BR. Y. 214, t. 10, fol. 188) 19 août 1594 (AD. RS. 1588-95, fol. 230 v°) 9 décembre 1594 (AD RA. 400), mort, le 9 mars 1595 (AD. RS. 1588-95, fol. 275). Cf. Floquet, III, 329, 342-3, 540.

[326] Georges Péricard, 4e fils de Jean Péricart et d'Anne Martin, mariés le 6 juin 1548, abbé de St-Etienne de Caen, St-Julien de Tours, cons. au Parlement de Rouen, n. 16 février 1578 (Arch. S. Inf. C. 2285), r. 21 janvier 1579 (Fr. 18.933.22) en ex., les 23 janvier 1579 (Fr. 18.933.32)

13 février 1581 (Fr. 18.934.22) 8 août 1582 (Fr. 18.934.211), évêque d'A-
vranches (1ᵉʳ juin 1583), mort, le 22 juillet 1587.

[327] François Péricard, 5ᵉ fils de Jean Péricart et d'Anne Martin, baptisé à Rouen, le 27 septembre 1559 (AM. St-Laurent, Bapt. Reg. I,
fol. 51), abbé de St-Julien de Tours, cons. au Parlement de Rouen,
en ex., les 17 mars 1584 (Fr. 18.935,96) 12 décembre 1586 (Fr. 18.936, fol.
65 v°) 17 juillet 1587 (It. fol. 231) évêque d'Avranches après son frère,
mourut le 25 novembre 1639. On le voit siéger, comme honoraire, les
26 nov. 1602, 12 nov. 1607, 27 janvier 1617, 31 mai et 19 juin 1630, 12
nov. 1631 (BR. Y. 214, t. 28, fol. 170. — AD. RS. nov. 1607-mars 1608,
fol. 1 — janvier-mars 1617, fol. 1 — nov. 1629-août 1630, fol. 208 et 231.
— nov. 1631-avril 1632, fol. 3).

[328] Antoine du Val, fils de Germain du Val, fut doyen de Bayeux,
cons. au Parlement de Rouen, en ex., le 24 juillet 1589 (AD. RS. 1588-93,
fol. 21) 4 novembre 1598, (AD. RS. Vac. 1596-99, fol. 82), 8 novembre
1604 (AD. RS. Vac. 1600-1604, fol. 159), 19 mai 1609 (AD. RS. nov. 1608-
juin 1609, fol. 288), 7 juin 1612 (AD. R.S. nov. 1611-juin 1612, fol.
381 *bis*, 13 juillet 1612 (AD. RA. 512). Il mourut, le 19 juillet 1612
(BR. Y. 214, t. 11, fol. 472). Il se fit huguenot et ép. avant 2 octobre
1603, Diane de Brinon Cf. Floquet, III, 525, IV, 130.

[329] Quentin de la Porte, sieur d'Infreville, fils de Jean de la Porte
et de Catherine Gayant, était le frère du procureur général Georges de la
Porte. Il fut lieut. au bailliage de Gisors (12 août 1573-19 janvier 1582),
maître des requêtes (13 juin 1581) et mourut, s. p., avant le 7 juillet 1588.
Il avait épousé Madeleine Asselin (vivante le 7 juillet 1588). Jacques
Moynet, sieur de Tancourt, Cleuville, lieut. gén. vic. de Rouen (16 janvier 1578) cons. au Parlement de Rouen, en ex., les 10 février 1580 (Fr.
18.933, fol. 199 v°) 27 novembre 1590 (BR. Y. 214, t. 7, fol. 75), 15 avril
1609 (AD. RS., nov. 1608-5 juin 1609, fol. 288), 12 novembre 1611
(AD. RS. nov. 1611-juin 1612, fol. 1), honor. le 9 février 1612 (It.
fol. 175 v°). Il avait embrassé la réforme sous Henri III, revint au catholicisme, l'abandonna de nouveau. Le Parlement l'exclut, de 1593 à 1598
(Cf. Haag, VII, 551. — Floquet, III, 570. — IV, 100-106). Il ép. Marie Le
Seigneur.

[330] Maximilien de Limoges, sieur de Noyon, Houzonville, 5ᵉ fils de
Gabriel de Limoges et de Jacqueline de Fumechon, né le 18 février 1551,
Dʳ en droit de l'Université de Valence (5 mars 1574) avocat au Parl-   .nt
de Rouen (7 décembre 1574), lieut. à la Table de Marbre (9 janv. . 577-

6 février 1593), M⁰ des req. du duc d'Alençon (12 septembre 1582), cons. au Parlement de Rouen, en ex., les 11 septembre 1595 (AD. RS. juillet-nov. 1595, fol. 84 vᵉ), 29 novembre 1597 (AD. RS. 1597-98, fol. 19 v°) 12 novembre 1601 (AD. RS. nov. 1601-février 1602, fol. 1), honoraire, les 27 nov.-12 décembre 1603 (AD. RS., nov. 1603-sept. 1604, ff. 22, 39), maître des requêtes (16 septembre 1603), mort entre le 29 janvier 1605 et le 11 mai 1607. Il ép., avant le 31 décembre 1586, Isabeau Le Moine (vivante 1627).

[331] Jean de Marguerit, sieur du Buc, Guibray, Soignolles, Sacy, Eran, les Trais, la Champagne, fils de Charles de Marguerit et de Marguerite de la Rue, lieut. gén., baili. d'Alençon, cons. au Parlement de Rouen, r. 3 août 1592 (AD. RS. Parl. de Caen, 1592, fol. 28, v°), en ex., le 29 août 1592 (It. fol. 50) 13 juillet 1599 (AD. RS. 1598-99, fol. 246) 5 avril 1604 (AD. RS., nov. 1603-sept. 1604, fol. 177) 7 août 1606 (AD. RS. avril 1605-janv. 1607, fol. 351), 26 mars 1607 (AD. RA. 471), procureur général, n. 21 mars, r. 2 juillet 1607, en ex., les 12 novembre 1607 (AD. RS. nov. 1607-mars 1608, fol. 1), 23 mars 1609 (BR. Y. 214, t. 10, fol. 278), mort¹ le 20 juillet 1609, à Rouen. Il ép. (8 septembre 1583) Michelle Anzeray, puis Marie des Rotours (morte entre le 19 septembre 1619 et le 9 septembre 1623).

[332] Michel Hue, fils de Pierre Hue et de Jeanne du Prey, mariés avant le 12 novembre 1557, procureur du roi au baill. de Thorigny, maître monnayeur à Sᵗ-Lô (9 décembre 1583), capitaine pour la garde de Sᵗ-Lô (1590), sieur de la Roque, cons. au Parlement de Rouen, en ex., le 19 février 1593 (BR. Y. 32, t. 4, fol. 116), 13 avril 1605 (BR. Y. 214, t. 27, fol. 197), 19 janvier 1616 (BR. Y. 32, t. 5, fol. 233), 27 novembre 1626 (BR. Y. 214, t. 14, fol. 339), 9 novembre 1634 (AD. RS. Vac. 1626-37, fol. 282) 16 mai 1639 (AD. RS., janvier 1638-mai 1639, fol. 360, v°) 22 décembre 1639 (AD. RA. 707). Il résigna, avant le 11 avril 1641 (BR. Y. 214, t. 17, fol. 138), mort, le 12 avril 1641 (Inhum., le 13. AM. Sᵗᵉ-Croix-Sᵗ-Ouen. Décès, fol. 5 v°). Il ép. (2 décembre 1601) Marie-Marthe Dyel de Miromesnil.

[333] Jean Roger, sieur de Neuilly, fils de Pierre Roger et d'Anne de Bacilly, conseiller au présidial de Rouen, puis au Parlement de Rouen, en ex., le 28 septembre 1592 (AD. RS. Parlement Caen, 1592, fol. 28, v°) 16 septembre 1597 (AD. RS. 1597, fol. 164) 13 décembre 1610 (BR. Y. 214, t. 11, fol. 472) 14 novembre 1618 (AD. RS. nov. 1618-août 1619, fol. 8) 29 novembre 1618 (AD. RA. 562), honoraire, les 31 janvier 1619 (AD. RS. nov. 1618-août 1619, fol. 144), 16 janvier 1625 (AD. RS. nov.

. 1624-août 1625, fol. 70) 4 juin 1631 (AD. RS. novembre 1630-juin 1631, fol. 228), mort, le 25 juin 1631 (AM. St-Godard. Decès, fol. 5). Il ép. (12 décembre 1598) Marie Lormier.

[334] Adrien Le Doulx, sieur de Nogent, Bois-Chevreuil, lieut. gén. bailliage d'Evreux (15 juin 1579-5 février 1587), anobli (5 décembre 1586), fils de Guillaume Le Doulx et de N. de Sainctes (Cf. Ch. Molle : *Gén. Le Doulx-Melleville*, in-4°, Evreux, 1888), cons. au Parlement de Rouen, en ex. le 22 septembre 1592 (AD. RS. oct. 1591-nov. 1592, fol. 205 v°), reçu, régulièrement, le 15 mai 1594, en ex., le 21 mars 1597 (AD. RA. 412), 1er octobre 1603 (AD. RS. Vac. 1600 à 1604, fol. 114), 5 août 1606 (AD. RS. avril 1605-janv. 1607, fol. 347) 9 novembre 1606 (AD. RA. 469), honoraire, le 25 juin 1606 et le 24 mars 1607 (AD. RS. janvier-avril 1607, fol. 142). Il avait résigné, avant le 7 décembre 1606 (BR. Y. 214, t. 10, fol. 113). Il ép. Perrenelle du Val, puis Marguerite de Chambon (vivante, le 5 décembre 1607). Cf. Floquet, IV, 11). Il mourut avant le 5 décembre 1607.

[336] Jean Bunache, sieur de St-Just, cons. au Parlement de Rouen, en ex., le 25 juillet 1595 (AD. RS juillet-nov. 1595, fol. 31) 23 juin 1600 (AD. RS. juin-août 1600, fol. 131) 18 juillet 1608 (AD. RS. 14 avril-22 août 1608, fol. 180), honoraire, les 6 mars et 24 nov. 1614 (BR. Y. 214, t. 12, fol. 14), mort le 6 juillet 1629. Il ép. avant 5 septembre 1598, Françoise Chevalier (vivante 21 janvier 1633) Cf. Floquet, IV, 11.

[337] Pierre du Moncel, sieur de Sassetot, fils de Louis du Moncel et de Catherine de Bauquemare-Sassetot, mariés entre Quasimodo et la Trinité 1573, baptisé, le 3 juin 1574, à Rouen (AM. St-Eloi, années 1573 et 1574, en feuilles), cons. au Parlement de Rouen, en ex. les 19 décembre 1597 (AD. RA. 418) 12 novembre 1608 (AD. RS. nov. 1608-juin 1609, fol. 7) 26 août 1614 (AD. RS. avril-sept. 1614, fol. 247), mort, le 8 octobre 1614 (BR. Y. 214, t. 11, fol. 483). Il ép. Marie Donnest (morte, le 2 octobre 1649, en sa terre de Fontematin, près N. D. de Grâce (AM. St-Eloi. Décès, fol. 18).

[338] Jean de la Faye, fils de Robert de la Faye, fut lieut. gén. au baill. de Rouen (octobre 1589), cons. au Parlement de Rouen pendant 3 semaines, lieut. gén. à la Table de marbre de Rouen, mort, à Rouen, de la peste, le 5 septembre 1620 (AM. Décès, St-Martin-sur-Renelle, II, fol. 123). Il ép. Charlotte de la Montagne-Sasseville. Cf. Floquet IV, 11, 12, 13.

[339] Robert Dyel, sieur de St-Igny, né en 1560, mort en 1640 (Fa-

rin), lieut. gén. à la Table de marbre de Rouen, avocat au Parlement de Rouen, (4 févr. 1583) avocat du roi au baill. d'Arques (26 novembre 1587), cons. au Parlement de Rouen, en ex., le 12 novembre 1599 (AD. RS. nov. 1599-mai 1600, fol. 1), 12 janvier 1612 (AD. RS. nov. 1611-juin 1612, fol. 243) 21 juillet 1617 (AD. RS. avril-août 1617, fol. 240), résigna, avant le 3 décembre 1618 (BR. Y. 214, t. 13, fol. 13), honoraire, le 10 décembre 1618 (AD. RS. nov. 1618-août 1619, fol. 54 v°) 25 octobre 1627 (AD. RS. nov. 1626-octobre 1627, fol. 377 v°) 26 novembre 1629 (AD. RS. nov. 1629-août 1630, fol. 16). Il ép. Simone Puchot (morte, le 25 août 1618, si c'est « Mademoiselle de St-Igny » (AM. St-Pierre le Châtel. Décès, fol 71, v°) Cf. Floquet, IV, 11 à 13.

[340] Nicolas Grimoult, sieur de la Motte-Billardière, Acqueville, troisième fils de Michel de la Motte et d'Eléonore Godet, mariés le 19 juillet 1534, lieut. civil et criminel au bailliage d'Alençon (18 août 1580-3 juillet 1593), cons. au Parlement de Rouen, n. 9 novembre 1599, reçu le 7 décembre 1599 (AD. RS. nov. 1599-18 mai 1600, fol. 28 et 29), en ex., le 13 décembre 1599 (It. fol. 33 v°), 12 novembre 1608 (AD. RS. nov. 1608-juin 1609, fol. 1), 14 janvier 1616 (AD. RS. nov. 1615-août 1616, fol. 112), 3 juin 1619 (AD. RS. nov. 1618-août 1619, fol. 318), 31 janvier 1620 (AD. RA. 571), honoraire, les 10 février 1620 (BR. Y. 214, t. 13, fol. 133), 5 août 1620 (AD. RS. avril-septembre 1620, fol. 214 v°), mort entre le 6 novembre 1624 et le 15 novembre 1637, huguenot, ép. (20 janvier 1609), Marie Le Goix (vivte 7 novembre 1612), puis N.   Peigné. Cf. Floquet, IV, 157.

[341] Jean de la Rivière, de Bayeux, sieur de Héville, fils de François de la Rivière et de Jacqueline de Cossey, cons. au Parlement de Rouen, en ex., les 11 janvier 1600 (AD. RS. nov. 1599-mai 1600, fol. 58 v°), 15 janvier 1602 (AD. RA. 439), 29 juillet 1602 (AD. RS. février-août 1602, fol. 268), résigna avant le 5 août 1602 (It., fol. 294). Il ép. Catherine Lescalley.

[342] Jacques Le Seigneur, sieur de Vicquemare, Mesnil-Lieubray, fils d'Adrien Le Seigneur et de Marguerite Groulart, cons. au Parlement de Rouen, en ex., le 23 février 1600 (AD. RS. nov. 1599-mai 1600, fol. 99), 8 novembre 1604 (AD. RS. Vac. 1600-1604) fol. 158), 27 octobre 1617 (AD. RS. Vac. 1611-1617, fol. 327), 12 novembre 1624 (AD. RS. nov. 1624-août 1625, fol. 1), 26 mai 1626 (AD. RS. nov. 1625-août 1626, fol. 271), 2 août 1627 (AD. RS. nov. 1626-oct. 1627, fol. 289). Il vivait encore, le 6 juillet 1629. Il ép. N.   puis, après 5 février 1609, Anne

Le Vasnier. Huguenot : passa un brillant examen (Floquet, IV, 157-159).
Sur l'histoire de son second mariage, cf. BR. Y. 214, t. 10, fol. 265 et
Floquet, IV, 490.

[343] Guillaume Gouel, sieur de Poville, substitut (9 novembre 1492),
puis conseiller à l'Echiquier de Rouen (30 oct. 1498), procureur général
au Parlement de Rouen (1499), en ex., le 1er octobre 1503 (Fr. 22.457,
fol. 29).

[344] Simon Muterel, sieur de Cauville, fils de Jean Muterel et de
N   de Fumechon, proc. du roi au baill. d'Evreux (7 juin 1518), proc.
gén. au Parlement de Rouen, en ex., les 1er déc. 1535 (AD. T. 1535),
10 janvier 1541 (BR. Y. 32, t. 1, fol. 59), mort le 3 ou 20 octobre 1541
(Farin Ste-Croix-St-Ouen), ép. (28 août 1518), Isabeau Jubert de Velly
(née le 23 août 1501, morte entre le 19 janvier 1524 et le 4 août 1542).

[345] François Morelon, avocat au Parlement de Paris, procureur général au Parlement de Rouen, n. le 13 janvier 1542, en ex., le 5 mai 1542
(BR. Y. 32, t. 1, fol. 67), 22 décembre 1546 (AD. RA. 210), 9 septembre
1550 (BR. Y. 32, t. 2, fol. 16), 18 janvier 1553 (BR. Y. 214, t. 4, fol.
440), mort, le 12 avril 1553 (BR. Y. 24). Il ép. Perrette Bouguier.

[346] Jean de Lantier (Cf. notice au Parlement de Grenoble), proc.
gén. au Parlement de Rouen, en ex. les 20 juillet 1553 (BR. Y. 214, t. 4,
fol. 440), 4 novembre 1555 (AD. RS. III, 169), 9 septembre 1557 (BR. Y.
32, t. 2, fol. 114). Cf. Floquet, II, 269.

[347] Jean Péricart, fils (naturel ?) de Jean Péricart, fut avocat général,
en ex., le 9 septembre 1557 (BR. Y. 32, t. 2, fol. 114), puis proc. gén. au
Parlement de Rouen, en ex., les 13 septembre 1560 (BR. Y. 214, t. 5,
fol. 249), 19 août 1562 (It. fol. 424), 4 mai 1570 (BR. Y. 32, t. 2,
fol. 198 v°), mort le 9 ou 11 octobre 1570 (Farin. St-Laurent). Il ép.
(6 juin 1548), Anne Martin de Mauroy (morte, le 20 juillet 1598 (AD.
RS. 1598-99, fol. 72). Cf. Floquet, II, 265, 325, 367, 411, 423, III, 249.

[348] Mathieu Aubert, sieur de Montigny, fils de Thomas Aubert, fut
av. gén. au Parlement de Rouen, en ex., le 1er octobre 1503 (Fr. 22.457,
fol. 29), puis premier président à la Cour des Aides de Rouen. Il vivait
encore en mars 1511.

[349] Nicolas Caradas, sieur de Longuelune, les Chapelles, fils de
Richard Caradas et de Marie Auber, avocat à la Cour des Aides de Rouen

(mars 1502), avocat général au Parlement de Rouen (17 mars 1607-
27 décembre 1526), en ex., le 25 janvier 1515 (Fr. 24.113, fol. 168), mort
le 9 octobre 1529 (B. N. Est, P° 1C). Il ép. Florentine de la Perruche,
puis, avant le 27 décembre 1526, Anne de Cuverville (vivante 27 décembre 1526), portraits de lui et de sa femme (B. N. Est. Oa, 16, n°· 907 et
908).

[350] Laurent Bigot, sieur de Tibermesnil, Courcelles, fils d'Antoine
Bigot et d'Alison Porée, avocat général au Parlement de Rouen, en ex.
les 1er décembre 1535, (AD. T. 1535), 12 novembre 1543 (BR. Y. 32, t. 1,
fol. 206), 3 juin 1570 (BR. Y, 214, t. 6, fol. 91), mort le 12 juillet 1570, à
6 heures du soir (BR. Y. 214, t. 6, fol. 101) (Farin, St-Laurent). Cf.
Floquet, II, 116, 119, 146-7, 265, 272, 348-9, 367, 411, 415, 595. — III,
27, 158-60, 195. Il ép. Marie Auber d'Aubeuf.

[351] Pierre Raoullin, sieur de Longpaon, avocat du roi au baill. de
Rouen (5 déc. 1495-18 octobre 1498), fils d'Elie Raoullin, fut av. gén. au
Parlement de Rouen, et mourut avant le 31 décembre 1507.

[352] Jacques de Cormeilles, sieur de Mallemains, fils de Jean de Cormeilles et de Marie Garin, mort peu avant le 9 novembre 1540, ép. Madeleine de Monfault (vivante 10 juillet 1556).

[353] Jean de Longuejoue, sixième fils de Jean de Longuejoue et de
Jeanne du Drac, av. gén. au Parlement de Rouen, en ex. les 5 mai et
14 novembre 1542 (BR. Y., 32, t. 1, fol. 67 et 84), nommé au Parlement de
Paris, prit congé, à Rouen, le 20 juillet 1543 (BR. Y. 214, t. 2, fol. 449),
et mourut, sans postérité, le 20 novembre 1546.

[354] Jacques Le Fèvre, av. gén. au Parlement de Rouen, en ex, le
29 octobre 1543 (BR. Y. 32, t, 1, fol. 105), 16 janvier 1545 (BR. Y. 214,
t. 3, fol. 142), 18 février 1548 (AD. RA, 210), 28 juillet 1554 (BR. Y. 214,
t. 5, fol. 55), mort au 14 avril 1556 (It. fol. 77), le 24 février 1556, selon
Bigot (BR. Y. 24).

[355] Guillaume Vauquelin, sieur de Sacy, Guibray, lieut. gén. à
Saint-Silvin, av. gén. au Parlement de Rouen, en ex. 20 juillet 1574 (BR.
Y. 32, t. 2, fol. 254), 1er février 1575 (BR. Y. 214, t. 6, fol. 455), 8 septembre 1583 (P. O.), fils de Nicolas Vauquelin et de Marguerite Jean,
mariés le 31 octobre 1498, ép. Marie Droullin.

[356] Georges d'Amboise, fils de Pierre d'Amboise et d'Anne de Bueil,

célèbre homme d'État, né en 1460, mort le 5 mai 1510, à Lyon, évêque de Montauban, archevêque de Narbonne, archevêque de Rouen (21 août 1493), lieut. gén. en Normandie, vice-roi de Milanais, cardinal (1498), construisit le château de Gaillon et embellit la cathédrale de Rouen, où il est enterré dans un magnifique tombeau, élevé par les soins de son neveu.

[357] Georges d'Amboise, sieur de Bussy, Saxefontaine, neveu du précédent, fils de Jean d'Amboise et de Catherine de Saint-Belin, né en 1487, mort le 26 août 1550, à Vigny, gouverneur de Rouen, cardinal (7 décembre 1545), homme fort charitable. Il repose, avec son oncle, sous l'admirable mausolée qu'il fit construire, en 1520, dans la cathédrale de Rouen, et qui est orné des statues de l'oncle et du neveu.

[358] Payen Le Sueur d'Esquetot, fils de Guillaume Le Sueur et de Marie de Normanville, évêque de Coutances (1544), mort, le 14 décembre 1551.

[361] Adam de Baillon, sieur de Valences, fils de Michel de Baillon et de Jeanne Le Seigneur, greffier au Parlement de Rouen (12 novembre 1512), en ex. le 25 janvier 1515 (Fr. 24.113, fol. 168), résigna en février 1515. Il ép. Philippes Vaultier, puis Jeanne Le Clerc.

[362] Jean Surreau, sieur de Lisors, Farceaux, Boschérout, Respouville, deuxième fils de Thomas Surreau et de Geneviève Chapelle, né entre le 9 janvier 1486 et 5 juillet 1488, greffier civil au Parlement de Rouen, en ex. les 9 janvier 1542 (BR. Y. 214, t. 2, fol, 301), 12 février 1551 (It. t 4, fol. 213), 19 août 1562 (It. t. 5, fol. 424). Il ép. Marguerite La Vieille de Montigny (morte le 27 octobre 1556).

[363] Thomas Surreau, sieur de Farceaux, fils de Jean Surreau et de Marguerite La Vieille de Montigny, greffier civil au Parlement de Rouen, conjointement avec son père, en ex , les 12 juillet 1542, 17 juillet 1548, 17 avril 1556 (BR. Y. 32, t. 1, fol. 74 — Y. 214, t. 3, fol. 62, 125, 150, 361, 472; t. 4, fol. 112; t. 5, fol. 183), mort entre le 10 octobre 1568 et le 27 avril 1573. Il fut gent. de la Ch. et ép. Suzanne de Monchy-Senarpout (vivante le 27 avril 1573).

[364] Robert de Boislevêque, fils aîné de Robert de Boislevêque et de Geneviève Surreau, sieur de Saint-Léger, la Haulle, Beaulieu, le Parquet, Genonville, Omonville, né en 1534, mort, le vendredi 27 décembre 1613, à 9 h. du matin (AM. S¹-Sauveur. Décès, fol. 83, v° (AD. RS. nov.

1613-mars 1614, fol. 84.— BR. Y. 214, t. 11, fol. 407, Farin), greffier civil du Parlement de Rouen, en ex. les 12 nov. 1569 (BR. Y. 214, t. 6, fol. 1), 26 mai 1593 (It. t. 7, fol. 201), 15 avril 1613 (AD. RS., avril-août 1613, fol. 3), Ami de Pasquier, il ép. Cécile de Goupil. Cf. Floquet, II, 585; III, 462-3, 569.

[366] Jean Dorgite, greffier criminel du Parlement de Rouen, en ex. le 25 janvier 1515 (Fr. 24. 113, fol. 168), mort au 8 juillet 1520, ép. Anne du Bosc (viv. 8 juillet 1520).

[367] Pierre Le Clerc, fils naturel de Pierre Le Clerc de Croisset, fut greffier criminel au Parlement de Rouen (18 mai 1537), vivait encore le 15 mars 1547, et ép. avant cette date, Marie Langlois (viv. le 1er avril 1548 (AM. Saint-André, B. 20 et 23, v°).

[368] Robert de Boislevêque, fils de Robert de Boislevêque et d'Anne Jubert, mariés le 22 août 1497, lieut. gén. à Beaumont, sieur de St-Léger, Espreville, Omonville, greffier criminel au Parlement de Rouen, m. le 19 juin 1537, en ex. le 12 septembre 1540 (AD. RS. I., 4, v°), vivant encore le 1er janvier 1561. Il ép. Geneviève Surreau (morte au 19 mai 1600).

[369] Adrien Toustain, sieur de Frontebosc, le Vatois, Limesy, Grestain, Sotteville-lès-Rouen, Hottot, Espreville, Houguemare, Houguemarette, Auboeuf, la Neuvecourt, fils de Guillaume Toustain et d'Anne de Croismare, mariés le 23 octobre 1507, greffier criminel au Parlement de Rouen, en ex. le 4 août 1541, 31 mai 1546 (BR. Y. 214, t. 2, fol. 292; t. 3, fol. 125, 351). Il mourut entre le 10 janvier et le 15 septembre 1572. Il ép. (8 novembre 1536) Marie de Civile.

[370] Pierre Houël, sieur de Vaudutot, le Tremblay, fils de Jean Houël et de Marguerite de Varneville, mariés le 13 septembre 1509, greffier criminel au Parlement de Rouen, en ex., le 25 août 1566 (AM. St-Laurent, Bapt. I, 83 v°), mort entre le 11 octobre 1582 et le 4 février 1584. Il ép. (6 janvier 1557) Catherine Malier (viv. 7 mai 1586).

[371] François Guésnon, sieur de la Sansonnière.

[372] François du Quesne, sieur du Roumois, greffier criminel au Parlement de Rouen, en ex., les 13 nov. 1589, 19 février 1593 (BR. Y. 32, t. 3, fol. 49, t. 4, fol. 116), résigna avant le 24 mars 1594 (AD. RS. Pt Royaliste, 1593-94, fol. 257). Il était fils de Pierre du Quesne-Caillouël et de Jacqueline de Saint-Sylvestre, et ép. Catherine Le Coq.

[373] Jean Bertoult, fils de Guillaume Bertoult et de Catherine Paixdecœur, d'abord (12 août 1569-25 juin 1587) receveur à la C. des A. de
Rouen, puis greffier criminel au Parlement de Rouen, (r. 24 juillet 1597)
en ex. le 11 mai 1600 (AD. RS. nov. 1599-mai 1600, fol. 163 v°), 18 septembre 1608, mort, le 13 janvier 1612 (AD. RS. nov. 1611-juin 1612, fol.
112. — BR. Y., 214, t. 11, fol. 230). Il ép. (8 juin 1563) Marguerite
Toustain.

CONSEILLERS OUBLIÉS

Jean de la Treille, clerc, r. 1499 (BR. Y. 24) [374].

Jacques de Bauquemare, président aux Requêtes, r. le 14 janvier 1576
(AD. RS. IX, fol. 27). C'est à lui que succéda Maximilien de Limoges
[375].

[374] Jean de la Treille, d'Auvergne, cons. au Parlement de Rouen, en
ex., les 15 février 1500 (AD. RA. 1), 17 juillet 1506 (AD. RA. 12), 17 juin
1517 (Fr. 18932, 1), 21 août 1523 (AD. RA. 75), mort le 3 avril 1524 (Fr.
22.457, 2ᵉ sér., fol. 107. — BR. Y. 32, t. 1, fol. 180). Il était intègre,
droit, simple, frugal (Le Chandelier).

[375] Jacques de Bauquemare, sieur de Mesnil-Vitot, Meheudin, 2ᵉ fils
de Jacques de Bauquemare et de Marie-Catherine de Croismare, baptisé
à Rouen, le 31 août 1552 (AM. St-Lô, Bapt. I, 21), président aux Requêtes au Parlement de Rouen (n. 28 septembre 1575), en ex., les 18 et
30 janvier 1576 (AD. RS. IX, fol. 29 et 37), 3 septembre 1591 (BR. Y.
214, t. 7, fol. 368), 27 avril 1593 (AD. RS. Pt lig. 1592-93, fol. 118),
gouv. du Vieux-Palais de Rouen (11 novembre 1593-4 avril 1610), gent.
de la Ch. (4 avril 1610), conseiller d'Etat (24 janvier 1597-4 avril 1610),
mort le 14 novembre 1616 (Farin : Cordeliers). Il épousa (27 mai 1576),
Marie Le Goupil (morte, le 21 mars 1594).

Il convient de rappeler, pour mémoire, le procureur général du Parlement de Caen (royaliste), Jean du Vivier, reçu le 21 octobre 1591 (AD.

RS. 1588-91, fol. 353), en ex., les 13 août 1592 (AD. RS. Parlement Caen, 1592, fol. 36), 19 février 1594 (BR. Y. 32, t. 4, fol. 224).

Un oubli typographique nous a fait négliger d'insérer la notice relative au président Daniel [33].

La voici :

[33] Jacques Daniel, fils de Jacques Daniel et d'Anne de Mustrecolle, sieur de Bois d'Annemetz (ou Boisdenemetz), la Heaumerie, Viennois, Neuvillette, mineur (12 janvier 1511 et 27 janvier 1525), cons. au Parlement de Rouen, en ex., le 14 mai 1529 (AD. RA. 98), 14 février 1536 (It. 141), 30 janvier 1544 (It. 185), président aux Requêtes, 1er mars 1544 (BR. Y. 32, t. 1 fol. 116), 8 octobre 1550 (AD. RS. III, fol. 86), président, 13 novembre 1555 (BR. Y. 214, t. 5, fol. 149), 14 mai 1560 (It. fol. 371), 12 août 1563 (BR. Y. 214, t. 28, fol. 22), 18 août 1564 (AD. RA. 297), mort le 11 novembre 1568, à Vernon. Il ép. (27 janvier 1525). Jeanne de Marle (viv. le 3 juillet 1566 (AM St-André. Bapt., 40 v°). Cf. Floquet, II, 366.418.

CONSEILLER DOUTEUX

Il s'agit de Charles de Roussel, sieur de la Bastelaye, fils de Jean Roussel et de Geneviève du Quesnay, mariés le 6 décembre 1543, mort s. p. en mai 1578. Merval et Bigot le comptent comme ayant siégé. Il est bien vrai qu'il fut examiné, le 22 juin 1576 (BR. Y. 214, t. 6, fol. 408. — AD. RS. IX, 116 v°), mais il fut ajourné. Selon les *Carrés d'Hozier* (doss. Roussel), il aurait été reçu le 15 juin 1577. En tout cas, nous n'avons trouvé trace de lui, ni aux Registres d'Arrêts, ni aux Registres de Délibérations.

Cf. dans Floquet (I, 387, 463-4, 478, 484) et Le Chandelier, les éloges des présidents de Selve, Brinon (désintéressé et bon pour les prisonniers) et Marcillac (très bon, très aimable, impartial et bienveillant).

Nous saisissons ici l'occasion de remercier très vivement des excellents renseignements qu'ils nous ont fournis, MM. le commandeur H. Le Court et Paul Dufey.

PARLEMENT DE RENNES

PRÉFACE

Nous avions commencé à réunir des renseignements biographiques sur le personnel du Parlement de Rennes, depuis sa création (1553) jusqu'en 1600, lorsque parut le merveilleux ouvrage de M. le conseiller Frédéric Saulnier : *le Parlement de Rennes*, Rennes, 1909, 2 vol. in-4°. Estimant qu'après un travail aussi remarquable, le sujet était épuisé, nous nous bornons à y renvoyer nos lecteurs. Nous donnerons seulement (en empruntant à M. Saulnier ses dates, qui, prises sur les originaux, ne sauraient être contestables) pour une raison de symétrie, la liste des magistrats, *par ordre d'offices*, selon notre méthode habituelle. Pour les notices biographiques, elles ont été traitées, dans son livre, par M. Saulnier, avec une telle maîtrise et une telle ampleur, que nous nous sentons, d'avance, incapable d'y rien ajouter et que nous prions, encore une fois, nos lecteurs de se référer à l'œuvre en question.

Nous saisissons l'occasion pour remercier M. le conseiller Saulnier de sa bienveillante sympathie à notre égard et l'assurer de la vive admiration que nous inspire l'incomparable monument qu'il a élevé au souvenir de son cher Parlement breton.

PARLEMENT DE RENNES

PREMIERS PRÉSIDENTS

René Baillet, n. 22 mai 1554, r. 4 février 1555.
André Guillart, n. 20 février 1557, r. 1er mars 1557, s. r.
René de Bourgneuf, n. 17 février 1570, r. 25 février 1570, s. r.
Claude de Faucon, n. 2 mars 1587, r. 27 avril 1587, a. d.
Jean de Bourgneuf, n. 6 avril 1595, r. 23 janvier 1597, s. r.

PRÉSIDENTS

Julien de Bourgneuf, n. 26 juin 1554, r. 2 août 1554.
Charles Le Frère, n. 30 septembre 1558, r. 27 octobre 1558, a. d.

André Guillart, n. 12 mai 1554, r. 2 août 1554.
François Calon, n. 20 février 1557, r. 13 avril 1557, s. r.
René Crespin, n. 31 octobre 1569, r. 14 avril 1570, a. d.
Guillaume de Lesrat, n. 5 juillet 1573, r. 1er septembre 1573, s. r.
Pierre Carpentier, n. 30 avril 1587, r. 11 août 1587, a. d.
Nicolas Le Roux, n. 28 mars 1600, r. 18 juillet 1601, s. r. [1]

François Crespin, n. 11 juin 1554, r. 4 février 1555.
Jacques Lucas, n. 25 mars 1568, r. 28 mars 1569, a. d.

[1] M. F. Saulnier dit (II. 778). à tort, qu'il fut conseiller au Parlement de Rouen. C'est de Paris qu'il faut lire.

Jacques Laurens, n. reçu, a. d.
Jean Roger, n. 18 août 1573, r. 17 août 1574, s. r,

Pierre Bruslon, n. 29 janvier 1568, r. 23 février 1568.
Olivier du Chastellier, n. 26 février 1594, r. 13 mars 1594, a. d.

Louis Braillon, n. 1er août 1576, r. 21 février 1577.
Louis Dodieu, n. 31 décembre 1585, r. 26 avril 1586, a. d.
Isaac Loaisel, n. 18 février 1596, r. 23 mai 1596, s. r.

Jacques Barrin, n. 25 juillet 1576, r. 11 février 1577.
Christophe Fouquet, n. 2 octobre 1593, r. 8 octobre 1593, s. r,

François Harpin, n. 15 juillet 1581, r. 16 août 1581.

Jean Vetus, n. 11 juillet 1581, r. 21 août 1581.
Jacques de Launay, n. dern. févr. 1594, r. 27 avril 1598, s. r.

PRÉSIDENTS DES ENQUÊTES

Philibert Barjot, n. 20 juillet 1557, r. 5 août 1557.
Jean Coutel, n. r.
Claude-Phyrus d'Anglebermes, n. 15 janvier 1559, r. 14 mars 1559, s. r.
Jacques Bouju, n. reçu a. d.
Jean Bonvoisin, n. 5 octobre 1571, r. 7 mars 1572, s. r.
Pierre de la Guette, n. 26 août 1594, r. 4 mai 1596, s. r.

Jean Burdelot, n. 30 avril 1557, r. 8 août 1558.
Jérôme Auroux, n. 9 avril 1559, r. 13 août 1560, s. r.
Antoine Fumée, n. 22 février 1561, r. 4 août 1563, s. r.

Louis Dodieu, n. r. a, d.

Jean Foucault, n, 4 septembre 1570, r. 26 octobre 1570, s. r.

Jacques Berland, n. 25 janvier 1586, r. 4 septembre 1587, s. r.

Jacques Bouju, n. 8 novembre 1558, r. 4 février 1559.

Nicolas Alixant, n. 24 septembre 1568, r. 7 février 1569, s. r.

Félix Le Gras, n. 21 mars 1597, r. 2 janvier 1598, a. d.

Philibert Barjot, n. 3 novembre 1558, r. 19 septembre 1559.

Jean Foullé, n. 5 septembre 1561, r. 18 août 1562, s. r.

Eustache de la Porte, n. 22 octobre 1563, r. 10 février 1564, s. r.

Jacques Barrin, n. 8 juin 1571, r. 6 septembre 1571, s. r.

Jean de Mézanger, n. 20 septembre 1576, r. 3 août 1577, s. r.

Alain du Poulpry, n. 31 octobre 1595, r. 24 novembre 1595, s. r.

Pierre Bonnier, n. 23 octobre 1596, r. 8 août 1597, a. d.

PRÉSIDENTS DES REQUÊTES

Pierre Caradeuc, n. 27 janvier 1581, r. 24 octobre 1581.

Michel de la Sauldraye, n. 9 janvier 1586, r. 13 août 1586, a. d.

Nicolas Galloppe, n. 27 janvier 1581, r. 26 août 1583.

Christophe Fouquet, n. 10 juillet 1586, r. 27 février 1587, s. r.

Claude Pépin, n. 25 février 1591, r. 14 août 1591, s. r.

CONSEILLERS

François Bruslon, n. 13 juillet, r. 2 août 1554.

François de Becdelièvre, n. 23 août, r. 27 octobre 1569, s. r.

Jacques Potier, n. 28 juin, r. 2 août 1554.
Bernard Prévost, n. 4 mars, r. 7 août 1556, s. r.

Michel Quélin, n. 18 juin, r. 2 août 1554.
Guillaume Bernard, n. 21 janvier, r. 28 avril 1564, s. r.
Pierre Fleuriot, r. 19 octobre 1569, s. r.
Jean de la Porte, r. 27 juin 1595, s. r.

Pierre Marec, n. 18 juin, r. 2 août 1554.
Jean Grignon, n. 2 mai, r. 12 août 1558, a. d.

Bernard Prévost, n. 28 juin, r. 2 août 1554.

Philibert Barjot, n. 12 juillet, r. 2 août 1554.
Louis Dodieu, n. 20 juillet 1557, r. 15 mars 1558, s. r.
Robert Thévin, n. 1er mars, r. 17 août 1568, s. r.
René Le Meneust, n. 23 novembre 1592, r. 13 janvier 1593, s. r.
Bernardin Cador, n. 29 juin 1593, r. 14 août 1597, s. r.

Guillaume de Lignières, n. 13 juillet, r. 2 août 1554.
Yves de Parcevaux, n. 4 septembre 1556, r. 10 février 1557, s. r.
Jacques Mondin, n. 22 mai 1559, r. 17 février 1560, a. d.
François Pain, n. 19 septembre 1569, r. 11 février 1570, a. d.
Clément Allaneau, n. 5 octobre 1572, r. 17 février 1573, s. r.

Bertrand Glé, n. 10 juillet, r. 2 août 1554.
Claude Glé, n. 26 octobre 1581, r. 10 février 1582, a. d.

Julien Le Duc, n. 14 juillet, r. 2 août 1554.
Charles Harouys, n. 4 mai, r. 12 août 1573, a. d.

Jean Lyais, n. 13 septembre 1580, r. 19 août 1581, s. r.
François de Brégel, n. 11 novembre 1598, r. 20 février 1599, s. r.

René du Han, n. 19 juin, r. 2 août 1554.
Eustache du Han, r. 20 février 1582, a. d.

Arnauld du Ferrier, n. 20 juillet, r. 2 août 1554.
Claude Parent, n. 29 décembre 1555, r. 20 février 1556, s. r,
Jacques Denyau, n. 8 mars 1575, r. 20 août 1576, s. r.

Etienne de Rosmadec, n. 14 juillet 1554, r. 3 août 1554.
Jean du Grasmesnil, n. 14 mai 1568, r. 13 août 1568, a. d.
Roland du Bot, n. 14 novembre 1598, r. 20 février 1599, s. r.

René de Bourgneuf, n. juin ou juillet, r. 3 août 1554.
Jean de la Houlle, n. 16 février 1559, s. r,
Robert de Mondoucet, n. 28 décembre 1568, r. 1er mars, 1569, a. d.
François Harpin, n. 16 avril 1570, r. 23 avril 1570, s. r.
Jean Avril, n. 21 juin 1575, r. 1er septembre 1575, s. r.
Arthur Gaudin, n. 29 août 1581, r. 25 octobre 1581, s. r.
Gilles de Lys, n. 15 juillet 1598, r. 4 septembre 1598, a. d.
   Tous ces conseillers ont été gardes des sceaux du Parlement.

Jean Pinart, n. 21 mai 1554, r. 16 août 1554.
Jean de Mézanger, n. 8 mai, r. 14 août 1568, a. d.
Michel Le Limonnier, n. 27 mai, r. 20 août 1577, s. r.
Alain de Kermeno, n. 8 août 1587, r. 16 mars 1588, s. d,

Jean Le Corvaisier, n. 17 juillet, r. 16 août 1554.
François Harpin, n. 14 février, r. 10 mars 1568, a. d,

Jean de Kercabin, n. 16 avril, r. 12 août 1570, s. r.
Laurent Peschart, n. 11 mai, r. 27 août 1599, s. r.

François Petau, n. 1er juillet, r. 17 août 1554.
Jacques Bongars, n. 6 décembre 1572, r. 16 février 1574, s. r.
Jean Gabriau, n. 20 novembre 1593, r. 9 février 1594, a. d.
Philippe Rouxeau, n. 14 juillet 1594, r. 4 février 1595, s. r.
Jean Pidoux, n. 16 février, r. 29 juillet 1600, s. r.

Jean Turpin, n. 20 juin, r. 18 août 1554.
Noël du Fail, n. 14 octobre 1571, r. 21 février 1572, s. r.
Isaac Loaisel, n. 12 avril, r. 18 août 1586, s. r.
Jean du Roscouet, n. 15 mars, r. 5 août 1589, s. r.
Jean de Becdelièvre, n. 20 juillet, r. 14 août 1591, s. r.

Michel Braillon, n. 20 juillet, r. 20 août 1554.
René Crespin, n. 2 octobre 1556, r. 10 février 1557, a. d.
Pierre Crespin, n. 10 avril, r. 2 août 1565, s. r.
Gabriel de Blavon, n. 1er janvier, r. 16 février 1573, s. r.

François Calon, n. 11 juillet, r. 23 août 1554.
Pierre de la Chapelle, n. 20 février, r. 28 avril 1557, s. r.
Jacques de Launay, n. 30 octobre 1570, r. 7 mars 1571, s. r.
Charles Cheville, n. r. s. r.
Bernardin d'Espinose, n. 13 avril, r. 17 juin 1598, s. r.

Gautier Rasseteau, n. 19 juin, r. 23 août 1554.
Jacques Barrin, n. 2 mai, r. 11 août 1564, s. r.
Jean de Charnières, n. 1er janvier, r. 24 avril 1568, s. r.
Zacharie Amys, n. 18 mars, r. 27 avril 1588, s. r.

Jean Tituau, n. 22 juin, r. 23 août 1554.
Jean Jorel, n. 28 décembre 1558, r. 14 mars 1559, a. d.

Aignan de St-Mesmin, n. 18 juin, r. 15 octobre 1554.
Henri Clausse, n. 9 janvier, r. 8 mars 1566, s. r.
Jacques Maumillon, n. 4 avril 1568, r. 1er avril 1569, s. r.
François Grimaudet, n, r. a. d.
Alexandre de Faucon, n. 4 janvier, r. 11 mars 1592, s. r.
Jean de la Belinaye, n. 24 novembre 1594, r. 18 janvier 1595, s. r.

Jacques Viart, n. 19 juillet, r. 19 octobre 1554.
Michel Bouju, n. 1er juin 1567, r. 18 février 1568, s. r.
Jean Morelon, n. 3 juin, r. 17 août 1582, a. d.

Jacques Poisson, n. 30 juillet, r. 20 octobre 1554.
Bernard Fortia, n. 30 septembre 1556, r. 10 février 1557, a. d.
Nicolas Duval, n. 10 mai 1563, r. 9 février 1564, s. r.
Jacques Cappel, n. 20 juillet 1565, r. 8 février 1566, s. r.
Mathieu Jourdain, n. 26 mai 1569, r. 12 octobre 1569, s. r
François Charlet, n. 9 août 1572, r. 13 février 1573, s. r.
Adrien Jacquelot, n. 21 janvier, r. 21 février 1576, s. r.

Jean Hay, n. 4 août, r. 30 octobre 1554.
Paul Hay, n. 26 février 1583, r. 19 septembre 1584, s. r.

Adrien du Drac, n. 28 juin 1554, r. 15 février 1555.
Raoul Chalopin, n. 15 janvier, r. 15 février 1559, s. r.
François Chalopin, n. 4 juillet 1578, r. 14 février 1579, s. r.
David de la Marqueraye, n. 30 novembre 1585, r. 21 février 1586, s. r.
Charles Boylesve, n. 13 mai 1593, r. 1er mars 1595, a. d.

François de Kermenguy, n, 6 juillet 1554, r. 4 février 1555.
Hervé de Lannuzouarn, r. 8 février 1555, s. r.
Guy de Kermenguy, n. 2, r. 22 août 1570, s. r.
Jean Le Levier, n. 29 septembre 1585, r. 30 mars 1588, a. d.

Charles Le Frère, n. 16 décembre 1554, r. 4 février 1555.
Jean Douette, n. 17 décembre 1558, r. 7 avril 1559, s. r.
Jean Avril, n. 12 juin 1568, r. 21 octobre 1570, a. d.
Jean Allain, n. 13 octobre 1575, r. 13 août 1576, s. r.

Robert du Hardaz, n. 9 juillet 1554, r. 4 février 1555.
François Gabart, n. 17 décembre 1572, r. 27 février 1573, s. r.
Jean Le Prévost, n. 1er août 1587, r. 11 mars 1588, a. d.

Pierre Daniello, n. 13 juillet 1554, r. 4 février 1555.
Michel Dessefort, n. 4 janvier 1557, r. 4 février 1558, s. r.
Christophe Tituau, n. 1er janvier, r. 27 février 1568, a. d.
Luc Godart, n. 25 avril, r. 10 septembre 1597, a. d.

Nicolas du Colledo, n. 13 juillet 1554, r. 4 février 1555.
Jean de Langle, n. 16 mai 1555, r. 12 août 1555, a. d.
Louis Colobel, n. 11 janvier, r. 18 février 1579, s. r.
Jacques du Bodéru, n. 6 avril, r. 7 octobre 1589, s. r.

Louis de Chateautro, n. 27 juin 1554, r. 4 février 1555.
Julien Louvel, n. 3 mai 1570, r. 8 août 1570, a. d.
Jacques de Folvais, n. 25 avril, r. 23 octobre 1578, a. d.

Guillaume Laurens, n. 28 juin 1554, r. 4 février 1555.
Zacharie Croc, n. 5 juillet 1567, r. 24 février 1568, s. r.
François Huchet, n. 1re juillet 1598, r. 10 septembre 1599, s. r.

Jean de Refuge, n. 12 juillet 1554, r. 9 février 1555.
Jean de Marbeuf, n. 10 août, r. 29 octobre 1568, s. r.
Jean del Bene, n. 22 juin 1598, r. 2 avril 1599, a. d.

Robert de Montdoucet, n. 3 juillet 1554, r. 9 février 1555.
Jean Guérin, n. 10 septembre, r. 20 octobre 1568, s. r.
Nicolas Audebert, n. 21 avril, r. 17 août 1582, a. d.
Claude de Heere, n. 31 décembre 1598, r. 18 août 1599, a. d.

Louis Braillon, n. 3 janvier, r. 9 février 1555.
Pierre du Chesne, n. 11 juillet 1572, r. 23 février 1572, s. r.
Michel de la Pouèze, n. 7 décembre 1585, r. 25 février 1586, a. d.
René Charette, n. r. s. r.
Joseph de Lauzon, n. 7 avril, r. 13 mai 1598, s. r.

Julien de Godelin, n 16 octobre 1554, r. 9 février 1555.
Jean Huby, n. 7 septembre, r. 29 octobre 1573, s. r.

Pons Brandon, n. 28 juin 1554, r. 11 février 1555.
Nicolas Le Berruyer, n. 20 octobre 1555, r. 8 février 1556, s. r.
Etienne de Nully, n. 12 avril, r. 23 août 1560, s. r.
Jean de Martines, n. 24 juillet, r. 7 août 1563, s. r.
Isaac de Martines, n. 25 juin 1582, r. 11 octobre 1583, s. r.

Eustache de la Porte, n. 3, r. 19 février 1555.
Arnaud du Ferrier, n. 27 janvier, r. 20 février 1556, s. r.
Guillaume Régnier, n. 16 décembre 1559, r. 17 février 1560, s. r.
François Mathieu, n. 10 décembre 1563, r. 12 février 1566, s. r.
Hilaire Goguet, n. 22 novembre 1572, r. 12 février 1574, s. r.
Gabriel Fournier, n. 26 août 1580, r. 25 février 1581, a. d.
Guillaume Hubert, n. 23 novembre 1581, r. 13 février 1582, s. r.
Claude Lasnier, n. 29 avril 1587, r. 26 août 1587, a. d.

Simon de Gravelle, n. 7 juillet, r. 7 août 1555.
Antoine Regnauld, n. 6 octobre 1569, r. 6 février 1580, a. d.
Joachim Descartes, n. 6 décembre 1585, r. 14 février 1586, s. r.

Guillaume Bertrand, n. 8 janvier, r. 26 février 1557.
Nicolas Alixant, n. 2 janvier, r. 17 février 1560, s. r.
Pierre de St-Martin, n. 27 octobre 1568, r. 11 février 1569, s. r.
Jean Irland, n. 19 septembre 1580, r. 1er mars 1581, a. d.

Arnoul Boucher, n. 8 janvier, r. 26 février 1557.
Jacques Filleul, n. 8 janvier, r. 14 février 1558, s. r.

Jérôme Duval, n. 8 janvier, r. 5 août 1557.
Etienne Lallemant, n. 2 septembre 1558, r. 5 août 1561, a. d.
Hélie Poyet, n. 16 juillet 1567, r. 2 août 1568, s. r.
Thomas du Pont, n. 17 mars, r. 21 août 1576, a. d.
Guillaume Trégueneau, n. 4 octobre 1598, r. 20 février 1599, s. r.

Guillaume de la Fontaine, n. 8 août, r. 5 octobre 1557.
Jean d'Erbrée, n. 27 août, r. 1er octobre 1578, s. r.

Pierre Bruslon, n. 8 août 1557, r. 7 février 1558.
Jean Guéguen, n. 1er, r. 24 février 1568, s. r.
Pierre Bonnier, n. 30 juin, r. 25 octobre 1596, a. d.

Nicolas Le Chevalier, n. 10 juillet 1557, r. 11 février 1558.
Nicolas Le More, n. r. a. d.
Philippe Gourreau, n. 22 septembre 1559, r. 17 février 1560, s. r.
Jacques de France, n. 15 janvier 1569, r. 8 février 1570, s. r.
Julien-Jules Guersans, n. juin 1579, r. 24 octobre 1579, a. d.
René de la Belinaye, n. 29 mai, r. 16 août 1580, s. r.
Gilles de Sévigné, n. 20 décembre 1586, r. 20 février 1587, s. r.

René Broslay, n. 24 mai 1557, r. 11 février 1558.
Alexandre de Rivière, n. 4 décembre 1585, r. 5 mars 1588, a. d.

Jean Garrault, n. 8 juillet 1557, r. 12 février 1558.
François Brégel, n. 24 décembre 1573, r. 6 septembre 1574, s. r.

Guillaume Berziau, n. 31 août 1557, r. 15 février 1559.
Jacques de la Forest, n. 5 septembre, r. 27 octobre 1574, s. r.
Pierre de la Forest, n. 15 septembre 1592, r. 20 août 1594, a. d.

Jacques Le Maistre, n. 17 décembre 1558, r. 5 février 1559.
René de Bailleul, n. 13 février 1575, r. 17 février 1576, s. r.
Jean de la Lande, n. 17 décembre 1591, r. 19 février 1592, a. d.
Le Gobien, n. r. a. d.
Charles de Faucon, n. 4 décembre 1599, r. 12 février 1600, s. r.

François Aymeret, n. 6 mai 1558, r. 13 septembre 1559.
Pierre Ogier, n. 30 juillet 1595, r. 1er septembre 1595, a. d.

Gilles Melot, n. 22 décembre 1558, r. 1er avril 1559.
Philippe du Boullay, n. 21 mars, r. 31 août 1575, n. d.

Antoine Coutel, n. 21 mars 1558, r. 11 mars 1561.
Charles Malon, n. 11 octobre 1565, r. 9 février 1566, s. r.
Claude Malon, n. 10 mars, r. 30 avril 1568, s. r.
Claude Le Divin, n. 13 septembre 1576, r. 18 février 1578, s. r.
Salomon Amys, n. 3 juin 1589, r. 17 août 1590, a. d.

Julien Tituau, n. 14 février 1568, r. 7 août 1568.
Gilles Guérin, n. 29 juillet, r. 1er octobre 1579, a. d.

Jean Foucault, n. 9 avril, r. 11 août 1568.
Claude Testu, n. 25 janvier, r. 22 août 1586, s. r.

François du Plessis, n. 16 mars, r. 12 avril 1570.

Jacques Grignon, n. 5 juillet, r. 5 octobre 1570.
Auffray de Lescouet, n. 6 juin, r. 27 août 1586, a. d.
Jean de Francheville, n. 18 décembre 1594, r. 31 janvier 1595, s. r.
René Charette, n. 6 juillet, r. 11 septembre 1598, s. r.

Pierre Couturier, n. 4 juillet, r. 6 octobre 1570.
Jean Cazet, n. 9 octobre 1585, r. 13 septembre 1586, a. d.

Pierre du Houssay, n. 6 février, r. 6 octobre 1570.
Jean Damours, n. 18 novembre 1573, r. 29 avril 1574, s. r.
Louis Bitault, n. 15 mai, r. 8 octobre 1597, s. r.

Mathurin Drouet, n. 30 avril, r. 13 octobre 1570.
Jacques de Lopriac, n. 17 décembre 1588, r. 19 avril 1589, s. r.
François Noblet, n. 13 avril, r. 19 juillet 1596, s. r.

Gabriel Jouhan, n. 25 juillet, r. 25 octobre 1570.
Claude d'Argentré, n. 15 septembre, r. 22 octobre 1577, a. d.
Michel Gazet, n. 22 juin, r. 31 juillet 1598, a. d.

Jacques Gaultier, n. 15 septembre 1570, r. 23 février 1571.
Jacques Gaultier fils, n. 24 juillet 1591, r. 18 septembre 1593, s. r.

Gilles de Becdelièvre, n. 23 février, r. 26 mars 1571.
François de Becdelièvre, n. 18 août 1577, r. 14 février 1579, s. r.

Jean Challot, n. 24 mars, r. 20 avril 1571.
Jacques Vallée, n. 2 avril, r. 17 juin 1598, s. d.

Jean Vetus, n. 4 avril, r. 3 août 1571.
Alain du Poulpry, n. 13 juillet, r. 28 août 1573, s. r.
Jean Boterel, n. 19 octobre, r. 29 novembre 1596, a. d.

Guy de Lesrat, n. 11 avril, r. 18 août 1571.
Guillaume Goussaut, n. 18 septembre 1576, r. 15 février 1577, s. r.
Jean Gefflot, n. 1er décembre 1581, r. 9 février 1583, s. r.

Louis Dodieu, n. 21 septembre 1571, r. 2 octobre 1571.
François Viète, n. 24 octobre 1573, r. 6 avril 1574, s. r.
Jérôme de Mondoré, n. 11 juillet, r. 17 août 1582, s. r.
François Colin, n. 2 novembre 1588, r. 8 février 1589, a. d.
Adrien Brossays, n. 3 avril, r. 6 juin 1597, s. r.
Jean Turquant, n. 19 juillet, r. 13 octobre 1600, a. d.

François Pain, n. 19 juin 1575, r. 16 février 1576.
Nicolas de Vauloue, n. 23 octobre 1578, r. 18 février 1579, s. r.
Denis Guillaubé, n. 30 décembre 1585, r. 18 mars 1588, a. d.
Gabriel Girault, n. 15 mai 1592, n. 15 mars 1594, a. d.

François de Cahideuc, n. 6 juillet 1573, r. 17 août 1576.
Pierre de Trogoff, n. 18 octobre 1579, r. 19 août 1580, a. d.

Philippe du Halgouët, n. 29 juillet 1576, r. 4 mars 1577.

Olivier du Chastellier, n. 12 août 1576, r. 6 mars 1577.

Marin Brandin, n. 22 avril, r. 8 juillet 1534, s. r.

Maurice Boylesve, n. 4 septembre 1576, r. 12 mars 1577.

Charles Huchet, n. 7 octobre 1576, r. 13 mars 1577.
Charles d'Argentré, r. 26 mai 1599, a. d.

Charles de la Noue, n. 12 août 1576, r. 15 mars 1577.
Guillaume de la Noue, n. 11 juillet 1597, r. 29 avril 1598, s. r.

Jacques de Charnacé, n. 31 décembre 1576, r. 27 avril 1577.
Gabriel Bitault, n. 17 février, r. 4 avril 1582, s. r.
Etienne Raoul, n. 25 avril, r. 25 mai 1598, a. d.

Jean de la Trimoillerie, n. 15 octobre 1576, r. 19 août 1577.
Alain du Poulpry, n. 9 décembre 1586, r. 12 août 1587, a. d.

Jean du Roscouet, n. 14 septembre 1576, r. 22 août 1577.
Isaac Loaisel, n. 15 mars, r. 5 août 1589, s. r.
François Busnel, n. 6 septembre, r. 23 octobre 1591, s. r.
Pierre Cornulier, n. 20 avril, r. 17 septembre 1597, s. r.

Jacques Berland, n. 31 décembre 1576, r. 27 août 1577.
François Thévin, n. 31 décembre 1599, r. 21 octobre 1600.

Louis Garrault, n. 8 octobre 1576, r. 30 août 1577.
Moïse Le Vaillant, n. 15 juillet, r. 29 octobre 1588, s. r.
Jean Garnier, n. 28 février, r. 20 août 1593, a. d.

Georges d'Aradon, n. 24 décembre 1586, r. 14 août 1587.
Mathurin Guischard, r. 14 avril, r. 17 juin 1598, s. r.

Jean de la Belinaye, n. 24 novembre 1594, r. 18 janvier 1595.

Simon Hay, n. 20 octobre 1594, r. 15 février 1595.

Pierre de la Guette, n. 26 août 1594, r. 4 mai 1596.

Jacques Barrin, n. 31 décembre 1598, r. 19 février 1600.

Jean de Marnière, n. 31 décembre 1598, r. 23 octobre 1600.

COMMISSAIRES AUX REQUÊTES

Pierre Anjorrant, n. 17 janvier, r. 27 août 1581.
Nicolas de Longueil, n. 15 juillet, r. 27 août 1585, s. r.
Félix Le Gras, n. 15 juin, r. 20 octobre 1586, s. r.
Gilles le Jeune, n. 15 avril, r. 3 septembre 1597, s. r.

Jean Le Limonnier, n. 27 janvier, r. 27 octobre 1581.
Charles Godet, n. 20 juin, r. 18 août 1586, s. r.
Michel Gazet, n. 4 octobre 1587, r. 28 mars 1588, a. d.
François Boutin, r. 26 février 1599, s. r.

Philippe Rouxeau, n. 27 janvier, r. 27 octobre 1581.

Jean Gabriau, n. 14 juillet 1594, r. 4 février 1595, s. r.

Jean Martin, n. 27 janvier, r. 27 octobre 1581.

Jean de la Porte, n. 27 janvier 1581, r. 13 février 1582.
Gilles de Lys, n. 9 septembre 1595, r. 8 mars 1597, s. r.
Jean Cailleteau, n. 11 juillet 1598, r. 14 octobre 1598, s. r.

Pierre de Challanges, n. 27 janvier 1581, r. 26 septembre 1582.
Etienne Raoul, r. 24 octobre 1587, s. r.
Jacques Foucault, n. 6 mai, r. 23 octobre 1598, s. r.

François d'Amboise, n. 27 janvier 1581, r. 1er avril 1583.
Jacques Charlet, n. 8 octobre 1583, r. 11 février 1586, s. r.
René de Mézanger, n. 17 mai 1592, r. 19 février 1594, s. r.

Jean de la Belinaye, n. 7 novembre 1586, r. 11 août 1587.
Louis de la Belinaye, n. 28 décembre 1594, r. 12 juillet 1595, s. r.

AVOCATS GÉNÉRAUX

Jean Le Prévost, origine.
Claude Barjot, n. 1er, r. 11 février 1555.
Jacques Gourreau, n. 29 octobre 1565, r. 6 février 1566, s. r.
Yves Toublanc, r. 15 février 1586, s r.

Michel Dessefort, n. 13 juillet 1554, r. 4 février 1555.
Jean de Muzillac, n. 4 janvier, r. 4 février 1557, s. r.

Jean Rogier, n. 10 février, r. 6 octobre 1568, s. d.
Pierre Le Gouz, n. 29 mai 1574, r. 23 août 1575, s. r.
François Busnel, n. 4 novembre 1596, r. 3 janvier 1597, s. r

PROCUREURS GÉNÉRAUX

Jacques Budes, r. 2 août 1554.
Jean Rogier, n. 17 avril, r. 26 août 1581, a. d.
François Rogier, n. 29 juillet 1588, r. 29 juillet 1590, s. r.

GREFFIERS CIVILS

Gilles Julienne, n. 14 juillet, r. 2 août 1554.
François du Plessis, n. 10 janvier, r. 10 février 1559, s. r.
Guillaume Gaudin, n. 4 novembre, r. 28 novembre 1569, s. r.
Pierre Gautier, n. 18 septembre 1585, r. 26 mars 1586, s. r.
Yves Gautier, n. 18 février, r. 30 mars 1590, a. d.
Pierre Couriolle, n. 24 septembre, r. 17 octobre 1594, a. d.

GREFFIERS CRIMINELS

Guillaume Harouys, n. 18 juin, r. 4 août 1554.
Jean de Fescan, n. 3 juin, r. 17 juin 1569.
Isaac Repichon, n. 21 août 1585, r. 15 mars 1586, s. r.
Jean Menguy, n. 18 mars, r. 13 avril 1589, s. r.

GREFFIERS DES REQUÊTES

Jacques Le Pigeon, n. 27 janvier, r. 27 octobre 1581.
François Le Pigeon, n. 30 juin 1584, s. r.
Abel de Gréal, n. 31 juillet 1585, r. 26 août 1585, s. r.

PARLEMENT DE TURIN

PRÉFACE

Le peu de documents que nous avons rencontrés, soit dans les dépôts français, soit dans les dépôts italiens, sur le petit Parlement français (1539-1560) de Turin, Parlement transformé, en 1560, en « Conseil Royal pour l'administration de la Justice », et transporté, en 1562, de Turin à Pignerol, où il paraît avoir existé jusqu'en 1579, ne nous a pas permis de donner une étude complète, mais un simple « aperçu » de la question.

Nous avons consulté, à la Cour d'Appel de Turin *(Arcivio di Stato,* Sezione III), huit manuscrits relatifs à la matière. Le ms. I est le registre des délibérations du Parlement, du 11 octobre 1547 au 9 octobre 1548. Les registres II, III, IV ne donnent que très peu d'indications sur le personnel de la Cour[1]. Le registre V est le résumé des délibérations du Conseil Royal « *pro ministranda justitia* », siégeant, alors, à Turin, du 2 mai 1560 au 28 novembre 1562. Le registre VI renferme les délibérations du Conseil Royal à Pignerol, du 1er janvier 1563 au 3 octobre 1565 : le registre VII renferme les années 1568 à 1570 : le registre VIII, va de 1572 (5 novembre) à la fin de 1574 (décembre).

Le Parlement comprenait, à l'origine, un président, un procureur

---

[1] Le Registre III est même, uniquement, consacré à la Cour des Comptes de Turin, de 1557 à 1558, et le Registre IV ne nous a fourni aucun renseignement.

général et huit conseillers, dont deux clercs, deux laïques de robe courte, quatre laïques de robe longue[1]. Plus tard, nous voyons apparaître un avocat général, un maître des requêtes, un second et un troisième présidents, sans que la rareté des documents nous puisse permettre de préciser la date de ces institutions.

Quelque imparfaite que soit notre esquisse, elle est, cependant, à notre connaissance, du moins, le premier travail qui ait paru sur la question. Nous prions ici M. le chevalier Armando, bibliothécaire de S. A. R. le duc de Gênes, et MM. les Conservateurs des Archives de la Cour d'Appel de Turin, d'agréer l'expression de toute notre gratitude pour les excellentes références bibliographiques dont nous leur sommes redevable et pour l'extrême et obligeante courtoisie de leur accueil.

[1] *Archivio di Stato*. Sezione I, Registre de Jean Vulliet, t. 33, fol. 9 et s. Mémoire non daté.

PARLEMENT DE TURIN

PREMIERS PRÉSIDENTS

François Errault, sieur de Chemans [1].
René de Birague [2].
    Semble en exercice au 13 octobre 1543 *(Actes de François Ier,* n° 13389).
    En exercice, les 11 octobre 1547 (Reg. I, fol. 3), 2 mai 1560 (Reg. V, fol. 1), 8 juin 1562 (It. fol. 609), 13 mai 1564 (Reg. VI, fol. 339 v°), 19 juin 1565 (It. fol. 628 v°), 5 novembre 1572 (Reg. VIII, fol. 1).
Barthélemy Emé [3].
    En exerc., les 16 février 1573 (Reg. VIII, fol. 137) 1er septembre 1574 (It. fol. 546).

DEUXIÈMES PRÉSIDENTS [4]

Girolamo Porporati, dern. février 1558 (Reg. III, fol. 44).
Barthélemy Emé [3], 10 mars 1561 (Reg. V, fol. 255 v°), 28 novembre 1562 (It. fol. 780), 3 octobre 1565 (Reg. VI, fol. 698), 31 octobre 1570 (Reg. VII, fol. 696), 5 novembre 1572 (Reg. VIII, fol. 1).
Girolamo Porporati, 3 septembre-12 novembre 1574 (Reg. VIII, ff. 550 et 611 v°) [5].

TROISIÈMES PRÉSIDENTS

Barthélemy Emé [3] dern. févr. 1558 (Reg. III, fol. 44).

CONSEILLERS

Antoine-Louis de Savoie, comte de Pancaliéri, conseiller de robe courte, chevalier d'honneur, n. le 10 août 1540 *(Actes,* n° 22039), en ex. les 11 octobre 1547, 2 juin 1548 (Reg. I, ff. 3 et 315) 12 septembre 1550 (Reg. II, fol. 27) [6].

Melchior Guéril *(Garillus),* n. 16 février 1539 *(Actes,* n° 21657), en ex. les 11 octobre 1547, 3 septembre 1548 (Reg. I, ff. 3 et 391 v°) 13 février 1557 (Reg. III, fol. 7 v°) 29 mars 1561 (Reg. V, fol. 274).

Barthélemy Emé [3] n. 16 février 1539 *(Actes,* n° 21653), en ex. les 11 octobre 1547, 12 août 1548 (Reg. I, ff. 3 et 375 v°) [7].

Etienne de Farges, Forges, Fargis *(Fargia),* n. 16 février 1539 *(Actes,* n° 21656), en ex. les 11 octobre 1547 (Reg. I, f. 308), 28 novembre 1562 (Reg, V, fol. 780) 3 octobre 1565 (Reg. VI, fol. 698) 31 octobre 1570 (Reg. VII, fol. 696).

Manfred Guasco, n. 16 février 1539 *(Actes,* n° 21658), en ex. les 11 octobre 1547, 29 septembre 1548 (Reg. I, ff. 3 et 405).

François Andricy *(Actes,* n° 30917) (février 1539).

Jean Joussault, n. 16 février 1539 *(Actes,* n° 21655).

---

[7] Les *Actes* distinguent, à tort, Barthélemy Emé et Barthélemy *Finé.* Ce dernier personnage, produit évident d'une mauvaise graphie ou d'une lecture inexacte, nous paraît purement imaginaire.

Nicolas Caboret, n. 16 février 1539 *(Actes,* n° 21651) [8].

Antonio de Andreis, n. 16 février 1539 *(Actes,* n° 21652).

Antoine Corlier *(Actes,* n° 30916) (février 1539).

Jacques Morin, n. 16 février 1539 *(Actes* n° 21654) [9].

Perrinet de Rovigliasco, en ex. novembre 1544 *(Actes)* 11 octobre 1547, 26 septembre 1548 (Reg. I, fol. 3 et 404) 5 mai-22 octobre 1561 (Reg. V, fol. 290 et 432) 27 novembre 1562 (It. 779) 27 juin 1565 (Reg. VI, fol. 634). Il est qualifié de « ancien conseiller », mais siégeant *(ad honorem,* sans doute), les 17 août 1569 et 31 octobre 1570 (Reg. VII, fol. 412 et 696) 6 novembre 1572, 16 décembre 1574 (Reg. VIII, fol. 5 et 664) [10].

François Vitalis, en ex. les 10 avril 1546 *(Actes,* n° 25256), 11 octobre 1547, 26 septembre 1548 (Reg. I, ff. 3 et 405), 22 décembre 1551 (Reg. II, fol. 104).

François des Roys, en ex. les 11 octobre 1547 (Reg. I, fol. 3), 2 mai 1560, 28 novembre 1562 (Reg. V, fol. 1 et 780), 3 octobre 1565 (Reg. VI, fol. 698), 19-22 décembre 1569 (Reg. VII, fol. 521-527).

Perrinet Parpaille [11], en ex. les 11 octobre 1547, 3 juillet 1548 (Reg. I, ff. 3 et 371).

Jacques Baucher, en ex. les 11 octobre 1547, 26 septembre 1548 (Reg. I, fol. 3 et 404), 11 septembre 1551 (Reg. II, fol. 90).

Claude Mallet, en ex., les 2 mai 1560, 28 novembre 1562 (Reg. V. ff. 1, 780) 13 décembre 1563 (Reg. VI, fol. 195 v°) 11 décembre 1564 (It. 476).

Melchior Scaravelli, en ex., les 19 décembre 1560, 28 novembre 1562 (Reg. V, ff. 203. v° et 780) 14 décembre 1564 (Reg. VI, fol. 482) 31 octobre 1570 (Reg. VII, fol. 696) (12).
Bernardino Muratori, en ex., les 7 août, 5 novembre 1572, 12 novembre 1574 (Reg. VIII, fol. 1 et 611 v°. — BN. PO. dossier *Murateur*), sur résignation.

Agostino della Chiesa, en ex., les 16 janvier 1561, 30 juillet 1562 (Reg. V, fol. 214 v° et 649), 11 décembre 1564 (Reg. VI, fol. 476), 20 septembre 1570 (Reg. VII, fol. 678) (13).

François Gontier, en ex., les 12 novembre 1573, 16 décembre 1574 (Reg. VIII, 358 et 664).

Giovanni-Antonio Macello, sieur de Torre-Claudino, en ex., les 5 novembre 1572, 10 décembre 1574 (Reg. VIII, ff. 1.660).

MAITRES DES REQUÊTES

Jean-François Roux, en ex., les 8 juin, 30 juillet 1562 (Reg. V, ff. 609, 699), 12 juin, 14 décembre 1563 (Reg. VI, ff. 76, 200 v°), 19 septembre 1570 (Reg. VII, fol. 675, v°), 16 décembre 1574 (Reg. VIII, fol. 664).

PROCUREURS GÉNÉRAUX

Etienne Morin, février 1539 *(Actes* n° 30.917).

Aignan Vail!ant *(Valens)* en ex., les 11 octobre 1547 (Reg. I, fol. 3),
2 novembre 1560, 30 juillet 1562 (Reg. V, ff. 1, 649 v°), 19 janvier,
3 septembre 1565 (Reg. VI, ff. 490, 675), 31 octobre 1570 (Reg. VII,
fol. 696), 6 novembre 1572, 16 décembre 1574 (Reg. VIII, ff. 5,
664).

AVOCATS GÉNÉRAUX

Claude Mallet, en ex., 11 octobre 1547 (Reg. I, fol. 3).
Jean Gontier, en ex., 2 mai 1560 (Reg. V, fol. 1).
François Gontier, en ex., 16 mars, 3 octobre 1565 (Reg. VI, 564 et 698),
31 octobre 1570 (Reg. VII, fol. 696), 24 septembre 1573 (Reg. VIII,
fol. 317 v°).
Antonio Piatineri, en ex., 12 novembre 1573, 16 décembre 1574 (Reg.
VIII, ff. 358, 654).

GREFFIERS

Simon Basdoulx, 29 mars 1530, 19 novembre 1537 (R. II, 1. — III, 28).
Jean-Jacob Verchère *(Verqueria)* 2 mai 1560, 28 novembre 1562,
8 octobre 1565, 31 octobre 1570 (R. V, 1,780, VI, 698, VII, 696).
Théodore Verchère, 5 novembre 1572 (R. VIII, 1).
Francesco Silani, juge de Pignerol, 30 mars, 16 décembre 1574 (R. VIII,
451, 664) (14).

NOTES

[1] François Errault, sieur de Chemans, 2ᵉ fils d'Antoine Errault et de
Roberte de Bouillé-Bourgneuf, mariés en 1480, mineur (1504), né à Chemans, en Anjou, conseiller au Parlement de Paris (n. 7 octobre, r.
12 novembre 1532, en ex., le 26 janvier 1539), président au Parlement
de Turin et maître des requêtes (n. 28 août 1540, r. 18 juillet 1541),
chancelier de France (12 juin 1543), mort, le 3 septembre 1544, à Châlon-
sur-Marne. Il ép. Marie de Loynes (morte, le 18 octobre 1551).

[2] René de Birague, fils de Galeazzo de Birague et d'Antonia Trivulzi, né, à Milan, le 2 février 1506, conseiller au Parlement de Paris (18 mars 1541), maître des requêtes en Piémont, puis président du Parlement de Turin, ambassadeur au Concile de Trente (1563) puis à Innspruck, naturalisé (1565), lieutenant-général à Lyon (4 novembre 1567) et en Lyonnais, Forez, Beaujolais, garde du sceau royal (1570), membre du Conseil privé, chancelier de France (19 février 1573). Il avoit ép. Valentine Balbiani (née le 1er juillet 1518, morte, à Paris, le 21 décembre 1572). Après la mort de sa femme, il se fit prêtre, fut abbé de Flavigny, Longpont, St-Pierre de Sens, prieur de Sauvigny, Ste-Catherine-du-Val-des-Ecoliers, évêque de Lavaur, député aux Etats Généraux (1576), cardinal (21 février 1578) chancelier de l'O. du SAINT-ESPRIT, et mourut, à Paris, le 24 novembre 1583.

[3] Barthélemy Emé, fils de Guillaume Emé et d'Anne Raymond, sieur de St Julien, Vizille, Beaulard, Rochemolle, né le 25 septembre 1511, bailli d'Embrun (31 janvier 1534), conseiller, puis troisième, second et premier président au Parlement de Turin, maître des requêtes (décembre 1574-17 mars 1579). Il ép. Eléonore Pellisson.

[4] Guérin d'Alzon, que les *Actes* indiquent comme vice-président du Parlement de Turin, devait être un vice-président de la *Chambre des Comptes* de Turin, car (*Actes*, 21236), il est dit qu'il pourvut Jean Michelet de l'office de *clerc auditeur des comptes*. Il fut, il est vrai (*Actes*, 33249) nommé « vice-président et chef du Conseil Royal en Piémont », mais ce « Conseil Royal » était antérieur à la création (février 1539) du Parlement (l'acte est du 23 octobre *1536*). C'est peut-être de ce Conseil Royal que fut président Nicolas Balbo, marquis de Ceva (Cf. Burnier : *Histoire du Parlement de Savoie*), conseiller au Parlement de Provence (Cf. notre *Parlement de Provence*).

[5] Il est encore (B. N. P. O., Dossier *Porporati*), qualifié de Président du Conseil Royal de Pignerol, le 4 avril *1579*. Cela peut indiquer simplement qu'il l'avait été et en avait conservé le titre. Même observation pour Bernardino Muratori, qualifié, à la même date (B. N. P. O., Dossier *Murateur*) de conseiller au Conseil Royal de Pignerol.

[6] Antoine-Louis de Savoie, comte de Pancalieri, sieur de Cavotre (27 juin 1538), fils de Claude de Savoie et de Hippolyte Borromée, chevalier de Malte (1516), fit la campagne de 1531, en Lombardie, dans les rangs français, fut gouv. de Valle di Perosa (1536), Villafranca (1541), mourut

avant le 31 décembre 1553. Il ép. Jeanne de Pontevès-Cabannes, puis (1549) Florimonde Costa de Bene (vivante en 1553).

[8] Podestat d'Alexandrie (31 janvier 1519).

[9] Jacques Morin, sieur de Loudon, le Tronchet, Brive, quatrième fils de Jean Morin et de Marie de Brie-Serrant, mariés le 22 mai 1501, né avant le 22 septembre 1527, cons. au Parlement de Turin, puis à celui de Paris (r. 19 novembre 1541, en ex., le 24 janvier 1561), mort, le 14 novembre 1563. Il ép. Geneviève Errault de Chemans (morte, le 26 septembre 1595).

[10] Cf. notice au Parlement de Provence.

[11] Conseiller au Grand Conseil (11 juillet 1525, 6 décembre 1533). C'est le fameux président Parpaille, chef de bandes huguenotes, dont les exploits sont longuement narrés dans Gaufridy *(Histoire de Provence)*, Pithon-Curt, etc.

[12] Il ép., en 1553, Florimonde Costa de Bene, veuve de son collègue Antoine-Louis de Savoie-Pancalieri.

[13] Agostino della Chiesa, neveu du chancelier de Birague, fils de Francesco della Chiesa, était encore conseiller au Parlement de Pignerol, le 10 novembre 1578. Il ép. Anne d'Aubry.

[14] Il semble encore juge à Pignerol et vivant, le 10 décembre 1611 (P. O. 2704, doss. *Sillan).*

ADDENDA ET CORRIGENDA

Page 68, ligne 13, *au lieu de :* v. 5, *lire :* v. s.
— 71, ligne 19, *supprimer :* au 6 février 1608.
— 72, ligne 10, *avant :* 4 juillet, *lire :* vivante.
    Ligne 13, ' *avant :* conseiller, *lire :* fut baptisé, à Grenoble, le
    28 décembre 1543 (Arch. Grenoble, GG. 1).
— 74, ligne 27, *après :* 1503, *lire :* et mourut avant le 28 juin 1546
    (B. N. Fr. 18414, fol. 7.)
— 75, ligne 17, *au lieu de :* Mérande, *lire :* Méraude.
— 80, ligne 11, *avant :* fut, *lire :* il.
— 81, ligne 34, *au lieu de :* Grigues, *lire :* Guigues.
— 83, ligne 9, *après :* 73, *lire :* 7 janvier 1549, 24 mars 1550 (B. N. Fr.
    18414, ff. 13, 26 v°, 33 v°).
    Ligne 30, *après :* 73, *lire :* 24 mars 1550 (B. N. Fr. 18414, fol. 32 v°).
— 84, ligne 15, *après :* 73, *lire :* 7 janvier 1549 (B. N. Fr. 18414, fol. 13).
    Ligne 23, *après :* Grenoble, *lire :* reçu, le 22 novembre 1549
    (B. N. Fr. 18414, fol. 25).
— 85, ligne 12, *au lieu de :* Trusel, *lire :* Trufel.
    Lignes 21-22, *supprimer :* testa 2 mars 1618 et 3 avril 1625.
— 86, ligne 31, *au lieu de :* Ponnat, *lire :* de Ponnat.
— 90, ligne 13, *au lieu de :* Mérande, *lire :* Méraude.
— 91, ligne 1, *au lieu de :* col, *lire :* fol.
— 92, ligne 6, *au lieu de :* Bayard, *lire :* Bayart.
— 93, ligne 24, *au lieu de :* 1575, *lire :* 1775.
— 97, ligne 11, *au lieu de :* Costaich, *lire :* Costaing.
— 118, ligne 15 des notes, *après :* 1574, *lire :* Elle épousa (7 mai 1579)
    Henri de Torchefelon-Mornas.
— 142, ligne 9, *au lieu de :* Moutgeron, *lire :* Montgeron.
— 162, ligne 6, *après :* Drambon, *lire :* probablement fils de Jean de Poli
    guy et d'Anne Mallion.
— 164, ligne 32, *au lieu de :* 1553, *lire :* 1533.
— 165, ligne 35, *au lieu de :* Brennot, *lire :* Breunot.
— 166, ligne 27, *au lieu de :* Perrettes, *lire :* Perrette.

Page 173, ligne 12, *au lieu de :* Chasaus, *lire :* Chasans.
— 184, ligne 6, *au lieu de :* Chambly, *lire :* Chassilly.
— 197, ligne 32, *après :* Mugnier, *lire :* Il mourut, le 19 juin 1563 (B. N. Fr. 32344) (Communic. de M. Paul Dufey).
— 199, ligne 5, *après :* Poille, *lire :* sieur de Saint-Gratien, la Grange.
Ligne 9, *après :* fut, *lire :* le 19 mai.
Ligne 11, *après :* jurisconsulte, *lire :* Cf. la *Légende de maître Jean Poisle, conseiller au Parlement de Paris,* 1576, in-12.

TABLE DES MATIÈRES

Lyon. — Imprimerie A. Rey et Cᵉ, 4, rue Gentil. — 51339

TABLE DES MATIÈRES

Lyon. — Imprimerie A. REY et Cⁱᵉ, — 52664

www.ingramcontent.com/pod-product-compliance
Lightning Source LLC
Chambersburg PA
CBHW052112270326
41928CB00010BA/1792